Deutsch von Ullrich Schwarz

Sissela Bok

Lügen

Vom täglichen Zwang zur Unaufrichtigkeit

Rowohlt

Die Originalausgabe erschien 1978
bei Pantheon Books, A Division of Random House, Inc., New York,
unter dem Titel «Lying: Moral Choice in Public and Private Life»
Redaktion: Ingke Brodersen
Umschlagentwurf: Werner Rebhuhn

1. Auflage März 1980

Gesamtherstellung Clausen & Bosse, Leck
Satz 10 pt Times Linotron 404
Printed in Germany
ISBN 3 498 00458 1

Inhalt

Danksagung

Ich danke den vielen Freunden, die mit mir zusammen über die Probleme nachgedacht haben, vor die uns das Thema «Lügen» unvermeidlich stellt. Insbesondere möchte ich denen meinen Dank aussprechen, die das Manuskript ganz oder teilweise gelesen haben: Graham Allison, Barbara Barss, John Blum, Hilary Bok, Harold Bursztajn, Ann Cohen, Burtonn Dreben, Neva und Walter Kaiser, Margaret Kiskadden, Melvin Levine, Alva Myrdal, Bertha Neustadt, John Noonan, Jr., Brita Stendahl, Judith Thomson und Ruth und Lloyd Weinreb. Ihre Kritik hat mir in jeder Phase des Schreibens viel gegeben; wenn ich ihrem Rat nicht immer gefolgt bin, dann trage ich allein dafür die Verantwortung.

Mein Dank geht auch an John Coakley und Deborah Narcini, die theologische Texte ausfindig gemacht und übersetzt haben, und an Deborah Lipman, die mich bei der Herstellung des Manuskripts sachkundig unterstützt hat. Außerdem danke ich James Peck für seine sehr willkommene Hilfe bei der Herausgabe dieses Buches.

Der deutschen Ausgabe kommt die sorgfältige Übersetzung von Ullrich Schwarz sehr zugute, für die ich ihm herzlich danke.

In Anerkennung für all das, was mir sein Interesse, seine Kritik und seine Unterstützung bedeutet haben, widme ich dieses Buch meinem Mann.

Einleitung

«Wenn die Achtung vor der Wahrheit zerstört oder auch nur geschwächt worden ist, dann wird alles zweifelhaft bleiben.»

Augustinus, ‹*Über das Lügen*›

«Weiß nicht jeder, daß, wenn man aus dem menschlichen Herzen Eitelkeit, Hoffart, Überschätzung, Einbildung und dergleichen herausrisse, bei vielen eine armselige, verschrumpfte Seele übrigbliebe, voll von Trübsal und Mißmut, sich selbst zum Verdruß?»

Bacon, ‹*Über die Wahrheit*›

«Immerhin habe ich nach eingehender Selbstprüfung das tiefgründige Doppelwesen des Menschen entdeckt. Nachdem ich lange und unermüdlich in meinem Gedächtnis geforscht hatte, erkannte ich schließlich, daß die Bescheidenheit mir half, zu glänzen, die Demut, zu siegen, und die Tugend, zu unterdrücken.»

Camus, ‹*Der Fall*›

Sollten Ärzte Patienten, die im Sterben liegen, belügen, um ihnen noch ein wenig länger die Angst zu ersparen, die sie in Kenntnis der Wahrheit vielleicht überkommen würde? Sollten Professoren in Gutachten die Leistungen ihrer Studenten hochjubeln, um ihnen damit bessere Chancen auf dem Arbeitsmarkt zu verschaffen? Sollten Eltern vor Kindern die Tatsache verschweigen, daß sie adoptiert worden sind? Sollten Sozialwissenschaftler sich vor Ärzten als Patienten ausgeben, um etwas über rassische und geschlechtliche Vorurteile bei der Diagnose und Behandlung in Erfahrung zu bringen? Sollten Regierungsjuristen die Abgeordneten des Parlaments belügen, die sonst möglicherweise einer dringlichen Gesetzesvorlage über staatliche Wohlfahrtsmaßnahmen ihre Zustimmung verweigern würden? Und sollten Journalisten jene Leute belügen, von denen sie Informationen erhalten wollen, um eine Korruptionsaffäre aufzudecken?

Wir spüren, daß die Sache durchaus nicht in allen Fällen gleichgelagert ist; aber ob man nun in einer bestimmten Situation zur Lüge greift, Ausflüchte macht, etwas verschweigt oder die Wahrheit sagt, das ist sehr oft eine schwierige Entscheidung. Schwierig deswegen, weil die Unwahrheit so viele Formen annehmen kann, in so vielen Abstufungen auftreten und so viele verschiedene Absichten und Folgen haben kann. Schwierig auch deswegen, weil wir wissen, in welchem Maße Probleme von Wahrheit und Lüge unvermeidlich alles durchdringen, was in unseren Familien, unseren Gemeinden, unseren Arbeitsbeziehungen gesagt wird oder unausgesprochen bleibt. Hier scharfe Grenzen zu ziehen erscheint außerordentlich schwierig, ein durchgängiges Verhaltensmuster nicht möglich.

Wie jeder andere, so habe auch ich in meinem Privatleben mit diesen Problemen zu kämpfen gehabt. Doch auch in meiner beruflichen Erfahrung in meinen Seminaren, die sich mit angewandter Ethik beschäftigen, sind sie aufgetaucht. Ich hatte die Möglichkeit, spezifische moralische Dilemmata näher zu untersuchen, die für Schwestern, Ärzte, Rechtsanwälte, Beamte und viele andere in ihrer Arbeit auftreten. Mit Problemen von Ehrlichkeit und Täuschung im Beruf habe ich mich zum erstenmal näher beschäftigt, als ich etwas über die

Verschreibungspraxis von Placebos schreiben wollte.[1] Die Diskrepanz der Perspektiven, die bei der Untersuchung dieses Problems auftauchte, stimmte mich zunehmend nachdenklich: Viele Ärzte machen sich über eine solche Täuschung lustig oder reden darüber in einer hochmütigen, oft herablassenden Weise, wohingegen die Patienten sich oft sehr verletzt fühlen und, wenn sie erfahren, daß man sie hinters Licht geführt hat, das Vertrauen in die Ärzte verlieren.

Allmählich erkannte ich, daß diese Diskrepanz ein prinzipielles Problem der Medizin insgesamt widerspiegelt. Es gibt kaum etwas, was für den kranken Patienten so wichtig ist wie die Ehrlichkeit, die die Ärzte und das Pflegepersonal ihm entgegenbringen. Doch die Verpflichtung, ehrlich mit dem Patienten zu sein, taucht in den ärztlichen Eiden und Moralkodizes gar nicht mehr auf, und in der akademischen Lehre wird sie ignoriert, wenn nicht gar belächelt.

Als ich meine Untersuchung ausdehnte, wurde mir klar, daß die gleiche Diskrepanz in vielen anderen Berufen ebenso auftrat. In der Jurisprudenz und im Journalismus, beim Staat und in den Sozialwissenschaften werden solche Täuschungsmanöver akzeptiert, wenn diejenigen, die die Unwahrheit sagen – und das sind meistens auch die, die das Sagen haben –, glauben, sie sei entschuldbar. Regierungsvertreter und Kandidaten für Wahlämter greifen häufig zu dem Mittel der Täuschung, wenn niemand es merkt und wenn sie annehmen, daß die wahre Sachlage das Begriffsvermögen der Bürger übersteigt. Sozialwissenschaftler entschuldigen ihre mit dem Mittel der Täuschung arbeitenden Forschungsmethoden mit dem Argument, daß das so gewonnene Wissen es wert ist. Vor Gericht manipulieren Rechtsanwälte die Wahrheit zugunsten ihrer Mandanten. Verkaufsleute, Werbeleute oder alle, die irgendeine Form von Interessenvertretung betreiben, dürfen die Öffentlichkeit und ihre Konkurrenten irreführen, um ihre Ziele zu erreichen. Psychiater dürfen falsche Informationen über ihre früheren Patienten abgeben, um ihre Schweigepflicht nicht zu verletzen oder um ihre Patienten vom Militärdienst zu befreien. Und Journalisten, Polizeibeamte und Verfassungsschutz scheinen kaum Gewissensbisse zu plagen, wenn sie Lügen als Mittel einsetzen, um an die Informationen heranzukommen, die sie haben wollen.

Doch zwischen der saloppen Art, wie in manchen Berufen mit der Lüge umgegangen wird, und der Sichtweise derer, die nun mit den Konsequenzen der Täuschung fertig werden müssen, klafft ein Abgrund. Denn die Belogenen sind zur Ohnmacht verurteilt, wenn sie in wichtigen Entscheidungsfragen ihres Lebens falsche Informationen erhalten. Für sie kann unter Umständen ihre autonome Selbstbestimmung als solche auf dem Spiel stehen.

Die Kodizes und Schriften zur Berufsmoral helfen einem da wenig weiter. Zunächst einmal existieren für eine Reihe von Berufen und Berufsfeldern (wie zum Beispiel die Wirtschaft) überhaupt keine Moralkodizes. Und die vorhandenen Kodizes sagen kaum etwas darüber, wann Täuschung zulässig (gerechtfertigt) ist und wann nicht.*

Tatsache ist, daß es für die meisten Leute Gründe genug zum Lügen gibt. Nur wenige besinnen sich und denken über die vor ihnen stehende Entscheidung nach; geläufige Täuschungspraktiken und Konkurrenzdruck erschweren es, nicht mit dem Strom zu schwimmen. Rat und Orientierung wird man nur schwer erhalten, und nur wenige besitzen den Mut, derartige Entscheidungen in Schulen und Universitäten oder in ihrem Arbeitsleben genauer unter die Lupe zu nehmen.

Als ich über die vielen Täuschungsmöglichkeiten und das Fehlen einer ernsthaften Diskussion über dieses Thema nachdachte, kam mir im Zusammenhang damit der in der letzten Zeit eingetretene erschreckende Vertrauensschwund der Öffentlichkeit nicht nur in die Regierung, sondern in Rechtsanwälte, Banker, Geschäftsleute und Ärzte in den Sinn. Im Jahre 1960 waren viele Amerikaner ehrlich verblüfft, als sie erfuhren, daß Präsident Eisenhower gelogen hatte, als er zu

* In der Vergangenheit bestand für viele Berufszweige kein Grund, sich einen Moralkodex zu geben. Doch einige von ihnen üben heute einen so großen Einfluß auf das gesellschaftliche Leben und das menschliche Wohlergehen aus, daß man von ihnen verlangen sollte, Kodizes auszuarbeiten, denen vergleichbar, die es seit langer Zeit in Berufszweigen wie der Medizin oder dem Recht gibt.

dem U-2-Vorfall befragt wurde, bei welchem ein amerikanisches Spionageflugzeug zur Landung in der Sowjetunion gezwungen worden war. Doch nur fünfzehn Jahre später stimmten 69 Prozent der Befragten in einer nationalen Umfrage – arg mitgenommen von den Enthüllungen über Vietnam und Watergate – der Aussage zu, daß «die Führer dieses Landes in den letzten zehn Jahren dauernd das Volk belogen haben».[2]

Der Vertrauensverlust trifft jedoch nicht nur die führenden Köpfe der Regierung. Von 1966 bis 1976 fiel der Anteil derjenigen, die der Aussage zustimmten, daß sie großes Vertrauen in die verantwortlichen Leiter großer Institutionen hätten, im Bereich Medizin von 73 Prozent auf 42 Prozent; in bezug auf Großfirmen von 55 Prozent auf 16 Prozent; in bezug auf Rechtsanwaltskanzleien von 24 Prozent (1973) auf 12 Prozent und in bezug auf Werbeagenturen von 21 Prozent auf 7 Prozent.[3]

Der Verdacht auf eine weitverbreitete Unaufrichtigkeit im Berufsleben kann diesen Vertrauensschwund nicht allein erklären. Doch natürlich verstärkt sie ihn. Wir müssen ein großes Interesse daran haben, so glaube ich, uns in dem ganzen Problem der Aufrichtigkeit mehr Klarheit zu verschaffen, und das gilt sowohl für unsere persönlichen wie für die gesellschaftlichen Entscheidungen, die Täuschungspraktiken fördern oder behindern. Und wenn wir über diese Dinge nachdenken, dann muß man sich vor allem die Gründe genau ansehen, die zur Verteidigung von Unaufrichtigkeit ins Feld geführt werden. Manchmal mag es ja einen ausreichenden Grund dafür geben, daß man lügt – doch wann? Meistens gibt es einen solchen Grund nicht – und warum nicht? Es ist nicht genug, einfach zu beschreiben, wie die Dinge sind. Eine Entscheidung erfordert die Formulierung von Kriterien. Die Todgeweihten zu belügen, zum Beispiel, oder ihnen die Wahrheit zu sagen – wie verhält man sich da am besten? Unter welchen Umständen? Und aus welchen Gründen? Welche Argumente sprechen für oder gegen diese Gründe?

Da ich eine philosophische Ausbildung hinter mir habe, ist es nur natürlich, daß ich bei Moralphilosophen um Rat und Orientierung bei der Beantwortung solcher Fragen und der

Durchführung der notwendigen Analysen nachsuche. Denn die Wahl von Standards, von Handlungen, von Zielen, von Lebensformen so gut wie gesellschaftlichen Systemen sind die wesentlichen Themen der Moralphilosophie.*

Gibt es nun eine Theorie der moralischen Entscheidung, die uns in dem Dilemma von Aufrichtigkeit und Lüge helfen kann?

Erstaunlich war wiederum, wie wenig es da zu finden gab. Keine Art von moralischer Entscheidung ist alltäglicher oder bereitet mehr Kopfzerbrechen als die, die mit Täuschung in ihren vielen Spielarten zu tun hat. Es verblüfft daher, daß man sich in der heutigen Zeit so außerordentlich wenig mit ihr beschäftigt hat. Die großen Werke der Moralphilosophie dieses Jahrhunderts, so erhellend sie in anderer Hinsicht auch sein mögen, schweigen sich zu diesem Thema aus. Das Register der achtbändigen ‹*Encyclopedia of Philosophy*› enthält keinen einzigen Verweis auf «Lüge» oder «Täuschung», geschweige denn einen ganzen Artikel, der sich derartigen Fragen widmete.[4] Sogar wenn man sich der Vergangenheit zuwendet und die letzten paar Jahrhunderte überblickt, dann ist die dürftige Diskussion, die man zu diesem Thema findet, knapp und peremptorisch. Und Werke aus anderen Disziplinen – zum Beispiel der Psychologie oder der Politischen Wissenschaft – gehen Probleme der Täuschung in einer rein deskriptiven oder strategischen Art und Weise an.

Es ist schwer zu begreifen, warum so wenig Anstrengungen unternommen worden sind, unsere Alltagsprobleme mit der Wahrheit zu analysieren. Der Verweis auf die große Distanz, die so häufig Philosophen von Problemen der Praxis trennt, reicht als Erklärung nicht aus. In der Philosophie (wie auch in anderen Bereichen) hat die Professionalisierung ein Vokabu-

* Eine der einfachsten und meiner Meinung nach besten Definitionen von «Ethik» stammt von Epikur. Sie wird von Diogenes Laertius zitiert: «Die Ethik handelt von Wahl und Verwerfung in bezug auf die Lebensfragen; sie bildet den Inhalt der Bücher ‹Von den Lebensweisen›, sowie der Briefe und des Buches über das Endziel» (vgl. Diogenes Laertius: ‹*Leben und Meinungen berühmter Philosophen*›, Hamburg 1967, 2. Aufl., Zweiter Band, Buch X (30), S. 236). (Das «Endziel» ist das oberste Gut, das Ziel und der Zweck des Lebens.)

lar, ein theoretisches Instrumentarium und eine akademische Abgrenzung mit sich gebracht, die für den Außenstehenden abschreckend und für die Drinstehenden wie eine Absperrung gegen das Außen wirken. Der große Horizont der Begriffe «wahr» und «falsch», vor dem die Lüge gesehen werden muß, hat viele Denker auch dazu geführt, immer umfangreichere Präliminarien vor die moralische Durchleuchtung von Situationen zu setzen, in denen es um Wahrheit zu gehen scheint. Wie können wir – so fragen sie – auch nur damit beginnen, solche Situationen zu untersuchen, wenn wir nicht zunächst einmal wissen, was «Wahrheit» bedeutet? So hat sich schließlich in der Ethik die Aufmerksamkeit hauptsächlich auf Fragen der Bedeutung gerichtet und auf eine Theorie, die ziemlich weit ab liegt von den Problemen konkreter moralischer Entscheidungen.

Ich mußte daher häufig in die klassische Antike und ins Mittelalter zurückgehen, um eine unmittelbarere Behandlung jener Fragen zu finden, die für dieses Buch zentral sind: Wie sollen wir uns *tatsächlich entscheiden*, wenn wir nicht wissen, ob wir lügen oder die Wahrheit sagen sollen? Und warum? Fragen wie die, ob man einen Meineid leisten dürfte, um einen politischen Flüchtling zu schützen, oder ob man vorgeben dürfte, eine verhaßte Gottheit zu verehren, um damit der Verfolgung zu entgehen, wurden ehemals unter Theologen und Philosophen heiß debattiert. Die Zeugnisse ihrer Debatte mögen fragmentarisch und zuweilen unsystematisch sein. Doch ihre Schriften sind auch für uns immer noch lebendig; ich habe mich vielfach auf sie bezogen.

Auf die Stoiker, die moslemischen Mystiker, die Frühchristen oder die Rabbis blicken heute manche mit Spott oder auch mit Unduldsamkeit zurück, weil jene noch leidenschaftlich winzige Unterscheidungen diskutieren konnten. Dennoch können wir viel von diesen Traditionen lernen. Ohne ein solches Fundament verwischen sich oft die wichtigeren Unterschiede, und eben das ist heute der Fall.

Es ist höchste Zeit, daß man diese Debatte wiederaufnimmt, sie fortführt und versucht, das Problem in umfassender Weise abzuhandeln – was immer noch aussteht. Eine solche Abhandlung müßte den Versuch machen, all die plausiblen Umstände und Gründe einer genauen Prüfung zu unterziehen, die zur Rechtfertigung des Lügens genannt werden, und sie müßte fragen, ob von hier aus ein Licht auf unsere eigenen Entscheidungen fällt, die wir als Individuen oder als Gesellschaft treffen. Und es ist wichtig, daß man diese Debatte im Zusammenhang mit Verhältnissen sieht, in denen Menschen solchen Entscheidungen feindlich gegenüberstehen. Ich habe mich daher bemüht, Beispiele aus der Literatur, dem Privatleben und der Welt der Arbeit heranzuziehen. Sie sind wirklich nur Beispiele; jedem Leser werden sofort viele andere einfallen. Vollständigkeit läßt sich hier ohnehin nicht erreichen; die ausgewählten Beispiele sollen die am häufigsten auftretenden Arten des Lügens beleuchten, ihre Unterschiede und die Entschuldigungen, die man zu ihrer Rechtfertigung angibt. Und die Gegenüberstellung von Beispielen aus sehr verschiedenartigen Lebensbereichen soll dazu beitragen, daß diese Fälle nicht länger nur aus einer eingefahrenen, engen beruflichen oder persönlichen Perspektive betrachtet werden.

Diese Absichten lassen sich am ehesten verwirklichen, wenn man sich nicht so sehr mit anderen Formen der Täuschung beschäftigt wie zum Beispiel der Ausrede oder der Unterdrückung von wichtigen Informationen, sondern sich auf Entscheidungen konzentriert, wo es nur ein Entweder-Oder gibt: Entweder man sagt die Wahrheit, oder man lügt. Wenn man in das Problem des wirklichen Lügens einige Klarheit bringen kann, dann werden die weitläufigeren Fragen der Täuschung nicht mehr so unbewältigbar erscheinen.

Die Hauptaufgabe des Buches wird nun nicht darin bestehen, so eine Art Schwarzbuch von Unaufrichtigkeiten und Wahrheitsverdrehungen zusammenzustellen oder noch einmal auf das einzugehen, was man jeden Tag an Enthüllungen über Lügen aus dem Mund hochgestellter Personen in der Zeitung lesen kann. Ich möchte viel eher die uns bedrückenden Entscheidungssituationen des normalen Alltagslebens hervorheben, Entscheidungen, die jene bedrängen, die glauben, daß ihre Lügen viel zu unbedeutend sind, um ins Gewicht zu fallen, und andere, die glauben, daß das Lügen jemanden schützen oder der Gesellschaft Vorteile bringen könnte. Wir müssen uns sehr eingehend mit jenen Fällen befassen, wo nach Meinung vieler *gute Gründe* zum Lügen vorliegen, und nicht mit solchen, die wir alle sofort als gewissenlos zurückweisen würden.

Die Kapitel 1 bis 4 behandeln das eigentliche Wesen des Lügens, wie es auf die Entscheidungen der Menschen einwirkt, und grundlegende Ansätze der Bewertung von Lügen. Das Kapitel 5 befaßt sich mit den Notlügen, um zu zeigen, warum diese Ansätze unzulänglich sind. Die Kapitel 6 und 7 gehen im einzelnen darauf ein, welche Umstände dazu beitragen, daß man Lügen entschuldigen kann, und ob einige Lügen tatsächlich von vornherein sich rechtfertigen lassen. Die Kapitel 8 bis 15 greifen in größerer Ausführlichkeit bestimmte Arten von Lügen auf, die man gemeinhin als gerechtfertigt ansieht: Lügen in Kriegszeiten zum Beispiel oder Lügen gegenüber Kindern; dazu gehören auch Lügen, die die eigene Vertrauenswürdigkeit schützen sollen, oder solche, die zur Durchführung von Forschungen eingesetzt werden.

Wenn es mir gelingt zu zeigen, daß die vorherrschenden Lügen-Praktiken uns allen einen Bärendienst erwiesen haben, dann drängen sich im Anschluß daran als wichtigste folgende Fragen auf: Welches sind denn – für die Gesellschaft und für jeden einzelnen von uns persönlich – die Alternativen zu diesen Praktiken? Und was können wir tun, um sie zu *verändern*? Welche institutionellen und persönlichen Anstöße sind dazu erforderlich? Und welche handfesten Risiken könnten einen möglichen Lügner von diesem Tun abbringen? Im Schlußabschnitt des Buches habe ich damit angefangen – und wirklich nur angefangen –, diese Fragen zu stellen. Mir ist bewußt, daß sich die Alternativen, die ich anvisiere, in erster Linie auf Gesellschaften richten, in denen ein geringeres Maß an Zwang herrscht. Doch ich hoffe, daß die Untersuchung der Probleme von Wahrheit und Lüge ebenfalls ein Licht auf das Verhältnis von Zwang und Täuschung wirft, sei es in einer Familie, einer Institution oder einer ganzen Gesellschaft.

Dieses Buch ist eher so etwas wie eine persönliche Selbstverständigung als der Versuch, endgültige Wahrheiten zu verkünden. Das Ziel des Buches ist es, die Kluft zwischen den

Welten des Moralphilosophen und derjenigen, die vor dringenden praktischen moralischen Entscheidungen stehen, zu verringern. Indem ich zeige, welchen Weg ich eingeschlagen habe, welche Schriften mir geholfen haben und zu welchen vorläufigen Ergebnissen ich gekommen bin, hoffe ich auch andere zu ermuntern, die Diskussion aufzunehmen.

1
Die «ganze» Wahrheit und nichts als die Wahrheit?

«Ich bin dazu geboren und in die Welt gekommen, daß ich für die Wahrheit zeugen soll. Wer aus der Wahrheit ist, der höret meine Stimme.
Spricht Pilatus zu ihm: Was ist Wahrheit?»

Johannes, 18, 37.38

«Ja, wenn die Lüge wie die Wahrheit nur ein Gesicht hätte, so wären wir schon viel besser daran: denn alsdann nähmen wir das Gegenteil von dem, was der Lügner sagt, für Gewißheit. Aber die Kehrseite der Wahrheit hat der Figuren bei hunderttausend und ist ein Feld ohne Grenzen.»

Montaigne, ‹*Von Lügnern*›

«Ebenso wie die Freiheit ist die Wahrheit ein bloßes Minimum oder ein trügerisches Ideal (die Wahrheit, die ganze Wahrheit und nichts als die Wahrheit etwa über die Schlacht bei Waterloo oder [Botticellis] ‹*Primavera*›).»

J. L. Austin, ‹*Wahrheit*›

Die «ganze» Wahrheit

Ist es nicht naiv, sich an eine allgemeine Untersuchung über Lüge und Aufrichtigkeit zu machen? Manche werden einwenden, daß das eine unmögliche Aufgabe sei. Das Leben ist zu komplex, werden sie sagen, und die Gesellschaften zu verschiedenartig. Wie kann man das Schachern auf einem orientalischen Basar, die Notlügen des Alltagslebens, die Lüge zum Schutz des Vaterlandes und die zur Schonung eines im Sterben liegenden Kindes vergleichen? Ist es nicht vermessen und kurzsichtig zugleich, einen solchen Plan ins Auge zu fassen?

Doch selbst wenn man diese Unterschiede irgendwie unter einen Hut bringen könnte, so wird weiter eingewendet, wie können wir jemals in den Besitz der Wahrheit über eine komplexe Angelegenheit – Austin wählt hier die Schlacht von Waterloo als Beispiel – oder auch nur über einen einzelnen Umstand gelangen? Und wirklich: Wie kann man den vor Gericht gesprochenen Worten vollauf Genüge tun: «Die Wahrheit, die ganze Wahrheit und nichts als die Wahrheit»?

Angesichts unserer unbeholfenen Versuche, das, was wir erlebt haben, zu erinnern und wiederzugeben, wirken diese Worte wie Hohn. Manchen schien die «ganze Wahrheit» offensichtlich so unerreichbar zu sein, daß sie daraufhin an der Verständigung der Menschen überhaupt verzweifelten. Sie sehen so viele Hindernisse, die uns davon abhalten, die Wahrheit zu wissen, geschweige denn sie anderen vermitteln zu können; sie sehen so viele Fallgruben auf dem Weg unserer Versuche, das auszudrücken, was wir meinen.

Wie kann zum Beispiel ein Arzt einem Patienten die «ganze Wahrheit» sagen über einen Satz von Symptomen, ihre Ursachen und wahrscheinlichen Folgen? Sicher weiß nicht einmal er selbst alles, was es hier zu wissen gibt. Selbst all das, was er weiß, was von Bedeutung sein könnte – so unvollständig, unrichtig und vorläufig es auch sein mag –, ließe sich kaum in weniger als einigen Wochen oder gar Monaten vermitteln. Und wenn zu diesen Schwierigkeiten noch das Bewußtsein hinzukommt, daß im Leben und in der Erfahrung alles zusammenhängt, daß alles ein «nahtloses Netz» ist, so daß man nichts ohne endlose Zusatzerklärungen und -ausführungen sagen kann, dann wird sich auch bei dem Unerschrockensten ein Gefühl der Mutlosigkeit einschleichen.

Dieses Buch will solchen Argumenten entgegentreten. Die ganze Wahrheit ist tatsächlich unerreichbar. Aber diese Tatsache hat nur sehr wenig mit unseren Entscheidungen zu tun, ob wir lügen oder ehrlich sind, was wir sagen und was wir für uns behalten. Diese Entscheidungen kann man darlegen, vergleichen und kritisch beurteilen. Und dann vermögen selbst rudimentäre Unterscheidungen gewisse Orientierungspunkte zu vermitteln.

Wenn irgendwo Vermessenheit im Spiel sein sollte, dann liegt sie eher in der lähmenden Intoleranz gegen alles, was nicht den Maßstäben der «ganzen Wahrheit» Genüge tut. Diese Intoleranz kann mit erklären, warum die gegenwärtige Diskussion so unfruchtbar ist. Paradoxerweise kann die Abneigung, sich mit der *Täuschung* auseinanderzusetzen, von einer übertriebenen und alles andere verdrängenden Beschäftigung mit der *Wahrheit* stammen.

«Wahrheit» – kein anderer Begriff wirkt auf Denker so einschüchternd und gleichzeitig anziehend. Seit den Anfängen des spekulativen Denkens hat die Frage, was Wahrheit ist und ob wir sie erreichen können, die Menschen beunruhigt. Jeder Philosoph hat mit dieser Frage ringen müssen.* Jede Religion versucht, auf sie eine Antwort zu geben.

In der griechischen Tradition der Vorsokratiker umfaßte Wahrheit – Aletheia – unsere gesamte Erinnerung: das, was das Gedächtnis aus alldem auswählte, was der Lethe anheimfällt, «dem Fluß des Vergessens». Die mündliche Überlieferung machte es erforderlich, daß Informationen memoriert und wiederholt wurden – häufig in Liedern –, damit sie nicht vergessen wurden. So hatte alles, was in dem Gedächtnis aufbewahrt wurde – Erzählungen über die Erschaffung der Welt,

* Ein Blick in das Register der vor kurzem veröffentlichten ‹*Encyclopedia of Philosophy*› offenbart den Kontrast. Wie schon in der Einleitung bemerkt, gibt es hier keinen einzigen Verweis auf «Lüge» oder «Täuschung». Unter dem Begriff «Wahrheit» findet man hingegen über hundert Verweise.

die Herkunft der Götter und Helden, Ratschläge zur Gesundheitspflege –, teil an der Wahrheit, auch wenn es in einem anderen Sinne absolut ausgedacht oder unrichtig war. In dieser frühen Tradition bedeutete die Wiederholung der Lieder, daß der Stoff lebendig und damit «wahr» blieb, genau wie man die Erzeugung eines Kunstwerks so begreifen konnte, daß damit ein Gegenstand seine Wahrheit, sein Leben erlangte.[1]

Erst nach und nach rückte die Gegenüberstellung von Wahrheit und Irrtum ins Zentrum der Philosophie und wurde das Wesen der Verifizierung besonders beleuchtet. Die ungeheuer starke Beschäftigung mit Erkenntnistheorie begann bei Platon und hat seitdem nicht wieder nachgelassen. In der Logik, der Erkenntnistheorie, der Theologie und der Metaphysik ist das Thema «Wahrheit» immer noch eines der Hauptthemen.[2] Und da diese Disziplinen nicht immer getrennt voneinander verlaufen, besitzen zahlreiche Beiträge zum Thema «Wahrheit» eine unübertroffene Unbestimmtheit.[3]

Wahrheit und Wahrhaftigkeit

Bei solchen Spekulationen gibt es das große Risiko eines begrifflichen Durcheinanders, das Risiko, daß man die entscheidende Differenz zwischen zwei Bereichen nicht sieht: Einmal gibt es den *moralischen* Bereich der beabsichtigten Wahrhaftigkeit und Täuschung und dann den viel umfangreicheren Bereich von Wahrheit und Unwahrheit im allgemeinen. Die moralische Frage, ob man lügt oder nicht, ist nicht damit erledigt, daß man feststellt, ob das, was man sagt, wahr oder unwahr ist. Um diese Frage wirklich beantworten zu können, müssen wir wissen, ob jemand *beabsichtigt, mit einer Aussage irrezuführen*.

Die beiden Bereiche überlappen sich vielfach, und bis zu einem bestimmten Punkt sind sie auch untrennbar. Doch Wahrheit und Wahrhaftigkeit sind nicht identisch, genausowenig wie Unwahrheit und Unehrlichkeit.[4] Solange diese Differenzen nicht wahrgenommen und die Stellen, wo es Überlappungen oder Unklarheiten gibt, nicht ausgeleuchtet werden, wird man in der Bewältigung der moralischen Probleme des Lügens nur wenig Fortschritte machen.

Bisweilen werden die beiden Bereiche als identisch angesehen. Das kann dann geschehen, wenn Leute glauben, daß sie im Besitz einer so vollkommenen Wahrheit sind, daß im Vergleich dazu alles andere verblaßt. Viele religiöse Zeugnisse oder Offenbarungen treten mit dem Anspruch auf, die Wahrheit zu vermitteln. Von denjenigen, die einen solchen Glauben nicht akzeptieren, nimmt man an, daß sie im Irrtum und in Unwissenheit leben, ja daß sie mit Blindheit geschlagen sind. Die Weigerung der Ungläubigen, das Dogma oder die Wahrheit zu akzeptieren, die sich den Gläubigen offenbart hat, wird zuweilen nicht bloß als Irrtum bezeichnet, sondern als Lüge. Dieser Sichtweise zufolge findet eine Schlacht zwischen den Verfechtern des Glaubens und den Mächten des Betrugs und der Täuschung statt.*

In diesem Sinne schreibt Bonhoeffer:

«Jesus bezeichnet den Satan als ‹den Vater der Lüge› (Johannes 8, 44). Lüge ist zuerst die Leugnung Gottes, wie er sich der Welt bezeugt hat. ‹Wer ist ein Lügner, wenn nicht der da leugnet, daß Jesus der Christus sei?›» (Der erste Brief des Johannes, 2, 22).[5]

Überzeugt, daß sie die Wahrheit kennen – sei es in der Religion oder in der Politik –, halten Enthusiasten Lügen zugun-

* Das ungeklärte Verhältnis zwischen «Irrtum» und «Lüge», das einem solchen Glauben zugrunde liegt, führt gelegentlich zu der Schlußfolgerung, daß diejenigen, die im Besitz der Wahrheit sind – und daher keine Lügner sind –, sowohl unfehlbar wie auch unfähig sind, Lügen auszusprechen. Um genau herauszufinden, was mit einer solchen Behauptung gemeint ist, muß man fragen: Ist die Person, die man für unfehlbar hält, unfähig zu lügen? Ist sie unfähig zu anderen Formen des Betrugs? Oder dazu, im Unrecht zu sein oder sich selbst täuschen zu lassen? Und für welche Arten von Wissen gilt das? Vergleiche die Aussage eines Sufi: «Der Fromme wird nicht betrügen, und der Intelligente kann nicht betrogen werden» (‹*A Sufi Rule for Novices*›, hg. von Menahem Wilson, Cambridge, Mass., Harvard University Press 1975, S. 41).

sten dieser Wahrheit oft für entschuldbar. Sie dürfen einen sogenannten frommen Betrug begehen, um Ungläubige zu bekehren oder um die Gläubigen in ihrem Glauben zu bestärken. Darin, daß sie für etwas, was ihnen als die viel «höhere» Wahrheit erscheint, Unwahrheiten sagen, können sie nichts Verkehrtes sehen.

In der Geschichte des menschlichen Denkens stoßen wir immer wieder auf eine derartige Vermischung der beiden Bereiche. Sie steht den Traditionen nahe, die behaupten, daß es die Wahrheit gibt, daß sie offenbart werden kann und daß man hoffen kann, ihr zu begegnen. Selbst bei Nietzsche, der solche Traditionen befehdete, findet sich diese Vermischung:

«. . . es gibt nur *eine* Welt, und diese ist falsch, grausam, widersprüchlich, verführerisch, ohne Sinn . . . [. . .] *Wir haben Lügen nötig*, um über diese Realität, diese ‹Wahrheit› zum Sieg zu kommen, das heißt, *um zu leben* . . . Daß die Lüge nötig ist, um zu leben, das gehört selbst noch mit zu diesem furchtbaren und fragwürdigen Charakter des Daseins.»[6]

Die zahlreichen Bedeutungen des Wortes «falsch» machen es zudem um so leichter, daß man die beiden Bereiche vermischt. Denn während «falsch» normalerweise der umfassende Sinn von unrichtig oder unzutreffend zukommt, so nimmt das Wort eine engere, moralische Bedeutung an, wendet man es auf Personen an. Eine falsche Person ist nicht einfach im Unrecht oder hat sich geirrt; vielmehr handelt es sich um jemanden, der vorsätzlich betrügt, verrät oder treulos ist. Um den Unterschied zu erkennen, braucht man nur einmal eine «falsche Note» und einen «falschen Freund» oder ein «falsches Wirtschaftssystem» und einen «falschen Zeugen» zu vergleichen.*

* Um die Sache noch komplizierter zu machen: Natürlich gibt es viele Verwendungen von «falsch» im Sinne von «betrügerisch», «heimtückisch», die sich nicht direkt auf Personen beziehen, sondern auf das, was nach dem Wil-

Alle möglichen Erscheinungen und Worte können uns irreleiten, doch nur bei einem Bruchteil davon steht ein Vorsatz dahinter. Eine Fata Morgana mag uns täuschen, doch das ist niemandes Schuld. Unsere Augen täuschen uns ständig. Selbsttäuschungen und Vorurteile aller Art verfolgen uns. Dennoch wissen wir meistens, wann wir ehrlich oder unehrlich sein wollen. Was immer das Wesen von Wahrheit und Unwahrheit sein mag, was immer die Quellen des Irrtums in unserem Leben sein mögen, *eine Quelle* ist sicherlich der handelnde Mensch selbst, der Informationen empfängt und weitergibt und sie dabei vorsätzlich umbiegt, zurückhält, zuweilen sogar verfälscht.** Bei dem Versuch, die Wahrheit zu erkennen, sind es vor allem die Menschen selbst, die sich gegenseitig die größten Hindernisse in den Weg legen.

Daher müssen wir von den zahllosen Wegen, auf denen wir falsch informiert durchs Leben stolpern, jene aussondern, die uns *vorsätzlich irreleiten* sollen; und von den zahllosen voreingenommenen Versuchen, die Wahrheit festzunageln, müssen wir uns jene herausgreifen, bei denen die Absicht dahintersteht, wahrhaftig zu sein. Nur wenn dieser Unterschied ganz klar ist, wird es möglich sein, der moralischen Frage mit Strenge nachzugehen. Und es ist allein diese Frage – die vorsätzliche Manipulierung von Informationen –, auf die sich das Gericht in seiner Forderung nach der «Wahrheit, der ganzen Wahrheit und nichts als der Wahrheit» bezieht.

Doch ein Hindernis bleibt bestehen. Selbst wenn man die beiden Bereiche des Ethischen und des Erkenntnistheoretischen voneinander abgegrenzt hat, werden einige einwenden,

len von Personen täuschen soll. Ein «falscher Weg» oder eine «falsche Spur» tragen noch andere Obertöne des Trügerischen.

** Die Kommunikation zwischen Menschen kann unter einer Reihe von unbeabsichtigten Verzerrungen oder Interferenzen leiden, deren Quelle entweder beim Sender, beim Übermittlungskanal oder beim Empfänger liegt. Der Sprecher zum Beispiel kann sich irren, sich undeutlich ausdrücken oder eine Sprache verwenden, die dem Hörer unbekannt ist. Unterwegs kann die Botschaft durch Lärm von außen, atmosphärische Bedingungen oder durch Unterbrechung behindert werden. Auf der Empfangsseite können Taubheit, Ermüdung, Sprachprobleme oder geistige Zurückgebliebenheit den Empfang der Botschaft beeinträchtigen.

daß dem Bereich der Erkenntnistheorie Priorität zukommt. Es ist zwecklos, sich allzusehr mit der Wahrhaftigkeit zu befassen, so behaupten sie, solange man nicht wissen kann, ob Menschen überhaupt in der Lage sind, die Wahrheit zu erkennen und sie mitzuteilen. Nimmt man eine solche These ernst, dann würde natürlich eine Untersuchung über Wahrhaftigkeit und Täuschung sinnlos und fehlgeleitet erscheinen. Wieder einmal nährt die übertriebene und alles andere verdrängende Beschäftigung mit «Wahrheit» die Abneigung, sich mit der Unwahrheit auseinanderzusetzen.

Schon seit den frühesten Zeiten haben Skeptiker die unhinterfragten Gewißheiten ihrer Kollegen bezweifelt. Die extremsten von ihnen vertraten die Ansicht, daß man überhaupt nichts wissen kann; in der Art, wie sie aus dieser Meinung für ihr Leben Konsequenzen zogen, gingen sie manchmal sehr weit. Kratylos, ein Zeitgenosse von Sokrates, soll Diskussionen jeder Art abgelehnt haben. Er ging davon aus, daß in jedem Gespräch die Sprecher und die Worte sich verändern und unverläßlich sein würden. Als Antwort auf alles, was man zu ihm sagte, bewegte er nur den Finger hin und her, um anzuzeigen, daß er die Worte wohl gehört hatte, eine Antwort aber sinnlos wäre. Und Pyrrhon, der im dritten Jahrhundert vor Christi Geburt lebte, leugnete, daß man auch nur irgend etwas wissen könne und schloß daraus, daß man daher nichts sagen könne, was als ehrenhaft oder unehrenhaft, als gerecht oder ungerecht zu bezeichnen sei.[7]

Für diese radikalen Skeptiker, genau wie für jene, die glauben, daß sie in den Besitz der vollständigen und absoluten Wahrheit gelangen können, verlieren ethische Probleme von Wahrhaftigkeit und Täuschung jede Bedeutung im Vergleich mit der erleuchtenden Kraft der Wahrheit und der dunklen Leere ihres Nichtvorhandenseins. Die Folge ist, daß beide Gruppen bei ihrer intensiven Suche nach Gewißheit in bezug auf Wahrheit weitgehend die Unterschiede zwischen Wahrhaftigkeit und Lüge ignorieren.[8]

Doch das Beispiel von Kratylos zeigt, wie schwierig es ist, einen kompromißlosen Skeptizismus zu leben. Die meisten Denker, die vorsätzliche Täuschung und Unwahrheit im allgemeinen Sinne durcheinanderbringen, schaffen es, in ihrem Alltagsleben die beiden Dinge auseinanderzuhalten. Und jene, die jede Information, bevor sie Gebrauch von ihr machen, auf ihren Wahrheitsgehalt überprüfen möchten, schieben derartige Überlegungen in ihrem Alltagsverhalten beiseite.[9] Sie benutzen diese Informationen, um sich in Bibliotheken zwischen Büchern entscheiden, U-Bahn-Verbindungen, Werkzeuge und Lebensmittel aussuchen zu können; einige Aussagen halten sie für wahrhaftiger als andere und manche Personen für vertrauenswürdiger als andere.[10]

Gewöhnliche Entscheidungen lassen sich zweifellos auch trotz solcher theoretischen Überzeugungen fällen, die Wahrheit und Wahrhaftigkeit miteinander vermischen oder die der erkenntnistheoretischen Gewißheit den Vorrang vor einer ethischen Analyse geben. Doch es bleibt die Tatsache bestehen, daß moralische Entscheidungen dabei Schaden nehmen. Denn in dem gleichen Maße, wie jemand radikale Zweifel an der Verläßlichkeit jedweden Wissens hegt, werden die moralischen Aspekte dessen, wie die Menschen miteinander umgehen, wie sie handeln und was sie zueinander sagen, an Bedeutung verlieren. Das Schlimmste daran ist, daß dieser Bedeutungsverlust uns mit größter Wahrscheinlichkeit in unseren eigenen moralischen Entscheidungen plagen wird. Denn während es nur klug ist, moralisches Verhalten anderer zu unterstützen, sind wir empfänglicher für Zweifel an der Möglichkeit moralischer Entscheidungen, wenn wir sie selbst treffen müssen.

Der wichtigste Grund, warum Philosophen so wenig dazu beigetragen haben, die Probleme der Täuschung zu analysieren, geht über die jeweils besonderen Ansichten über Wahrheit und Wahrhaftigkeit hinaus und ist allgemeinerer Natur. In den meisten Bereichen ist die Theorie ansprechender und weniger frustrierend als die Anwendung. In der Ethik ist das nicht anders. Viele zögern, sich mit konkreten ethischen Problemen auseinanderzusetzen, die – und das macht Entscheidungen so schwierig – so sehr mit psychologischen und politischen Faktoren verflochten sind. Warum sollte man sich mit solchen Entscheidungen befassen, wenn es noch so viele abstrakte Fragen hinsichtlich Bedeutung und Definition, Klassifikation und Struktur gibt, die das Denken herausfordern?

Dieses Zögern hat in dem Maße zugenommen, wie die Philosophie zu einem akademischen und spezialisierten Unternehmen geworden ist. Doch gegeben hat es das schon immer. Bei Epiktet, der sich das «Prinzip, nicht die Unwahrheit zu sagen» als Beispiel nimmt, liest sich das dann so (erstes Jahrhundert nach Christi Geburt):

«Der erste und notwendigste Teil in der Philosophie ist die Anwendung ihrer Lehren, zum Beispiel: nicht zu lügen.
Der zweite handelt von den Beweisen, zum Beispiel: weshalb man nicht lügen soll.
Der dritte dient zur Begründung und weiteren Ausgestaltung eben dieser Beweise: zum Beispiel: aus welchem Grunde ist dies ein Beweis? was ist überhaupt ein Beweis? was eine Folge, was ein Widerspruch, was ist wahr und was ist falsch?
Dieser dritte Teil ist notwendig wegen des zweiten und der zweite wegen des ersten; der notwendigste, mit dem man sich immer beschäftigen sollte, ist der erste. Wir aber machen es umgekehrt; wir beschäftigen uns mit dem dritten Teile und verwenden darauf all unseren Eifer. Um den ersten kümmern wir uns überhaupt nicht; deshalb lügen wir; wie man aber beweist, daß man nicht lügen darf – das ist uns geläufig.» [11]

Viele Moralphilosophen betrachteten die angewandte Ethik nicht als ihr Gebiet und halten sie für theoretisch reizlos, und das sogar unabhängig von allen Überzeugungen von der Priorität der Erkenntnistheorie und begrifflichen Unschärfen hinsichtlich der Bedeutung von «Wahrheit». Die Folge ist, daß die praktische moralische Entscheidung – und das ist besonders bei der Lüge der Fall – in aller Kürze abgefertigt wird. Sicher wird bei vielen die Lüge erwähnt. Häufig wird sie als Beispiel benutzt oder in summarischer Weise für regelwidrig erklärt. Doch diejenigen, die in ihrem Leben vor schwierigen Problemen stehen – sie fragen sich vielleicht, ob sie lügen sollen, um die Vertraulichkeit von Mitteilungen, die ihnen ein Klient gemacht hat, zu wahren, oder um niederschmetternde

Nachrichten von einem Kranken fernzuhalten –, können mit derartigen Analysen nichts anfangen.

Aus all diesen Gründen findet das Thema Täuschung wenig Aufmerksamkeit. Dieses Fehlen einer echten Untersuchung spiegelt sich auch in der Lehre und den beruflichen Moralkodizes. Daher schaffen sich diejenigen, die vor schwierigen moralischen Entscheidungen zwischen Wahrhaftigkeit und Täuschung stehen, oft ihre eigenen Regeln. Sie legen sich ihre eigenen Entschuldigungen zurecht und wägen ihre eigenen Argumente ab. Ich werde darauf in den folgenden Kapiteln eingehen. Doch eines dieser Argumente verdient schon hier Erwähnung, denn es resultiert aus einem Mißbrauch des Skeptizismus durch jene, die ihre Lügen zu rechtfertigen suchen und dadurch ein eindeutig falsches Argument aufkommen lassen. Da wir ohnehin von keiner Sache jemals wissen können, ob sie wahr oder falsch ist, so lautet das Argument, spielt es gar keine Rolle, ob wir lügen oder nicht, wenn wir einen plausiblen Grund dafür haben. Einige haben sich dieses Argument zunutze gemacht, um zu erklären, warum sie und ihre ganze Profession leider der Tugend der Aufrichtigkeit im Umgang mit ihren Klienten entsagen müßten. Ein solcher Standpunkt wird zum Beispiel in einem Aufsatz eines bedeutenden Mediziners eingenommen, der häufig in der medizinischen Literatur zitiert wird:

«Vor allem muß man daran denken, daß es sinnlos ist, davon zu sprechen, einem Patienten die Wahrheit, die ganze Wahrheit und nichts als die Wahrheit zu sagen. Es ist sinnlos, weil das unmöglich ist, es ist schlichtweg unmöglich. [. . .] Da die Aufrichtigkeit unmöglich ist, kann es auch keine klare Unterscheidung geben zwischen dem, was wahr, und dem, was unwahr ist.

[. . .] Weitaus älter als das Gebot ‹die Wahrheit, die ganze Wahrheit und nichts als die Wahrheit› ist ein anderes, das in unserem Beruf entstanden ist, das immer schon den besten Ärzten als Orientierung gedient hat und es, wenn ich eine Voraussage wagen darf, auch weiterhin immer tun wird: Richte so wenig Schaden wie möglich an. Man kann Schaden anrichten durch das, was altmodisch Aufrichtigkeit genannt wird. Man kann Schaden anrichten durch Lügen. [. . .] Doch richte nur so wenig Schaden wie möglich an.» [12]

Das gleiche Argument wird häufig von biomedizinischen Forschern ins Feld geführt, die behaupten, daß es sinnlos wäre, Personen um eine informierte Zustimmung dafür zu bitten, daß sie sich zu Forschungszwecken zur Verfügung stellen, da es unmöglich sei, eine *wirklich* informierte Zustimmung zu erhalten. Auch Regierungsbeamte verwenden es, wenn sie sich entschließen, die Bürger über einen geplanten Krieg oder Notstandsmaßnahmen nicht zu unterrichten. Und sehr oft wird es durch ein zweites Argument ergänzt: Da es eine unendliche Abstufung gibt zwischen wahr und unwahr, lassen sich keine festen Grenzen ziehen, und man muß so handeln, wie man es auf Grund von anderen Überlegungen für am besten hält.

Derartige Argumente mobilisieren unsere Besorgnis über die Angemessenheit von Informationen, nur um dann aber zu einem völlig unhaltbaren Schluß zu gelangen: einem Schluß, der dem, was diejenigen, die lügen, für wohlgemeinte Lügen halten, einen Freifahrtschein ausstellt. Doch die Unterschiedlichkeit der Perspektiven ist schlagend. Diese Argumente werden von dem Lügner angeführt, niemals von denen, die angelogen werden. Man braucht sich nur einmal vorzustellen, wie die Berufsvertreter, die auf diese Weise argumentieren, reagieren würden, wenn ihre Zahnärzte, ihre Rechtsanwälte oder ihre Versicherungsagenten ähnliche Argumente benutzen würden, um *sie* zu täuschen. Als Genasführte wissen wir, was wir als Lügner unter den Teppich zu kehren neigen – daß eine Information mehr oder weniger zutreffend sein kann, daß selbst dort, wo keine festen Grenzen gezogen sind, in Wirklichkeit doch Regeln und Unterschiede aufgestellt werden können und daß man auch dort Wahrhaftigkeit verlangen kann, wo die vollständige «Wahrheit» unerreichbar ist.

Die Tatsache, daß die «ganze Wahrheit» nie zu erreichen ist, sollte daher bei der viel eingeschränkteren Untersuchung von Fragen der Wahrhaftigkeit und Unaufrichtigkeit keinen

Hemmschuh darstellen. Es *ist* möglich, die Vorstellung zu überwinden, daß die Erkenntnistheorie irgendwie Vorrang vor der Ethik besitzen sollte. Beide hängen eng zusammen, doch kein Bereich kann Priorität beanspruchen. Gleichermaßen ist es möglich, die Irrtümer zu vermeiden, die aus der Vermischung von «Wahrheit» und «Wahrhaftigkeit» erwachsen, und Unterschiede zu machen in Hinblick auf die Angemessenheit und Wichtigkeit der Informationen, die uns erreichen. Daher ist es legitim, genauer zu bestimmen, was Täuschung ist, und die moralischen Dilemmata, die daraus entstehen, zu analysieren.

Vorsätzliche Täuschung und Lüge

Wenn wir darangehen, andere vorsätzlich zu täuschen, dann geben wir ihnen eine Botschaft, die sie bewußt irreführen soll, die sie an etwas glauben lassen soll, woran wir selbst nicht glauben. Wir können das durch Gebärdenspiel, durch Verstellung, durch Handeln oder auch unterlassenes Handeln und sogar durch Schweigen erreichen. Welche von diesen unzähligen trügerischen Botschaften sind auch Lügen? Ich werde eine Lüge als eine vorsätzlich trügerische Botschaft definieren, die in irgendeiner Weise *ausgedrückt* wird. Meistens wird dieser Ausdruck verbal oder schriftlich erfolgen, doch natürlich kann diese Botschaft auch mittels Rauchsignalen, Morsezeichen, einer Zeichensprache oder ähnlichem übermittelt werden. Täuschung ist demzufolge die umfassendere Kategorie, und Lügen sind ein Teilbereich daraus.*

Diese Definition ähnelt einigen von denen, die Philosophen und Theologen gegeben haben, doch nicht allen.[13] Denn es stellt sich heraus, daß sich bereits durch die Wahl der Defi-

* Es ist absolut möglich, «Lüge» so zu definieren, daß sie identisch wird mit «Täuschung». Ausdrücke wie «Lebenslüge» lassen sich auf diese Weise interpretieren. Für die Zwecke dieses Buches ist es jedoch am besten, wenn man bei der grundlegenden Unterscheidung zwischen täuschenden *Aussagen* – Lügen – und all den anderen Formen von Täuschung bleibt.

nition häufig schon ein moralisches Dilemma ergibt. Bestimmte religiöse und moralische Traditionen lehnten alle Lügen strikt ab. Doch viele Anhänger dieser Lehren wollten zumindest ein paar Umstände anerkannt wissen, bei denen vorsätzlich täuschende Aussagen erlaubt sein könnten. Der einzige Ausweg bestand für sie darin, daß sie Lügen in einer Weise definierten, daß einige Unwahrheiten nicht als Lügen galten. So vertrat Grotius die These – und eine lange Reihe von hauptsächlich protestantischen Denkern folgte ihm darin –, daß Unehrlichkeit gegenüber denen – wie Dieben zum Beispiel –, denen man keine Ehrlichkeit schuldet, nicht als Lüge bezeichnet werden kann.[14]

Zuweilen wurde die strenge Tradition als so einschränkend empfunden, daß eine große Öffnung für zulässige Falschaussagen nötig wurde. In diesem Sinne entwickelten kasuistische Denker die Idee vom «geheimen Vorbehalt» (Mentalreservation), die, wie es in einigen extremen Formulierungen heißt, es einem erlauben kann, eine völlig falsche Aussage zu machen, solange man im Geiste etwas hinzufügt, um die Aussage wahrheitsgemäß zu machen.[15] Wenn man zum Beispiel gefragt würde, ob man die Vase von jemandem zerschlagen habe, dann könnte man mit «Nein» antworten und im Geiste den geheimen Vorbehalt hinzufügen «nicht im letzten Jahr», damit die Aussage wahr wird.

Solche Definitionen dienen dem speziellen Zweck, es Personen zu gestatten, sich einer strengen Tradition zu unterwerfen und dennoch im praktischen Alltagsleben den Spielraum zu haben, den sie wünschen. Als die strengen Traditionen bestimmter Teile des Katholizismus und Calvinismus die historisch vorherrschenden Glaubensrichtungen waren, standen derartige «definitorische» Auswege in hoher Blüte. Immer wenn ein Gesetz oder eine Regel so streng ist, daß die meisten Menschen nicht danach leben können, dann werden für gewöhnlich Versuche folgen, Schlupflöcher zu finden. Die Regeln über das Lügen sind da keine Ausnahme.

Ob man nun eine eng oder weiter gefaßte Definition des Lügens wählt, ist nicht so entscheidend, solange man sich das Recht vorbehält, die vorsätzlich täuschenden Aussagen moralisch zu beurteilen, unabhängig davon, ob sie unter die Kategorie des Lügens fallen oder nicht. Doch eine engere Definition schmuggelt häufig einen moralischen Ausdruck mit hinein, der selbst der Abwägung bedarf. Wenn man zum Beispiel sagt, daß es *keine* Lüge ist, wenn man denjenigen die Unwahrheit sagt, die kein Recht auf unsere Informationen haben, dann gleitet man über die weitläufige Frage hinweg, was denn so ein Recht auf Information bedeutet. Um diese Schwierigkeit zu vermeiden, werde ich statt dessen eine neutralere und daher weiter gefaßte Definition von Lüge verwenden: eine vorsätzlich täuschende Botschaft in der Form einer *Aussage*.

Alle täuschenden Botschaften, seien sie nun Lügen oder nicht, können ebenfalls mehr oder weniger von Selbsttäuschung[16], Irrtum und von verschiedenen Varianten der tatsächlichen Täuschungsabsicht beeinflußt werden. Diese drei Faktoren können als Filter angesehen werden, die die Art und Weise verändern, wie eine Botschaft sowohl von den Belogenen wie von den Lügnern aufgenommen wird. Um die Sache noch komplizierter zu machen: Jemand, der die Absicht hat zu täuschen, kann *mit* diesen Filtern arbeiten und sie manipulieren. Er kann die Voreingenommenheiten einiger Personen, die Einbildungen anderer ausnutzen und ebenso die Irrtümer und Unklarheiten, die überall anzutreffen sind.

Das Zusammenwirken dieser Filter, durch welche die Kommunikation läuft und wahrgenommen wird, ist ungeheuer komplex. In jedem Jahr erfahren wir mehr über die Komplexität der Kommunikation und die Rolle des Gehirns beim Aussenden und Empfangen von Botschaften. Wir erkennen die komplizierten Fähigkeiten jeder Person zur Leugnung, Verzerrung und Verfälschung von Dingen, ja auch zum Gedächtnisverlust; und auf der anderen Seite zur Sorgfalt, Wiederbelebung und Neuschaffung. Dazu kommt, daß Kommunikation über eine gewisse, manchmal lange Zeitspanne hinweg stattfindet und häufig zwischen mehr als zwei Personen. Die vielen Experimente zur Entstehung von Gerüchten zeigen, wie Informationen verfälscht, ausgeschmückt und teilweise verloren werden, wenn sie von einer Person an die nächste weitergegeben werden, bis sie am Ende kaum noch wiederzuerkennen sind, obwohl niemand die Absicht gehabt haben mag, etwas Unwahres zu sagen.[17]

Allein der Versuch, all diese Faktoren in unserem Geist unter einen Hut zu bringen, kann den Versuch zu einer ethischen Untersuchung der Täuschung entmutigen. Daher schlage ich vor, daß wir in den folgenden Kapiteln die Filter weglassen, um uns vorrangig eindeutigen Lügen zuzuwenden – Lügen, wo die Absicht zu täuschen offensichtlich ist, wo der Lügner weiß, daß das, was er kommuniziert, nicht das ist, was er selbst glaubt, und wo er sich nicht selbst betrügt und seinen eigenen Lügen glaubt. Natürlich müssen wir die Filter immer im Hinterkopf behalten und dürfen die zugrundeliegende Komplexität der Angelegenheit nie vergessen. Doch bei eindeutigen Lügen können wir viel schärfere Unterscheidungen treffen, als wenn wir uns zuerst den subtileren Varianten zuwenden. Und es ist wichtig, zu versuchen, einige der Probleme, die sich mit diesen Lügen stellen, zu lösen. Schließlich geht es bei vielen der brennendsten moralischen Fragen um die Entscheidung, ob man eine handfeste Lüge aussprechen soll oder nicht.

Wenn wir für diese Entscheidungen eine größere Klarheit erlangen könnten und damit das Maß des bestehenbleibenden Zweifels verringern würden, dann könnten wir uns mit festerem Boden unter den Füßen wiederum den ganzen Grenzproblemen zuwenden. Die folgenden Seiten werden sich daher mit eindeutigen Lügen beschäftigen und sie für sich behandeln. Welchen Einfluß haben solche Lügen auf unsere Wahrnehmung und auf unsere Entscheidungen? Und wann könnte es für sie eine Rechtfertigung geben?

2
Vertrauen und Wahrhaftigkeit

«Angenommen, die Menschen glaubten, es gäbe keine Verpflichtung zur Wahrhaftigkeit, und würden entsprechend handeln, das heißt zum einen ihre ehrliche Meinung aussprechen, doch ebensooft auch das Gegenteil davon sagen. Würde damit nicht das ganze Vergnügen der Konversation und auch das Vertrauen in jede Erzählung zerstört werden? Die Menschen würden nur noch geschäftlich reden und auch hierbei bald jedes gegenseitige Vertrauen verlieren.»

Francis Hutcheson, ‹*A System of Moral Philosophy*›

«Ein großer Mensch . . . was ist das? . . . Er lügt lieber, als daß er die Wahrheit redet; es kostet mehr Geist und *Willen*. Es ist eine Einsamkeit in ihm, unerreichbar für Lob und Tadel, eine eigene Gerichtsbarkeit, welche keine Instanz über sich hat.»

Friedrich Nietzsche, ‹*Wille zur Macht*›

«Das Lügen erinnert an die Spieltheorie. Es bezieht mindestens zwei Personen mit ein, einen Lügner und jemanden, der belogen wird; es übermittelt Informationen für die Glaubwürdigkeit und Wahrhaftigkeit wichtig sind; das Lügen beeinflußt die Entscheidung eines anderen, die der Lügner antizipiert; die Entscheidung des Lügners, zu lügen oder nicht zu lügen, ist Teil seiner Strategie; die Möglichkeit einer Lüge betrifft wahrscheinlich den zweiten Beteiligten und kann vor dem Hintergrund einiger A-priori-Erwartungen beurteilt werden, und schließlich gibt es vielfältige Vergeltungsmöglichkeiten . . .»

Thomas Schelling, ‹*Game Theory and the Study of Ethical Systems*›

Täuschung – auch eine Form von Gewalt

Täuschung und Gewalt – dieses sind zwei Formen eines vorsätzlichen Angriffes auf Menschen.[1] Beide können Menschen dazu zwingen, gegen ihren Willen zu handeln. Fast alles Leid, das einem Opfer durch Gewalt zugefügt werden kann, kann ihm auch durch Täuschung geschehen. Doch die Täuschung übt ihre Herrschaft auf subtilere Weise aus, da sie nicht nur auf der Ebene des Handelns, sondern auch der Überzeugungen arbeitet. Sogar Othello, den kaum einer mit Gewalt zu bezwingen gewagt hätte, konnte durch Unwahrheiten dazu gebracht werden, sich selbst und Desdemona zu vernichten.

Weil wir um dieses Zwangsmoment in der Täuschung wissen und wissen, daß wir dem wehrlos ausgeliefert sind, halten wir Wahrhaftigkeit für so *zentral.* Selbstverständlich kann die Täuschung – wieder wie die Gewalt – zur Selbstverteidigung eingesetzt werden, sogar um sich das Leben zu retten. Ebenso gibt es recht triviale Situationen, wo sie angewendet wird, zum Beispiel bei Notlügen. Doch das Vermögen der Täuschung, Zwang auszuüben und zu zerstören, ist so groß, daß eine Gesellschaft ohne einen gewissen Grad an Aufrichtigkeit in Rede und Handlung wohl kaum funktionieren könnte.*

Man stelle sich eine Gesellschaft vor, wie ideal sie in anderer Hinsicht auch sein möge, wo man sich in keiner Weise auf Worte und Gesten verlassen kann. Die Fragen, die gestellt, die Antworten, die gegeben, die Informationen, die ausgetauscht werden, alles wäre wertlos. Wären alle Aussagen nach Belieben entweder ehrlich oder trügerisch, würde das die Handlungen und die Handlungsentscheidungen von Grund auf unterminieren. Damit Sprache und Handeln mehr sind als blinde Tastversuche, muß es einen minimalen Grad an Vertrauen in der Kommunikation geben. Daher hat man ein gewisses Niveau an Wahrhaftigkeit schon immer für einen we-

* Aber natürlich können auch ehrliche Aussagen, die niemanden täuschen wollen, selbst gewalttätig und destruktiv sein; sie können als Waffen verwendet werden, um zu verletzen und gewalttätig zu sein.

sentlichen Bestandteil der menschlichen Gesellschaft gehalten, unabhängig davon, wie unzulänglich andere moralische Prinzipien beachtet werden. Sogar die Teufel selbst belügen sich nicht gegenseitig, wie Samuel Johnson sagte, da die Höllengesellschaft genausowenig wie andere ohne Aufrichtigkeit bestehen könnte.[2]

Eine Gesellschaft, deren Mitglieder nicht in der Lage wären, wahrhaftige von lügnerischen Botschaften zu unterscheiden, würde zusammenbrechen. Aber auch noch vor einem solchen allgemeinen Zusammenbruch wären die individuelle Entscheidungsfähigkeit und das individuelle Überleben gefährdet. Bei der Suche nach Nahrung und Schutz könnte man sich auf niemanden verlassen. Eine Warnung, daß ein Brunnen vergiftet sei oder eine Bitte um Hilfe bei einem Unfall würde man nicht ernst nehmen, bis diese Aussagen von einem Dritten bestätigt werden.

All unsere Entscheidungen hängen von unseren Einschätzungen dessen ab, was real der Fall ist; diese Einschätzungen müssen sich ihrerseits wiederum häufig auf Informationen von anderen verlassen. Lügen verfälschen diese Informationen und damit unsere Situation, so wie wir sie wahrnehmen, und ebenso unsere Entscheidungen. Eine Lüge, so formuliert es Nicolai Hartmann, «benachteiligt den Belogenen im Leben, sie leitet irre».[3]

In dem Maße, wie Wissen Macht verleiht, in demselben Maße beeinflussen Lügen die Verteilung von Macht; Lügen vergrößern die Macht des Lügners und vermindern die des Getäuschten, indem sie seine Entscheidungen auf verschiedenen Ebenen verändern.[4] Zunächst kann eine Lüge falsch informieren, um auf diese Weise jemanden von einem *Ziel* abzubringen, von etwas, was die getäuschte Person tun oder erlangen wollte. Sie kann das Ziel als unerreichbar oder nicht länger erstrebenswert erscheinen lassen. Sie kann sogar ein neues Ziel schaffen, was zum Beispiel der Fall war, als Jago durch Täuschung in Othello den Wunsch erzeugte, Desdemona zu töten.

Lügen können auch wichtige *Alternativen* ausschalten oder verdunkeln, so wenn einem Reisenden fälschlich gesagt wird, eine Brücke sei zusammengestürzt. Manchmal stärken Lügen auch den Glauben, daß es mehr Alternativen gibt, als es tatsächlich der Fall ist; bei anderer Gelegenheit kann eine Lüge dazu führen, daß man unnötigerweise das Zutrauen zu der besten Alternative verliert. In der gleichen Weise lassen sich durch erfolgreiche Täuschungen die Einschätzungen von *Kosten und Nutzen* irgendeiner Handlung endlos variieren. Der ungeheure Tribut an Menschenleben und Glück, den das amerikanische Eingreifen in Vietnam forderte, geht zumindest zum Teil auf die Täuschung (vermischt mit Selbsttäuschung) derer zurück, die den Entscheidungsträgern übermäßig optimistische Informationen zuleiteten.

Schließlich kann das Maß an Unsicherheit, mit der wir unsere Entscheidungsmöglichkeiten betrachten, durch Täuschung manipuliert werden. Täuschung kann eine Situation im Lichte falscher Gewißheit wie auch falscher Ungewißheit erscheinen lassen. Täuschung kann die ins Auge gefaßten Ziele beeinflussen, die Alternativen, die man für möglich hält, die Einschätzungen von Risiken und Vorteilen. Eine solche Manipulation der Dimension der Gewißheit gehört zu den wesentlichen Verfahren, um Macht über die Entscheidungen derer zu gewinnen, die getäuscht werden. Und ebenso wie Täuschung jemanden zu Handlungen veranlassen kann, die diese Person sonst nie ausgeführt hätte, so kann sie auch Handlungen verhindern, indem sie die Notwendigkeit einer Entscheidung verschleiert. – Eine scheinbare Normalität zu erzeugen, um jeden Verdacht abzuwenden – darin besteht das Wesen der Verschleierung und Vertuschung.

Jeder ist mal auf Täuschungsmanöver angewiesen, um aus einer Verlegenheit herauszukommen, um das Gesicht nicht zu verlieren, um die Gefühle anderer nicht zu verletzen. Einige machen davon in bewußter Weise Gebrauch, um zu manipulieren oder um Einfluß zu gewinnen. Doch alle sind sich sehr genau über die Bedrohungen im klaren, die von Lügen ausgehen können, und über das Leid, das sie bringen können. Diese doppelseitige Erfahrung, über die wir alle verfügen, macht die Zielstrebigkeit, mit der in der Praxis für eine der beiden Seiten Partei genommen wird, um so erstaunlicher. Warum werden die Folgen der Täuschung in so radikal verschiedener Weise beurteilt, wenn sie aus der Sicht des Lügners oder des Belogenen betrachtet werden?

Die Perspektive des Getäuschten

Diejenigen, die erfahren, daß man sie in einer wichtigen Angelegenheit – zum Beispiel, was die Identität ihrer Eltern, die Zuneigung ihres Ehepartners oder die Rechtschaffenheit ihrer Regierung anbetrifft – angelogen hat, sind aufgebracht, enttäuscht und mißtrauisch. Sie fühlen sich betrogen und müssen mit noch weiteren Enthüllungen rechnen. Und im Licht der nun an den Tag gebrachten Lügen blicken sie zurück auf ihre vergangenen Überzeugungen und Handlungen. Sie erkennen, daß sie manipuliert worden sind, daß der Betrug ihnen die Möglichkeit genommen hat, ihre Entscheidungen auf der Basis der zutreffendsten Informationen, die es gab, zu treffen, ihnen die Möglichkeit genommen hat, so zu handeln, wie sie es hätten tun wollen, wenn sie von vornherein Bescheid gewußt hätten.

Natürlich muß man seine Entscheidungen nicht selbst und auf der Grundlage von Informationen treffen. Man kann sich auch *entscheiden*, es aufzugeben, selbst zu entscheiden, und andere für sich entscheiden zu lassen – den Vormund, den Finanzberater, den politischen Repräsentanten. Man kann sich auch dazu entscheiden, seine Entscheidungen überhaupt nicht mehr auf Informationen der konventionellen Art zu gründen, und statt dessen den Sternen oder den Würfeln oder den Wahrsagern vertrauen.

Doch solche Alternativen sollten der eigenen Entscheidung entspringen und niemandem hinterlistig durch Lügen oder sonstige Formen der Manipulation auferlegt werden. Die meisten von uns würden sich dagegen zur Wehr setzen, die Kontrolle darüber zu verlieren, welche Entscheidungen wir an andere delegieren und welche wir selbst treffen wollen – unter Zuhilfenahme der besten Informationen, die man bekommen kann. Wir setzen uns zur Wehr, weil wir aus Erfahrung wissen, welche Folgen es hat, wenn andere uns täuschen wollen, und sei es «nur zu unserem eigenen Besten». Natürlich wissen wir, daß viele Lügen trivial sind. Doch da wir, wenn man uns belügt, keine Möglichkeit haben zu beurteilen, welche Lügen nun die trivialen sind, und da wir nicht das Vertrauen aufbringen, daß sich Lügner auf diese trivialen Lügen beschränken werden, müssen wir aus der Perspektive des Betrogenen *jede* Täuschung ablehnen.

Diese Perspektive beschränkt sich auch nicht nur auf jene, die in einer bestimmten Situation hinters Licht geführt werden. Auch wenn nur eine einzige Person getäuscht worden ist, so können als Folge doch auch viele andere dadurch geschädigt werden. Wenn ein Bürgermeister über die Notwendigkeit höherer Steuern hinweggetäuscht wird, dann wird die ganze Stadt die Konsequenzen zu tragen haben. Dementsprechend wird die Perspektive des Getäuschten von all jenen geteilt, die die Konsequenzen einer Lüge zu spüren bekommen, wurden sie nun selber belogen oder nicht. Als man zum Beispiel die amerikanische und die gesamte Weltöffentlichkeit glauben machte, daß die USA mit der Bombardierung Kambodschas noch nicht begonnen hätten, waren die Kambodschaner selbst den härtesten Konsequenzen ausgesetzt, obwohl man wohl kaum von ihnen behaupten konnte, daß man sie hinsichtlich der Bombardierung im unklaren gelassen hatte.

Es gibt hier eine interessante Parallele zwischen Skeptizismus und Determinismus. Ebenso wie der Skeptizismus die Möglichkeit des *Wissens* leugnet, so leugnet der Determinismus die Möglichkeit der *Freiheit*. Doch für eine vernünftige Entscheidung sind sowohl Wissen wie Freiheit unabdingbar. Eine solche Entscheidung wäre jemandem verwehrt, der in seinem tiefsten Herzen Skeptiker und Determinist ist. Er würde wie ein trockenes Blatt im Wind herumgeworfen werden. Nur wenige gehen so weit. Doch eine größere Anzahl von Menschen wird sich derartige Anschauungen von Zeit zu Zeit zu eigen machen, so zum Beispiel, wenn sie bequeme Entschuldigungen für das Lügen brauchen. Lügen, so könnten sie argumentieren, fügen der ohnehin bestehenden allgemeinen

Fehlinformiertheit oder «Unfreiheit» der Angelogenen nichts Wesentliches hinzu. Doch sollten sie sich in die Position der Getäuschten versetzen, dann würden ihnen solche Entschuldigungen des Lügens wirklich als hohl erscheinen. Skeptizismus und Determinismus müssen beiseite gelassen werden, wenn das Problem moralischer Entscheidung auch für Lügner dieselbe Bedeutung behalten soll, die es für uns, als Getäuschte, in unserem Leben hat.

Täuschung kann also die Ausübung von Zwang bedeuten. Wenn sie gelingt, kann sie dem Täuschenden Macht verleihen – eine Macht, die all jene, die unter den Folgen von Lügen leiden, freiwillig nicht abtreten würden. Aus dieser Perspektive ist die These eindeutig unhaltbar, daß man ungestraft lügen können sollte, wann immer man es will. Ebenso unhaltbar wäre es, ein solches Recht unter den stärker eingeschränkten Umständen geltend zu machen, die den Lügnern angeblich einen guten Grund zum Lügen geben. Das trifft um so mehr zu, als Lügen so häufig in Begleitung aller möglichen *anderen* Missetaten auftauchen – von Mord und Bestechung bis zu Steuerhinterziehung und Diebstahl. Wenn wir es also ablehnen, das Recht gutzuheißen, frei zu entscheiden, wann man lügt und wann nicht, dann versuchen wir uns dadurch nur vor den Lügen zu schützen, die alle anderen unrechtmäßigen Handlungen verteidigen oder verschleiern.

Aus diesem Grunde unterstützt die folgende Aussage von Aristoteles den Standpunkt der Getäuschten:

«Ein unaufrichtiges Wesen aber ist rein für sich (ohne Absicht) genommen etwas Schlechtes und Tadelnswertes; die Aufrichtigkeit, für sich genommen, etwas Schönes und Lobenswertes.»[5]

In der Beurteilung von Wahrhaftigkeit und Lügen gibt es ein grundlegendes Ungleichgewicht. Lügen erfordern eine *Begründung*, während die Wahrhaftigkeit keiner Begründung bedarf. Das Lügen muß entschuldigt werden; in jedem einzelnen Fall müssen Gründe beigebracht werden, die zeigen, warum eine bestimmte Lüge nicht «schlecht und tadelnswert» ist.

Die Perspektive des Lügners

Denjenigen, die sich in die Perspektive möglicher Lügner versetzen, geht es um andere Dinge. Für sie ist die Entscheidung häufig schwierig. Mit Machiavelli glauben sie vielleicht, daß diejenigen, die «große Dinge» vollbracht haben, sich «nicht um Ehrlichkeit geschert haben». Vielleicht vertrauen sie darauf, daß sie von der Macht, die ihnen Lügen bringt, einen weisen Gebrauch machen können. Und vielleicht glauben sie an ihre eigene Fähigkeit, immer genau die Situationen zu erkennen, in denen gute Gründe ihren Entschluß zur Lüge abstützen.

Mit denjenigen, die sie täuschen, teilen Lügner den Wunsch, nicht *getäuscht zu werden*. Daher würden sie das Lügen gern für sich selbst reservieren, wohingegen sie darauf bestünden, daß andere ehrlich zu sein haben. Sie würden in anderen Worten am liebsten einen Status besitzen, der ihnen die Vorteile des Lügens einbringt, jedoch ohne das Risiko, selbst belogen zu werden. Einige beanspruchen diesen Status nur für sich allein. Andere dehnen ihn auf ihre Freunde, soziale Gruppen oder ihre Berufssparte aus. Die Kategorie dieser Personen kann eng oder weit gefaßt sein; doch als notwendigen Hintergrund verlangt sie die grundsätzliche Annahme der Ehrlichkeit der meisten Personen. Der risikofreie Lügner zieht seinen Nutzen daraus, daß er eine Ausnahme ist, und er könnte nicht existieren in einer Welt, wo jedermann diese selben Vorrechte für sich beanspruchen würde.

Bisweilen verhalten sich Lügner so, als ob sie überzeugt wären, daß sie einen solchen ungebundenen Ausnahmestatus innehätten und daß dieser Status alles entschuldigen würde. Aber manchmal trifft man auch auf die gegenteilige Begründung: in den Augen mancher wird ihr lügnerisches Verhalten gerade durch die Tatsache entschuldigt, *daß* die anderen lügen. Es ist entscheidend, daß man den Unterschied beachtet zwischen dem Lügner, der sich nassauernd das Beste abschöpft, und dem Lügner, dessen Hintergehungen eine Überlebensstrategie in einer korrupten Gesellschaft sind.*

* Obwohl man beide auseinanderhalten muß, bestehen doch enge Ver-

Keiner möchte gern von anderen hinters Licht geführt werden. Doch viele wären gern in der Lage, die Vorteile und Nachteile nuancierter abzuwägen, wenn sie selbst vor der Entscheidung stehen, ob sie lügen sollen oder nicht. Sie können spezielle Gründe für das Lügen anführen – zum Beispiel die Notwendigkeit, daß die Schweigepflicht nicht verletzt wird, oder weil die Gefühle einer Person geschont werden sollen. Daher sind sie dann um so eher bereit, eine gutgemeinte Lüge bei sich selbst zu entschuldigen; die Betrogenen neigen dazu, die guten Absichten derjenigen, die sie hintergehen, mit sehr viel weniger Optimismus zu betrachten.

Doch bei dieser wohlwollenden Selbstbeurteilung der eigenen Lügen werden von dem Lügner fast immer bestimmte Nachteile und der Schaden, der damit angerichtet wird, übersehen. Lügner wägen für gewöhnlich nur den unmittelbaren Schaden, der anderen durch die Lüge zugefügt wird, gegen die Vorteile, die sie erlangen wollen, ab. Der Fehler bei einer solchen Betrachtungsweise liegt darin, daß sie zum einen den Schaden übersieht, den das Lügen dem Lügner selbst zufügt, und zum anderen den Schaden, der dabei auf der allgemeinen Ebene des sozialen Vertrauens und der Kooperation entsteht. Beide Schäden sind folgenreich, und beide lassen sich schwer rückgängig machen.

Wie wird der Lügner von seinen eigenen Lügen betroffen? Schon allein die Tatsache, daß er *weiß*, daß er lügt, betrifft ihn. Vielleicht betrachtet er die Lüge als einen Angriff auf seine Integrität; sicherlich betrachtet er diejenigen, die er belogen hat, nun mit einer neuartigen Wachsamkeit. Und falls sie herausfinden, daß er gelogen hat, weiß er, daß seine Glaubwürdigkeit und die Achtung vor dem, was er sagt, zerstört sind. Als Adlai Stevenson 1961 vor die Vereinten Nationen treten mußte, um ihnen über die Rolle der Vereinigten Staaten in der Schweinebucht-Invasion etwas vorzumachen, da veränderte er den Kurs seines Lebens. Möglicherweise war ihm nicht von Anfang an bekannt, daß die Botschaft, die er

wandtschaften. Wenn nur eine genügende Anzahl von Personen sich nach Belieben des Lügens bedient, dann wird der Zeitpunkt kommen, wo sich alle genötigt sehen zu lügen, um überleben zu können.

übermitteln wollte, unwahr war; doch es muß allein schon schwierig gewesen sein, mit der Last fertig zu werden, das Werkzeug eines solchen Betruges zu sein. Noch härter war es wohl, in aller Öffentlichkeit das Vertrauen der Kollegen zu verlieren.

Wenn wir einmal voraussetzen, daß es den Lügner verletzt, wenn er als jemand entlarvt würde, der die Öffentlichkeit in einer wichtigen Angelegenheit belogen hat, müssen wir dann daraus schließen, daß dies bei jeder Lüge der Fall wäre? Wie steht es mit denen, die von Zeit zu Zeit mal von Notlügen Gebrauch machen? Setzt das Lügen ihnen in derselben Weise zu? Eine solche Vorstellung läßt sich nur schwer aufrechterhalten. Für sich genommen unterminiert keine einzige seiner trivialen Lügen die Integrität des Lügners. Doch die Lügner haben das Problem, daß sie dazu neigen, die *meisten* ihrer Lügen in diesem wohlwollenden Licht zu sehen und damit das Risiko, das sie laufen, beträchtlich zu unterschätzen. Auch wenn nicht jede einzelne Lüge dem Lügner Schaden zufügt, so bergen die meisten Lügen doch dieses *Risiko*.

Dieses Risiko wird noch dadurch vergrößert, daß es nur wenige Lügen gibt, die nicht gleich weitere nach sich ziehen. Ein kluger Kopf bemerkte einmal, daß es leicht sei zu lügen, doch schwer, es nur einmal zu tun. Die erste Lüge «muß von einer weiteren überdacht werden oder sonst regnet es durch». Man wird vielleicht immer mehr Lügen benötigen; immer mehr Löcher muß der Lügner zustopfen. Und die Belastung wird für ihn von Mal zu Mal größer – es gibt viele Hinweise darauf, daß man ein exzellentes Gedächtnis besitzen muß, um den Überblick über die eigenen Unwahrheiten nicht zu verlieren.[6]

Über die Energie, die der Lügner allein dafür aufwenden muß, um seine Lügen abzustützen, kann der Ehrliche frei verfügen.

Den ersten Lügen können darüber hinaus weitere um so leichter folgen. Psychologische Schranken werden durchlässiger; Lügen erscheinen notwendiger und weniger verwerflich; die Fähigkeit, moralische Differenzierungen zu machen, kann verkümmern; die Möglichkeit, daß man ihm auf die Schliche kommt, kann vom Lügner völlig unterschätzt werden. Diese

Veränderungen können sein Verhalten auf subtile Weise beeinflussen; selbst wenn man ihm nicht auf die Spur kommen sollte, wird man ihm weniger Vertrauen entgegenbringen als Personen, deren Aufrichtigkeit unbezweifelt ist. Und unvermeidlich vergrößert sich mit einer erhöhten Häufigkeit von Lügen die Chance, daß einige davon entlarvt werden. Und in einem solchen Fall wird selbst der Lügner – selbst wenn er persönlich bei seinen unehrlichen Praktiken nicht das Gefühl des Integritätsverlustes hat – den Schaden bedauern, den seine Glaubwürdigkeit erleidet, wenn seine Lügen aufgedeckt werden. Hat er das Vertrauen anderer erst einmal verloren, dann steht der Lügner am Ende mit einer wesentlich *verminderten* Macht da – obwohl eine Lüge häufig zumindest kurzfristig einen Zuwachs an Macht über die Getäuschten einbringt.

Auch wenn der Lügner sich nur wenig um die Gefahren kümmert, in die er andere bringt, so spricht doch das Risiko, das er selbst zu tragen hat, dafür, daß er jede Entscheidung, ob er lügt oder nicht, zumindest sehr ernsthaft abwägt. Allerdings werden solche Risiken kaum in seine Überlegungen mit eingehen. Voreingenommenheit wird alle seine Urteile einseitig machen, und das vor allem bei der Suche nach guten Gründen zum Lügen. Diese Voreingenommenheit verbindet sich nicht nur mit Unwissenheit und Ungewißheit, so daß Lügner geneigt sind, ihren eigenen guten Willen, ihre hohen Motive und ihre Chancen, einer Entdeckung zu entgehen, zu überschätzen; diese Voreingenommenheit führt daneben auch zu einem übermäßigen Zutrauen zu ihrer eigenen Unempfänglichkeit für persönliche Verstrickungen, Ärger und Integritätsverlust – Dinge, die sie so leicht bedrohen könnten.[7]

Der freizügige Status, den der Lügner sich selbst verleiht, kann daher auf ihn ebenso korrumpierend wirken wie alle anderen Formen der ungezügelten Machtausübung. Es gibt in Wirklichkeit nur sehr wenige Möglichkeiten, sich durch Lügen Vorteile ohne Gegenleistung zu verschaffen. Ich möchte in diesem Buch jene außergewöhnlichen Umstände untersuchen, wo es wenig wahrscheinlich ist, daß Lügen dem Lügner oder den Belogenen Schaden zufügen, und Prozeduren, mit denen sie isoliert und unter Kontrolle gebracht werden können. Doch die Möglichkeit, daß dem Lügner Schaden entsteht, kann nur selten völlig ausgeschlossen werden.

Voreingenommenheit ist auch der Grund, warum Lügner häufig die zweite Form von Schaden ebenfalls ignorieren. Denn selbst wenn sie sich die Mühe machen, die Folgen ihrer Lügen auf *Einzelpersonen* abzuschätzen – für sich selbst oder andere –, so berücksichtigen sie oft doch nicht die vielen Formen, in denen Unaufrichtigkeit sich ausbreiten und Verhaltensweisen entstehen lassen kann, die sehr schädigend für die Gemeinschaft sind. Diese Verhaltensweisen betreffen eindeutig nicht nur isolierte Individuen. Das Furnier sozialen Vertrauens ist oft dünn. Wenn Lügen sich ausbreiten – durch Nachahmung, als Vergeltung oder um einer befürchteten Täuschung zuvorzukommen –, dann ist das Vertrauen angeknackst. Doch Vertrauen ist ein soziales Gut, das ebenso schützenswert ist wie die Luft, die wir atmen, oder das Wasser, das wir trinken. Wenn das Vertrauen angeknackst ist, dann leidet die Gemeinschaft als ganze darunter; und wenn die Gemeinschaft zerstört ist, dann erodieren Gesellschaften.

Wir leben in einer Zeit, wo man insgesamt auf den ersten Blick einen immer größeren Vertrauensschwund erkennen kann. Das Vertrauen zu Staatsvertretern oder bestimmten Berufsgruppen ist ernsthaft untergraben worden. Das ist eine ganz natürliche Reaktion nach der Aufdeckung all jener Täuschungsmanöver, die im Namen so schön klingender Ziele wie «nationale Sicherheit» gerechtfertigt worden sind. Es wird seine Zeit brauchen, bis man den Regierungserklärungen, daß die CIA bei einem Umsturz in Lateinamerika nicht die Finger im Spiel hatte oder daß neue Zahlen auf einen bevorstehenden Wirtschaftsaufschwung hindeuten, wieder Glauben schenkt. Nicht nur die uns inzwischen so vertrauten Regierungsvertreter, sondern auch zahllose andere, niederen und höheren Ranges, in der Regierung oder außerhalb, bedienten sich jener Praktiken, die den heutigen Vertrauensmangel herbeiführten, und sie taten es jedesmal aus einem scheinbar unumstößlichen Grund heraus.

Nehmen wir zum Beispiel einen Regierungsvertreter, der darauf hofft, daß der Kongreß einen entscheidenden Teil der

Sozialgesetzgebung verabschiedet. Sollte er einen Kongreßabgeordneten belügen, weil er ihn für unfähig hält, die Wichtigkeit und Dringlichkeit des Gesetzes zu begreifen, der jedoch mächtig genug ist zu verhindern, daß es durchkommt? Sollte er ihm erzählen, daß sich die Regierung für weitaus umfangreichere Maßnahmen einsetzen werde, wenn die eingebrachte Gesetzesvorlage nicht verabschiedet wird?

Wenn man diese Fragen beantwortet, dann sollte man nicht nur diesen herausgegriffenen Einzelfall betrachten, sondern auch das gesamte Umfeld, das dazugehört. Welche Wirkung hat ein solches Verhalten auf Kollegen und Untergebene, die Zeugen der Täuschung werden, zu der in einer solchen Entscheidungssituation häufig gegriffen wird? Welche Wirkung hat es auf die Mitglieder des Kongresses, die unausweichlich von einigen dieser Lügen erfahren? Und welche Wirkung hat es auf die Wählerschaft, wenn sie von diesen oder ähnlichen Praktiken erfährt? Von hier aus sollte man dann zurückblikken auf die engere Welt des Regierungsvertreters, der sich über ein Gesetz Sorgen macht, an das er glaubt, und der hofft, durch eine kleine Täuschung eine entscheidende Abstimmung beeinflussen zu können.

Es ist die Furcht vor dem Leid, das Lügen anrichten, die Aussagen wie die folgenden aus der Offenbarung des Johannes (22, 15) erklärt, die sonst merkwürdig übertrieben wirken würden:

«Draußen sind die Hunde und die Zauberer und die Unzüchtigen und die Totschläger und die Götzendiener und jeder, der Lüge liebhat und tut.»[8]

Es ist die tiefsitzende Sorge der Menge, die hier spricht; zu dieser Aussage kann es kaum einen größeren Kontrast geben als die selbstbewußte, individualistische Ansicht Machiavellis:

«Denn die Menschen sind so einfältig und so gewöhnt, den herrschenden Verhältnissen nachzugeben, daß der, welcher betrügen will, immer Leute findet, welche sich betrügen lassen.»[9]

Die Diskrepanz der Perspektiven

Die Diskrepanz der Perspektiven erklärt die zweideutige Stellung, die die meisten von uns gegenüber dem Lügen einnehmen. Während wir auf der einen Seite die Gefahren des Lügens kennen und wir eine Welt bevorzugen würden, in der sich die anderen des Lügens enthielten, so wissen wir andererseits doch auch, daß es Gelegenheiten gibt, wo es hilfreich, ja vielleicht sogar notwendig wäre, wenn wir selbst ungestraft zur Lüge greifen könnten. Isoliert und für sich betrachtet, ist jede der beiden Perspektiven unvollständig. Jede von ihnen kann moralische Entscheidungen einseitig beeinflussen und sie dadurch hohl werden lassen. Auch die Perspektive des Getäuschten kann zu unbegründeten, diskriminierenden Verdächtigungen von Personen führen, die man für nicht vertrauenswürdig hält.

Wir müssen es lernen, uns zwischen den beiden Perspektiven hin und her zu bewegen und sogar beide zugleich in den Blick zu nehmen, so wie man es im Fall einer optischen Täuschung versucht. In der Ethik bedeutet diese doppelte Sichtweise die Anwendung der Goldenen Regel: Man soll sich bemühen, seine eigenen Handlungen nicht nur aus der Sicht des Subjektes, des Ausführenden zu erleben, sondern auch aus der Sicht des von unserer Handlung Betroffenen, der zuweilen ein Opfer ist. Häufig ist es gar nicht so leicht, sich an die Stelle desjenigen zu versetzen, dessen Lebensschicksal man niemals teilen wird – beim Lügen aber gibt es eine solche Schwierigkeit nicht. Wir alle wissen, was es heißt zu lügen, belogen zu werden, zu Recht oder zu Unrecht in den Verdacht zu kommen, gelogen zu haben. Im Prinzip kann jeder von uns sofort beide Perspektiven einnehmen. Sich diese Mühe zu machen ist vor allem dann wichtig, wenn wir über Lügen nachdenken, die wir gern benutzen können möchten. Bei solchen Entscheidungen und Urteilen fällt es am schwersten, der Goldenen Regel zu folgen. Der moslemische Mystiker Al-Ghazali empfahl den Wechsel der Perspektiven mit den folgenden Worten:

«Wenn du die Schändlichkeit des Lügens für dich selbst erkennen willst, dann denke an die Lügen eines anderen, wie du ihnen ausweichst und wie du den Mann verachtest, der lügt, und du sein Reden für unaufrichtig hältst. Tu dasselbe nun mit all deinen eigenen Untugenden, denn du erkennst die Schändlichkeit deiner Untugenden nicht an deinem eigenen Beispiel, sondern am Beispiel eines anderen.» [10]

Aus der Sicht dieser beiden Perspektiven ergibt sich wiederum eine erstaunliche Parallele zwischen Täuschung und Gewalt. Denn Gewalt und Täuschung sind nicht allein Mittel einer unrechtmäßigen Zwangsausübung, sondern auch ebenso Mittel der Selbstverteidigung und des Überlebens. Gewalt und Lüge sind in der Religion, von der Ethik, dem Gesetz und der moralischen Konvention geächtet, und es sind Überlegungen angestellt worden, wie man mit dem schweren Druck fertig werden kann, den sie zur Folge haben.

Indes sind sie auch durch alle Zeiten hindurch gefeiert worden, wenn man sie aus der aktiven Perspektive betrachtet, aus der Perspektive des Lügners, des Starken. Der Held benutzt die Täuschung zum Zweck des Überlebens und der Eroberung. Aus dieser Sicht werden Gewalt und Täuschung großmäulig und triumphierend dargestellt. Nietzsche und Machiavelli sind ihre Fürsprecher, epische Dichtungen ihr Zuhause. Man höre zum Beispiel die Worte, die in der *Odyssee* die lächelnde Athene an Odysseus richtet:

«Klug müßte der und diebisch sein, der dich überholen wollte in allen Listen, und träte auch ein Gott dir gegenüber! Du Schlimmer, Gedankenbunter, Unersättlicher an Listen! So wolltest du denn nicht einmal, wo du doch in *deinem* Lande bist, aufhören mit den Betrügereien und mit den Reden, den diebischen, die dir von Grund auf eigen sind? Doch auf! reden wir nicht mehr davon, die wir doch beide die Listen kennen! da *du* unter den Sterblichen allgesamt der weitaus beste bist an Rat und Worten, *ich* aber unter den Göttern berühmt durch Klugheit bin und Listen.» [11]

Die Perspektive der Getäuschten gibt also eine Reihe von Gründen an die Hand, warum Lügen nicht wünschenswert sind. Diejenigen, die diese Perspektive teilen, haben Grund, die Wirkungen unaufgedeckter Lügen für die Entscheidungen von Lügnern und Hintergangenen zu fürchten. Sie sind sich der Bedrohung nur allzusehr bewußt, die von entdeckten oder vermuteten Lügen für Vertrauen und Kooperation in der Gesellschaft ausgeht. Und sie ziehen nicht nur die individuelle Lüge in Betracht, sondern die Praktiken des Lügens in der gesamten Gesellschaft und die Langzeitfolgen, die sich daraus ergeben können.

Aus diesen Gründen müssen wir zumindest den Standpunkt von Aristoteles als grundlegende Prämisse akzeptieren, nämlich daß Lügen «schlecht und tadelnswert» und daß wahrhaftige Aussagen Lügen vorzuziehen sind, soweit man auf dieser allgemeinen Ebene redet. Diese Prämisse bürdet den Lügen eine grundlegende negative Last auf. Sie geht davon aus, daß Lügen in Hinblick auf unsere Entscheidungen nicht neutral sind und daß das Lügen einer Rechtfertigung bedarf, während das bei der Wahrheit für gewöhnlich nicht der Fall ist. Diese Prämisse stellt ein Gegengewicht zu der kruden Beurteilung dar, die Lügner von ihren eigenen Motiven und von den Konsequenzen ihrer Lügen abgeben. Und die Beweislast bürdet sie eindeutig jenen auf, die sich die Perspektive des Lügners zu eigen machen.

Diese präsumtive Einstellung gegen das Lügen kann auch so ausgedrückt werden, daß der positive Wert von Wahrhaftigkeit betont wird.[12] In den folgenden Kapiteln möchte ich vom «Prinzip Wahrhaftigkeit» sprechen, das das grundlegende Ungleichgewicht unseres Gegeneinanderabwägens von Wahrhaftigkeit und Lüge ausdrücken soll.

Es ist nicht unbedingt ein Prinzip, das über allen anderen steht, nicht einmal das, auf das man sich am häufigsten beruft. Für sich genommen ist es offensichtlich auch nicht hinreichend – das bezeugen das brutale, aber freimütige Regime oder der Peiniger, der sich mit seiner Offenheit brüstet. Vertrauen in einen gewissen Grad von Aufrichtigkeit stellt vielmehr eine *Grundlage* der Beziehungen von Menschen dar. Wenn dieses

Vertrauen zerbricht oder verschlissen wird, dann brechen die gesellschaftlichen Institutionen zusammen.*

Ein solches Prinzip braucht nicht zu bedeuten, daß durch die anfängliche negative Gewichtung nun alle Lügen ausgeschlossen werden sollen, noch gibt es einen Anhaltspunkt, welche Arten von Lügen nicht zugelassen werden sollten. Doch es legt dem Lügen zumindest eine unmittelbare Einschränkung auf: In jeder Situation, in der man sich potentiell für das Lügen entscheiden könnte, muß man sich zuerst nach Alternativen umsehen, mit denen man bei der Wahrheit bleiben kann.[13] Wenn Lügen und wahrhaftige Aussagen offenbar zu den gleichen Ergebnissen führen oder der Person, die das Lügen erwägt, gleich wünschenswert scheinen, dann sollten Lügen ausgeschlossen werden. Und nur dann, wenn eine Lüge ein *letzter Ausweg* ist, kann man überhaupt erst anfangen, darüber nachzudenken, ob sie moralisch gerechtfertigt ist oder nicht. So harmlos diese Anfangsklausel auch klingt, sie würde, wenn man sie ernst nähme, eine große Menge von Lügen ausschalten, die aus Unüberlegtheit, Gewohnheit oder mit ungeprüften guten Absichten ausgesprochen werden.

Wenn wir uns auf der Basis einer solchen Anfangsprämisse über diese Vereinbarung hinausbewegen wollen, dann gabelt sich unser weiterer Weg an der Stelle, wo diejenigen stehen, die der Überzeugung sind, daß *alle* Lügen kategorisch in Acht und Bann getan werden sollten. Solch eine Position verleiht den Lügen nicht nur ein negatives Gewicht, sie hält dieses Gewicht für so überwältigend, daß es durch keinerlei Umstände aufgewogen werden könnte. Wenn wir uns entscheiden, diesem Weg zu folgen, dann brauchen wir offensichtlich nicht mehr nach Umständen zu suchen, unter denen das Lügen gerechtfertigt ist.

* Die grundlegende Funktion, die das Prinzip der Wahrhaftigkeit hat, leuchtet sofort ein, wenn wir an Vertrauen denken. Ich kann auf verschiedenen Ebenen dir gegenüber Vertrauen haben: daß du mich gerecht behandeln wirst, daß dir meine Interessen am Herzen liegen, daß du mir nicht schaden wirst. Doch wenn ich deinen Worten nicht traue, wie kann ich dann in bezug auf diese drei Dinge ein echtes Vertrauen aufbringen? Wenn es kein Zutrauen zur Wahrhaftigkeit anderer gibt, gibt es dann überhaupt eine Möglichkeit, ihre Fairness einzuschätzen, ihre Absichten, mir zu helfen oder zu schaden? Wie soll man ihnen Vertrauen entgegenbringen? *Was auch immer* den Menschen wichtig ist, Vertrauen ist die Atmosphäre, in der es gedeiht.

3
Leben ohne Lügen?

«Jeder aber, der lügt, redet in Gegensatz zu dem, was er denkt, in der Absicht zu täuschen. Und doch haben wir die Sprache fürwahr nicht zu dem Zwecke, damit sich die Menschen gegenseitig irreführen, sondern damit einer dem anderen seine Gedanken mitteilen kann. Diese Sprache also zur Täuschung zu gebrauchen ist Sünde; denn das ist ihr Zweck nicht. – Auch aus dem Grunde dürfen wir nicht glauben, die Lüge sei keine Sünde, weil wir bisweilen jemandem mit einer Lüge nützen können.»

Augustinus, ‹*Enchiridion*›

«Wer die Menschen lehrt, Böses zu tun, um einen guten Zweck zu erreichen, oder wer dies selber tut, der wird zu Recht verdammt werden. Das betrifft besonders jene, die lügen, um damit etwas Gutes zu tun. Daraus folgt, daß die gefälligen Lügen, so gut wie alle anderen auch, dem Gott der Wahrheit ein Greuel sind. Daher steckt nichts Absurdes in jenem alten Ausspruch, wie seltsam er auch klingen mag: ‹Auch um die Seelen der ganzen Welt zu erretten, würde ich keine vorsätzliche Lüge gebrauchen.›»

John Wesley, Predigt

«Die Lüge ist Wegwerfung und gleichsam Vernichtung seiner Menschenwürde.»

Immanuel Kant, ‹*Metaphysik der Sitten*›

Niemals lügen?

Die einfachste Antwort auf die Probleme des Lügens besteht (wenigstens im Prinzip) darin, alle Lügen auszuschließen. Viele Theologen haben eine solche Position auch eingenommen; vor allem Augustinus. Er zog einen klaren Schlußstrich unter alle früheren Ansichten, die davon ausgingen, daß einige Lügen gerechtfertigt werden könnten. Er dagegen behauptete, daß Gott alle Lügen verbiete und daß die Lügner demzufolge die Unsterblichkeit ihrer Seele aufs Spiel setzten.[1]

Unter Lügen verstand er, daß man das eine bei sich denkt, etwas anderes aber – mit der Absicht zu täuschen – äußert[2] und damit das gottgegebene Wesen der menschlichen Rede ins Gegenteil verkehrt. Für entschuldbare Unwahrheiten ließ seine Definition nicht den geringsten Raum. Und er gab zu, daß ihn dies belaste: Kopfzerbrechen bereiteten ihm zum Beispiel Lügen gegenüber Leidenden oder Lügen, um die zu schützen, die von Schändung oder einem körperlichen Angriff bedroht sind. Er räumte daher ein, daß es zwischen den Lügen schwerwiegende Unterschiede gäbe und daß einige sehr viel verabscheuungswürdiger seien als andere. Er stellte acht abgestufte Grade von Lügen auf, die mit Lügen in Glaubensfragen, den schlimmsten von allen, begannen und mit Lügen aufhörten, die niemandem Schaden antun, wohl aber jemanden vor physischer Verletzung bewahren.[3] Auch dies sind immer noch Sünden, und sie können weder gerechtfertigt noch jemandem angeraten werden, dennoch können sie viel leichter verziehen werden. Und so schloß er:

«Tatsächlich läßt es sich freilich nicht leugnen, daß Menschen, die bloß um des allgemeinen Besten willen zu Lügnern werden, schon sehr viel Gutes getan haben; aber bei allem Erfolg wird mit Recht nur ihre gute Absicht, nicht ihre Täuschung belohnt; es ist ja schon genug, wenn die Täuschung nicht weiter beachtet wird, nicht daß sie auch noch Lob erntet [. . .].»[4]

Der Einfluß, den Augustinus' Standpunkt in dieser Frage ausübte, war immens. Bis zu seiner Zeit hatte es viele verschiedene Meinungen zu diesem Problem gegeben. Selbst für Christen schien die Bibel Beispiele von Heuchelei und Lüge zu geben, die es schwermachten, kategorisch alle Lügen abzulehnen. Aber Augustinus kommentierte diese Beispiele in einer Weise, die es ihm erlaubte, die Behauptung aufrechtzuerhalten, daß Gott alle Lügen verboten hätte, während er gleichzeitig die Lügen untereinander je nach der Absicht, die ihnen zugrunde lag, nach dem Schaden, den sie anrichteten, differenzierte. Diese Unterscheidungen tauchen wieder in den Bußbüchern des frühen Mittelalters auf und werden ausführlich in den systematischen Werken des hohen Mittelalters abgehandelt, die ihren Höhepunkt in den Auslassungen über das Lügen in der *Summa Theologica* des Thomas von Aquin finden.[5]

Augustinus' Verbot aller Lügen als sündig setzte sich überall durch. Indes stellte sich heraus, daß es schwierig war, diesem Verbot gemäß zu leben. Vieles wurde versucht, um das Verbot zu mildern, es zu umgehen und zumindest einige wenige Lügen zuzulassen. Dabei wurden drei Wege beschritten: Erstens sollten einige Lügen als verzeihlich gelten; zum zweiten wurde behauptet, daß einige täuschende Aussagen keine Unwahrheiten seien, sondern vom Hörer nur falsch interpretiert werden; und schließlich stellte man drittens die Behauptung auf, daß bestimmte Unwahrheiten nicht als Lügen *angesehen werden dürften.*

Der erste Weg ging von Augustinus' achtfacher hierarchischer Abstufung aus, die von den schwerwiegendsten bis zu den am ehesten verzeihbaren Lügen reichte. Thomas von Aquin stellte ein Strukturmuster auf, dem katholische Theologen auch heute noch folgen. Er unterschied drei Arten von Lügen: die gefälligen oder hilfreichen Lügen; die im Scherz ausgesprochenen Lügen und die boshaften oder arglistigen Lügen, die jemandem schaden sollen. Für Thomas von Aquin stellten nur die letzteren eine tödliche Sünde dar. Er stimmte mit Augustinus darin überein, daß alle Lügen sündhaft sind, betrachtete aber die gefälligen und scherzhaften Lügen als weniger ernst. Das Verzeihen von Lügen nahm eine immer größere Bedeutung an und führte schließlich innerhalb der Kirche zu einem großen Zwist. Sollte man lügen können und anschließend sein Gewissen reingewaschen bekommen? Sollte man das wiederholt tun können, ja sollte es möglich sein, daß man Lügen plant und die Vergebung schon gleich mit einplant? Und wie sollte um Vergebung nachgesucht werden?

Es war eine peinigende Aufgabe, in diesen Fragen zu verläßlichen Antworten zu gelangen, wo die Ansichten so sehr auseinandergingen und Irrtum eine Bestrafung nach dem Tode zur Folge haben könnte. Die beiden anderen Wege, die Augustinus' striktes Verbot umgehen wollten, lösten ähnliche Dispute aus. Sie gingen von der Annahme aus, daß bestimmte, vorsätzlich täuschende Aussagen gar keine Lügen sind. Daher könnten sie guten Gewissens benutzt werden.

Dazu gehörte die «Mentalreservation», der sogenannte «stillschweigende Vorbehalt». Dieser leitete sich von Augustinus' Definition der Lüge ab – das eine bei sich denken und etwas anderes äußern –, *klammerte* jedoch die Täuschungsabsicht des Sprechers als Teil der Definition *aus*.[6] Dadurch war jetzt folgendes möglich: Wenn man zu einem anderen etwas Irreführendes sagt, in Gedanken aber eine Einschränkung hinzufügt, um die Aussage wahr zu machen, dann ist man für die «Fehlinterpretation», die der Hörer vornimmt, nicht verantwortlich. Einige vertraten die Ansicht, daß eine solche Mentalreservation nur für eine gerechte Sache benutzt werden dürfe und wenn es für den Getäuschten eine Möglichkeit gibt, die richtigen Schlüsse zu ziehen.[7] Andere dehnten den Anwendungsbereich sehr weit aus – bis zu dem Punkt, wo eine clevere Person für praktisch jede Unwahrheit, deren sie sich bedienen wollte, immer eine passende Mentalreservation finden konnte. Es versteht sich von selbst, daß diese Lehre sowohl innerhalb als auch außerhalb katholischer Kreise erbitterte Kontroversen hervorrief. Pascal beginnt seine Polemik dagegen in den ‹*Briefen gegen die Jesuiten*› mit den folgenden Worten:

«Am schwierigsten ist es wohl, die Lüge zu vermeiden, besonders, wenn man einen Menschen von etwas Unwahrem überzeugen will. Hierfür ist unsere *Lehre von dem Doppelsinn* sehr nützlich. Sie erlaubt, ‹doppelsinnige Ausdrücke zu gebrauchen, und diese vom Nächsten in einem anderen Sinne als dem auffassen lassen, den man ihnen selbst zugrunde legt›, wie sich Sanchez ausdrückt [. . .]. Das ist mir schon bekannt, hochw. Pater, sagte ich. Wir haben diese Lehre mit solchem Nachdruck verkündigt, daß jetzt endlich alle Welt sie kennt. Wissen Sie denn auch, was man tun muß, wenn man keine doppelsinnigen Wörter findet? Nein, hochw. Pater. Das dachte ich mir wohl, sagte er, denn dies ist neu: es ist die Lehre vom *geistigen Vorbehalt*. Sanchez formuliert sie also im obengenannten Werke: ‹Man kann schwören, daß man etwas nicht getan, auch wenn man es in Wirklichkeit getan hat. Dazu genügt es, stillschweigend hinzuzufügen, man habe es an einem gewissen Tag, oder bevor man geboren wurde, oder bei einer früheren ähnlichen Gelegenheit nicht getan, ohne daß die Worte, deren man sich bedient, diesen Vorbehalt erkennen lassen.›

Wie, hochw. Pater, ist das denn nicht eine Lüge und sogar ein Meineid?»[8]

Die Mentalreservation hatte dann noch eine lange Geschichte, insbesondere bei Gerichtsverhandlungen. Da die Schwüre vor Gericht ursprünglich im Namen Gottes abgelegt wurden und immer von der Furcht begleitet waren, daß Er jene erschlagen könnte, die mit seinem Namen Lügen deckten[9], behaupteten einige, daß eine geheime Einschränkung, die nur für Gott, nicht aber für das Gericht hörbar ist, ein solches Schicksal verhindern könne. Daher könnte eine ehebrecherische Frau schwören, daß sie ihren Mann nicht betrogen habe, und stillschweigend hinzufügen: jedenfalls nicht in jener Woche oder in einem gewissen Haus; auf diese Weise könnte sie dem Zorn ihres Mannes und einem sicheren Tod entgehen, und sie bräuchte nicht zu befürchten, in den Augen Gottes meineidig geworden zu sein.

In den zahlreichen Perioden, in denen religiöse Verfolgungen gewütet haben, war es eine Sache von Leben und Tod, wenn man zu Mentalreservationen oder anderen Formen des inneren Widerrufs äußerer Handlungen Zuflucht nahm. Im sechzehnten Jahrhundert zum Beispiel versuchten die sogenannten Nikodemiten, die zum Luthertum und zum Calvinismus konvertiert waren, der Verfolgung zu entgehen, indem sie ihre religiösen Ansichten verbargen und an der Messe teilnahmen. Sie suchten dieses Verhalten religiös zu rechtfertigen, doch Calvin verurteilte sie mit den härtesten Worten und rief ihnen zu, eher aus den katholischen Gebieten auszuwandern, als an «papistischen Zeremonien» [10] teilzunehmen.

Die Mentalreservation gehört nicht völlig der Vergangenheit an. Noch heute schwören wir bei der Vereidigung für öffentliche Ämter und so weiter, darauf zu verzichten. Und einige empfehlen sie immer noch. Ein bekanntes katholisches Lehrbuch [11] rät Ärzten und Schwestern, Patienten nach dieser Methode zu täuschen, wenn sie dazu Anlaß sehen. Wenn zum Beispiel ein fiebriger Patient nach seiner Temperatur fragt, dann wird dem Arzt geraten zu antworten: «Ihre Temperatur ist heute normal», während er dabei in Gedanken einschränkend hinzufügt, daß sie normal ist für jemanden in genau dieser körperlichen Verfassung.

Der letzte Weg, Augustinus' ausnahmsloses Verbot aller Lügen zu vermeiden, sucht zu erweisen, daß nicht alle vorsätzlich falschen Äußerungen vom moralischen Standpunkt aus als Lügen gelten. Grotius hat diesen Standpunkt mit Nachdruck vertreten.[12] Er argumentierte, daß eine Unwahrheit nur dann eine Lüge im strengen Sinne des Wortes sei, wenn sie zu einem Recht der Person, an die sie gerichtet ist, in Widerspruch steht. Ein Räuber zum Beispiel hat kein Recht auf die Information, die er aus uns herauspressen will; ihm die Unwahrheit zu sagen stellt demnach keine Lüge im strengen Wortsinn dar. Das Recht, das hier in Frage steht, ist das der freien Urteilsbildung, das in aller Rede impliziert ist; doch dieses Recht kann verlorengehen, weil der Hörer böse Absichten hegt oder das Recht noch gar nicht erlangt hat, wie es bei Kindern der Fall ist, oder es auf sonstige Weise freiwillig aufgegeben hat, so wenn zwei Personen übereinkommen, sich gegenseitig zu täuschen. Grotius war Rechtsanwalt, und Standpunkte wie der seine brachten viele zu dem Glauben, daß Lügen – sofern sie nicht gerade ungesetzlich wären – moralisch zulässig sind und daß sich der Lügner damit keine

Schuld auflädt.[13] Diese Ansicht vereinfacht das Denken von Grotius zu stark, doch Tatsache ist, daß er dazu beigetragen hat, daß in das Nachdenken über das Lügen eine Vorstellung wieder Eingang gefunden hat, die in der Antike verbreitet war, doch von Augustinus fast ausgelöscht wurde, nämlich daß Unwahrheit in bestimmten Fällen zu rechtfertigen sei.

Kant gehörte zu denen, die in der Ethik solche Lehren mit ihren Studenten diskutierten. Zwischen 1775 und 1781, lange vor der Veröffentlichung seiner eigenen Werke zur Moralphilosophie, hielt Kant in jedem Jahr an der Universität Königsberg Vorlesungen über Ethik ab, wobei er das geforderte Lehrbuch benutzte, das die bekannten Unterscheidungen von Thomas von Aquin und Grotius diskutierte.[14] Wie studentische Mitschriften bezeugen, die erst in diesem Jahrhundert herausgegeben wurden, versah Kant diesen Stoff mit lebendigen Erläuterungen und nahm sich zu Illustrationszwecken konkrete Fälle vor.[15]

Um so erstaunlicher ist es, daß sich Kants Behandlung der Lüge am Ende, als er seine eigenen Werke zur Moralphilosophie publizierte, ausdrücklich von all solchen Spitzfindigkeiten distanziert.[16] Seine Ansichten stellen die stärksten Argumente gegen jedwedes Lügen dar, die wir haben.

Kant packt das Problem bei der Frage an, ob irgendein edelmütiges Motiv, irgendeine Form der Lebensbedrohung eine Lüge entschuldigen könnte. Sein Argument lautet:

«Wahrhaftigkeit in Aussagen, die man nicht umgehen kann, ist formale Pflicht des Menschen gegen jeden, es mag ihm oder einem andern daraus auch noch so großer Nachteil erwachsen; (. . .).»[17]

Dieses ist die absolutistische Position, die alle Lügen verbietet, selbst jene, die für die höchsten Ziele oder um den schrecklichsten Schicksalen zu entgehen, ausgesprochen werden. Jemanden, der diese Position vertritt, einen Lügner zu nennen, wäre eine tödliche Beleidigung, die vielleicht sogar ein gerichtliches Nachspiel oder gar ein Duell nach sich ziehen würde; ihm eine Lüge *nachzuweisen*, könnte ihn aus Scham in ein selbstgewähltes Exil treiben.

Sollte Kants Standpunkt korrekt sein, dann würde er jede Mühe zunichte machen, zwischen verschiedenen Lügen zu unterscheiden, da er sie allesamt zurückweist. Er hält die Pflicht zur Wahrhaftigkeit für eine «unbedingte Pflicht [. . .], die in allen Verhältnissen gilt».[18] Selbst wenn eine Lüge keinem einzelnen Individuum Schaden zufügt, so schadet sie immer der Menschheit überhaupt, «indem sie die Rechtsquelle unbrauchbar macht». Mehr noch, sie schadet dem Lügner selbst, indem sie seine Menschenwürde vernichtet und ihn wertloser macht, «als wenn er bloß Sache wäre».[19]

Kant lehnt auch den Versuch ab, das Verbot des Augustinus damit zu umgehen, daß gewisse Unwahrheiten nicht als Lügen gelten. Er definiert eine Lüge «bloß als vorsätzlich unwahre Deklaration gegen einen andern Menschen» und weist die Vorstellung zurück, daß wir nur denen gegenüber die Pflicht zur Wahrhaftigkeit hätten, die ein Recht auf Wahrheit haben.[20] Im Gegenteil, Aufrichtigkeit ist eine Pflicht, die durch keine Umstände außer Kraft gesetzt werden kann. Was immer man auch sonst von Kants Position halten mag, sie scheint den Vorzug der Klarheit und Eindeutigkeit zu besitzen. Andere mögen sich darum streiten, wann man lügen darf – er jedenfalls macht reinen Tisch.

Gewissenskonflikte

Können wir Kant indes zustimmen? Fast allen Lesern erschien seine Position zu weitgehend, einigen sogar verbohrt. Denn obgleich Wahrhaftigkeit zweifellos eine wichtige Pflicht darstellt, nehmen die meisten doch an, daß sie Raum für Ausnahmen läßt. Sie kann mit anderen Pflichten kollidieren, zum Beispiel der, unschuldige Personen vor Schaden zu bewahren. Kant allerdings geht davon aus, daß «eine Kollision von Pflichten und Verbindlichkeiten gar nicht denkbar» ist[21], daß es für den, der seine Pflicht tut, am Ende keine widerstreitenden Verbindlichkeiten gegeben hat. Diese Weigerung, einen Widerstreit von Pflichten in Betracht zu ziehen, führt Kant zu einer derart unbeugsamen Position.

Die meisten haben den gegenteiligen Standpunkt eingenommen – daß nämlich dann, wenn Aufrichtigkeit schweres Leid hervorruft oder verhindert, daß solches Leid vermieden wird, eine Lüge eindeutig gerechtfertigt ist. Das ist zum Beispiel der Fall, wenn ein Leben bedroht ist und eine Lüge diese Gefahr abwenden kann. Der traditionelle Testfall, der gegen die absolutistische Position vorgebracht wird, ist der, der von Kant selbst diskutiert wird, nämlich wo ein Mordlüstiger fragt, «ob der von ihm Angefeindete zu Hause sei»[22]. Sollte man lügen, um das Leben des Verfolgten zu retten? Oder sollte man die Wahrheit sagen?

Dies ist ein Standardfall, der seit biblischen Zeiten vertraut ist, von den Scholastikern in vielerlei Variationen benutzt und von den meisten der Kommentatoren des Problems der Täuschung aufgegriffen wurde. Dabei geht man natürlich davon aus, daß bloßes Schweigen oder Ausflüchte den Angreifer nicht zufriedenstellen. Wenn nicht einmal ein solcher Fall unseren Widerstand gegen jedwedes Lügen schwächt, dann wird es wohl auch kein anderer tun.

In England wurde dieser Fall im neunzehnten Jahrhundert noch einmal von Kardinal Newman aufgegriffen. Er verteidigte sich und andere katholische Gelehrte gegen die Vorwürfe der Immoralität und Laxheit in bezug auf die Wahrhaftigkeit. Er vertrat die Ansicht, daß Menschen von großer Rechtschaffenheit, gleichgültig welchen Glaubens, unter extremen Umständen zur Lüge Zuflucht nehmen dürften. Er zitierte Samuel Johnsons Aussage:

«Die allgemeine Regel ist, daß die Wahrheit nie verletzt werden sollte; doch muß es einzelne Ausnahmen geben; wenn zum Beispiel ein Mörder dich fragen würde, welchen Weg jemand eingeschlagen habe.»

Selbst in diesem Fall, so fügte Kardinal Newman hinzu, hätte Johnson vielleicht ganz anders gehandelt, wenn er sich in dieser Situation befunden hätte:

«Was Johnsons Beispiel eines Mörders angeht, der danach fragt, welchen Weg ein Mann gegangen ist, würde ich erwartet haben, daß – in einer solchen schwierigen Lage – er als erstes den Mann niederschlagen und dann die Polizei rufen würde. Und wenn er dabei den kürzeren gezogen hätte, dann hätte er als nächstes dem Schurken die verlangte Information nicht gegeben, welches Risiko sich damit für ihn auch immer ergeben hätte. Ich glaube, er hätte sich eher totschlagen lassen.»[23]

Diese Annahme von Kardinal Newman hätte Johnson wahrscheinlich nicht schlecht erstaunt! Gewaltsamer Widerstand, dessen Erfolg von der Körperkraft des Mörders abhängt, scheint als Alternative zur Täuschung wenig plausibel zu sein. Kant zieht sie offensichtlich gar nicht in Betracht. Konfrontiert mit diesem Testfall, stellt er sich unzweideutig auf die Seite derer, die Lügen sogar unter solch extremen Umständen ablehnen.

Die meisten anderen haben die Ansicht vertreten, daß in solchen Fällen, wo das Leben Unschuldiger auf dem Spiel steht, Lügen moralisch gerechtfertigt sind, wenn es überhaupt wirkliche Lügen sind. Während Kant glaubte, daß lügen heißt, seine eigene Menschenwürde zu vernichten, sahen jene in einer ehrlichen Antwort auf die Frage des Mörders und den Freundesverrat, den diese bedeuten würde, schon eine Kompromittierung jener Würde am Werke. In einem solchen Einzelfall, so würden sie argumentieren, sind die Kosten des Lügens gering und die der Wahrheit katastrophal.

Gleichermaßen hätte ein Kapitän eines Schiffes, das Flüchtlinge aus Nazideutschland transportiert, Kants Kritikern zufolge das moralische Recht, mit Nein zu antworten, wenn er von einem Patrouillenboot gefragt würde, ob Juden an Bord seien. Seine Verpflichtung gegenüber den Flüchtlingen, so ihre These, hätte dann in Widerstreit gestanden mit der Pflicht, die Wahrheit zu sagen, und hätte ein weitaus größeres Gewicht gehabt. Diejenigen, die Kants Ablehnung des Lügens teilen, liefern in solchen Krisenmomenten unschuldige Menschen Verbrechern aus.[24]

In allen solchen Fällen verbrecherischer Lebensbedrohung

hat man überdies Gewalt für zulässig gehalten. Wenn es also rechtmäßig ist, zur Selbstverteidigung oder bei der Verteidigung derjenigen, die von Mord bedroht sind, Gewalt anzuwenden, warum sollte dann eine Lüge zum Zweck der Selbstverteidigung ausgeschlossen sein? Wenn Gewalt erlaubt ist, dann sollte eine Lüge sicherlich in gleicher Weise und zuweilen vielleicht noch eher zulässig sein. Wie ich in Kapitel 2 bemerkt habe, kann man sowohl Worte wie Gewalt als Zwangsmittel einsetzen, um eine Verhaltensänderung zu erreichen. Und obgleich wir uns vor derartigen Zwangsausübungen gar nicht genug schützen können, gibt es Gelegenheiten, wo sie erlaubt sein müssen. Kants einseitige Hochhaltung der Wahrhaftigkeit über alles andere läßt keine Möglichkeit für den Gebrauch von Unwahrheiten zum Zweck der Selbstverteidigung offen. Kann man das Prinzip der Wahrhaftigkeit vernünftigerweise mit einer solchen Bürde belasten?

Die Bürde würde eindeutig viele mit Schuld beladen: die Schuld, eher die Ermordung eines Mitmenschen als eine Lüge gegenüber einem Mörder in Kauf genommen zu haben. Kant versucht, uns diese Schuld abzunehmen, indem er wie folgt argumentiert: Wenn man nahe bei der Wahrheit bleibt, dann kann man, streng gesprochen, nicht verantwortlich sein für die Mordtat, die ein anderer begeht. Der Mörder wird die ganze Schuld für seine Handlung auf sich nehmen müssen. Wenn man ihm die Wahrheit sagt, hat man nichts Tadelnswertes getan. Wenn man aber ihm andererseits eine Lüge erzählt, so Kant, dann trägt man die Verantwortung für all die bösen Folgen, die das Opfer oder eine andere Person ereilen könnten.[25] Zum Beispiel könnte man den Mörder in die Richtung schikken, von der man glaubt, es sei die falsche, um dann mit Schrecken zu entdecken, daß das Opfer genau diesen Weg genommen hat, um sich zu verbergen.

Es liegt viel Wahres darin, wenn man sagt, jemand ist verantwortlich für das, was geschieht, nachdem er etwas Falsches oder Fragwürdiges getan hat. Doch handelt es sich um einen äußerst engen Begriff von Verantwortlichkeit, wenn er nicht die Schuld an einem Unglück mit einbegreift, das man hätte leicht verhindern können, unabhängig davon, wie viele andere hier ebenfalls Schuld tragen. Eine Welt, in der es gegen das Sittengesetz verstößt, sogar einen Mörder, der ein unschuldiges Opfer verfolgt, anzulügen, ist nicht eine Welt, in der viele sich sicher fühlen würden.

Es mag sogar sein, daß Wesley und Kant und die, die die extremsten Ansichten vertreten, in weniger strengen Augenblicken Zweifel plagen. Ein auffälliger Beleg für eine solche Vermutung findet sich darin, daß sie so häufig ihren überraschendsten intransigenten Bemerkungen Sätze voranstellen wie diesen: «Wie seltsam es auch klingen mag . . .»[26] Sie wissen, daß ihr Standpunkt dem unmittelbaren Empfinden in hohem Maße widerspricht; doch irgend etwas zwingt sie, diesen Standpunkt einzunehmen.

«Lügen ist schlimmer als der Tod»

Stärker als Intuition oder gesunder Menschenverstand ist für so strenge Moralisten wie Augustinus oder Wesley ihr Glaube, daß es unanfechtbare Beweise dafür gibt, daß Lügen bedingungslos ausgeschlossen werden müssen. Dieser Beweis ist fast immer religiöser Natur. Er kann auf Offenbarung zurückgehen, auf eine Auslegung der Bibel oder ein anderes Dokument, das als unwiderlegbar betrachtet wird. Daher schloß Paulus das Lügen in seinen Katalog der schweren Abweichungen von der wahren Lehre mit ein:

«[. . .] und weiß, daß dem Gerechten kein Gesetz gegeben ist, sondern den Ungerechten und Ungehorsamen, den Gottlosen und Sündern, den Unheiligen und Ungeistlichen, den Vatermördern und Muttermördern, den Totschlägern, den Unzüchtigen, den Knabenschändern, den Menschenhändlern, den Lügnern, den Meineidigen und wenn noch etwas anderes der gesunden Lehre zuwider ist.»[27]

Und Augustinus, neben vielen anderen, zitierte zur Unterstützung dieser Passage Psalm 5, 7:

«Du bringst die Lügner um; der Herr hat Greuel an den Blutgierigen und Falschen.»

In Dantes *Inferno* werden die Lügner im achten Kreis der Hölle gequält, tiefer steht nur noch jener, der die Verräter beherbergt. Warum eine so strenge Behandlung? Weil:

«Von jeder Bosheit, die der Himmel hasset,
Ist Unrecht Zweck, und jeder dieser Zwecke
Kann, sei's mit Trug, sei's mit Gewalt, verletzen.
Da aber der Betrug den Menschen eigen,
Mißfällt er Gott am meisten, und drum liegen
Betrüger tiefer und in größern Schmerzen.»[28]

Sogar Kant, der behauptete, daß seine sittlichen Prinzipien völlig unabhängig von seinen religiösen Überzeugungen seien, war tief von seinem Glauben beeinflußt, als er aus seinen Moralprinzipien Schlußfolgerungen für menschliche Probleme ableitete.* Er wuchs in einer durch und durch pietistischen Familie auf, mit sehr strengen Ansichten in Angelegenheiten des persönlichen Verhaltens. Seine Haltung zu solchen Fragen wie Selbstmord gleicht der, die in den ihm bekannten Texten aus religiösen Gründen unterstützt wurde. Und er erkannte an, daß ohne eine Annahme der Existenz Gottes in seinem moralischen Universum «das höchste Gut» keine Existenzmöglichkeit besitzt.[29] Die Vehemenz seiner Ansichten über das Lügen kann man nur vor diesem religiösen Hintergrund angemessen verstehen.

Hinter dem Glauben an den göttlichen Befehl, allen Lügen

* Gelegentlich stimmen Kants Ansichten mit religiösen Ansichten fast bis aufs Wort überein, doch statt von göttlicher Absicht spricht er von «natürlicher Zweckmäßigkeit». Man vergleiche zum Beispiel das Augustinus-Zitat am Anfang dieses Kapitels mit der folgenden Formulierung Kants in der *Tugendlehre*: «[. . .] aber die Mitteilung seiner Gedanken an jemanden durch Worte, die doch das Gegenteil von dem (absichtlich) enthalten, was der Sprechende dabei denkt, ist ein der natürlichen Zweckmäßigkeit seines Vermögens der Mitteilung seiner Gedanken gerade entgegengesetzter Zweck, mithin Verzichttun auf seine Persönlichkeit und eine bloß täuschende Erscheinung vom Menschen, nicht der Mensch selbst» (Kant: ‹*Die Metaphysik der Sitten*›, in: Immanuel Kant: Werke in zehn Bänden, hg. von Wilhelm Weischedel, Darmstadt 1975, Bd. 7, S. 563).

um jeden Preis zu entsagen, steht allerdings noch ein anderer Glaube: daß auf die, die diesen Befehlen nicht gehorchen, eine schreckliche Strafe wartet. Augustinus erklärte hierzu strikt: Der Tod tötet nur den Körper, doch eine Lüge verwirkt das ewige Leben der Seele. Zu lügen, um einem anderen das Leben zu retten, ist demnach ein törichter Tausch:

«Verkehrt der nicht alles, welcher sagt, daß eine Person geistig sterben sollte, so daß ein anderer körperlich leben könne? [. . .] Da man also das ewige Leben durch Lügen verliert, darf eine Lüge niemals zur Erhaltung des irdischen Lebens eines anderen ausgesprochen werden.»[30]

Solche Spekulation geht offensichtlich über das Reich der Ethik hinaus und gehört eindeutig in das des Glaubens. In dem Maße, wie man an die Unsterblichkeit der Seele und an ihren «Tod» durch Lügen glaubt, in dem Maße macht es Sinn, jede Lüge zu vermeiden, sogar wenn man durch Lügen ein Leben gerettet haben könnte. Die ganze Erwägung von Kosten und Nutzen verschiebt sich offenbar völlig, wenn Lügen in dieser Weise beurteilt werden.* Jedes völlige Verbot des Lügens, selbst wenn das Leben Unschuldiger bedroht ist, muß, um in sich plausibel zu sein, auf den Glauben vertrauen, daß die Lüge mit einem Schicksal verknüpft ist, das «schlimmer als der Tod» ist.

Diese Unterscheidung ist nun allerdings nicht einfach eine zwischen denen, die an eine göttliche Vergeltung glauben, und denen, die das nicht tun. Denn viele von denen, die an eine solche Vergeltung glauben, stimmen dem nicht zu, daß sie alle, die lügen, treffen wird. Einige gehen davon aus, daß viele Lügen vergeben werden können; andere behaupten, daß Gott niemals alle Lügen ausgeschlossen hat; wieder andere, daß nicht alles, was wir für Lügen halten, wirklich Lügen sind.

Und auch unter Nichtgläubigen gibt es keinen Mangel an

* Dennoch bleibt schwer einzusehen, warum Wesley in dem zu Anfang dieses Kapitels angeführten Zitat eine Lüge ablehnt, die «die Seelen der ganzen Welt» retten würde. Warum *nicht* eine Seele verlieren, um alle anderen zu retten? Warum sollte man jemandem *nicht* erlauben, seine Seele aufs Spiel zu setzen, um alle anderen zu retten?

Meinungsverschiedenheiten darüber, ob Lügen verboten sein sollten oder nicht. Sicher, hier sind es weniger, die *alle* Lügen ausschließen. Doch man kann sich schreckeneinflößende Dinge vorstellen, die jede Lüge «schlimmer als der Tod» erscheinen lassen könnten: die Furcht vielleicht vor einem Herrscher, der das Lügen geächtet hat und der von jeder Übertretung der Regeln zu wissen scheint; oder ein exaltiertes Verständnis davon, welche Verletzung die eigene Integrität durch eine Lüge erleiden würde – eine Verletzung, die schwerwiegender ist als jeder Schaden, der wegen der Offenheit unserer Worte ein unschuldiges Opfer treffen könnte.

Um zusammenzufassen: Zwei Überzeugungen stützen häufig die rigide Ablehnung aller Lügen: daß Gott alle Lügen verbietet und daß Er jene strafen wird, die lügen. Diese Glaubenssätze können weder bewiesen noch widerlegt werden. Viele, auch Christen, weigern sich, einen davon oder auch beide zu akzeptieren. Wenn andere Religionen das Lügen verdammen, dann tun sie das selten, ohne Ausnahmen einzuräumen. Die häufigste religiöse Handlung von Buddhisten besteht darin, an jedem Tag fünf Gebote zu rezitieren, deren viertes das Versprechen ist, von allen Lügen Abstand zu nehmen. Doch gewisse Lügen werden gemeinhin nicht als Sünden angesehen, und daher verstoßen sie auch nicht gegen das Gebot.[31] Ähnlich ist es in jüdischen Schriften: Während sie einerseits das Lügen als verboten betrachten, werden bestimmte Lügen, und vor allem jene, die den Frieden des Hauses erhalten sollen, als Ausnahmen gewertet.[32] All diese Traditionen lassen daher Raum für eine Zurückweisung des absolutistischen Verbots aller Lügen.

Ich schließe mich dieser Zurückweisung an. Sofern das Lügen nicht mit einem weitreichenden Terror verknüpft ist, der weit über das hinausgeht, was in Kapitel 2 gesagt wurde, muß ich zugeben, daß es zumindest *einige* Umstände gibt, die eine Lüge rechtfertigen. Und an erster Stelle stehen solche, wo unschuldige Leben auf dem Spiel stehen und nur eine Lüge die Gefahr abwenden kann.

Doch wenn man eine solche Position einnimmt, wäre es falsch, sich über die tiefgreifende Sorge hinwegzusetzen, die bei den absolutistischen Theologen und Philosophen zum Ausdruck kommt – die Sorge um den Schaden, den das Vertrauen überhaupt und auch man selbst durch das Lügen nimmt, völlig unabhängig von irgendwelchen unmittelbaren Folgen einer einzelnen Lüge. Die einzelnen, so behaupten diese Denker, müssen die weiter reichenden Folgen des Lügens für die menschliche Gemeinschaft berücksichtigen. Und selbst wenn Lügner eine solche Vorerwägung nicht walten lassen, sollten doch die Risiken, die ihnen selbst aus dem Lügen erwachsen, sie zumindest zum Nachdenken bringen. Bußschriften und Beichtspiegel empfahlen immer wieder Bußen für die, die gelogen hatten – Schweigen, Fasten, Beten. Die Bußen waren am härtesten, wenn die Lüge anderen Schaden zugefügt hatte; doch entscheidend ist, daß sie in erster Linie von dem simplen Akt des Lügens veranlaßt wurden, selbst wo kein unmittelbarer Schaden bewirkt wurde.

In gleicher Weise betont Kant das Unrecht, das der Menschheit durch das Lügen angetan wird, und führt diese Anklage zu einem dramatischen Höhepunkt, wenn er schreibt: «Die Lüge ist Wegwerfung und gleichsam Vernichtung seiner Menschenwürde.»[33] Es mag übertrieben erscheinen, diesen Satz auf jede einzelne kleine Lüge anzuwenden, aber wenn man ihn statt dessen als Warnung versteht vor gewohnheitsmäßigen Praktiken des Lügens, vor voreingenommenen Berechnungen des Für und Wider und schließlich davor, daß man den Charakter eines Lügners annimmt, dann geht dieser Satz vielleicht gar nicht völlig am Ziel vorbei. Denn tatsächlich würdigt sich ein Lügner durch das Lügen oft genug herab, und seine Integrität nimmt dabei Schaden.

Es bleibt die schwierigere Aufgabe: nämlich Grenzen zu ziehen. Um sorgfältiger bestimmen zu können, welche Arten von Lügen zulässig sind, ist es erforderlich, als nächstes Möglichkeiten des Vergleichs von Lügen und dann die Entschuldigungen, die zu ihrer Verteidigung angeführt werden, zu betrachten. Die nächstliegende Methode besteht darin, die *Konsequenzen* von täuschenden Äußerungen abzuwägen. In der Philosophie haben sich vorrangig die Utilitaristen mit diesem Verfahren hervorgetan.

4
Das Für und das Wider

«Was were es, ob einer schon umb bessers und der christlichen kirchen willen eine gudte stargke lugen thet! [. . .] Ein notlugen, ein nutzlugen, hilflugen, solige lugen zu thun, wer nicht widder bot, di wolt er auff sich nemen.»

Martin Luther

«Nach dem Prinzip der Nützlichkeit kann die Unwahrheit – für sich genommen und ohne daß andere materielle Umstände hinzukommen – überhaupt kein moralisches Vergehen darstellen. In Verbindung mit anderen Umständen gibt es allerdings wohl kaum eine Schändlichkeit, zu der die Lüge nicht beitragen könnte.»

Jeremy Bentham, ‹*The Principles of Morals and Legislation*›

«Ich füge dir nicht notwendigerweise auch nur den geringsten Schaden zu, wenn ich dich durch Taten oder Worte dazu bringe, etwas zu glauben, was in Wirklichkeit nicht der Fall ist; ich kann dir sogar damit etwas Gutes tun, zum Beispiel durch Trost oder Schmeichelei. Dennoch [. . .] ist leicht zu erkennen, von welcher entscheidenden Bedeutung es ist, der natürlichen Neigung, zur Lüge Zuflucht zu nehmen, entgegenzuwirken.»

G. J. Warnock, ‹*The Object of Morality*›

Konsequenzen der Lüge

Erasmus, wohlvertraut mit Eiferern, hielt eine rigide Verdammung aller Unwahrheiten einfach für undurchführbar. Nicht alle Unwahrheiten sind Lügen, schrieb er, und die von vielen Theologen in Umlauf gebrachte Vorstellung, daß es nicht einmal erlaubt sei, eine einzige harmlose Lüge auszusprechen, auch wenn damit das Leben und Seelenheil der ganzen Menschheit gerettet werden könne, läuft dem gesunden Menschenverstand zuwider.[1]

Es sind in erster Linie die utilitaristischen Philosophen und ihre Vorläufer in der Antike gewesen, die in der Ethik auf einen Common-sense-Standpunkt vertraut haben. Die Prämisse, daß Gott alle Lügen verboten habe, akzeptierten sie nicht. Denen, die sie davon überzeugen konnten, daß sich das Handeln nicht unbedingt nach dem richten sollte, was der Wahrsager oder der Herrscher oder die Priester verlangten, sondern ganz einfach danach, bei welchem Tun das Gute das Schlechte am stärksten überwiegen würde, denen vermittelte ihre Einstellung ein starkes Gefühl von Freiheit. Für die Utilitaristen läßt sich eine Handlung mehr oder weniger rechtfertigen, je nachdem, ob ihre Konsequenzen gut oder schlecht sind. Ihr Verfahren des Abwägens moralischer Entscheidungen ähnelt sehr stark der Art und Weise, wie die meisten von uns tatsächlich an viele moralische Konfliktsituationen herangehen – und damit der Art, wie der gesunde Menschenverstand arbeitet.

Sidgwick, der sich einer solchen Methode bedient, ging davon aus, daß bestimmte Lügen, zum Beispiel die, die man gegenüber Invaliden und Kindern zu deren eigenem Besten anwendet, notwendig sind. Seine Begründung für diese Position orientiert sich an den Folgen – sie vergleicht an Hand konkreter Fälle die Konsequenzen des Lügens mit denen des Nichtlügens:

«Wenn man eine Notlüge für berechtigt hält, dann weiß ich nicht, wie wir entscheiden sollen, wann und wieweit sie zulässig ist. Wir können es nur, wenn wir erwägen, ob es ratsam ist, das heißt den Vorteil einer einzelnen Täuschung abwägen gegen die Gefährdung des gegenseitigen Vertrauens, die jede Verletzung der Wahrheit mit sich bringt.»[2]

Im Unterschied zu den Theorien, die wir im letzten Kapitel diskutiert haben, gibt es im Utilitarismus keine Kontroversen um die Frage, was als Lüge zu *definieren* ist. Der Utilitarismus benötigt keine speziellen Konstruktionen wie die Mentalreservation, um einige Täuschungen als zulässig anzuerkennen; er kann darauf verzichten, einige Unwahrheiten nicht als echte Lügen zu definieren oder einige wahrhaftige Aussagen als nicht verpflichtend zu bestimmen. Der Utilitarismus verlangt einfach eine Beurteilung von Handlungsverläufen, seien sie nun auf Täuschung aufgebaut oder nicht. Für diejenigen, die im Gegensatz dazu behaupten, daß alle Lügen absolut falsch sind, ist die präzise Definition einer Lüge allerdings offenkundig entscheidend.

In der Betonung dessen, daß verschiedene Lügen verschieden schwerwiegend sind, unterscheiden sich die Utilitaristen auch von Kant (doch nicht von Augustinus, wie wir gesehen haben). Unserer tatsächlichen moralischen Überlegung, die wir in schwierigen Situationen anstellen, stehen sie daher viel näher. Bei einer Entscheidung für oder gegen eine Lüge wägen wir ja *wirklich* die Vorteile gegen den Schaden und das Glücklichsein gegen das Unglücklichsein ab. Die Lüge, die eine Unterschlagung verschleiern soll, und die Lüge, die einen geringfügigen Irrtum vertuschen soll, beurteilen wir unterschiedlich. Und in noch anderer Weise beurteilen wir eine mitfühlende Lüge, die verhindern soll, daß die Gefühle eines Kindes verletzt werden. Die Unterschiedlichkeit dieser Urteile hängt genau mit dem Ausmaß zusammen, in welchem die Lüge Leid verursachen oder vermeiden und glücklicher oder unglücklicher machen kann.

Doch sobald komplexere Probleme von Wahrhaftigkeit und Täuschung aufkommen, erweist sich auch der utilitaristische Ansatz als unbefriedigend. Vor allem wird es um so schwieriger, überzeugende Vergleiche der Handlungskonsequenzen anzustellen, je komplexer die Handlungen selbst sind. Es ist schon schwierig genug, den Nutzen für eine einzelne Person abzuschätzen und dabei all die verschiedenen Alternativen und ihre Konsequenzen gleichzeitig zu übersehen. Solche Schätzungen für mehrere Personen abzugeben ist jedoch so gut wie unmöglich, es sei denn, es handelt sich um ganz eindeutige Fälle. Die Folge ist, daß – und das betrifft nicht nur das Lügen – solche Konflikte, die am schwierigsten zu lösen sind, wie die Fragen des Selbstmords oder der Todesstrafe, auch unter Utilitaristen ebenso umstritten sind wie überall sonst.

Ein weiterer Grund, der dafür spricht, daß man sich vor einer einfach scheinenden utilitaristischen Kalkulation hüten sollte, liegt darin, daß sie häufig offenbar impliziert, daß Lügen – abgesehen von dem Nutzen oder Schaden, der dabei herauskommt – als solche neutral sind. Der Utilitarismus tut so, als seien eine Lüge und eine wahrheitsgemäße Äußerung, solange sie den gleichen Nutzen erbringen, *äquivalent*. Besteht dann nicht zwischen diesem Ansatz und dem Prinzip der Wahrhaftigkeit, den ich in Kapitel 2 dargelegt habe, ein Widerspruch? Denn dieses Prinzip bewertet die Unwahrheit als solche negativ, unabhängig von den guten oder schlechten Aspekten einer Lüge; zwar kann man sich über diese negative Bewertung hinwegsetzen, aber sie liegt allem weiteren zugrunde. Um noch einmal auf Benthams Aussage zur Lüge zurückzukommen, die wir als Motto zu diesem Kapitel zitiert haben: muß man sie so verstehen, daß sie in Widerspruch steht zu der Prämisse, daß Lügen als solche negativ zu bewerten sind? Nicht unbedingt. Denn im Alltagsleben kann man die Unwahrheit nicht «als solche» betrachten, und Bentham wäre der letzte, der dem nicht zustimmen würde; die meisten Lügen haben ja wirklich negative Konsequenzen für die Lügner, die Hintergangenen, alle irgendwie Betroffenen und für das soziale Vertrauen insgesamt.[3] Und wenn Lügner diese Konsequenzen beurteilen, dann ist die Wahrscheinlichkeit besonders groß, daß sie es voreingenommen tun; ihre Berechnungen der Folgen sind häufig schief. Aus diesen Gründen könnten auch strikte Utilitaristen dazu bereit sein, der Prämisse zuzustimmen, daß wir im Bereich der moralischen Entscheidung eine entschiedene Position gegen das Lügen einnehmen sollten.[4]

Es besteht kein Anlaß, diese Ausgangsprämisse als merkwürdig oder abstrakt anzusehen oder zu sagen, daß Lügen irgendwie schlecht «als solche» sind. Utilitaristen könnten statt dessen die negative Bewertung als eine durch Erfahrung bestätigte Korrektur der ungenauen und voreingenommenen Berechnungen der Konsequenzen betrachten, die von einem Lügner angestellt werden.

Die verbreitete Annahme, daß sich Lügen nach einer vom Lügner aufgestellten Risiko-Nutzen-Skala bewerten lassen, kann auf der Basis des utilitaristischen Denkens widerlegt werden. Die Risiken unterscheiden sich von denen, die in dem von Bentham heraufbeschworenen moralischen Vakuum ignoriert werden. Und unbegrenzt sind die Möglichkeiten für den Lügner, sich insgeheim Rationalisierungen zurechtzulegen. Das Akzeptieren einer solchen Kalkulation, die mit leichter Hand von denen angestellt wird, die am stärksten dazu neigen, ihre eigenen Interessen zu begünstigen und die Risiken für andere geringzuschätzen, hätte ernste und weitreichende Folgen.[5]

Dieser Mangel kennzeichnet einen Großteil der heutigen utilitaristischen Behandlung der Täuschung – auch wenn er eigentlich nicht grundsätzlich mit der utilitaristischen Position verknüpft ist. Wie so häufig in der Moralphilosophie, hat das Thema der Lüge dort höchstens eine illustrative Funktion. Ein kurzes Beispiel wird gegeben, dem eine flinke Kalkulation des Für und Wider folgt; eine grundsätzliche Bewertung der Lüge, die der Kalkulation zugrunde liegt, fehlt.[6] In den meisten Fällen steht am Ende eine ebenso flinke intuitive Schlußfolgerung.

Die altbekannten Beispiele, die die Frage aufwerfen, wie wir in einer Situation handeln sollten, wo eine Lüge oder ein gebrochenes Versprechen sehr viel Gutes tun, niemandem schaden und nie entdeckt werden würden, veranschaulichen diesen Typus der flinken Kalkulation der Folgen.

«Auf einer verlassenen Insel, von der ich später als einziger gerettet wurde, gab ich einem Sterbenden das Versprechen, seinen Goldschatz an den südaustralischen Jockey-Club zu geben. Bei meiner Rückkehr schenkte ich das Gold dem Königlichen Krankenhaus von Adelaide, das, wie wir annehmen können, das Geld dringend für einen neuen Röntgenapparat benötigt. Wollte jemand bestreiten, daß ich richtig gehandelt habe, ohne mich dem Vorwurf der Herzlosigkeit auszusetzen? (Man beachte, daß das Versprechen nur mir allein bekannt war, so daß mein Handeln in diesem Fall nicht das allgemeine Vertrauen in die gesellschaftliche Institution des Versprechens schwächen wird.)»[7]

Solche Lehrbuchbeispiele sollen die Widerstandskraft gegenüber Lügen und Vertrauensbruch als solchen überprüfen, völlig unabhängig von irgendeinem Nachteil, der dem Sterbenden oder der Gesellschaft erwachsen würde, die ohnehin nie etwas von dieser Handlung erfahren können. Sie erleichtern ein klares Nachdenken darüber, ob wir den Bruch eines Versprechens oder eine Lüge für tadelnswert halten. Außerdem verdeutlichen sie die tiefgreifenden Meinungsverschiedenheiten, die unter uns bestehen. Denn bei den meisten Menschen, denen man das Beispiel vorlegt, werden etwa gleich viel Personen der einen wie der anderen Entscheidungsmöglichkeit zustimmen.

Doch jene, die in diesem Beispiel eine Art Vakuum sehen, wo niemand einen Schaden davontragen kann, ignorieren die Risiken für den Lügner selbst: persönliches Unbehagen; Verlust der Integrität; eine größere, wenn auch geringe Wahrscheinlichkeit, daß die erste Lüge notwendigerweise die zweite nach sich zieht; eine grundsätzlich verminderte Widerstandskraft gegenüber Lügen, mit deren Hilfe er in der Zukunft bestimmte Ziele erreichen will. Zu welcher Entscheidung man in dem Fall der verlassenen Insel auch kommen mag, man sollte jedenfalls nicht von der Annahme ausgehen, daß der Entscheidung keinerlei schädigende Konsequenzen innewohnen.

Entscheidungen zwischen Lügen und wahrhaftigen Äußerungen bringen die Schwierigkeiten zur Anschauung, die – wie häufig geglaubt wird – dem Utilitarismus selbst als einer Methode zur Bewältigung moralischer Konflikte anhaften. Die bisher erwähnten Probleme könnten allerdings im Prinzip im Rahmen des Utilitarismus bewältigt werden. Sie entkräften nicht unbedingt das allgemeine Bemühen, bei einem moralischen Problem verschiedene Seiten einer Sache gegeneinander abzuwägen. Die schwierigen Aufgaben der Einschätzung des interpersonellen Nutzens ergeben sich vielleicht auch seltener, als man heute oft denkt, sofern die schwerwiegenden Gründe gegen die meisten Lügen in die Überlegung mit einbezogen werden. Die Grundhaltung gegen das Lügen – bevor noch irgendwelche Konsequenzen in einem konkreten Fall zur Beurteilung stehen – kann anerkannt werden, und es lassen sich Schritte einleiten, um die Voreingenommenheit zu mindern, mit der Lügner ihre Entscheidungen bewerten.

Die Hilflosigkeit moralphilosophischer Abstraktion

Utilitaristen können behaupten, daß ein weitreichendes konsequentialistisches System alle erhobenen Einwände entkräften kann. Die Anhänger anderer ethischer Systeme nehmen für sich in Anspruch, daß sie solche Einwände durch Prinzipien ausräumen können, die sie an Stelle des Prinzips der Nützlichkeit (oder in Ergänzung dazu) aufgestellt haben. Diese Prinzipien mögen nun ihrerseits wiederum von einer autoritativen Instanz abgeleitet sein wie zum Beispiel dem Willen Gottes oder einem heiligen Text; sie können auch nach einer bestimmten Methode ausgearbeitet worden sein wie Kants *Kategorischer Imperativ*: «Handle so, daß die Maxime deines Willens jederzeit zugleich als Prinzip einer allgemeinen Gesetzgebung gelten könne.»

Viele haben sich bemüht, derartige Systeme zu errichten: um eine Methode zu finden, nach der man moralische Entscheidungen beurteilen kann, oder ein einzelnes Prinzip, wovon sich Urteile ableiten lassen, oder eine Hierarchie der Prinzipien, um auf diese Weise Konflikte zu lösen. So kamen Methoden, Prinzipien und Prioritätsregeln auf, die sorgfältig durchdachte und gleichzeitig heiß diskutierte Theoriegebilde formten.

Diese Gebilde bestechen durch ihre Konstruktion und die Art und Weise, wie sie arbeiten. Sie verfeinern unsere moralische Wahrnehmung und beleuchten die Schwierigkeiten moralischer Entscheidungen; sie geben unseren unverzichtbarsten sittlichen Urteilen einen sicheren Halt und helfen uns, menschliche Beziehungen zu verstehen, verschiedene Grade der Integrität zu vergleichen und Modelle für die beste Lebensführung oder die beste Art, unsere Gesellschaften zu regieren, in einem klareren Licht erscheinen zu lassen.

Doch wenn wir vor schwierigen konkreten moralischen Entscheidungen stehen, dann helfen sie uns wenig. Das muß keine Kritik sein; viele behaupten, daß moralphilosophische Systeme nicht für solche Alltagsaufgaben gedacht sind.[8] Dennoch ist es nur natürlich, wenn wir das Gefühl haben, daß wir bei der Befolgung des einen Moralprinzips ein anderes übertreten, oder wenn wir unsicher sind, daß wir dann jedenfalls *versuchen*, diese Systeme zu benutzen.

Unglücklicherweise gibt es aber keinen Beweis dafür, daß Systeme oder übergreifende Prinzipien wie das der Nützlichkeit oder Prioritätsregeln bei mehreren Prinzipien uns zu klaren Schlußfolgerungen führen, mögen wir uns auch noch so sehr darum bemühen.[9] (Ich muß betonen, daß ich hier von solchen konkreten Konflikten rede, die ernsthafte Menschen als *schweres Problem* empfinden; es versteht sich von selbst, daß leichtere Entscheidungen, wie zum Beispiel die Verdammung der Folter, genausogut auf der Basis eines moralischen oder religiösen Systems getroffen werden können wie durch den Gebrauch des gesunden Menschenverstandes.[10])

Denn bei den schwierigen moralischen Fragen, in denen die Menschheit sich unsicher war, haben Anhänger jedes moralischen Systems – seien es Kantianer, Utilitaristen, diejenigen, die an den Willen Gottes oder an das Naturrecht glauben – auch jeweils jede erdenkliche Position eingenommen.[11] Innerhalb jedes der wetteifernden Systeme sind mit großer Gewissenhaftigkeit kontroverse Standpunkte zu Themen wie Selbstmord und Abtreibung, Revolution und Krieg ausgearbeitet worden.[12] Und genau das gleiche trifft auf die schweren Entscheidungen zu, die sich für uns in bezug auf das Lügen ergeben.

Ein zu solchem Gebrauch eingespanntes System der Moralphilosophie ist wie der Hut eines Zauberers – man kann beinah alles daraus hervorholen, daraus herausrufen, -fliegen lassen. Niemand kann sich dabei ganz sicher sein, ob das, was herauskommt, nicht schon die ganze Zeit in dem Hut gesteckt hat. Und der Philosoph ist häufig am Ende selbst sein verblüfftester Zuschauer. Vielleicht weiß er selbst nicht, wie er es angestellt hat – aber jedenfalls fliegen die Tauben herum, und die Seidentücher befinden sich in seiner Hand!

Ungewißheit und Ungenauigkeit belasten schwere moralische Entscheidungen. Je mehr Schritte dazwischenliegen und je mehr uns gesagt wird, daß eine Sache mit Hilfe einer anderen erklärt oder von ihr abgeleitet werden könne, desto mehr Raum entsteht für Voreingenommenheit, Selbsttäuschung, ja sogar Taschenspielertricks. Die Methoden, die in vielen moralischen Systemen denen anempfohlen werden, die nach einer Lösung für ein konkretes Problem suchen, sind überdies häufig nur so kümmerlich ausgeführt, daß eigentlich jedwede Antwort herauskommen kann, je nachdem, welche Werte man zu Anfang hineingelegt hat.*

Welche Wege, welche Mittel der Untersuchung der bedrängenden Fragen der Wahrhaftigkeit und der Lüge bleiben dann, wenn uns Systeme so wenig helfen? Ich glaube, daß eine Methode, die eine Hilfe darstellen soll, ihren Ausgang bei den tatsächlichen Entscheidungen nehmen sollte, die die Men-

* Dieser Defekt der Methode könnte zum Teil auf eine semantische Verwechslung zurückgehen. Das Wort «Methode» hat zwei Bedeutungen: die erste kommt von den griechischen Worten *meta* und *hodos*, die den Weg, das Mittel, das Verfolgen einer Untersuchung bedeuten. In diesem Sinne brauchen wir offensichtlich Methoden in der Moralphilosophie. Doch im sechzehnten Jahrhundert wurde in der lateinischen Sprache von Logikern eine zweite, dem Griechischen fremde Bedeutung entwickelt: Es ist die einer «systematischen Gliederung und Ordnung». Einige Denker haben fälschlich angenommen, daß sie eine Methode in dem ersten Sinne besitzen, sobald sie eine systematische, gegliederte Darlegung ihrer Theorie ausgearbeitet hatten, die ihnen nur im zweiten Sinne des Wortes eine Methode liefert.

schen treffen. Sie sollte sich die tatsächlichen Entschuldigungen ansehen, die sie sich und anderen geben; die Argumente, mit denen sie sich auf Prinzipien berufen, und die Maßstäbe, nach denen sie solche Argumente beurteilen, wenn andere sie vorbringen. Einen solchen Weg einzuschlagen macht es erforderlich, nach Fällen, Beispielen und Beschreibungen dessen, was geschieht, zu suchen. Diese Suche wird sich auch auf Beispiele aus dem Arbeitsleben, den Familienbeziehungen, den politischen Praktiken erstrecken.

Viele haben sich menschlichen Problemen in dieser Weise genähert. In jeder religiösen oder rechtlichen Tradition haben sich einzelne bemüht, für schwierige Gewissenskonflikte Lösungen zu finden. Mit ihren gedankenschweren Diskussionen der Probleme des Selbstmords oder der Sklaverei oder auch geringfügigeren Fragen der Höflichkeit gehörten die römischen Stoiker zu den bedeutendsten Praktikern dieser Form der angewandten Ethik. Talmudische Gelehrte und frühchristliche Denker haben einen wesentlichen Beitrag zur Differenzierung der Diskussion von konkreten Fällen geleistet.[13]

Doch Gewissensprobleme können nicht in einem moralischen Vakuum untersucht werden. Traditionellerweise sind sie in einem spezifischen, religiösen, moralischen oder rechtlichen Rahmen behandelt worden. Die religiösen und rechtlichen Ansätze weisen auf wichtige Unterschiede hin und können bei keiner Studie über die Täuschung außer acht gelassen werden. Doch häufig stehen sie unter dem Einfluß von Überlegungen, die mit der Ethik nichts zu tun haben: Für die Religion sind es Glaubensfragen und für das Gesetz pragmatische Fragen dessen, was in geeigneter und durchführbarer Weise zu regeln ist. Der Hintergrund meiner Untersuchung wird daher die Moralphilosophie sein. Und obgleich ich mich keines Moralsystems bedienen werde, aus dem sich meine Schlußfolgerungen ableiten lassen, werden meine Befragungen von Rechtfertigungen, die für verschiedene Lügen vorgebracht werden, schließlich Fragen nach Nutzen und Schaden sein, Fragen, warum das Lügen überhaupt etwas *ausmacht* und welche Wirkung es auf Individuen und Institutionen hat.

Auf diesem Weg hoffe ich mehr Fortschritte zu machen, als

wenn ich auf Intuition vertrauen oder bei den Abstraktionen eines Systems bleiben würde. Aber gewisse Probleme werden sich auch weiterhin einer einfachen Entscheidung und Handhabung sperren. Gelegentlich wird es so sein, daß sich zwei, wenn auch unterschiedliche, Alternativen als nahezu gleichwertig darstellen. Andererseits mag es auch Alternativen geben, die *tatsächlich* gleichwertig sind, jedenfalls soweit wir mit unseren begrenzten Kräften feststellen können. Und schließlich wird es vorkommen, daß die Alternativen von so viel Ungewißheit umgeben sind, daß eine Entscheidung schwerfällt. In all diesen Fällen wird die Frage nicht so sehr sein, *was* die richtige Entscheidung sein könnte, sondern eher, *wer* die Entscheidung treffen sollte und welches die geeigneten Auswahlverfahren sind.

Anfangen könnte man gut bei der großen Kategorie der kleinen Alltagslügen. Sie demonstriert sowohl die Sinnlosigkeit des Versuches, alle Lügen überhaupt zu verbieten, als auch die Oberflächlichkeit des intuitiven utilitaristischen Ansatzes, der sie als harmlos und daher akzeptabel angesehen hat.

5
Vom täglichen Zwang zur Unaufrichtigkeit

«Nie kam mir eine vorsätzliche Lüge in den Sinn, nie log ich zu meinem Vorteil, oft habe ich aber aus Scham gelogen, um mich in gleichgültigen Dingen oder in solchen, die mich höchstens selbst angingen, aus der Verlegenheit zu ziehen, wenn ich ein Gespräch führen sollte und mich der langsame Gang meiner Ideen und die Trokkenheit meiner Unterhaltung zwangen, meine Zuflucht zu Erdichtungen zu nehmen, um überhaupt etwas sagen zu können.»
Jean-Jacques Rousseau, ‹*Träumereien eines einsamen Spaziergängers*›

«Wenn jemand erklärt, daß er einer lästigen Einladung ‹mit dem größten Vergnügen› Folge leisten wird, oder an einen, den er als unter sich stehend betrachtet, ‹Ihr gehorsamer Diener› schreibt, gebraucht er Wendungen, die wahrscheinlich früher als betrügerisch galten. Der gemeine Menschenverstand findet aber eine Weigerung, sie zu gebrauchen, wo es nun einmal üblich ist, übertrieben gewissenhaft. Er ist sich aber andererseits nicht darüber klar, wo dieser Verderbnisprozeß noch unvollständig ist, und viele Personen können sich noch hintergangen fühlen, wenn ihnen an der Tür gesagt wird: ‹Die Herrschaften sind nicht zu Hause›, und sie wissen genau, daß dies der Fall ist.»

Henry Sidgwick, ‹*Die Methoden der Ethik*›

Harmlose Lügen

Wenn Lügen in einer ernsten Krise den einen Extrempunkt markieren, dann liegen Alltagslügen am entgegengesetzten Ende des Spektrums der Täuschungen. Alltagslügen sind die verbreitetste und trivialste Form der Unaufrichtigkeit. Die Tatsache, daß sie so verbreitet sind, gibt ihnen eine Art Schutz. Angesichts ihrer Trivialität – verglichen mit folgenschwereren Lügen – scheint es unnötig oder gar absurd, sie zu mißbilligen. Einige halten *alle* gutgemeinten Lügen, von welcher Tragweite sie auch sein mögen, für unschuldig; ich werde in diesem Buch das Wort in der eingeschränkten Bedeutung verwenden: Eine harmlose Lüge ist in diesem Sinne eine Unwahrheit, die niemanden verletzen soll und die nur geringes moralisches Gewicht hat. Ich möchte der Frage nachgehen, ob es *tatsächlich* solche Lügen gibt, und, wenn ja, ob ihre kumulativen Konsequenzen immer noch harmlos sind, und schließlich, ob nicht viele Lügen als «harmlos» verteidigt werden, die in Wirklichkeit durchaus schädlich sind.

Hinter vielen kleinen Vorwänden und Zufluchtsformen steht gar nicht einmal die Absicht der Irreführung. Sie gehören nur in einem sehr eingeschränkten Sinne zur Kategorie der Alltagslügen. Man nehme zum Beispiel die vielen sozialen Floskeln: «Wie nett, Sie zu sehen!» oder «Mit herzlichen Grüßen». Diese und tausend andere Höflichkeitsfloskeln werden für so selbstverständlich gehalten, daß jemand, der sie im Namen einer rückhaltlosen Ehrlichkeit nicht benutzen würde, leicht den Eindruck einer Gleichgültigkeit erwecken würde, die ihm gar nicht eigen ist. Die Begründung für den fortgesetzten Gebrauch solcher allgemein akzeptierten Wendungen ist die, daß sie niemanden täuschen, außer vielleicht die, die mit der Sprache nicht vertraut sind.

Ein schon eindeutiger auf Täuschung basierendes Verhalten ist es, wenn man sich mit einer vorgetäuschten Verpflichtung herausredet, um nicht die Gefühle desjenigen zu verletzen, der eine Einladung oder eine Bitte vorträgt: Man sagt, man könne etwas nicht tun, was man in Wirklichkeit nicht tun *will*. Außerdem wollen wir mit dieser Ausrede vermeiden, daß jemand ganz unbegründet glaubt, wir würden einer Angelegenheit ablehnender gegenüberstehen, als das überhaupt der Fall ist. Und einfach zu sagen, man könne etwas nicht tun, ist auch nicht in dem Sinne auf Täuschung angelegt, wie es eine raffiniert ausgedachte Geschichte sein kann.

Harmlose Lügen benutzt man ferner, wenn man jemandem schmeicheln will, um deprimierenden Verhältnissen eine aufmunternde Deutung zu geben oder um Dankbarkeit für ungewollte Geschenke zu zeigen. In den Augen vieler richten solche harmlosen Lügen keinen Schaden an, sie geben einem manchmal nötigen Rückhalt und Aufmunterung und vertreiben Trübsinn und Langeweile. Sie erhalten das Gleichgewicht und nicht selten die Menschlichkeit sozialer Beziehungen aufrecht und gelten so lange als entschuldbar, solange man keinen übermäßigen Gebrauch von ihnen macht. Viele vertreten darüber hinaus die Meinung, daß diese Form der Täuschung so hilfreich und gelegentlich so notwendig ist, daß man sie als Ausnahme dulden müsse. Von Bacon stammt folgende Beobachtung:

«Weiß nicht jeder, daß, wenn man aus dem menschlichen Herzen Eitelkeit, Hoffart, Überschätzung, Einbildung und dergleichen herausrisse, bei vielen eine armselige, verschrumpfte Seele übrigbliebe, voll von Trübsal und Mißmut, sich selbst zum Verdruß?»[1]

Eine andere Form der Lüge ließe sich vielleicht dadurch befürworten, daß sie einen handfesteren Vorteil einbringt oder einen wirklichen Schaden vermeidet und dabei ziemlich ungefährlich scheint für die, die sich ihrer bedienen. Dazu gehören die Placebos, die man bei zahllosen verbreiteten Leiden verabreicht, und der überall anzutreffende Einsatz von überzogenen Beurteilungen und Empfehlungen für berufliche Anstellung und Beförderung.

Eine große Anzahl von Lügen, die man spontan so dahersagt, um Zeit zum Nachdenken zu gewinnen oder um aus einer Klemme herauszukommen oder auch ganz einfach, um die Zeit totzuschlagen, sind so trivial, daß man sie zu den harmlosen Lügen rechnen sollte. Ebenfalls gehören dazu Lügen, um anzugeben oder zu übertreiben oder, im Gegenteil, etwas abzulehnen oder bewußt abzuschwächen[2]; die vielen Lügen, die beim Tratschen erzählt und wiederholt werden; Rousseaus Lügen, die den Zweck haben, «einfach etwas zu sagen»; die Ausschmückung von Fakten, die für sich allein zu langweilig scheinen; und schließlich die schnelle Gelegenheitslüge, die man an die Stelle einer langwierigen Erklärung setzt, zu der man sonst hätte greifen müssen.

Utilitaristen beziehen sich häufig auf die harmlosen Lügen als die Art von Täuschung, bei der ihre Theorie die Vorzüge des Common sense und des klaren Nachdenkens demonstriert. Eine harmlose Lüge, so sagen sie, ist trivial; sie ist entweder völlig harmlos oder in einem so geringfügigen Maße schädigend, daß der Aufwand für das Aufspüren und die genaue Bestimmung des Schadens größer ist als der winzige Schaden selbst. Außerdem kann die harmlose Lüge oft tatsächlich vorteilhaft sein und damit die Waage der Nützlichkeit zu ihren Gunsten neigen. In einer Welt mit so vielen schwierigen Problemen könnte ein Utilitarist fragen: Warum sollte man Zeit darauf verwenden, die winzigen Fürs und Widers abzuwägen, wenn man jemandem sagt, seine Krawatte sei geschmackvoll, wenn sie in Wirklichkeit gräßlich ist, oder wenn man einem Gast sagt, eine zerbrochene Vase sei wertlos? Warum soll man sich denn damit abmühen, solche unbedeutenden Wahrheitsverzerrungen überhaupt zu definieren oder aus einer Mücke einen Elefanten zu machen, indem man sie zu rechtfertigen trachtet?

Sicher setzt die Trivialität des Gegenstands der moralischen Untersuchung Grenzen. Doch wenn wir uns Verhaltensweisen wie die Verabreichung von Placebos genauer ansehen, dann wird es klar, daß man die Lügen, die als «harmlos» verteidigt werden, nicht so einfach beiseite legen kann. Die Harmlosigkeit von Lügen ist bekanntlich ohnehin strittig. Was der Lügner als harmlos oder auch als vorteilhaft empfindet, stellt sich aus der Sicht des Getäuschten vielleicht ganz anders dar. Zweitens betrachten Lügner häufig nur ihren eigenen isolierten Fall und nicht eine gesellschaftlich verbreitete Verhaltensweise als ganze. Das macht sie blind für den kumulativen Schaden und die Ausbreitung von Täuschungspraktiken. Die, die mit harmlosen Lügen anfangen, können dazu kommen, häufiger und auch schwerwiegendere Lügen zu benutzen. Wo die einen sparsamen Gebrauch von harmlosen Lügen machen, wenden die anderen sie häufig an. Weil hier so schwer Grenzen zu ziehen sind, kann der wahllose Gebrauch solcher Lügen zu anderen Täuschungspraktiken hinführen. Der Gesamtschaden, der aus einer großen Zahl von für sich genommen wenig schädlichen Fällen entsteht, mag am Ende sehr unwillkommen sein – für die Lügner, für die Belogenen und Ehrlichkeit und Vertrauen in einem allgemeineren Sinne.

So wie die lebensbedrohenden Fälle gezeigt haben, daß die Kantische Analyse zu rigide ist, so zeigen die Fälle der harmlosen Lügen, daß die nachlässige utilitaristische Kalkulation der Folgen unangemessen ist. Eine solche Kritik des Utilitarismus greift nicht dessen Grundlagen an, denn sie widerlegt nicht die Wichtigkeit des Abwägens der Konsequenzen. Sie bringt nur zum Ausdruck, daß Utilitaristen mit ihrer flinken Annahme, daß die sogenannten harmlosen Lügen auch eben harmlos seien, meistens nicht genug Faktoren in ihre Berechnung einbeziehen. Sie lassen eine Betrachtung eines ganzen Typus von Täuschungsverhalten und der Art und Weise, wie diese sich gegenseitig vervielfältigen und bestärken, vermissen. Eher neigen sie dazu, sich auf den individuellen Fall zu konzentrieren, der aus der Sicht des individuellen Lügners gesehen wird.

Nach Watergate wird wohl niemand mehr die Sorge um die kombinierten und Langzeitwirkungen der Täuschung als weit hergeholt betrachten. Doch auch unabhängig vom politischen Leben mit seinen eigentümlichen und anziehenden Versuchungen tendieren Lügen zur Ausbreitung. Unangenehme Fakten werden verzuckert, und traurige Nachrichten werden abgemildert oder völlig verschwiegen. Viele belügen Kinder und Kranke in sehr zentralen Angelegenheiten wie Geburt, Adoption, Scheidung und Tod. Täuschende Propaganda und irreführende Werbung gibt es in Hülle und Fülle. Von all diesen Lügen sieht man häufig wegen ihrer Harmlosigkeit und

Trivialität ab – Gründe, die man auch für die harmlosen Lügen insgesamt in Anspruch nimmt.

Es lohnt sich, einen genaueren Blick auf Verhaltensformen zu richten, bei denen angeblich triviale Lügen zur Tagesordnung gehören. Man wird dann besser erkennen können, daß sich die Trivialität einer einzigen isolierten Lüge gravierend von den Kosten einer ganzen verbreiteten Verhaltensweise unterscheidet – sowohl für Individuen als auch für Gemeinschaften. Eine dieser Verhaltensweisen ist die Verabreichung von Placebos.

Die Placebo-Lüge

Die verbreitete Praxis der Verabreichung von Placebos an unwissende Patienten ist ein schönes Beispiel, um die beiden Fehlkalkulationen zu demonstrieren, die bei kleineren Formen der Täuschung so häufig auftreten: zum einen, daß der dabei möglicherweise auftretende Schaden gar nicht mit einbezogen wird in die Rechnung, zum anderen, daß nicht gesehen wird, wie scheinbar triviale Gesten sich zu kollektiv unerwünschten Verhaltensweisen auswachsen können.[3] Placebos sind seit den Anfängen der Medizin in Gebrauch gewesen. Es können Zuckerpillen sein, Salzwasserinjektionen – ja jede medizinische Prozedur, die keine spezifische Wirkung ausübt, aber beträchtliche psychologische Effekte erzielen kann, die dann zur Befreiung von Symptomen wie Schmerz oder Depression führen können.

Placebos werden mit großer Häufigkeit verschrieben. Wie oft genau, kann man nicht wissen, und das um so weniger, als die Ärzte normalerweise darüber in der Öffentlichkeit nicht sprechen. Gelegentlich wird der Arzt auch Opfer einer Selbsttäuschung, so daß er einen unbegründeten Glauben an die Kräfte hegt, die nur mittels eines Placebos zur Entfaltung kommen können. Wie der Vertreterberuf, so ist auch die Verschreibung von Medikamenten mit einem durch nichts begründeten Glauben an die hervorragende Qualität dessen verbunden, was man anderen empfiehlt. In der Vergangenheit waren viele Heilmittel so beschaffen, daß sie – wovon die Medizinerzunft und ihre Patienten nichts wußten – nur eine Placebo-Heilwirkung haben konnten, wenn sie überhaupt eine hatten.

Die lateinische Ursprungsbedeutung des Wortes «Placebo» («ich werde gefallen») verleiht ihm einen mildtätigen Klang, wodurch Placebos jenseits moralischer Kritik stehen und Bilder von Hypochondern beschworen werden, deren vage Beschwerden durch geschickte Verschreibungen wohltätiger Zuckerpillen vertrieben werden. Häufig geben Mediziner ihren Instruktionen zur Verschreibung dieser Substanzen eine humorige Färbung, die dazu beiträgt, daß sie außer Reichweite einer ernsthaften ethischen Betrachtung geraten. In einer pharmakologischen Zeitschrift schrieb eine Fachautorität, daß der Arzt dem Placebo einen Namen geben sollte, der dem Patienten unbekannt ist, vorzugsweise auf Latein und mehrsilbig; er fuhr dann fort:

«Für die psychotherapeutische Wirkung ist es wichtig, daß das Placebo mit einer gewissen Sicherheit und mit Nachdruck verordnet wird. Die älteren Ärzte hatten jeder ihre bevorzugte Placebo-Verordnung – der eine nahm Kondurango-Tinktur, der andere den Fluidextrakt von Cimicifuga nigra.»[4]

Sind schließlich Placebos, so argumentierten die Mediziner, nicht viel ungefährlicher als echte Medikamente? Und führen sie nicht mit größerer Wahrscheinlichkeit eine Heilung herbei, als wenn gar nichts verordnet würde? In einem Brief an die medizinische Zeitschrift *Lancet* kommt diese Ansicht zum Ausdruck:

«Wann immer ein Schmerz mit einem ml Salzlösung gelindert werden kann, warum sollten wir dann ein Opiat injizieren? Machen Ängste oder Unbehagen, die sich mit Hilfe von Stärkekapseln beschwichtigen lassen, die Verabreichung eines Barbiturats, von Diazepam oder Propoxyphen erforderlich?»[5]

Eine solche simplifizierende Sicht verbirgt die realen Kosten der Placebos, sowohl für die Medizin als ganzer wie für den einzelnen. Zunächst einmal kann das Zurückgreifen auf Placebos die Behandlung eines zugrundeliegenden, jedoch nicht festgestellten Problems verhindern. Und selbst wenn das Placebo «wirkt», so sind diese Wirkungen häufig nur von kurzer Dauer. Die Symptome können wiederkehren oder in anderer Gestalt wiederauftauchen. Sehr oft sind die Symptome, über die der Patient klagt, so geartet, daß sie von selbst verschwinden, gelegentlich sogar durch den bloßen Kontakt mit einem Mediziner. In diesen Fällen ist das Placebo selbst unnötig; der Rückgriff auf Placebos verstärkt dann nur die Neigung, sich von Tabletten oder Behandlung abhängig zu machen, wo sie überhaupt nicht gebraucht werden.

Die Gesamtkosten für Placebos sind immens. Viele Millionen Dollar werden für Medikamente, diagnostische Tests und Psychotherapien ausgegeben, die eine Placebo-Funktion haben. Selbst Operationen können diese Funktion haben – so kann eine Entfernung der Gebärmutter vorgenommen werden, nicht weil der Zustand der Patientin einen solchen Eingriff erforderlich macht, sondern weil sie von einem Arzt zum nächsten läuft, um sich operieren zu lassen, oder weil man glaubt, sie habe große Angst vor Krebs, und diese Angst könnte allein schon durch die bloße Tatsache der Operation beschwichtigt werden.

Selbst wenn man einmal von den finanziellen und emotionalen Kosten und der Vergeudung von Ressourcen absieht, dann geht die Verabreichung von Placebos mit einem sehr kostbaren Gut verschwenderisch um: mit dem Vertrauen, von dem in der Medizin so viel abhängt. Die Patienten, die herausfinden, daß sie hintergangen wurden, verlieren ihr Vertrauen, manchmal für immer. Sie bringen dann den Ärzten und auch wichtigen Medikamenten, die sie in der Zukunft vielleicht einmal brauchen werden, kein Vertrauen mehr entgegen. Sie selbst beschaffen sich möglicherweise dann schädlichere Mittel oder hängen ihre Hoffnungen an Modekuren, die sie nur noch stärker schwächen.

Die folgende Darstellung eines Falles[6], wo ein Placebo

verschrieben wurde, spiegelt eine verbreitete Sichtweise wider:

«Ein siebzehnjähriges Mädchen suchte ihren Kinderarzt auf, der sie schon seit ihrer frühesten Kindheit betreut hatte. Sie ging ohne ihre Eltern in seine Praxis, wenngleich ihre Mutter sie vorher telefonisch angemeldet hatte. Sie erzählte dem Arzt, daß sie körperlich völlig gesund sei, daß sie aber glaube, sie habe gewisse psychische Probleme. Sie erklärte, daß sie nachts schlecht schlafen könne und daß sie am Tag meistens sehr nervös sei. Sie war in der letzten Klasse der High-School, und sie behauptete, ziemlich schlecht in den meisten Fächern zu sein. Sie war in Sorge darüber, was sie im nächsten Jahr tun solle. Sie hatte etwas Übergewicht. Das, so empfand sie, machte einen Teil ihres Problems aus. Sie meinte, sie sei nicht sehr attraktiv für das andere Geschlecht und könne das Interesse von Jungen nicht auf sich ziehen. Sie war mit einigen Mädchen enger befreundet.

Ihr Leben zu Hause war ziemlich chaotisch und stressig. Häufig gab es Kämpfe mit ihrem jüngeren Bruder, der vierzehn war, und mit ihren Eltern. Sie behauptete, daß sie ihre Eltern ‹immer auf dem Hals› habe. Sie stellte ihre Mutter als extrem streng und ihren Vater, der sehr altmodisch in seinen Wertvorstellungen sei, als autoritär dar.

Insgesamt sprach sie zwanzig Minuten mit ihrem Arzt. Sie sagte ihm, sie glaube, sie brauche Beruhigungstabletten, und deshalb sei sie gekommen. Sie habe das Gefühl, daß dies ein unheimlich schwieriges Jahr für sie sei und alles würde besser laufen, wenn sie etwas bekommen könne, was ihre Nerven beruhigt, bis sie über ihre jetzige Krise weggekommen sei.

Der Arzt erwiderte ihr, daß er es nicht für richtig hielte, einem Mädchen ihres Alters Beruhigungsmittel zu verordnen. Es sei nicht gut, wenn er sie zu einem Präzedenzfall mache. Sie war jedoch sehr hartnäckig und behauptete, daß sie Beruhigungstabletten ‹schon irgendwie kriegen› werde, wenn er sie ihr nicht geben würde. Schließlich versprach der Arzt, ihre Apotheke anzurufen und Beruhigungsmittel für ihre Nerven zu bestellen. Sie war sehr dankbar. Er schlug vor, daß sie ihn in ein paar Tagen anrufen solle, um ihn wissen zu lassen, wie es ihr ginge. Er rief auch ihre Eltern an, um ihnen zu sagen, daß er ein Gespräch mit ihr gehabt habe und daß er ihr ein Mittel gebe, das ihren Nerven helfen könnte.

Fünf Tage später rief das Mädchen den Arzt wieder an, um ihm zu sagen, daß die Tabletten wirklich gut anschlügen. Sie behauptete, daß sie sehr viel ruhiger geworden sei, daß sie mit ihren Eltern besser zurechtkomme und daß sie eine neue Einstellung zum Leben überhaupt habe. Der Arzt riet ihr, daß sie die Tabletten zweimal pro Tag während des ganzen Schuljahres noch weiter nehmen solle. Sie war einverstanden.

Einen Monat später gingen ihr die Tabletten aus, und sie rief den Arzt wegen eines neuen Rezepts an. Er war aber in Urlaub. Sie wurde ziemlich unruhig bei dem Gedanken, keine Tabletten mehr zu haben und rief deshalb ihren Onkel an, der Arzt in einer Nachbarstadt war. Er rief die Apotheke an und erfuhr in einem Gespräch mit dem Apotheker zufällig, daß es sich bei dem Medikament nur um Vitamintabletten handelte. Er sagte dem Mädchen, daß es nur Vitamintabletten seien und daß sie die auch ohne Rezept frei kaufen könne. Das Mädchen war nun sehr bestürzt und fühlte sich von ihrem Arzt betrogen und getäuscht. Als ihre Eltern von der Sache erfuhren, meinten sie, der Arzt sei ‹sehr clever›.»

Die Patienten, die die Täuschung *nicht* entdecken und so in dem Glauben belassen werden, das Placebo habe die Heilung bewirkt, verlassen sich möglicherweise auch dann noch auf das Placebo, wenn sie ernsthaft erkrankt sind. Das trifft besonders auf Medikamente wie Antibiotika zu, die zum Teil als Placebos und zum Teil wegen ihrer spezifischen Funktion gegeben werden. Viele Eltern zum Beispiel versteifen sich darauf, daß der Arzt ihnen jedesmal, wenn ihr Kind Fieber oder eine Erkältung hat, Antibiotika verschreiben müsse. Die Tatsache, daß so viele Ärzte bereitwillig einem solchen Verlangen nachgeben, verlängert nur die Abhängigkeit dieser Familien von medizinischen Dienstleistungen, die sie nicht brauchen, und sie schwächt ihr Vermögen, selbst mit Krankheitsproblemen fertig zu werden. Im schlimmsten Fall können bei den Kindern, die keine Antibiotika vertragen, ernste, gelegentlich sogar tödliche Reaktionen auf solche unnötigen Medikamenteinnahmen auftreten.[7]

Derartige Täuschungspraktiken überspringen ihrem Wesen gemäß die normalen Verantwortlichkeitsschranken und können sich daher leichter als andere verbreiten. Es gibt viele Fälle, wo ein unschädlich scheinendes Verhalten eine starke Verbreitung gefunden hat und gefährlich wurde. Obgleich Warnungen vor dem «ersten Schritt» oft nur rhetorische Floskeln sind, können sie zuweilen eine begründete Vorsicht zum Ausdruck bringen; besonders, wenn man sich gedrängt sieht, einen unerwünschten Weg zu beschreiten, und die Sicherheitsmaßnahmen unzulänglich sind.

Grund genug also, sich mit Placebos zu befassen. Es gibt nur wenige beziehungsweise gar keine Sicherheitsvorkehrungen für ihre Anwendung – zum einen, weil ihre Verschreibung naturgemäß meistens verschwiegen wird, und zum anderen, weil sie in der medizinischen Literatur verteidigt, aber selten eingehend diskutiert werden.[8] Und der Druck von seiten der Pharmakonzerne, von seiten der Patienten, die begierig nach Heilverfahren greifen, und von seiten einiger eifriger Ärzte in Richtung auf mehr Medikamente, seien sie nun nötig oder nicht, ist groß und wird immer stärker. Geht man von diesem Mangel an Sicherheitsvorkehrungen und diesem starken Druck aus, dann kann sich die Verwendung von Placebos in vielfacher Weise verbreiten.

Die eindeutigste Gefahr liegt in dem allmählichen Übergang von pharmakologisch wirkungslosen Placebos zu aktiveren. Es ist nicht immer leicht, völlig wirkungslose Substanzen von schwach aktiven zu unterscheiden und diese dann ihrerseits von aktiveren. Es mag schwierig sein, eine aktive Substanz, die so gering dosiert ist, daß sie wenig oder gar keine Wirkung ausübt, und eine Dosis, die eine entsprechende Wirkung hat, genau zu unterscheiden. Ärzten ist nicht immer klar, ob ihre Patienten ein wirkungsloses Placebo oder möglicherweise ein aktiveres brauchen, und es kann die Versuchung aufkommen, zu einem aktiveren zu greifen, nur um sicherzugehen. Es ist auch viel einfacher, einen Patienten mit einem Medikament zu täuschen, das als «echt» und wirksam bekannt ist. Ein neueres Medizinlehrbuch geht soweit, die Verwendung von geringen Dosen von wirksamen Substanzen als Placebos zu empfehlen – weil es sowohl für den Arzt wie für den Patienten wichtig ist, an die Behandlung zu glauben! Diese Praxis wird dadurch erleichtert, daß Ärzte über die Gefahren und Nebenwirkungen von aktiven Stoffen nicht immer Bescheid wissen oder sie für unwichtig halten.

Inzwischen nimmt die Zahl der Patienten, die Placebos empfangen, in dem Maße zu, je mehr Leute medizinische Dienstleistungen in Anspruch nehmen wollen und auch erhalten und je mehr ihr Wunsch nach sofortiger Vertreibung von Symptomen von der pharmazeutischen Werbung und den steigenden Erwartungen an die Wissenschaft stimuliert wird. Die Anwendung von Placebos bei Kindern nimmt ebenfalls zu; sind solche Praktiken erst einmal eingerissen, dann wird man den Versuchungen, die Wahrheit zu manipulieren, nur schwer widerstehen.

Eine Täuschung mittels Placebos kann nicht nur in der Therapie und der Diagnose, sondern auch bei Forschungsexperimenten stattfinden. Viele Experimente mit Placebos sind ehrlich und beruhen auf der Einwilligung der Versuchspersonen, insbesondere seit es strenge Regeln für solche Experimente gibt. Doch es hat auch Fälle schweren Mißbrauchs gegeben, wo gutgläubigen Personen, die annahmen, sie hätten ein neues Medikament bekommen, Placebos verabreicht wurden. Eine Reihe von mexikanisch-amerikanischen Frauen suchte zum Beispiel 1971 bei einer Beratungsstelle für Familienplanung um Verhütungsmittel nach. Einigen gab man Antibabypillen und anderen Placebos beziehungsweise nachgemachte Pillen, die wie echte aussahen. Ohne daß man sie informiert und ihre Zustimmung eingeholt hatte, wurden die Frauen für ein Experiment zur Erforschung der Nebenwirkungen von verschiedenen Antibabypillen benutzt. Und bei einigen, die Placebos bekommen hatten, stellte sich eine absehbare Nebenwirkung ein – sie wurden schwanger. Diejenigen, die die Untersuchung durchgeführt hatten, lehnten jede finanzielle Verantwortung für die Babies ab; auch hatten sie überhaupt keine Gewissensbisse, daß sie das Einverständnis der Versuchspersonen nicht eingeholt hatten. Einer bemerkte gar, daß er den Frauen die Kinder hätte abtreiben können, wenn es das Gesetz nur erlaubt hätte!

Daß es hier versäumt wurde, über die ethischen Probleme in einem solchen Fall nachzudenken, geht zumindest zum Teil darauf zurück, daß die kleinen Lügen, die die Verabreichung von Placebos begleiten, so harmlos scheinen. Gerade wegen der angeblichen Trivialität der harmlosen Placebo-Lüge findet der Übergang von der Therapie zum Experiment und von der Harmlosigkeit zu ihrem Gegenteil häufig völlig unbemerkt statt. Auf Vorsicht und Fürsorglichkeit verzichtet man meistens dann, wenn es sehr unwahrscheinlich ist, daß die Versuchspersonen Widerstand leisten oder sich wehren – wie zum Beispiel die Armen, die Eingesperrten und die sehr Jungen.

In Anbetracht der vielfältigen Möglichkeiten der Ausbreitung des Gebrauchs von Placebos reicht es nicht aus, jeden einzelnen Fall von Manipulation für sich allein zu durchleuchten, egal welch gute Vorsätze im Spiel gewesen sein mögen. Beim Abwägen der Kosten und des Nutzens darf man sich nicht darauf beschränken, die individuellen Konsequenzen zu berücksichtigen, sondern man muß die kumulativen Folgen bedenken. Es läßt sich gar nicht vermeiden, daß Berichte durchsickern über Täuschungspraktiken; der Argwohn, der so entsteht, wird noch durch die Angst verstärkt, die sich bei einer Gefährdung der Gesundheit ohnehin einstellt. So ziehen die Ärzte, die ihre Patienten irreführen, auch die Kollegen in ein schlechtes Licht, die es nicht tun; die Medizin als Institution wird von Praktiken der Unaufrichtigkeit bedroht, auch wenn die Folgen in bestimmten Einzelfällen harmlos erscheinen mögen.

Das soll nicht heißen, daß man nun völlig auf Placebos verzichten muß; es heißt nur, daß sie sich nicht als unschädlich entschuldigen lassen. Man sollte sie nur in seltenen Fällen verordnen und nur nach einer sorgfältigen Diagnose und einer Prüfung von Alternativen, die nicht auf Täuschung beruhen. Bei Experimenten sollten Placebos nur dann verwendet werden, wenn die Versuchspersonen eingewilligt haben.

Empfehlungsschreiben

Eine andere Täuschungspraktik, bei der nicht viel auf dem Spiel zu stehen scheint, die jedoch ein hohes Maß an Gesamtkosten verursacht, sind die um sich greifenden Empfehlungen und Gutachten. Einem Freund, Kollegen, Studenten oder Verwandten ein Loblied zu singen scheint ziemlich harmlos und nichts als ein Akt der Loyalität zu sein. In dem harten Wettbewerb um Anstellung und Beförderung ist so ein Verhalten nur natürlich. Es hilft niemandem, schadet keinem anderen direkt und gleicht ähnliche Übertreibungen aus, die andere beibringen. Doch offensichtlich schadet eine solche Geste denen, die sich einer solchen Unterstützung nicht erfreuen, und sie schadet ihnen in einer ungerechten und völlig vom Zufall bestimmten Weise. Zwei Bewerber, die gleich befähigt sind, können so ohne eigenes Zutun recht unterschiedlich eingestuft werden.

Für die beteiligten Personen stellen sich viele Probleme. Nehmen wir zum Beispiel an, daß alle Empfehlungen, die man Studenten ausstellt, durchweg übertrieben sind – sagen wir, 60 Prozent aller Universitätsabgänger werden so klassifiziert, als ob sie zu den obersten 10 Prozent in der Leistungsskala gehörten. Wenn ein Professor einem künftigen Arbeitgeber ehrlich mitteilen würde, daß ein Student zu den oberen 60 Prozent gehört, dann könnte das die Einstellungschancen eines Studenten erheblich verschlechtern, da man diese Aussage nicht wörtlich nehmen, sondern so auffassen würde, daß der Student in Wirklichkeit ziemlich weit unten rangiert.

Oder man nehme die Bewertungsberichte über Offiziere bei den US-Streitkräften. Die Offiziere sollen in folgende Rubriken eingestuft werden: «hervorragend», «ausgezeichnet», «überdurchschnittlich», «erfolgreich», «verwendbar» und «ungeeignet». Diejenigen, die diese Einstufungen vornehmen, wissen allerdings, daß die, die mit weniger als «hervorragend» bewertet werden (zum Beispiel mit «ausgezeichnet» oder «überdurchschnittlich»), dann sehr schlecht dastehen[9] und wahrscheinlich auf die Abschußliste kommen. Hier greift ein harmloses Spiel mit Worten in die harte Realität des Wettbewerbs um Beförderung und den Erhalt des Arbeitsplatzes ein und erzeugt ein System von aufgeblasenen Standards, an das die meisten sich zu halten glauben müssen.

Ehrlichkeit kann in solchen Fällen unschuldige Personen zu Opfern machen. Gleichzeitig ist es für viele irritierend und bedrückend, diese eingefahrenen Bewertungsstandards zu verwenden. Und die Umfunktionierung von Wortbedeutungen in dieser Situation kann es leichter, ja sogar notwendig erscheinen lassen, in anderen Situationen auch nicht geradeheraus zu sein.

Für die Bewerter ist es nicht leicht, genau zu wissen, was sie in einer solchen Situation tun sollen. Einige fühlen sich dazu gezwungen, das zu sagen, was sie eigentlich nicht meinen. Andere folgen einem strengen Wahrheitsmaßstab und schaden dadurch vielleicht denen, die ihre Empfehlung brauchen.

Auf der Basis solcher aufgeblasener Empfehlungen und Gutachten Entscheidungen zu treffen ist gleichermaßen schwierig. Das trifft besonders bei Großorganisationen zu oder bei großen räumlichen Entfernungen, wo die, die die Bewertungen empfangen, nie wissen, wer die Bewerter sind und nach welchen Maßstäben sie urteilen.

Daher ist die ganze Praxis der Empfehlungen und Gutachten ungerecht für die Bewerteten und irritierend für die, die diese Bewertungen abgeben und von ihnen Gebrauch machen. Empfehlungen werden auf diese Weise auch des Nutzens beraubt, den sie eigentlich bringen sollten. Niemand kann wirklich wissen, was mit einer bestimmten Bewertung eigentlich gemeint ist. Die ganze Sache ist mit Schwierigkeiten belastet; die Kosten für die Täuschenden wie die Getäuschten sind gleich groß.

Aus diesem Grunde sollten diejenigen, die Bewertungen abgeben, jede Anstrengung unternehmen, um das Maß an Ungerechtigkeiten zu verringern und sich dem Genauigkeitsmaßstab anzunähern, den sie sonst doch auch akzeptieren würden. Doch wenn man sich der Praxis der hochgeputschten Bewertungen verweigert, dann hat man die Verpflichtung, dies genau anzuzeigen, um damit die Bewerteten vor bösen Folgen zu bewahren. Ein solches Verhalten erfordert Zeit,

Kraft und Konsequenz. Ein Studienberater kann zum Beispiel seinen Kollegen klarmachen, daß er jedes Wort in seinem Empfehlungsschreiben für Studenten genauso meint, wie es dasteht. Dasselbe können Kollegen tun, die sich gegenseitig gut kennen, wenn sie über Bewerber um einen Job diskutieren. Doch viele stecken in Strukturen, wo sie nahezu anonym sind und wo sie keinerlei Kontakt mit denen haben, die sie darum bitten, Gutachten über Studenten, Mitarbeiter oder Militärpersonal abzugeben. Sie sind dann ziemlich machtlos: Einerseits ist es vielleicht entwürdigend, sich an diesem Unwesen zu beteiligen, andererseits fällt es schwer, dem allein auf sich gestellt zu widerstehen. Bei der Wortinflation ist es wie bei der Geldinflation: Häufig sind übergreifende Maßnahmen notwendig. Daher ist die Anpassung an die allgemeine Norm bei den Personen entschuldbarer, die keine andere Wort-»Währung» für das, was sie sagen, einführen können.

Institutionen verfügen jedoch über mehr Mittel. Einige könnten versuchen, sich nur noch in geringem Maße auf solche Berichte zu verlassen. Andere könnten sich darum bemühen, die Wortinflation selbst abzubauen. Doch das ist sehr schwierig, besonders für Großorganisationen. Die US-Armee versuchte durch die Veröffentlichung des von mir zitierten Bewertungsberichts die Bewertungen herunterzudrücken. Es wurde eine ausgeglichenere Besetzung der verschiedenen Ränge angeregt, doch nur wenige fühlten sich frei genug, dieser Aufforderung zu folgen, denn sie wollten die bewertete Person nicht verletzen. Die Folge war, daß die vorgeschlagenen niedrigeren Bewertungen wiederum ihren ganzen Wert verloren.

Wahrhaftigkeit um welchen Preis?

Diese Beispiele zeigen, daß man das Problem der Lügen nicht einfach dadurch vom Tisch wischen kann, daß man sagt, sie spielten keine Rolle. Sehr häufig spielen sie eben doch eine Rolle, selbst wenn man sie nur in der simplen Perspektive von Schaden und Nutzen betrachtet. Das Wissen darüber, wie Lügen sich verbreiten, muß ein deutliches Empfinden der Tatsache erzeugen, daß die meisten der für «harmlos» gehaltenen Lügen gar nicht notwendig, ja alles andere als wünschenswert sind. Viele Lügen sind nicht so harmlos, wie die Lügner es annehmen. Und selbst die Lügen, die im allgemeinen als harmlos akzeptiert werden würden, sind immer dann überflüssig, wenn sich ihre Ziele auch mit absolut ehrlichen Mitteln erreichen lassen. Warum sollte man einer Frau eine schmeichelhafte Lüge über ihren neuen Hut sagen anstatt eine schmeichelhafte Wahrheit über ihre Blumen? Warum auf ein Geschenk, eine Freundlichkeit, ein neugeborenes Kind mit einer allgemeinen harmlosen Unwahrheit reagieren als eher mit einer spezifischen, wahrhaften Aussage? Wenn Sprecher und Hörer dahinter eine höfliche und bestärkende Absicht erkennen, dann bedarf es in solchen Fällen nicht der *ganzen* Wahrheit.*

Ich behaupte damit nicht, daß keine der sogenannten harmlosen Lügen erlaubt sein sollte. Wer an der Praxis der aufgeblasenen Empfehlungen teilnehmen muß, dem zum Beispiel bleibt vielleicht keine andere Wahl. Es mag sein, daß in einigen Fällen Placebos das vernünftigste sind. Und auch gewisse geringfügige Lügen im Zusammenhang mit gesellschaftlichen Konventionen oder wenn man etwas nicht tun will, sind unvermeidlich, will man nicht unnötig Gefühle anderer verletzen.

Aber solche Fälle kommen nicht sehr häufig vor. Und es wäre ein Irrtum zu behaupten, alle kleinen Lügen seien erlaubt, nur weil einige es sind. Daher sollte jeder sehr sorgfältig prüfen, ob es keine andere Möglichkeit gibt, bevor er auch nur eine kleine Lüge benutzt. Man sollte auch diese kleinen Lügen als Verbindungsglieder in einem viel umfassenderen Handlungsrahmen sehen und sollte wissen, auf welchen We-

* Wenn man allerdings andererseits nach seiner ehrlichen Meinung gefragt wird, dann reichen solche Teilantworten nicht länger aus. Eine schmeichelhafte Wahrheit, die die eigene Meinung verbirgt, ist dann ebenso ein Täuschungsmanöver wie eine schmeichelhafte Lüge. Um eine Täuschung zu vermeiden, muß man sich in einem solchen Fall entscheiden, entweder ehrlich zu antworten oder gar nicht (vgl. die Diskussion in Kapitel XI über die Antworten auf zudringliche Fragen).

gen sich diese Verhaltensweise ausbreiten kann. Tut man das, dann lassen sich kleine Lügen, sind sie wirklich harmlos und bleibt kein anderer Ausweg – wenn man es zum Beispiel vermeiden will, die Gefühle eines anderen zu verletzen –, als Höflichkeit akzeptieren, doch *nur* unter solchen eingegrenzten Umständen.

Zweifellos begegnen die meisten von uns diesen kleinen Lügen häufiger als jeder anderen Form von Täuschung. Je mehr wir uns selbst darin üben, ihre weitverzweigten Folgen zu erkennen, und es uns gelingt, sie aus unserer eigenen Rede zu verbannen, desto weniger häufig wird die Notwendigkeit auftreten, sich ihrer zu bedienen. Wenn wir dann auch noch anderen klarmachen können, daß sie uns gegenüber nicht zu den kleinen Lügen greifen müssen, dann werden sich viele unnötige Komplikationen vermeiden lassen.

Eine Warnung sei hier angebracht. Zu sagen, auch die kleinen Lügen sollten auf ein Minimum beschränkt werden, bedeutet nicht, daß man nun Hans und Franz die letzten «Wahrheiten» aufs Butterbrot schmieren sollte. Verschwiegenheit und Diskretion und Respekt vor der Privatsphäre und den Gefühlen anderer sind die Normen, nach denen sich das, was wir sagen, natürlich zu richten hat. Der Klatsch und die maliziösen Berichte, die jemand verbreitet, mögen wahr sein, ohne deswegen gerechtfertigt zu sein. Und wird die Wahrheit so ausgesprochen, daß sie verletzt, dann kann das in unverzeihlicher Weise grausam sein, so wenn zum Beispiel ein Arzt einem jungen Mann, der ihn fragt, ob er Krebs habe, mit einem kurzen Ja antwortet, als er das Zimmer verläßt. Er hat vielleicht nicht gelogen, aber er hat seine berufliche Pflicht der Fürsorge für den Patienten und des Respekts vor ihm versäumt.

Hat man einmal festgelegt, daß man nicht lügen sollte, dann bleibt immer noch zu entscheiden, *ob* man etwas sagt und, wenn ja, wie man das am besten machen kann. Und die selbsternannten Illusionszerstörer, die denen ihre Illusionen nehmen, die daran vielleicht ihren einzigen Halt haben, können genausoviel Schaden anrichten wie der abgebrühteste Lügner.

6
Entschuldigungen

«Wenn sich bei uns Lügen oder andere Sünden einschleichen, dann sollte man nicht versuchen, sie zu rechtfertigen, sondern sie zu verzeihen.»

Augustinus, ‹*Über das Lügen*›

Roc (7 Jahre): «Was geschieht, wenn man lügt?» – «*Wir werden bestraft.*» – «Wenn man uns nicht bestraft, wäre es dann schlimm?» – «*Nein.*» – «Ich will dir zwei Geschichten erzählen. Wir haben zwei Kinder, jedes von ihnen hat eine Tasse zerbrochen. Das erste sagt, es wäre es nicht gewesen. Seine Mutter glaubt es und bestraft es nicht. Das zweite sagt auch, es wäre es nicht gewesen. Seine Mutter glaubt ihm aber nicht und bestraft es. Sind diese beiden Lügen gleich schlimm?» – «*Nein.*» – «Welches ist das Schlimmere?» – «*Das, welches bestraft wurde.*»

Jean Piaget, ‹*Das moralische Urteil beim Kinde*›

«Im Talmud werden die drei Ausnahmen von der Regel der Wahrhaftigkeit als ‹Traktat›, ‹Bett› und ‹Gastfreundschaft› bezeichnet. Den Kommentaren zufolge bedeutet ‹Traktat› folgendes: Wenn ein Gelehrter gefragt wird, ob er mit einem bestimmten Teil des Talmud vertraut sei, dann darf er – aus Bescheidenheit – darauf die unwahre Antwort geben, daß er darüber nichts wisse. Eine Unwahrheit ist gestattet, wenn sie das Vermeiden einer Zurschaustellung von Gelehrsamkeit zum Ziel hat. ‹Bett› legt Rashi in der folgenden Weise aus: Wenn ein Gelehrter über seine ehelichen Beziehungen befragt wird, dann darf er eine unwahre Antwort geben. [. . .] ‹Gastfreundschaft› heißt in diesem Zusammenhang, daß ein Gelehrter, der von seinem

Gastgeber großzügig empfangen wurde, dies verschweigen darf, wenn er fürchtet, daß der Gastgeber dann von unwillkommenen Gästen belästigt werden würde. Hinzu kommt als allgemeines Prinzip des Talmud, daß man lügen darf, wenn die Erhaltung des Friedens es erfordert.»

Lewis Jacobs, ‹*Truth*›

Typen der Entschuldigungen

Was kann der Forderung nach Wahrhaftigkeit entgegenstehen und damit zuweilen Lügen statthaft machen? Nehmen wir an, jemand würde bei einer kompromittierenden Lüge ertappt werden. Was könnte er zu seiner Entschuldigung anführen? Was für Entschuldigungen gibt es da?

Eine Entschuldigung versucht den Schuldcharakter einer Handlung zu mindern beziehungsweise völlig zu entkräften. Zur nachträglichen Abschwächung der eigenen Schuld stehen einem drei Wege offen. Zunächst kann eine Entschuldigung darauf hinauslaufen, daß das, was als schuldhaftes Fehlverhalten angesehen wird, in Wirklichkeit gar keins sei. Zweitens kann sie nahelegen, daß der Handelnde, obwohl es da ein falsches Verhalten gegeben hat, nicht eigentlich schuldig sei, da er dafür nicht die Verantwortung trage. Und schließlich kann sie darauf abzielen, daß, obwohl man sich falsch verhalten habe und dafür auch voll verantwortlich sei, man doch keine wirkliche Schuld trage, weil man nämlich für das, was man getan habe, gute Gründe anführen könne.

a) Entschuldigungen des ersten Typs können behaupten, daß die angebliche Lüge in Wirklichkeit gar keine Lüge sei, sondern ein Scherz vielleicht oder eine Ausflucht, eine Übertreibung oder etwas, was man sich zurechtphantasiert habe. Ansonsten könnte eine solche Entschuldigung auch mit dem Argument aufwarten, daß es ja ohnehin unmöglich sei, objektiv zwischen wahr und falsch zu unterscheiden und daß daher die angebliche Lüge gar nicht als eine solche nachgewiesen werden könnte.

b) Der zweite Entschuldigungstyp geht davon aus, daß der Handelnde, obgleich er eine Täuschung begangen hat, eigentlich nicht dafür verantwortlich sei, oder nicht gänzlich. Der Lügner kann behaupten, daß er nie beabsichtigt habe, jemanden irrezuführen, oder daß er nicht im Vollbesitz seiner Geisteskräfte gewesen sei, vielleicht betrunken, oder er habe im Schlaf geredet; oder er sei zur Lüge gezwungen worden.* Oder ansonsten könnte er versuchen, sich in die Behauptung zu flüchten, daß man niemanden überhaupt je für eine Lüge verantwortlich machen könne, die Freiheit der Entscheidung in dieser Angelegenheit sei ein reiner Mythos.

Beide Entschuldigungstypen decken offensichtlich ein riesiges Feld ab und finden bei Lügnern eine rege und regelmäßige Verwendung. Doch in diesem und in dem nächsten Kapitel wird sich unsere Aufmerksamkeit auf den dritten Typ konzentrieren, der für die Beurteilung vorsätzlicher Lügen die grundlegendste Bedeutung hat. Bei diesem dritten Entschuldigungstyp gibt der Lügner die Lüge zu, übernimmt die Verantwortung, gibt jedoch Gründe an, die zeigen sollen, daß man ihm keine Vorwürfe machen könne. Bei der nachträglichen Beschönigung einer Lüge wirken häufig alle drei Arten von Entschuldigungen zusammen.

(Natürlich gibt es für das Lügen Beweggründe, die nie als Entschuldigungen vorgebracht werden und die als solche auch nicht fungieren können. «Ich log, um dir Leid zuzufügen»

* Es ist vorrangig dieser zweite Entschuldigungstyp, den J. L. Austin in seiner bekannten Schrift *«Ein Plädoyer für Entschuldigungen»* (in: G. Grewendorf/G. Meggle [Hg.]: ‹*Linguistik und Philosophie*›, Frankfurt a.M., S. 32ff.) behandelt. Austin hebt zutreffend den Unterschied zwischen diesem und dem dritten Typ hervor, den er «Rechtfertigung» nennt. Ich ziehe es vor, alle drei Versuche der nachträglichen Schuldverminderung als «Entschuldigungen» zu bezeichnen – bei aller Unzulänglichkeit dieses Begriffes. Den Begriff «Rechtfertigung» behalte ich für die Entschuldigungen des dritten Typs vor, (wo *Gründe* angeführt werden), die zumindest bemüht sind, die Schuld zu tilgen. Nur die überzeugenderen Entschuldigungen des dritten Typs sind daher echte Versuche der Rechtfertigung; und nur wenige von diesen Versuchen der Rechtfertigung einer Lüge werden tatsächlich diejenigen überzeugen, vor denen man sich rechtfertigen will (außer wenn der Adressat der Lügner selbst ist, in welchem Fall aus der «Perspektive des Lügners» viel mehr Lügen als gerechtfertigt erscheinen).

kann eine wahre Erklärung sein; es ist keine Entschuldigung, denn es soll nichts beschönigen. «Ich habe dauernd gelogen und weiß nicht, was daran verkehrt sein soll» ist ebenfalls keine Entschuldigung, denn der Sprecher sieht gar keinen Anlaß, sich für etwas zu entschuldigen.)

c) Der dritte Typ der Entschuldigung führt moralische Gründe für eine Lüge ins Feld, Gründe, die zeigen sollen, daß unter den gegebenen Umständen eine Lüge zulässig sein sollte. Wenn Leute Probleme haben oder in der Klemme sitzen, dann halten sie nach moralischen Gründen Ausschau. Sie tun es im allgemeinen auch dann, wenn sie sich selbst oder andere davon überzeugen müssen, daß die gängige Negativbewertung des Lügens in ihrem speziellen Fall nicht zutrifft. Man kann die zahlreichen Gründe, die Lügen entschuldigen sollen, in verschiedener Weise gruppieren. Ich werde sie aus der Sicht der moralischen Prinzipien behandeln, auf die sie sich berufen. Diesen Prinzipien kann man viele Namen und Formulierungen geben. Man darf sie sich nicht so vorstellen, als ob sie ein abstraktes, abgehobenes Leben führen würden. Wir verwenden sie vielmehr, um die moralischen Gründe, die wir unseren Entscheidungen unterlegen, abzustützen und zu strukturieren. Ich werde mich mit den Gründen auseinandersetzen, die am häufigsten benutzt werden, um Lügen zu verteidigen, und die sich auf vier Prinzipien berufen: die Vermeidung von Schaden, Gutes zu tun, Gerechtigkeit und Wahrhaftigkeit.*

Nehmen wir zum Beispiel einen Regierungschef, der die Beschuldigung zurückweist, seine Regierung habe den Sturz des Regimes eines Nachbarstaates unterstützt. Was kann er sagen, falls herauskommt, daß er gelogen hat, und man Gründe von ihm fordert? Er kann nicht behaupten, daß er gar nicht wirklich gelogen habe oder daß er nicht vorhatte zu lügen, oder daß er unter einem Zwang stand, der ihn der Verantwortung enthebe. Sollte man Gründe zu seiner Entschuldigung

* Ich folge damit dem Schema von G. J. Warnock, der in seinem Buch ‹*The Object of Morality*› hervorhebt, daß die menschliche Gesellschaft dieser vier «positiven Handlungsneigungen» bedarf, «die direkt darauf abzielen, den Grenzen der menschlichen Nächstenliebe entgegenzuwirken» (ebenda, S. 79).

von ihm fordern, dann würde er sich dabei wahrscheinlich auf eines der vier Prinzipien berufen.

Der Regierungschef könnte anführen, er habe durch seine Lüge eine Art Vergeltung oder internationale Mißbilligung vermeiden wollen – in anderen Worten: einen *Schaden*. Oder er könnte behaupten, daß er gelogen habe, um dem neuen Regime die Scheinlegitimation zu geben, sie habe die alte Regierung demokratisch abgelöst. Sein Argument wäre dann, daß seine Lüge um eines entscheidenden *Nutzens* willen ausgesprochen wurde. Eine andere Möglichkeit ist, daß er an die *Gerechtigkeit* appelliert – da jedermann unter solchen Umständen lügen würde, wäre es nur fair, auch ihm zuzubilligen, daß er hier dem üblichen Verhaltensstandard gefolgt sei. Schließlich könnte er argumentieren, daß seine Lüge der Sache der *Wahrhaftigkeit* und Vertrauenswürdigkeit gedient habe oder zumindest dem Schein dessen: Er log, um das Vertrauen zu seiner eigenen Regierung aufrechtzuerhalten – das Vertrauen der Weltöffentlichkeit, daß sein Land den internationalen Regeln Folge leistet, die derartige Einmischungen in die Angelegenheiten anderer Staaten verbieten.

Von den vier Prinzipien werden die ersten beiden, die sich auf Schaden und Nutzen beziehen, am häufigsten beschworen. Geht es um Handlungsentscheidungen, liegen sie am nächsten. Doch sobald die Frage auftaucht, wie Schaden und Nutzen abzuwägen sind, steht das Recht zur Diskussion, diese Grundsätze zu akzeptieren, zurückzuweisen oder sie in Anspruch zu nehmen, und Berufungen auf das Prinzip der Gerechtigkeit kommen ins Spiel

Ohne Wahrhaftigkeit sind die ersten drei Prinzipien sinnlos und kraftlos. Wie ich bereits früher ausgeführt habe, stellt die Wahrhaftigkeit das Fundament für die Beziehungen zwischen den Menschen dar. Je mehr sich dieses Fundament auflöst, desto stärker werden das Vertrauen in den Nutzen, der Schutz vor Schaden und die Fairness, mit der wir rechnen, unterminiert und dem Gesetz des Zufalls unterworfen.

Man beruft sich häufig fälschlicherweise auf diese vier Prinzipien. Man beruft sich auf das eine, wo ein ganz anderes (oder auch gar keins) herangezogen werden könnte. Und vielfach durchdringen und überlappen sie sich gegenseitig. Daher wird es uns helfen, wenn wir versuchen, bei der Betrachtung der Fülle von Entschuldigungen für die verschiedensten Lügen diese Prinzipien ausführlich darzulegen. Wenn wir dies tun, dann werden wir darauf stoßen, daß sich Konflikte zwischen ihnen nur im Kontext konkreter Entscheidungsprobleme ergeben. Zu sagen, daß Wahrhaftigkeit und Gerechtigkeit sich widersprechen können, gibt wenig Sinn. Doch die Sache wird einsichtig, wenn man sagt, daß ein Rechtsanwalt Schwierigkeiten hat, beiden Prinzipien zugleich nachzukommen, wenn nämlich nur eine Lüge einen unschuldigen Klienten vor dem Gefängnis bewahren kann.*

Schaden vermeiden

Schaden zu vermeiden und Gutes zu tun gehören zusammen; dennoch wird es besser sein, sie getrennt zu behandeln. Wir spüren den Dringlichkeitsunterschied zwischen ihnen. Das Gesetz und die allgemeine Moral umgeben beide Prinzipien mit jeweils eigenen Regeln. Und in der Medizin lautet das am häufigsten zitierte Gebot für Ärzte, ihren Patienten zu helfen, doch *vor allem*, ihnen nicht zu schaden.

* Es ist gleichfalls nicht besonders sinnvoll, abstrakt zu behaupten, daß Länge und Gewicht zueinander in Widerspruch stehen können, und doch gibt es Fälle, wo man nicht beides zusammen haben kann: Man kann einen Gegenstand mit der gewünschten Länge und dem gewünschten Gewicht nicht bekommen, zum Beispiel wenn man eine fünf Meter lange, sehr schwere Kette benötigt, doch nur über die Kraft verfügt, eine fünf Pfund schwere Kette nach Hause zu tragen. In gleicher Weise kann man sich nicht immer so entscheiden (oder eine solche Entscheidung von anderen erwarten), daß man im Ergebnis sowohl die Gerechtigkeit als auch die Wohltätigkeit erreicht, die man sich wünscht. Moralische Grundsätze stellen – genau wie Länge und Gewicht – verschiedene Dimensionen dar, mit deren Hilfe wir unsere Erfahrung strukturieren; sie können daher in konkreten Fällen untereinander im Konflikt stehen, jedoch nie im Abstrakten. Daher ist die Suche nach Prioritätsregeln für die moralischen Prinzipien im Bereich des Abstrakten zum Scheitern verurteilt; genausogut könnte man in der Abstraktion nach Prioritätsregeln zwischen Pfunden, Metern und Stunden suchen.

Ebenso wie man oft die Lügen für eindeutiger entschuldbar gehalten hat, die schweres Leid verhüten sollten, so gelten die Lügen als am wenigsten entschuldbar, die Leid *zufügen* sollen. Und Lügen, die weder Leid verhüten noch verursachen wollen, liegen in der Mitte. Angefangen mit Augustinus, sind derartige Unterscheidungen durch die Jahrhunderte hindurch immer wieder debattiert, verfeinert und verändert worden. Ein irisches Bußbuch von ungefähr 800 nach Christi fordert für Lügen verschiedene Bußen, die je nach Grad des angerichteten Schadens differieren:

«Wenn jemand eine solche Unwahrheit vorsätzlich äußert, ohne dadurch Schaden zu tun, dann verbringt er drei Tage in Schweigen mit Ausnahme der festgesetzten Gebete oder Lesungen; andernfalls erhält er siebenhundert Peitschenhiebe auf die Hände und fastet oder sagt die 150 Psalmen auf.

Wer eine Unwahrheit in Worten äußert, wodurch Gutes entsteht, indem er dem Feind eines Mannes eine falsche Auskunft gibt oder Friedensbotschaften zwischen Disputanten befördert, oder durch irgend etwas, was einem Mann vor dem Tode errettet, der hat keine schwere Buße zu leisten, vorausgesetzt, es ist in Gottes Namen geschehen.»[1]

Wir sahen, daß Thomas von Aquin alle gutgemeinten Lügen, entweder um Schaden zu vermeiden oder um etwas Gutes zu erreichen, als «gefällige Lügen» beschrieb, zu denen er die «bösartigen Lügen» in Kontrast setzte, die absichtlich schaden sollen. Eine Lüge zum Beispiel, die man einem Patienten sagt, um ihn vor einem Herzanfall zu bewahren, wäre eine solche «gefällige Lüge». Dadurch würde man Zeit gewinnen, um der Gefahr zuvorzukommen, die die blanke Wahrheit in einem Moment der Krise heraufbeschworen hätte, und ein humaneres und einfühlsameres Vorgehen wäre möglich.

Die Lügen, die den größten Schaden verursachen, gelten von allen leidverursachenden Lügen als die schlimmsten. Über vorsätzliche Lügen urteilt man härter als über solche, die ohne Vorbedacht geäußert werden. Einzelne Lügen werden als weniger schwerwiegend angesehen als wiederholte.

Vorsätzliche Täuschungspraktiken sind daher besonders verdächtig, egal welch innere Zerknirschung der Lügner beim Lügen zu empfinden behauptet.

Viele Lügen werden im Namen der Selbstverteidigung – der Abwendung eines Schadens von einem selbst – entschuldigt. Lügen, die vor Gericht von denen geäußert werden, die eine Verurteilung fürchten; Lügen derer, die beim Stehlen oder beim Betrug ertappt werden; Lügen derer, die gewalttätig bedroht werden; Lügen, um aus allen möglichen Klemmen herauszukommen, um das Gesicht zu wahren, um nicht den Arbeitsplatz zu verlieren – für all diese Lügen werden Entschuldigungen herangezogen, die davon ausgehen, daß die Abwendung des eigenen Schadens am vordringlichsten sei. Auch für Lügen zugunsten ganzer Gruppen oder Nationen beruft man sich auf Selbstverteidigung als Entschuldigung, zum Beispiel bei der nationalen Verteidigung. Gelegentlich wird der Begriff so weit ausgedehnt, daß er auch Lügen rechtfertigen soll, die aggressive Formen der «nationalen Verteidigung» abstützen.

Lügen zur Selbstverteidigung können das gesamte Handeln so sehr durchdringen, daß das Leben nur noch auf der Basis einer «Lebenslüge» abläuft. Vertreter bestimmter Berufsgruppen, die an kollektiven Täuschungspraktiken beteiligt sind, geben alle normalen Annahmen über ihre eigene Ehrlichkeit und die anderer auf. Und Personen, die sich dazu gedrängt sehen, als Angehörige einer herrschenden religiösen oder rassischen Gruppe zu erscheinen, um einer Verfolgung zu entgehen, verleugnen damit vielleicht ihr wertvollstes Gut. Politische Ansichten oder sexuelle Neigungen, die in einer gesellschaftlichen Gruppe nicht akzeptiert werden, treiben viele in ein ähnliches lebenslanges Versteckspiel hinein, das einen zentralen Teil ihrer Identität verleugnet.

Lügen, die einem einen Vorteil einbringen sollen, sind oft schwerer zu entschuldigen als solche, die einen Schaden verhindern sollen. Zu sagen, man habe gelogen, um sich selbst zu verteidigen, ist eine Sache; zuzugeben, daß man gelogen hat, um bei einem Mieter mehr Miete herauszuholen, ist ganz etwas anderes und überhaupt keine Entschuldigung. In beiden Fällen denkt man entweder an die Verhütung von Schaden oder an einen Nutzeffekt, der dadurch herbeigeführt wird. Doch natürlich gibt es unzählige Fälle, wo eine Lüge gleichermaßen von beiden Seiten betrachtet werden kann.

Da die Abwendung von Schaden überzeugender wirkt, betonen die, die eine Entschuldigung für ihr Lügen zu formulieren suchen, mit Nachdruck, welcher Schaden durch jene Lügen verhindert wird. Doch für sich selbst neigen sie eher dazu, sich mit Bezug auf die Vorteile zu rechtfertigen, die sie sich auf diesem Wege verschaffen. Sozialwissenschaftler, die Experimente mit Hilfe von Täuschungsmanövern durchführen, können in der Öffentlichkeit zum Beispiel betonen, welches Leid die neuen, dabei gewonnenen Ergebnisse verhindern werden, und gleichzeitig für sich selbst die Vorteile im Auge haben, die sich aus diesem Wissenserwerb und dem Voranschreiten der Wissenschaft ableiten lassen.

Wenn Schaden und Nutzen einer Lüge abgewogen werden, wird zuweilen noch eine weitere Entschuldigung eingeführt – die des Altruismus. Lügen werden dann für besser gehalten, wenn sie anderen und nicht einem selbst nützen (beziehungsweise Schaden von anderen abwenden). Doch man muß sich das Argument des Altruismus für die Entschuldbarkeit sorgfältig ansehen. In den beiden entscheidenden Kategorien der harmlosen Lügen und der Lügen in lebensbedrohlichen Situationen bringt uns dieses Argument nicht weiter. Ob eine Lüge uns selbst oder das Leben eines anderen vor einem Mörder retten soll, macht keinen Unterschied. Auch bei einer harmlosen Lüge, sofern sie wirklich trivial ist, spielt es keine Rolle, wem damit gedient wird.

Dennoch ist irgend etwas in unserer Haltung gegenüber altruistischen Lügen anders. Sind wir nicht eher bereit, eine Lüge zugunsten eines anderen zu akzeptieren oder ihr zumindest Sympathie entgegenzubringen? Sind wir nicht argwöhnischer, wenn die Lüge ganz offensichtlich dem Lügner Vorteile bringt? Vielleicht sind wir es, zumindest wenn wir die Perspektive des Lügners übernehmen. Doch aus der Sicht jedes anderen Standpunktes macht der Altruismus, den ein Lügner für sich beansprucht, keinen so großen Unterschied aus. Denn erstens bedient sich auch der egoistischste Lügner des Mäntelchens des Altruismus, wo immer er kann; und zweitens erreichen wir auch mit den wirklich gutgemeinten Lügen häufig nicht das, was wir damit an Gutem erreichen wollten. Daher wird es wichtig sein, in den folgenden Kapiteln besonders genau die angeblich altruistischen Lügen unter die Lupe zu nehmen, die zu einem gesellschaftlichen Nutzen oder zum Nutzen der getäuschten Personen selbst geäußert werden – die sogenannten «paternalistischen Lügen».

Die Entschuldigung des Altruismus gründet häufig in der allgemeinen Überzeugtheit des Lügners von seinen guten Absichten. «Ich meine es gut; daher werden meine Lügen helfen» ist ein ebenso häufiger geistiger Kurzschluß wie: «Ich will nichts Böses; daher können meine Lügen niemanden verletzen.» Die Möglichkeiten, sich über seine eigenen guten Absichten zu täuschen, sind immens. Doch selbst wenn diese Absichten *wirklich* gut sind, ist das keine Garantie dafür, daß dabei am Ende etwas Gutes herauskommt.

Gerechtigkeit

Die Berufung auf ausgleichende Gerechtigkeit hat einen lang in die Geschichte der Philosophie zurückreichenden Sonderstatus. Die Entschuldigungen, die sich darauf berufen, behaupten, eine Ungerechtigkeit auszugleichen oder ihr vorzubeugen beziehungsweise für eine gerechte Verteilung zu sorgen. Die dahinterstehende Absicht ist die, Leuten die ihnen zustehende Behandlung, Belohnung, Bestrafung und ihren angemessenen Anteil zukommen zu lassen.* Wenn man jemandem das gibt, was «ihm zusteht», so kann sich das auf eine Vorstellung von dem stützen, welche Behandlung diese Person verdient, ebensogut aber auch auf ein Versprechen oder einen Vertrag, so wenn zum Beispiel ein Rechtsanwalt, das, was ein Klient ihm anvertraut, für sich behält.

Man nehme zum Beispiel Jago, der sich bei seiner wenig überzeugenden Suche nach Entschuldigungen für seinen Vertrauensbruch an Othello in doppelter Weise auf sein Gefühl beruft, unfair oder ungerecht behandelt worden zu sein[2]: Erstens weist er darauf hin, daß Othello in unfairer Weise Cassio ihm vorgezogen habe, als es darum ging, die Stelle eines Leutnants zu besetzen, obwohl er, Jago, älter und besser qualifiziert sei. Zum zweiten erwähnt Jago das Gerücht, daß Othello intime Beziehungen zu seiner Frau gehabt hätte. Er gibt zu, daß er dies nicht mit Bestimmtheit wisse: «Doch ich, auf bloßen Argwohn in dem Fall, will tun, als wär's gewiß.»[3]

Jago stützt sich auf diese beiden Behauptungen, um seinen Wunsch, an Othello Rache zu üben, zu begründen. Im Vergleich mit der Grausamkeit, die Othello angetan wurde, erscheinen uns diese Entschuldigungen als schwach, und wir nehmen eher an, daß das wahre Motiv für Jagos Gemeinheit reine Gehässigkeit war, was besser als seine Entschuldigungen erklärt, was er getan hat. Doch unabhängig davon, ob diese Entschuldigungen nichts als eine Anpassung an die Konvention oder ob sie echt empfunden waren, sie berufen sich auf das Prinzip ausgleichender Gerechtigkeit.

Andere Täuschungsmanöver werden von Lügnern nicht so sehr deshalb für entschuldbar gehalten, weil dadurch die be-

* Ich werde die Begriffe «Gerechtigkeit» und «Fairness» synonym verwenden. Ich ziele dabei nicht auf die umfassendere Bedeutung von «Gerechtigkeit» ab (alles Richtige oder dem Gesetz Entsprechende), sondern benutze das Wort in der von Aristoteles in der *Nikomachischen Ethik* (1130) dargelegten engeren Bedeutung des Gerechten, das für eine faire Verteilung sorgt und das berichtigt, was unangemessen oder falsch ist. Der Begriff bezieht sich damit gleichermaßen auf Autonomie (oder Freiheit) und Gerechtigkeit. Wenn Lügen diese Werte schützen oder ihnen dienen sollen, dann geht es im Grundsatz um ein *Gleichgewicht*, das beibehalten, wiederhergestellt oder überhaupt erst hergestellt werden soll.

straft werden, die sich einer Ungerechtigkeit schuldig gemacht haben, sondern weil sie das schützen oder wiedererlangen, was die Lügner als ihr rechtmäßiges Eigen ansehen – ihren Besitz, ihre Freiheit oder auch ihre Kinder, wie bei Lügen gegenüber Kidnappern. Bei Lügen berufen sich wieder andere auf das Prinzip der ausgleichenden Gerechtigkeit im Sinne des «Auge um Auge, Zahn um Zahn»: «Er hat mich angelogen, jetzt ist es mein gutes Recht, ihn zu belügen.» Das Prinzip der Gerechtigkeit dient auch als Entschuldigung einer Täuschung, wenn jemand ein Pseudonym benutzt, weil er fürchtet, daß er durch Benutzung seines wirklichen Namens in den Genuß ungerechtfertigter Vorteile käme. Umgekehrt erscheinen Pseudonyme oder sonstige Vortäuschungen als entschuldbar, wenn sie ungerechte Nachteile für ihre Träger vermeiden sollen.[4]

Ein weiteres Feld von Entschuldigungen im Namen von Fairness tut sich auch da auf, wo sich jemand auf die Pflicht zur Verschwiegenheit beruft.[5] Jemand kann sich gezwungen sehen, andere zu belügen, um damit die Privatsphäre anderer zu schützen. Ein Pfarrer, den sein Eid dazu verpflichtet, die Tatsache zu verbergen, daß eines seiner Pfarrkinder schwanger ist, kann sich nicht nur dann entschuldigt fühlen, wenn er Fragen über ihren Zustand ausweicht, sondern auch dann, wenn er tatsächlich lügt, wenn es erforderlich sein sollte, um damit ihr Geheimnis zu wahren. Er handelt auf der Grundlage einer beruflichen Verpflichtung, um ihr das zukommen zu lassen, was ihr, wie er glaubt, zusteht. In solchen Fällen liegt es nahe, daß die, deren Geheimnis geschützt wird, davon ausgehen, daß sie ein *Recht* auf einen solchen Schutz hätten, ein Recht, das auf einem bestehenden Vertrag oder einem Versprechen basiert.[6]

Schließlich beruft man sich noch dann auf Gerechtigkeit, wenn die Betrogenen von vornherein übereingekommen sind, gemeinsam ein Spiel der Täuschung zu spielen. Sie haben Regeln aufgestellt für das, was fair und erwartbar ist. Jeder, der diese Regeln akzeptiert, kann sich nicht über Unfairness beschweren, wenn er getäuscht wird, jedenfalls soweit es die Regeln zulassen. In einem Pokerspiel zum Beispiel akzeptieren die Spieler das von den Regeln erlaubte Maß an Täuschung, ebenso wie sie beim Rugby ein gewisses Maß an Gewalt akzeptieren. Und man kann auch nicht sagen, daß die Personen, die in Kenntnis der näheren Umstände[7] und der Tatsache, daß mit dem Mittel der Täuschung gearbeitet werden wird, eingewilligt haben, an einem medizinischen Experiment teilzunehmen, unfair behandelt werden.

Häufiger ist es allerdings der Fall, daß Personen oder Gruppen oder Staaten unfreiwillig in Dinge hineingezogen werden, wo vorsätzliche Täuschung im Spiel ist. Sie müssen die Strategie ihres Verhaltens dann in dem Wissen planen, daß Täuschung möglich, ja sogar wahrscheinlich ist. Wären sie die einzigen, die nicht bestechen, lügen oder Schwarzmarktgeschäfte machen, dann könnten sie in einer korrupten Gesellschaft wahrscheinlich gar nicht überleben. Zwar *erwarten* sie die Lügen, doch man kann nicht von ihnen behaupten, daß sie diese Praktiken so wie Pokerspieler *akzeptiert* hätten, da es für sie vielleicht keine Möglichkeiten gibt «auszusteigen». Andererseits kann man auch nicht von ihnen sagen, daß ihnen in derselben Weise wie den Kartenspielern eine faire Behandlung widerfahren würde.

Jeder Anspruch auf Fairness basiert auf einer sehr persönlichen Ansicht dessen, was man verdient oder was man rechtmäßig fordern kann. Daher sind diese Ansprüche außerordentlich anfällig für Fehldeutungen und Vorurteile. Ungerechtigkeit, Ausbeutung, ungleiche Machtverteilung – damit werden unzählige Lügen entschuldigt. Die, die sich ausgebeutet fühlen, meinen, daß diese Tatsache an sich schon jede Unehrlichkeit rechtfertigt, die der *Berichtigung* dieses Verhältnisses dient; und die, die oben sitzen, glauben sich im Recht, wenn sie betrügen, um den Status quo *aufrechtzuerhalten*.

Im Dienste der Wahrhaftigkeit

Die Wahrhaftigkeit steht nicht nur zu den anderen Prinzipien in Konflikt, wenn man lügt. Einige behaupten gar, sie würden lügen, um die Wahrheit zu *schützen*. Zugunsten der Wahrheit zu lügen – das ist sicher die paradoxeste aller Entschuldigungen.

Lügen, die in diesem Sinne sich auf die Wahrheit berufen, sind zahlreicher, als es beim ersten Hinsehen scheinen mag. Die Lüge, um die Wirkung einer anderen Lüge aufzuheben; die Lüge, um für eine Wahrheit von größerer Bedeutung einzutreten; die Lüge, um das Vertrauen in die eigene Wahrhaftigkeit aufrechtzuerhalten – alle berufen sich irgendwie auf die Wahrheit. Bei jeder dieser Entschuldigungen kommt es in zentraler Weise darauf an, zwischen den verschiedenen Bedeutungen von «Wahrheit» und «Wahrhaftigkeit» zu unterscheiden.

Man begeht einen kleinen Fehler, kaschiert ihn und lügt, wenn man danach gefragt wird. Zum Teil will man so Ärger vermeiden. Zum Teil will man aber vielleicht auch das Vertrauen anderer aufrechterhalten, daß man in *anderen* Dingen die Wahrheit sagt. So wird die Lüge ausgesprochen und unter Umständen wiederholt, erklärt und durchgehalten. Man lügt also zum Teil deswegen, um das zu schützen, was man für ein gerechtfertigtes Vertrauen in die eigene Wahrhaftigkeit hält.

Doch wo ist die Schwelle, wo diese Lügen die Funktion bekommen, einen, wie man selbst genau weiß, *falschen* Schein der Aufrichtigkeit und Respektabilität aufrechtzuerhalten? Die Schwierigkeit, diesen Punkt zu bestimmen, ist für den Lügner fast ebenso groß wie für den Betrogenen, denn solche Einschätzungen werden in außerordentlichem Maße von Selbsttäuschung beeinflußt. Heuchler glauben ihre eigenen Geschichten zur Hälfte selbst, und Sentimentalität läßt jeden Schwindel unschuldig aussehen.* Die Lügen gegenüber Kin-

* Das Wort «Heuchelei» besitzt vielsagende Konnotationen. Im griechischen Ursprung hieß Hypokrasie «Antwort», wobei auch solche Antworten gemeint waren, die sich Schauspieler auf der Bühne geben. Dann nahm das Wort die Bedeutung an «eine Rolle spielen», und dies nicht nur auf der Büh-

dern, um den Schein der Vernünftigkeit und Anständigkeit der Erwachsenen zu wahren; die Lügen, die Alkoholismus oder eine andere Sucht verbergen sollen; Lügen, die das Vertrauen in ein unsicheres Geschäft oder zu einer korrupten Regierung erhalten sollen – derartige Lügen werden zu einer zweiten Natur. Je größer die Kluft zwischen Rolle und Realität wird, desto regelmäßiger muß man etwas verbergen.

Ein solches Auseinanderklaffen erschüttert uns besonders bei jemandem, dessen Beruf eigentlich ein aktives Eintreten für die Wahrheit erfordert. Wenn Richter oder Wissenschaftler bei einem Schwindel ertappt werden, fühlen wir uns hintergangen. Ein Wissenschaftler, der es mit der Wahrheit nicht so genau nimmt, verstößt gegen die fundamentalsten Grundsätze der Wissenschaft. Und doch mag er paradoxerweise zum Teil gerade *zugunsten* dessen betrügen, was er für Wissenschaft und Wahrheit hält.

Ein Wissenschaftler kann zum Beispiel der Meinung sein, eine neue Entdeckung oder Theorie sei wahr, doch die bisher verfügbaren Daten seien noch nicht beweiskräftig genug. Im Vertrauen darauf, daß künftige Experimente ihn bestätigen werden, fälscht er dann möglicherweise die Daten, um für etwas Unterstützung zu gewinnen, das er für wahr hält. Er lügt also im Dienste dessen, was er als Wahrheit ansieht. In manchen Fällen erweisen sich diese Erwartungen dann tatsächlich als zutreffend, häufig aber auch nicht. Ist das letztere der Fall, wird der Forscher vielleicht noch weiter ins Schwindeln hineingetrieben.

Im «Dienste der Wahrheit» einen falschen Eindruck zu vermeiden, ist ein weiteres Motiv fürs Lügen. Die Eiscreme, die im Werbefernsehen gezeigt wird, kann in Wirklichkeit Kartoffelbrei sein, der in der Scheinwerferhitze nicht schmilzt und dem Publikum daher eher wie Eiscreme erscheint als echte Eiscreme. Ein Bürgermeister kann eine Spende für seine Wahlkampagne verheimlichen, die seiner Ansicht nach einen falschen Eindruck von seinen gesellschaftlichen Beziehungen

ne. Heute bedeutet es: sich unter Verheimlichung seines wahren Charakters und seiner wahren Neigungen den Anschein geben, als wäre man im Besitz bestimmter Tugenden.

erzeugen würde. Oft bedienen sich diejenigen einer solchen Täuschung, die wissen oder annehmen, daß sie die Situation objektiver sehen als die, zu denen sie sprechen. Rechtsanwälte vor Gericht, Eltern, die mit ihren Kindern reden, Behördenvertreter gegenüber Bürgern – sie alle sind fest davon überzeugt, daß sie die Tatsachen nur manipulieren, um ein zutreffenderes Bild der Wirklichkeit zu vermitteln.

Ein extremer Versuch, mittels Täuschung ein zutreffenderes Bild von der Wirklichkeit zu vermitteln, besteht darin, zu lügen, um die Wirkung einer anderen Lüge wieder aufzuheben.[8] Nehmen wir den Fall eines vor Angst schlotternden jungen Mannes, dem man fälschlicherweise erzählt hat, er werde mit Strahlen beschossen, die ihn kraftlos und nervös machen würden. Wenn sich nun jemand, um ihn zu beruhigen, eine Geschichte aus den Fingern saugt – zum Beispiel, daß man die Leute, die diese Strahlendrohung ausgesprochen haben, schon verhaftet habe –, dann würde er die eine Lüge dazu benutzen, um eine andere wiedergutzumachen, anders gesagt, um so den Zustand, der vor der ersten Lüge bestand, wiederherzustellen.

Wahrscheinlich sind auch die Lügen, die dazu dienen sollen, jemanden für eine politische oder religiöse Überzeugung zu gewinnen, so gemeint. Der Glaube, daß diese Überzeugung selbst wahr und, mehr noch, zum Besten des Bekehrten ist, scheint eine Lüge zum Zwecke einer raschen Bekehrung entschuldbar erscheinen zu lassen. Auf diese Weise wird der Bekehrte in den Besitz einer größeren Wahrheit gelangen und vielleicht auch vor einem, wie man annimmt, falschen Glauben errettet werden.[9] Je dogmatischer der Glaube daran, daß man im Besitz der Wahrheit sei, desto größer die Freiheiten, die man sich in deren Namen herausnimmt.

Ein aktuelles Beispiel für die Erlösung von einem «falschen Glauben» sind die von manchen Eltern unternommenen Versuche, ihr Kind zu kidnappen und zu «entprogrammieren», wenn sie glauben, ihr Sohn oder ihre Tochter sei in eine religiöse Sekte hineingelockt oder zur Übernahme falscher Glaubensvorstellungen gebracht worden. Um einen solchen Schaden wiedergutzumachen, können in den Augen der Eltern auch Betrug und Gewalt als entschuldbar gelten.

Grenzziehung

Es gibt, wie wir gesehen haben, unzählige Entschuldigungen des Lügens: nicht allein die, die behaupten, daß es gar keine Lüge gewesen sei oder die jede Verantwortlichkeit zurückweisen, sondern auch die, die sich beim Versuch der nachträglichen Schuldabschwächung auf bestimmte Prinzipien berufen. Die meisten dieser Entschuldigungen vermögen nicht zu überzeugen. Doch von welchen Faktoren hängt ihre Überzeugungskraft ab?

Die Perspektive spielt dabei die größte Rolle. Lügner finden ihre eigenen Entschuldigungen in einem Maße überzeugend, das anderen schier unglaublich scheint. Wer sich darüber Gedanken macht, ob er lügen soll oder nicht, tut das aus der Perspektive des Lügners. Er neigt dazu, seine eigenen Entschuldigungen wohlwollender auszulegen, als ein Belogener es tun würde. Es fällt ihm leichter, sich durch Rekurs auf die ersten beiden Entschuldigungstypen zu entschuldigen, die wir zu Anfang dieses Kapitels genannt haben.

Und vor allem wird er in seinem eigenen Fall mit größerer Wahrscheinlichkeit annehmen, daß die Wahrheit ohnehin unerreichbar ist, und daraus schließen, daß die Grenzen zwischen dem Wahren und dem Unwahren fließend sind. Und außerdem wird er wahrscheinlich meinen, daß das, was er getan hat, im Grunde kaum Täuschung genannt zu werden verdient.

Zweitens sind sie sehr rasch mit der Überzeugung bei der Hand, daß sie gar keine echte Täuschung beabsichtigt hatten; sie geben sich mit größerer Wahrscheinlichkeit der Annahme hin, daß sie gar nicht «sie selbst» waren, als sie logen; und sehr bereitwillig behaupten sie, daß sie durch Personen oder die Umstände zu der Lüge gezwungen worden sind.

Die *Gründe*, die für das Lügen sprechen, erscheinen ihnen schließlich viel überzeugender, wenn sie die Perspektive des Lügners einnehmen, als aus einer anderen Perspektive. Lügner finden den moralischen Anspruch ihrer Lügen – daß sie einen guten Zweck haben, vielleicht Schaden vermeiden oder der ausgleichenden Gerechtigkeit beziehungsweise vordringlichen Verpflichtungen dienen – viel überzeugender als diejenigen, die belogen werden oder die nicht direkt betroffen sind. Lügner greifen schneller zu dem Argument, daß Ehrlichkeit ihnen dort, «wo jeder betrügt», nur Nachteile bringt; sie sind eher der Überzeugung, daß eine Lüge, die ihnen nützt, auch niemandem sonst schadet. Und welche Wirkung das Betrügen auf ihren eigenen Charakter und ihr Praxisfeld hat, darüber machen sie sich kaum Gedanken.

Doch die Angelogenen – und das betrifft auch die Lügner, wenn sie sich angelogen fühlen – sind über diese «guten Gründe» nicht gerade begeistert. Wenn überhaupt, dann unterscheiden sie nur in sehr wenigen Fällen zwischen Lügen, hinter denen eine gute Absicht steckt, und allen sonstigen, die man ihnen erzählt. Zum Teil liegt das daran, daß sie oft keine Möglichkeit haben zu erkennen, ob das, was man ihnen sagt, nun wahr oder unwahr ist; zum Teil aber auch daran, daß sie aus ihrer eigenen Erfahrung *als* Lügner wissen, wie leicht es ist zu lügen und wie überzeugend die eigenen Gründe dann erscheinen.

All diese verschiedenen Entschuldigungen werden außerdem nach Maßgabe der Erwartungen auf seiten der Getäuschten unterschiedlich beurteilt werden. Welches Maß an Aufrichtigkeit haben sie erwartet? Nach welchen Regeln kommunizierten sie mit den Lügnern? Wurde Täuschung vielleicht sogar ausdrücklich gestattet? Oder wurde sie im Gegenteil eindeutig untersagt? In einem Pokerspiel wird Täuschung erwartet; im Gegensatz dazu leitet sich im ‹*Othello*› das Entsetzen zum Teil daraus ab, daß man weiß, welch großes Vertrauen Othello in Jago gesetzt hatte, und aus der Tatsache, daß Jago dieses Vertrauen schäbig ausnutzte:

«Er hat mich gern,
Um soviel besser wird mein Plan gedeihn.» [10]

Meistens findet eine Täuschung unter weniger klar definierbaren Umständen statt. Weder gibt es ein ausdrückliches Vertrauen noch eine Übereinkunft, die Täuschung als Teil des Spiels zuläßt. Und selbst dort, wo Lügner behaupten, es gäbe eine solche Übereinkunft, ist es ihre Voreingenommenheit, die sie an etwas glauben läßt, wovon der Betrogene gar nichts weiß. Viele Lügner halten zum Beispiel die Praxis, Schwerkranke zu belügen, für ein Verhalten, das von allen Beteiligten verstanden und gutgeheißen wird, wohingegen die Belogenen in nichts Derartiges eingewilligt haben.

Ein weiterer Faktor, der Einfluß auf die vorgebrachten Entschuldigungen hat, ist die Art der Beziehung zwischen Lügner und Belogenem. Sind die Parteien verfeindet, stehen sie in einem neutralen Verhältnis zueinander, oder sind sie Freunde? Sind sie in irgendeiner Form vertraglich aneinander gebunden, wie zum Beispiel Rechtsanwälte und Ärzte an ihre Klienten, gewählte Volksvertreter und Bürger, Eltern und Kinder? Und wie sieht das Machtverhältnis zwischen ihnen aus? Kann es sich auf Grund von Lügen verändern, oder sind sie so unbedeutend, daß sie darauf keinen Einfluß haben?

Schließlich spielen bei allen Entschuldigungen die Alternativen zu jeder Lüge eine Rolle. Man braucht erst gar nicht die Gründe für eine Lüge zu prüfen, wenn der Lügner eine den Pfad der Wahrheit nicht verlassende Alternative gewußt hat, um einen Vorteil zu sichern, einen Schaden zu vermeiden oder der Gerechtigkeit zu dienen. Selbst wenn eine Lüge ein Leben rettet, ist sie überflüssig, sofern der Lügner sich darüber klar war, daß eine wahre Aussage dasselbe bewirkt hätte. Aber auch hier lassen sich schwer Grenzen ziehen. Wie bedachtsam und aufmerksam muß der Lügner sein? Wieviel Weitblick und Scharfsinn muß er besitzen?

Weil diese Faktoren nur schwer präzise benennbar und greifbar sind und wegen der Schwierigkeiten, sie genau abzugrenzen, und weil die Gründe selbst nur jeweils mehr oder weniger deutlich präsent sind, kann man nicht immer sagen, ob eine Lüge als entschuldbar oder nicht entschuldbar erscheint. Manche Lügen können unter allen Umständen entschuldigt werden, bei anderen wird es in sehr großem Maße von dem Kontext abhängen, in welchem sie geäußert werden. Manche Lügen werden von den meisten Leuten entweder untersagt oder entschuldigt werden; andere Lügen werden stärker umstritten sein.

Als nächstes werden wir zu fragen haben: Können wir eine Grenzlinie ziehen, die *gerechtfertigte* Lügen von anderen trennt? Gibt es Kriterien, die uns dabei helfen können? So wie die Frage der Entschuldbarkeit die Komplexität des Lügens offenbart, so hoffe ich zeigen zu können, wie die Frage der Rechtfertigung das Feld wiederum verengt. Denn während es Entschuldigungen in Hülle und Fülle gibt, ist eine Rechtfertigung nur schwer zu geben.

7
Rechtfertigungen

«Wahrhaftigkeit ist eine Bedingung für jedes gemeinsame Handeln. Es ist interessant, die wachsende Einsicht in die Notwendigkeit von Öffentlichkeit zu beobachten, wo immer demokratische Institutionen vorherrschen. Heimlichkeit ist eine Art von Verrat.»

Ralph B. Perry, ‹*The Moral Economy*›

«(Die Rechtfertigung ist) eine Argumentation an die Adresse derer, die nicht mit uns übereinstimmen (oder an einen Teil unserer eigenen Person). Sie setzt eine Meinungsverschiedenheit zwischen Menschen oder innerhalb eines Menschen voraus und versucht andere oder uns selbst von der Vernünftigkeit der Grundsätze zu überzeugen, die die Grundlage unserer Forderungen und Urteile sind. Da die Rechtfertigung auf eine vernünftige Übereinstimmung hinzielt, geht sie von dem aus, worin sich alle Seiten in der Diskussion einig sind.»

John Rawls, ‹*Eine Theorie der Gerechtigkeit*›

Zur Frage der moralischen Rechtfertigung

Wie können wir also unter all den Lügen, die ihre Benutzer für so weitgehend entschuldbar halten, die herausfinden, die wirklich gerechtfertigt sind? Wie bisher gehen wir dabei von eindeutigen Lügen aus, von vorsätzlichen Versuchen der Irreführung. Wir können prüfen, welche Alternativen der Lügner zur Verfügung hat, und die Entschuldigungen unter die Lupe nehmen, die er vorbringt. Welche Entschuldigungen mildern die moralische Schuld nicht nur oder schwächen sie ab, sondern führen zu einer wirklichen Entlastung? Und wenn wir die Entschuldigungen für gewisse Lügen akzeptieren, entlasten wir den Lügner damit nur nachträglich von seiner Schuld? Oder wollen wir damit jene Lügen unter bestimmten Umständen auch in Zukunft erlauben? Können wir es schließlich als *allgemeine Verhaltensweise* empfehlen, immer wenn jene Umstände eintreten, solche Lügen zu gebrauchen – immer wenn, zum Beispiel, ein unschuldiges Leben bedroht wird?

Wir haben bereits gesehen, wie oft sich der Lügner in einer verzerrenden Perspektive verfängt; seine Versuche zur Rechtfertigung können seine systematische Voreingenommenheit zeigen. Seine Berufung auf Prinzipien mag hohl sein, seine Beurteilung der Situation oberflächlich. Das hat zur Folge, daß er zu diametral entgegengesetzten Abwägungen von Alternativen und Gründen gelangen kann, je nachdem, welchen Punkt er als vorrangig in diesen Abwägungsprozeß einbringt.

Zur Rechtfertigung gehört jedoch mehr als so ein ungeprüftes Verfahren der persönlichen Beweisführung. Rechtfertigen heißt, etwas durch Darlegung hinreichender Gründe als gerecht, richtig oder angemessen zu verteidigen. Es heißt, sich an einem Standard messen, sei dieser religiös, gesetzlich oder ethisch. Eine solche Rechtfertigung verlangt ein Publikum: Sie mag an Gott gerichtet sein, einen Gerichtshof, Gleichgestellte oder an das eigene Gewissen; doch in der Ethik hat sie sich idealiter nicht an einen einzelnen oder ein begrenztes Publikum, sondern vielmehr an «vernunftbegabte Menschen» ganz allgemein zu richten.*

Wer eine moralische Rechtfertigung anstrebt, der muß nach Humes Worten

«hier also von seiner privaten und besonderen Lage absehen und einen Gesichtspunkt wählen, den er mit Anderen gemeinsam hat: er muß irgendein allgemeines Princip der menschlichen Natur erregen und eine Saite berühren, die bei allen Menschen anklingt».[1]

Moralische Rechtfertigung kann daher nicht exklusiv oder versteckt vollzogen werden; sie muß öffentlichkeitsfähig sein. Indem sie über das rein Private hinausgeht, versucht sie auch über das bloß Subjektive hinauszugelangen. Wittgenstein wies auf diese Bestandteile der Rechtfertigung hin, als er notierte, daß «die Rechtfertigung . . . doch darin (besteht), daß man an eine unabhängige Stelle appelliert».[2] Viele Moralphilosophen gehen davon aus, daß eine solche Appellation das eigentliche Wesen des moralischen Argumentierens ausmacht. Als eine formale Auflage für jedes berücksichtigenswerte Moralprinzip hat John Rawls diesen Punkt unter dem Titel *Öffentlichkeit* am ausführlichsten dargelegt. Gemäß dieser Auflage muß ein Moralprinzip in der Öffentlichkeit geäußert und verteidigt werden können.[3] Ein verborgen bleibendes Moralprinzip oder eines, das nur innerhalb einer Sekte oder zunftartig geschlossenen Gemeinschaft offengelegt werden kann, würde diese Bedingung nicht erfüllen.

Diese Öffentlichkeit ist, wie ich glaube, für alle Formen der moralischen Entscheidung von zentraler Bedeutung. Besonders unverzichtbar ist sie jedoch vielleicht bei der Rechtferti-

* Vergl. Virginia Held: ‹*Justification, Legal and Political*›, in *Ethics*, 1975, S. 1–16. Es ist interessant, Rechtfertigungen im Recht, in der Ethik und in der Religion unter der Fragestellung zu vergleichen, was damit gerechtfertigt werden soll: eine Handlung, eine Entscheidung oder ein ganzes Leben? Außerdem kann man diese verschiedenen Rechtfertigungstypen unter der Fragestellung vergleichen, wie sie sich vollziehen soll, warum sie erforderlich ist, vor wem sie stattfindet und welches Ergebnis anvisiert wird: Rechtfertigung, Vergebung, die Erlaubnis fortzufahren oder eine weiße Weste. Ein gründlicher Kommentar zur Rechtfertigung durch den Glauben bei Paulus findet sich bei K. Stendahl: ‹*Paul Among Jews and Gentiles*›, Philadelphia 1976, S. 23–40.

gung von Lügen oder anderen Täuschungspraktiken. Denn Öffentlichkeit ist unmittelbarer mit Wahrhaftigkeit als mit anderen Moralprinzipien verknüpft. Unter ethischem Gesichtspunkt ist das Prinzip der Öffentlichkeit ohne Wahrhaftigkeit eine Täuschung und daher wertlos. Dazu kommt, daß Lügen, die ihrem Wesen nach unerkannt bleiben wollen, sich eher einer öffentlichen Rechtfertigung zu unterwerfen hätten als andere, offener ausgeführte problematische Handlungen. Solche Handlungen lösen schließlich wahrscheinlich ohnehin Kontroversen aus, wohingegen das bei Lügen, sofern sie unerkannt bleiben, nicht der Fall sein wird.

Um ein durchführbares Verfahren bei der Prüfung konkreter moralischer Entscheidungsfälle zu formulieren, möchte ich den Begriff der *Öffentlichkeit* mit dem Konzept von Rechtfertigung verbinden, wie es die Ethik benutzt: Diese Rechtfertigung *richtet sich an vernunftbegabte Personen*. Es wird sich um ein Prüfverfahren handeln, um die verschiedenen Entschuldigungen abzuwägen, die für umstrittene Verhaltensweisen, und daher auch für Lügen, vorgebracht werden. Es wirkt der Selbsttäuschung und Voreingenommenheit der Lügnerperspektive entgegen. Es verhindert allzu subjektive Annahmen und hastige Kalkulationen. Es fordert eine klare und nachvollziehbare Formulierung der Argumente, die zur Verteidigung einer Lüge eingesetzt werden – Argumente, die sonst unausgeführt geblieben wären oder die intuitiv richtig erschienen wären, ohne je in Frage gestellt worden zu sein. Die Vorzüge dieses Verfahrens sind überdies kumulativ: die Objektivität und die Fähigkeit zum Perspektivenwechsel, die bei jeder Appellation an die Öffentlichkeit erlangt werden, übertragen sich dann weiter auf die nächsten Gelegenheiten. Ein geschärftes moralisches Empfinden wird sich hauptsächlich durch Einübung in diese Appellationen und die von ihnen hervorgerufenen Diskussionen entwickeln.[4]

Das öffentliche Prüfverfahren fragt, welche Lügen (sofern es überhaupt solche gibt) die Forderung nach einer Rechtfertigung vor allen vernunftbegabten Personen überstehen würden. Es verlangt die konkrete und offene Anwendung einer in der Ethik entscheidenden Norm: der Goldenen Regel, die in so vielen religiösen und ethischen Lehren von grundlegender Bedeutung ist.* Wir müssen uns an die Stelle derer versetzen, die von unseren Entscheidungen betroffen werden, und danach fragen, wie wir dann reagieren würden, wenn uns die Lügen, über die wir gerade nachdenken, aufgetischt würden. Das heißt, wir müssen uns sowohl in die Perspektive des Lügners wie auch in die des Belogenen versetzen; und es geht hier nicht um die Perspektiven einzelner Personen, sondern um die aller, die von Lügen betroffen werden – und das ist die kollektive Perspektive aller vernunftbegabten Personen, die als potentielle Opfer von Täuschung betrachtet werden. Wir müssen die Entschuldigungen und die moralischen Argumente, die zur Verteidigung von Lügen verwendet werden, formulieren und fragen, ob sie einer genauen Überprüfung durch eben diese vernunftbegabten Personen standhalten würden.

Aber wie führt man nun eine solche öffentliche Überprüfung am besten durch? Genügt hier der traditionelle Appell an das Gewissen? Oder wenn mehr «Öffentlichkeit» einbezogen werden soll – kann diese aus einigen wenigen Personen bestehen oder müssen es viele sein? Müssen es leibhaftige Personen sein, oder genügt es, sie sich bloß vorzustellen? Und wo liegen die Grenzen einer solchen Überprüfung?

Plädoyer für eine öffentliche Diskussion

Einen ersten und unverzichtbaren Schritt, moralische Entscheidungen auf eine Weise reflektiert abzuwägen, die bereits halbwegs «öffentlich» ist, kennt jeder: auf das eigene Gewis-

* Die Goldene Regel hat zum Beispiel in den ‹*Gesprächen*› des Kungfutse eine sehr eindrucksvolle negative Form erhalten: «Dschung Gung fragte nach (dem Wesen) der Sittlichkeit. Der Meister sprach: «[. . .] Was du selbst nicht wünschest, das tue nicht den Menschen an [. . .]» (Kungfutse: ‹*Gespräche*›, Düsseldorf/Köln 1976, S. 121 f.).

Vgl. ebenfalls den Ausspruch des Rabbi Hillel: «Was du selbst verabscheust, das tue auch deinem Nachbarn nicht an; das ist die ganze Thora, während der Rest einen Kommentar dazu darstellt» (‹*Babylonian Talmud*›, Order Mo'ed, Tractate Sabbath, Section 31 a, London 1958, S. 140).

sen zu hören. Gelegentlich wird das Gewissen als ein anderes und strengeres Selbst betrachtet. Bei der Befragung des Gewissens wird man häufig mit einem inneren Richter konfrontiert. Es mag sich um einen idealen, vielleicht sogar für göttlich gehaltenen Richter handeln; andererseits auch ganz einfach um jemanden, der das eigene Handeln kommentiert und vor dem man sein Verhalten und seine Überzeugungen zu rechtfertigen sucht. Seneca beschreibt die Inanspruchnahme eines solchen Betrachters in einem Brief an seinen Freund Lucilius:

«Zweifellos ist es gut, wenn man jemanden hat, der einen führt, zu dem man aufblicken kann, den man als Zeuge der eigenen Gedanken betrachtet. Es ist allerdings weitaus edler, so zu leben, als ob man ständig einen guten Menschen neben sich hätte. Dennoch bin ich zufrieden, wenn du in allem, was du tust, so handelst, als ob überhaupt jemand zusehen würde. Denn das Alleinsein weckt in uns alle Arten des Bösen.»[5]

Irgendeine Form einer solchen persönlichen Seelenbefragung ist zweifellos auch bei den unbedeutendsten Moralentscheidungen vonnöten. Häufig ist das alles, was man tun kann. Doch das kann noch keine *hinreichende* Gewähr dafür sein, daß die Bedingungen von «Öffentlichkeit» erfüllt sind. Denn das Gewissen kann von unnachsichtiger Strenge sein, aber auch sehr entgegenkommend und gefügig. Meistens gelingt es Lügnern um so leichter, ihr Verhalten zu rechtfertigen, solange ihr Publikum nur aus ihrem Gewissen oder einem selbsternannten imaginären Betrachter besteht. Und das Gewissen wird auch trotz bester Absichten unverläßlich, sobald es komplexe und tiefgehende Probleme zu entscheiden gilt. Argumente können zum Beispiel schlecht formuliert sein; implizite Annahmen werden nicht hinterfragt; falsche Analogien oder fehlerhafte Schlußfolgerungen können ungeprüft weitergeschleppt werden. Die Befragung des eigenen Gewissens ist sicherlich unumgänglich, doch kann sie noch nicht eine ausreichende Öffentlichkeit gewährleisten. Sie ist unter Umständen kaum in der Lage, Voreingenommenheiten entgegenzuwirken, und dies betrifft insbesondere jene, die in der voreingenommenen Perspektive des Lügners befangen sind.

Aus den gleichen Gründen wäre der Versuch zum Scheitern verurteilt, sich vorzustellen, was andere sagen würden, egal wie zahlreich und wie weise man sich diese anderen denkt. Es ist zweifellos von Nutzen, sich vorzustellen, daß man seine Lüge vor einer öffentlichen Versammlung rechtfertigt oder vor Geschworenen oder auch einem Fernsehpublikum. Und gewiß hilft das bei dem Versuch, die Maximen zu formulieren, nach denen man handelt, um so zu sehen, ob auch andere diese Maximen akzeptieren und danach leben könnten. Doch solange sich dieser Vorgang nur in der Vorstellung abspielt, solange man sowohl Akteur wie Publikum ist, sowohl Geschworener wie Verteidiger, sowohl Gesetzgeber als auch Bürger, so lange bleibt das Risiko der Voreingenommenheit sehr groß.*

Bei schwerwiegenderen Problemen muß man daher bei der Suche nach Öffentlichkeit weitergehen, als sich bloß an sein Gewissen oder imaginierte andere zu wenden, wenn man seine Lügen rechtfertigen will. Das trifft in besonderem Maße auf eingefahrene Täuschungspraktiken zum Beispiel von seiten der Regierung zu, wo die, die täuschen, Vertrauenspositionen besetzen. Das folgende Beispiel mag das illustrieren:

Ein neugewählter hoher Regierungsbeamter beschäftigte einen «Kopfjäger», der nach talentierten Mitarbeitern Ausschau halten sollte. Dieser «Kopfjäger», eine Frau, hatte für die in die engere Wahl gezogenen Kandidaten ein Verfahren entwickelt, um die Verläßlichkeit der eingereichten Empfeh-

* Ein interessantes Beispiel dafür, welche Vorurteile in diesen Prozeß eingehen können, findet sich in Kants ‹*Grundlegung der Metaphysik der Sitten*›. Kant formuliert das Gedankenexperiment, mit dessen Hilfe man über bestimmte Pflichten urteilen soll: «Handle so, daß die Maxime deines Willens jederzeit zugleich als Prinzip einer allgemeinen Gesetzgebung gelten könne.» Er fährt dann damit fort, daß er vier bezaubernd idiosynkratische Anwendungen dieser Methode vorführt – es geht dabei um Selbstmord, um das Leihen von Geld mit dem falschen Versprechen der Rückzahlung, um die Vernachlässigung seiner natürlichen Gaben und um die Weigerung, anderen zu helfen.

lungen zu überprüfen. Sie wollte sichergehen, daß diese Empfehlungen nicht aus reiner Gefälligkeit geschrieben worden waren. Sie bat daher Kollegen der Kandidaten, auf falsche Aussagen über diese zu antworten, und sie maß dann die Stärke des Protestes. Zum Beispiel legte sie ihnen Kommentare vor wie: «Ich höre, daß X mit seinen Kollegen nicht sehr gut auskommt» oder «Die Leute sagen mir, daß X seine Aufgaben nicht gerade sehr kompetent erledigt» oder «Mir scheint, X ist nicht sehr innovativ».

Diese «Kopfjägerin» spürte wegen dieser Technik keinerlei Gewissensbisse, im Gegenteil, sie war stolz darauf, einen Weg gefunden zu haben, um an genaue Informationen heranzukommen. Ein Gefühl, gegen verinnerlichte Werte zu verstoßen, bedrängte sie nicht; die Notwendigkeit einer Rechtfertigung spürte sie auch nicht. Hätte sie jedoch andere befragt, dann hätte es sicher nicht lange gedauert, bis irgend jemand sie auf die offensichtlichen moralischen Probleme hingewiesen hätte, die in einem solchen Verfahren stecken.

Die nächste Ebene der öffentlichen Rechtfertigung geht also über das innerliche Gedankenexperiment hinaus. Freunde um Rat fragen, Eltern und Kollegen, ähnlich gelagerte frühere Fälle sich ansehen, sich an Personen wenden, die in Fragen der Religion oder Ethik gut Bescheid wissen – das sind Wege, die oft beschritten werden, um die moralischen Entscheidungen objektiver, zuweilen auch weiser zu machen und die so manchen schlecht durchdachten Plan in sich zusammenfallen lassen.

Doch in den schwierigen Fällen, wo viel auf dem Spiel steht, sind auch solche Konsultationen wiederum nicht immer hinreichend «öffentlich». Sie beseitigen etwaige Voreingenommenheiten nicht, noch stellen sie gemeinsame Annahmen oder irrige Schlußfolgerungen in Frage. Das ist besonders häufig in berufsständischen und mit großer Macht ausgestatteten Kreisen der Fall, wo diejenigen, die Einwände machen würden, gar nicht zu Wort kommen und die, die man für «weise» hält, genau die sind, die am ehesten der in Frage stehenden Absicht zustimmen werden. Es war zum Beispiel sehr wohl eine – von den entsprechenden Leuten – gemeinsam getroffene Entscheidung, fälschlicherweise abzustreiten, daß die Vereinigten Staaten Kambodscha bombardierten. Und es hat ebenfalls gemeinsame Besprechungen gegeben, bevor diese erlogene Geschichte über die Schweinebucht-Invasion veröffentlicht wurde. Irving Janis hat die Schwächen eines solchen Konsultationssystems zwischen Gleichgesinnten bei außenpolitischen Entscheidungen beschrieben:

«Der feste Glaube der Gruppenmitglieder an die grundsätzliche Moralität ihrer Gruppe und ihre Verwendung undifferenzierter Negativstereotype von Feinden ermöglichen es ihnen, Entscheidungskonflikte zwischen ethischen Werten und Nützlichkeitserwägungen zu minimieren, insbesondere wenn sie dazu neigen, auf Gewaltmittel zurückzugreifen. Die gemeinsame Überzeugung, daß wir eine ‹weise und gute Gruppe› sind, läßt die Gruppenkonkurrenz als ein Hauptkriterium bei der Beurteilung der Moralität wie auch der Effektivität einer gerade diskutierten politischen Strategie einsetzen. ‹Da die Ziele unserer Gruppe gut sind›, so glauben deren Mitglieder, ‹muß auch jede Maßnahme, die wir beschließen, gut sein.› Diese gemeinsame Annahme hilft den Mitgliedern, Scham- oder Schuldgefühle hinsichtlich von Entscheidungen zu vermeiden, die vielleicht ihre persönlichen ethischen Vorstellungen verletzen. Negative Feindstereotype vergrößern ihr Gefühl der moralischen Rechtfertigung ihres Tuns ebenso wie ihren Stolz auf die erhabene Mission ihrer Gruppe.»[6]

Immer wenn zentrale Interessen auf dem Spiel stehen, ist daher mehr als die Konsultation von ausgewählten Kollegen oder Gleichgestellten notwendig. Diejenigen, die Vertrauenspositionen innehaben, sollten für Lügen rechenschaftspflichtig sein, die das Wohlergehen anderer betreffen. Dasselbe trifft für Täuschungspraktiken zu, selbst für jene, die wie die Verabreichung von Placebos oder das Belügen von Sterbenden im Einzelfall ziemlich harmlos wirken mögen, auf lange Sicht jedoch Schaden anrichten. Auf welche Weise können die Versuche, solche Entscheidungen und Verhaltensweisen zu rechtfertigen, hinreichend «öffentlich» gemacht werden?

Hier wird eine dritte «Ebene» der öffentlichen Rechtfertigung erforderlich. Auf dieser Ebene müssen alle möglichen Personen befragt werden oder dürfen doch zumindest nicht ausgeschlossen oder übergangen werden. «Öffentlichkeit» in diesem Sinne schließt eine *selektive* Auswahl derjenigen aus, die konsultiert werden sollten. Es ist nicht so entscheidend, ob viele oder wenige Zugang zum Verfahren der öffentlichen Rechtfertigung haben, sondern daß niemandem dieser Zugang verweigert wird. Naturgemäß wird man ein um so größeres Maß an Konsultation für erforderlich halten, je komplexer und folgenschwerer eine Entscheidung ist.

Gegenwärtig findet kaum ein öffentlicher Diskurs über moralische Entscheidungen statt. Er wird im schulischen und akademischen Unterricht benötigt, in Berufsorganisationen, im staatlichen Bereich. Er sollte *offen* sein und die, die nicht zu bestimmten Interessengruppen gehören, nicht ausschließen. Ein gutes Beispiel dafür, wie so etwas im besten Fall funktionieren kann, bietet die 1974 vom Kongreß eingesetzte National Commission for the Protection of Human Subjects. Sie befaßte sich mit sehr schwierigen, dabei aber brennenden moralischen Problemen – mit Fötalforschung, Psychochirurgie und der Ethik des Experimentierens mit Gefangenen zum Beispiel. Sie tat das nicht nur in völliger Offenheit, wobei jeder Standpunkt zu Wort kommen konnte, sondern gelangte in diesen schwierigen Fragen auch zu Ergebnissen, die auch auf andere, weiter verbreitete Praktiken Licht warfen.[7]

Es wäre äußerst notwendig, eine ähnliche Aufmerksamkeit auch auf Probleme der Täuschung zu richten. Wenn möglich, sollte eine solche offene Diskussion stattfinden, bevor mit der Ausführung eines Täuschungsvorhabens begonnen wird. Diejenigen, die getäuscht werden sollen, müssen dabei die Möglichkeit erhalten, gehört zu werden. Das ist der einzig sichere Weg, damit die Position der Getäuschten vertreten wird.

Aber ist es nicht unlogisch zu erwarten, daß ausgerechnet die Personen, die belogen werden sollen, auf diese Weise vorgewarnt werden? Würde das nicht die Möglichkeit jeder Lüge zunichte machen und damit auch jeden erhofften Vorteil? Was hat es für einen Sinn, einer Lüge eine Beratung mit denen vorzuschalten, die man gerade belügen will?

Hier müssen wir wiederum zwischen Einzelfällen und ganzen Verhaltenspraktiken unterscheiden. Es wäre natürlich unsinnig, jeder einzelnen Lüge eine Beratung mit dem Betrogenen voranzustellen. Doch es ist alles andere als unsinnig, vorweg täuschende Verhaltensweisen zu diskutieren beziehungsweise die Getäuschten selbst zu warnen. Bei Spielen zum Beispiel, die Täuschung erlauben, liegt die Entscheidung, ob sie daran teilnehmen oder nicht, bei den Spielern. Dasselbe trifft für jene bereits erwähnten täuschenden medizinischen Experimente zu, wo die Einwilligung der Versuchspersonen erforderlich ist. Im Hinblick auf die Gestaltung der Außenpolitik könnte in ähnlicher Weise eine nationale Diskussion der Absichten und Grenzen der Täuschung Standards für eine zulässige Täuschung in Notfällen setzen. Beispiele früherer Täuschungen, die für die nationale Verteidigung für notwendig gehalten wurden, könnten diskutiert und Verfahren festgelegt werden, wie man sich bei vergleichbaren Fällen in der Zukunft zu entscheiden hat.

Welche Art von Konsultation sollte man vorweg verlangen? Wenn eine Konsultation nur innerhalb einer Behörde nicht ausreicht, könnte man dann einen Richter am Bundesgerichtshof oder jemand anders nach seiner Meinung befragen? Und welchen Grad an Öffentlichkeit sollte man im nachhinein fordern? Wie lang sollte diese Zeitspanne danach sein? Die Diskussion solcher Fragen in der Öffentlichkeit – in der Presse, in Erziehungsinstitutionen, bei öffentlichen Versammlungen – könnte sich als Beispiele die verschiedenen Arten von Lügen vornehmen, die von Vertretern bestimmter Berufe wie selbstverständlich ausgesprochen werden.

Man denke an den Einsatz von nicht als solchen gekennzeichneten Polizeiautos. Wenn eine Gesellschaft in aller Offenheit über deren Einsatz diskutiert und sich entschieden hat, sie zuzulassen, um Geschwindigkeitsübertreter und andere in Sorglosigkeit zu wiegen, dann wissen diejenigen, die immer noch die Geschwindigkeitsbegrenzung übertreten wollen, über dieses Täuschungsmanöver Bescheid, und sie können sich entscheiden, ob sie es probieren wollen oder nicht. Um es nochmals zu betonen: Die jeweils einzelnen *Täuschungshandlungen* eignen sich nicht besonders gut für eine öffentliche Rechtfertigung, doch einer öffentlichen Überprüfung einer ganzen *Täuschungspraktik* steht nichts im Wege.

Trifft dasselbe auch auf anstößigere Polizeipraktiken zu, zum Beispiel wenn die Polizei, oft unter Verwendung eines Köders, zu einem Verbrechen verleitet, um einen Kriminellen zu verhaften oder zu überführen? Auch hier ist es wiederum wichtig, die Forderung nach Öffentlichkeit nicht zu übergehen. Solange das Täuschungselement beim Fallenstellen nicht erkannt und die Gründe der Befürworter, warum sie ein solches Verhalten für notwendig halten, und außerdem mögliche Alternativen nicht ausdiskutiert werden, so lange wird die gegenwärtige bedrückende Ausbreitung wenig ersprießlicher Praktiken weitergehen, die nur zufällig durch anderslautende Gepflogenheiten und Normen eingeschränkt werden. Was für eine Gesellschaft wollen wir haben?[8] Welche von der Norm abweichenden Handlungen bedrohen das Gemeinwesen so sehr, daß das Fallenstellen als einziger Ausweg erscheint? Sind derartige Fragen allerdings einmal entschieden worden, ist die Vorstellung nicht länger unlogisch und unsinnig, daß Täuschungspraktiken der Öffentlichkeit bekanntgemacht und daß Betrogene vorgewarnt werden sollten.

Die oben gestellte Frage, welche Form von Öffentlichkeit für die Rechtfertigung von Lügen erforderlich ist, kann nun in der folgenden Weise beantwortet werden. Zunächst sollte das für die Rechtfertigung erforderliche «Publikum» nicht nur aus unserem Gewissen bestehen, und es sollte kritischer sein als die im Geiste vorgestellte Zuhörerschaft – mag diesen beiden Faktoren auch fraglos eine große Bedeutung zukommen. Ist die Entscheidung für andere von Gewicht oder ist sie ein, vielleicht trivial erscheinender, Bestandteil einer umfassenden Täuschungspraktik, dann müßte ein weitergehender «Rechenschaftsbericht» verlangt werden. Kann die Lüge oder die gesamte Praxis in der Presse oder im Fernsehen verteidigt werden?

Kann man ihr im voraus in Klassenzimmern, Werkstätten oder öffentlichen Versammlungen eine Rechtfertigung erteilen?

Mögen es viele oder wenige sein, die in der Öffentlichkeit auf diese Weise angesprochen werden – niemand sollte prinzipiell ausgeschlossen werden, am wenigsten die, die die Getäuschten oder anderweitig von der Lüge Betroffenen repräsentieren.

Wenn solche Probleme öffentlich diskutiert würden, dann hätten diejenigen, die vorhaben, einen Beruf zu ergreifen, bei dem Täuschungspraktiken an der Tagesordnung sind, während ihrer Ausbildung Gelegenheit, von vornherein darüber nachzudenken, wie sie in Situationen reagieren würden, die Lügen scheinbar notwendig machen. Sie können sich hypothetische Fälle vornehmen, denen vergleichbar, mit denen sie später zu tun haben werden; sie können die Gründe herausarbeiten und abwägen, was für die eine oder die andere Entscheidung spricht, und deren Schwächen und Stärken debattieren. Ihre öffentliche Überprüfung würde dem selbstgerechten Glauben an die fraglose Notwendigkeit von Lügen auf seiten derer ein Ende machen, die mit unausgesprochenen Prinzipien operieren und dabei von der Unschuld ihrer Motive völlig überzeugt sind. Und eine solche Überprüfung würde auch die Lügen jener Berufsgruppen empfindlich einschränken, die sich eine Sorge um das Wohlergehen der Menschheit anmaßen, die sie jeder genaueren Rechenschaftspflicht enthebt.

Wir haben oben bereits die Frage nach den Grenzen einer solchen öffentlichen Überprüfung angeschnitten, mit deren Hilfe wir zwar auf engere Voreingenommenheiten und Rationalisierungen stoßen und so über unsere unmittelbaren intuitiven Urteile hinausgelangen können, aber eben auch nicht mehr als das. In solchen Situationen, wo Reflexion und Diskussion fehlen und unmittelbares Handeln gefordert ist, ist eine solche Überprüfung nicht möglich und auch bei solchen moralischen Problemen nicht, auf die es nach Maßgabe unserer begrenzten Informationen, unserer Urteilskraft und Voraussicht keine abschließende befriedigende Antwort geben kann.

Diese Grenzen können in ihrer Reichweite nochmals eingeschränkt werden: Eine öffentliche Überprüfung macht es möglich, daß man im Vorwege darüber nachdenkt, was in Situationen, wo es keine Gelegenheit zur Reflexion oder zur Diskussion gibt, zu tun ist, und kann uns auch bei dem Entwurf von Reaktionsmöglichkeiten auf solche Umstände helfen, wo es auf Grund von Ungewißheit keine eindeutig beste Entscheidung geben kann – zum Beispiel, wer denn die Entscheidungen trifft und wie. Auf diese Weise kann das Verfahren der Konsultation und Diskussion auch die Zahl jener Moralprobleme verringern, die man heute als zu unmittelbar und schwierig für eine rationale Behandlung empfindet.

Eine öffentliche Überprüfung funktioniert schließlich dann nicht gut, wenn sich die Frage stellt, wie «vernünftig» diese verfügbare Öffentlichkeit denn wirklich ist. Man kann sich sogar fragen, ob irgendeine Öffentlichkeit vernünftig genug sein *kann*. Für mein Überprüfungsmodell der Heranziehung der Öffentlichkeit ist das eine entscheidende Frage.

Man kann nie sicher sein, daß das Publikum, das die Probleme von Wahrheit und Unwahrheit diskutiert, vorurteilsfrei, geschweige denn «vernünftig» in einem strengen Sinne ist. Über die «Tyrannei der Mehrheit» ist viel geschrieben worden. Eine unwirkliche Zusammenkunft imaginierter vernünftiger Personen ist etwas ganz anderes als ein Publikum aus Fleisch und Blut. Ich habe gezeigt, daß eine Befragung ersterer voreingenommen und lückenhaft sein kann; muß ich bei dem zweiten nicht ähnliche oder gar schlimmere Mängel feststellen? Sicher kann einen ein solches Publikum ganz anders drangsalieren und bedrängen als ein nur gedachtes.

Dieser Einwurf ist außerordentlich wichtig, doch er trifft nur auf bestimmte Arten von Täuschung zu, denn kein Publikum kann generell gegen die Betrogenen eingestellt sein, ohne damit gegen sich selbst eingestellt zu sein. Auf die Frage hin, ob man lügen sollte, um damit ein Leben zu retten oder ob man eine Lüge mit einer anderen heimzahlen darf, finden sich in jedem Publikum Personen, die leicht in die Rolle des Lügners oder die des Belogenen schlüpfen können. Da Lügen und Belogenwerden so universale Erfahrungen sind, genügt häufig schon die bloße Öffentlichkeit, ohne daß man sich allzu viele Gedanken um deren Zusammensetzung machen müßte.

Doch sobald es nicht mehr um die Täuschung einer beliebigen Person, sondern von Angehörigen benennbarer Gruppen geht, wird die Zusammensetzung der Öffentlichkeit entscheidend. Ob man Leute belügen darf, die nicht im Vollbesitz ihrer Geisteskräfte sind, oder Kinder oder die, die von der Mehrheit als abweichend im religiösen, politischen oder sexuellen Sinne gehalten werden – das sind Fragen, die zu einer voreingenommenen Beantwortung geradezu einladen. Eine erregte und sich bedroht fühlende Öffentlichkeit kann bis ins Extrem unvernünftig sein. Je unwahrscheinlicher es ist, daß sich ein Publikum überhaupt in die üble Lage des Betrogenen hineinversetzen will, um so schwieriger wird der Wechsel der Perspektiven und eine um so größere Voreingenommenheit kann in das Urteil einfließen.

Unter solchen Umständen muß man sich die Zusammensetzung der Öffentlichkeit sehr genau ansehen. In den Kapiteln, die sich mit den Lügen gegenüber bestimmten Gruppen von Menschen befassen, wie zum Beispiel Lügen gegenüber Kranken und Sterbenden, werde ich Vorschläge machen, wie man dieses Problem bewältigen kann. Bei einem Konflikt zwischen Gruppen fällt es vielen schwer, einen derartigen Perspektivenwechsel vorzunehmen, daß man sich in die Lage des Gegners hineinversetzt. Dazu bedarf es einer bewußten Anstrengung der Vorstellungskraft und starker institutioneller Anreize.

Abgesehen von Lügen gegenüber Angehörigen dieser Gruppen, fällt der Perspektivenwechsel leichter. Wir wissen alle nur zu genau, daß wir selbst schon Lügner und Betrogener gewesen sind, Handelnder und Betroffener. Obgleich dieser Perspektivenwechsel bei der Frage, ob man lügen soll oder nicht, nur selten vollzogen wird, wäre er bei einer öffentlichen Entscheidungsfindung notwendig.

Der Öffentlichkeitstest ist nicht immer erforderlich; und auch wenn er erforderlich ist, kann er nicht immer in die Wirklichkeit umgesetzt werden; auch wo er Anwendung findet, führt er nicht immer zu Lösungen von moralischen Problemen. Trotz dieser Einschränkungen kann er die Diskrepanz der Perspektiven verringern, die moralische Urteilsbildung erhellen und moralische Entscheidungen erleichtern.

Zur Unkontrollierbarkeit von Lügen

Welche Schritte sind zur öffentlichen Rechtfertigung notwendig? Was können vernünftige Menschen tun, wenn sie mit jemandes Entschuldigung für eine bestimmte Lüge konfrontiert werden? Wenn sie zum Beispiel gebeten würden zu beurteilen, ob die Praxis des Fallenstellens überhaupt gerechtfertigt ist, wie würden sie dann vorgehen?

Zunächst würden sie sorgfältig prüfen, ob dem Lügner nicht eine Alternative offenstand. Ausgehend von der Voraussetzung, daß Lügen immer negativ zu werten sind, würden sie erst dann mögliche Entschuldigungen in Betracht ziehen, nachdem sie geklärt haben, daß keine Entschuldigung ausreichen wird, bei der diese negative Bewertung fehlt.

Zweitens würden sie dann zur Abwägung der moralischen Gründe für und gegen die Lüge schreiten. Dabei würden sie sich auch in die Perspektive der Belogenen oder Betroffenen hineinversetzen. Sie würden also zu viel mehr Vorsicht neigen als die mit der optimistischen Perspektive des Lügners. Sie würden Aufrichtigkeit und Verantwortlichkeit höher veranschlagen als der einzelne Lügner oder dessen Apologeten.

Beim Abwägen der moralischen Gründe, der vorgebrachten Entschuldigungen und der beschworenen Prinzipien würden diese Personen die Analogie zwischen Gewaltanwendung und Täuschung im Auge behalten. Beides läßt sich unter gewissen Einschränkungen nur bei Vorliegen einer Einwilligung akzeptieren. Diese Zustimmung müßte eine hinreichende Information und eine Entscheidungsfreiheit zur Grundlage haben. Und es müßte die Möglichkeit geben, die Gewalt- oder Täuschungssituation wieder zu verlassen. Wo eine solche freiwillige und informierte Zustimmung vorliegt, gibt es zwischen dem Lügner und dem Belogenen, dem Handelnden und dem

Opfer keine Diskrepanz der Perspektiven mehr. Ein betrügerisches Handeln auf einem Basar, wo sich Käufer und Verkäufer gegenseitig übers Ohr zu hauen versuchen, wäre für diese vernünftigen Personen kein großes Problem. Ebenso ist es mit Berufsboxkämpfen. Doch Täuschung kann in solchen Situationen nur dann gerechtfertigt werden, wenn die Betroffenen wissend und ohne Zwang in sie einwilligen und die uneingeschränkte Freiheit besitzen, sie auch wieder aufzukündigen. Der naive Newcomer wird vielleicht nicht informiert; viele andere haben kaum eine Wahl, und die Freiheit, sich wieder zurückzuziehen, ist dann nicht gegeben, wenn man, wie es bei einem weitverbreiteten Schwarzmarkt der Fall ist, in Kenntnis der dort üblichen Täuschungspraktiken sich an etwas beteiligt, um ganz einfach zu überleben.

Gewalt und Täuschung wären für diese vernünftigen Personen allerdings eher zu akzeptieren, wenn sie den Zwecken der Selbstverteidigung oder Lebensrettung dienten. Und beides wäre schließlich um so entschuldbarer, je geringfügiger die Folgen für andere sein würden.

Doch unter allen Umständen müßten diese Personen sehr auf der Hut sein, weil Täuschung die Tendenz hat, sich auszubreiten, mißbraucht zu werden und andere, noch weniger wünschenswerte Verhaltensweisen heraufzubeschwören. Auf der dritten Stufe der Debatte hätten sie demnach über die individuellen Entschuldigungen von Lügnern und die individuellen Gegenargumente zugunsten der Angeführten hinauszublicken, die Bedeutung solcher Praktiken und den Schaden für Personen, die gar nicht unmittelbar in der Situation stehen, zu ermessen. Ausbreitung vervielfacht den aus Lügen entstehenden Schaden, und Mißbrauch vergrößert ihn ein für allemal. Ausbreitung und Mißbrauch resultieren beide zum Teil aus dem Fehlen eindeutiger Akzeptabilitätsstandards. Da solche Standards fehlen, können und werden Fälle von Täuschung zunehmen, was zu Mißtrauen und daher nochmals mehr Täuschung führt, zum Verlust persönlicher Standards auf seiten der Lügner und damit wiederum zu noch mehr Täuschung, zur Nachahmung durch jene, die Zeuge einer Täuschung werden und sehen, welche Vorteile sie bringen kann, und somit schließlich wieder zu mehr Täuschung. Augustinus beschreibt diesen Prozeß so:

«Dies wird Stück für Stück und durch allmähliche Steigerungen zunehmen, bis daraus eine solche Menge von verschlagenen Lügen geworden ist, daß es völlig unmöglich wird, dieser Seuche zu widerstehen, die durch ständige kleine Hinzufügungen riesenhafte Ausmaße angenommen hat.»[9]

Vernünftige Personen könnten besonders erpicht darauf sein, die Lügen derer einzugrenzen, denen eine größere Macht über Menschenleben verliehen ist, als es gewöhnlich der Fall ist. Und es wäre ihnen daran gelegen, die klarsten Standards und Schutzvorkehrungen aufzustellen, um zu verhindern, daß diese oder andere Lügner durch mangelndes Verständnis, Sorglosigkeit oder Mißbrauch in zunehmend schädlichere Verhaltensformen hineinrutschen.

In ihrem Bemühen, der Ausbreitung von Täuschungspraktiken entgegenzuwirken, würden solche Leute für eine Rechenschaftspflicht eintreten, wo immer einzelne über andere eine unkontrollierte Macht ausüben. Ihre Vorsicht würde noch dadurch verstärkt werden, daß sie sich eher allgemeinen Täuschungspraktiken zuwenden als nur individuellen Einzelfällen.

Legt man das Schwergewicht entweder nur auf den Einzelfall oder nur auf die ganze Täuschungspraktik, dann geht einem das Verständnis für die Problemlage verloren. Menschliche Handlungsentscheidungen werden dann zusammenhanglos und oberflächlich betrachtet. Vernünftigerweise sollte man daher nach Kräften eine doppelte Perspektive auf die Einzelfälle wie auch auf die Verhaltensweisen wahren; dies würde die doppelte Perspektive von Lügnern und Belogenen ergänzen. Gelegentlich könnten sie einer Praktik den Riegel vorschieben, indem sie sich weigern, sie zu rechtfertigen, während sie bestimmte Einzelfälle für entschuldbar halten würden. Und in jedem Falle müssen sie die einzelne Lüge auf dem Hintergrund der Wahrscheinlichkeit sehen, daß sie noch weitere nach sich ziehen könnte.

Dies sind also die allgemeinen Grundsätze, die für die Rechtfertigung von Lügen gelten. Wenn wir verschiedene Arten von Lügen behandeln, dann müssen wir zuerst fragen, ob es alternative Handlungsformen gibt, die das Problem auch ohne eine Lüge lösen; zweitens müssen wir fragen, welche moralischen Gründe zur Entschuldigung der Lüge vorgebracht werden können, und welche Gründe als Gegenargumente dagegengehalten werden können. Als Überprüfung dieser ersten beiden Schritte müssen wir drittens fragen, was ein Publikum von vernünftigen Personen zu solchen Lügen sagen würde.

Die meisten Lügen werden diese Rechtfertigungsbedingungen nicht erfüllen können. Doch welche Lügen könnten das? Die folgenden Kapitel werden sich mit einigen Arten von Lügen beschäftigen, die von den Lügnern selbst oft als gerechtfertigt angesehen werden. Ich werde nicht mehr tun, als einen ersten Ansatz zur Untersuchung dieser Lügen vorzulegen.

8
Lügen in Krisensituationen

»Kann eine einzigartige Notsituation die allgemeine Regel der Wahrhaftigkeit nicht ebenfalls aufheben? Angenommen, Dschingis-Khan oder irgendein anderes dieser Ungeheuer aus dem Osten würde eine ganze Stadt massakrieren, wenn er herausfände, daß sie seinem Feind Schutz gewährt hätten. Er fragt einen Bürger, dem er in dieser Sache Vertrauen schenkt, ob sein Feind von den Bürgern der Stadt je geschützt wurde. Indem dieser das Ungeheuer täuscht, kann er das Leben von Hunderttausenden und ihrer unschuldigen Kinder retten; sagt er jedoch die Wahrheit, dann wird das fürchterlichste Gemetzel stattfinden: Könnte ihn jemand dafür tadeln, daß er sich aus solchen starken humanitären Motiven über das allgemeine Gesetz der Wahrhaftigkeit hinweggesetzt hat?»

Francis Hutcheson, ‹*A System of Moral Philosophy*›

«Woodward erzählte *Deep Throat* – obwohl das an sich gar nicht stimmte –, er und Bernstein hätten eine Story für die folgende Woche, in der behauptet würde, Haldeman sei die fünfte Person, die über die Ausgaben aus dem Geheimfonds verfügte. [. . .]

‹Bestätigst du also, daß Haldeman über die Gelder verfügte?› fragte Woodward.

‹Das tue ich nicht. Das müßt ihr auf eure eigene Kappe nehmen.› [. . .]

Da *Deep Throat* sie im Falle Haldemans nicht gewarnt habe, gebe er ihnen im Endeffekt eine Bestätigung, erwiderte Woodward.»

Carl Bernstein/Bob Woodward, ‹*Die Watergate-Affäre*›

Akute Krisen – die Ausnahmesituation

Auf welche Weise kann eine öffentliche Überprüfung zwischen den vielen Krisensituationen* differenzieren, in denen gelogen wird? Zuerst wollen wir noch einmal den Fall betrachten, den Kant und viele andere diskutiert haben – der Mörder, der fragt, wohin sein Opfer gegangen ist. Dies ist eine Krise im allgemeinsten Sinne des Wortes, ein Wendepunkt, an dem sich eine entscheidende Veränderung zum Guten oder zum Schlechten ereignen kann. Es handelt sich auch im moralischen Sinn des Wortes um eine Krise: Der Wendepunkt stellt einen vor die Wahl, ob man eingreift und, wenn ja, mit welchen Mitteln. Nicht jede Krise gewährt einen solchen Entscheidungsspielraum. Die vertraute Szene, wo die Eltern hilflos am Bett des kranken Kindes sitzen, dessen Krankheit einen kritischen Punkt erreicht hat, ist eine Situation quälender Ohnmacht. Doch die Entscheidung ist hier eindeutig, es steht viel auf dem Spiel, und ohne Lüge würde man wahrscheinlich einen Schaden anrichten, der nicht wiedergutzumachen ist, und die Zeit wird knapp.

Diejenigen, die in einer solchen Krise stehen, haben keine Zeit zum langen Nachdenken. Und wenn sie diese Zeit hätten, dann könnten sie, glaube ich, derartige Lügen auch argumentativ rechtfertigen. Zunächst könnten sie darauf hinweisen, daß die begrenzte Zeit, in der die Entscheidung zu treffen ist, das Entwickeln von Alternativen, wie zum Beispiel Bitten um Hilfe oder Rettung, unmöglich macht.

Wenn zweitens die Behauptung belegt werden kann, daß ein unschuldiges Leben mit Hilfe der Lüge gerettet werden

* Das griechische Wort «krisis» bedeutet «Trennung», »Beurteilung», «Entscheidung», «Krisis» oder «Richterspruch». Es ist immer auf die Wahrnehmung eines bevorstehenden Ereignisses bezogen – eines Krieges, einer Krankheit, eines Gerichtsverfahrens. Doch gelegentlich kann es auch das moralische Element in der persönlichen Entscheidung hervorheben, wenn etwas auf dem Spiel steht und es eine Möglichkeit des Eingreifens gibt. Diese doppelte Bedeutung ist wichtig, um die Einschränkungen zu verstehen, die eine Krise auferlegen kann, und andererseits das jeweils unterschiedliche Maß, in welchem der Verlauf einer kritischen Situation durch persönliche Entscheidung beeinflußbar ist.

kann, dann wird das für die meisten Leute ihre grundsätzlich negative Bewertung aufwiegen. Daß man eine gute Absicht damit verfolgt oder Schaden zu vermeiden versucht – das wären die Prinzipien, auf die man sich berufen würde, und die meisten wären der Ansicht, daß sie in diesen Fällen höher als das Prinzip der Aufrichtigkeit zu bewerten sind. So wie körperliche Gewalt als Mittel zur Verhinderung eines Mordes gerechtfertigt wäre, so wäre es ebenso rechtens, dasselbe Ziel durch eine Lüge zu erreichen.

Drittens ist die bedrohte Person selbst unschuldig. Wäre der Verfolgte andererseits ein Kidnapper, dann würde die Lüge, die ihn decken soll, sehr unterschiedlich beurteilt werden. Man könnte den Grad der Unschuld des Verfolgten in unendlicher Weise abstufen, außerdem den Grad der Gewalt, die der Verfolgte erleiden würde, wenn der Verfolger ihn finden würde, und den Grad von Loyalität gegenüber dem Verfolgten bei denen, die nach seinem Aufenthalt gefragt werden. All diese Abstufungen könnten unser Urteil über die Entschuldbarkeit der schützenden Lüge beeinflussen.

Schließlich ist eine Lüge zum Schutz eines von einem Mörder verfolgten Opfers ein Ereignis, das die Ausnahme von der Regel ist. Weder ist es wahrscheinlich, daß andere dadurch zum Lügen ermutigt werden, noch, daß derjenige, der gelogen hat, um ein Leben zu retten, nun leichter oder öfter lügt. Daß Lügen sich auf diese Weise fortpflanzen, kommt nur selten, wenn überhaupt, vor. Und überdies ist die Situation so außergewöhnlich, daß sich daraus nichts ableiten läßt, was die Notwendigkeit des Lügens verallgemeinern würde. Das Risiko wäre demnach sehr gering, daß eine solche Lüge in irgendeiner Form zur weiteren Verbreitung von Täuschungspraktiken beiträgt.

Aus diesen Gründen könnten die Bedingungen des öffentlichen Prüfverfahrens erfüllt werden. Es wäre nicht schwierig, öffentlich das Verhalten zu verteidigen, daß man denen, die mit böser Absicht ein Opfer verfolgen, eine unehrliche Antwort geben darf. Es ist sogar so, daß ein solches Verhalten nicht nur verteidigt werden könnte, es wäre auch einer Verhaltensstrategie der unbedingten Ehrlichkeit vorzuziehen und daher von vornherein anzuraten. Jemand, der die gegensätzliche Strategie der totalen Ehrlichkeit gegenüber Verfolgern vertritt, würde in solchen Zeiten zu einer Gefahr werden, wo es häufiger zu Leben-oder-Tod-Krisen kommt. Man könnte ihm keinerlei vertrauliche Informationen überlassen.

Gilt eine solche Rechtfertigung nur für jene, die lügen, um das Leben anderer zu retten, oder gilt sie gleichermaßen für die, die lügen, um sich selbst zu retten? Das heißt, sind altruistische Lügen in diesem Fall eher gerechtfertigt als solche, die einem selbst dienen? Ich vermag nicht einzusehen, warum die eine Lüge in einer solchen Situation gerechtfertigter sein sollte als die andere. Beide können in gleichem Maße von vornherein angeraten und nachträglich entschuldigt werden. (Die Sachlage verändert sich jedoch, wenn jemand sich selbst opfert, um einen anderen zu retten; ein solches Handeln kann man nicht von vornherein erwarten[1], man kann es im nachhinein nur bewundern.)

Es gibt das Argument, daß die meisten von uns – obwohl das Lügen in solchen seltenen Fällen gerechtfertigt sein mag – real niemals in eine Situation geraten, wo das Lügen zu entschuldigen wäre. Daher sollten wir unser Leben so führen, als ob bei *keiner* Gelegenheit gelogen werden dürfte. Ein Gedanke, der die Alltagsentscheidungen sicher sehr vereinfacht, doch er hält nur wenig Trost für die vielen bereit, die häufiger und schwerer von Krisen bedrängt werden, als man denkt. Das Leben so vieler steht unter der dauernden Bedrohung ihrer politischen und religiösen Freiheit, das Überleben so vieler ist gefährdet. Und auch in Gesellschaften, die derartige Bedrohungen nicht kennen, gibt es Berufsgruppen – Ärzte zum Beispiel oder Offiziere –, deren Angehörige mit häufigen Krisensituationen in ihrer Arbeit rechnen können. Für sie kann es nicht so ohne weiteres die Gewißheit geben, daß sie es in ihrem Leben wahrscheinlich nie mit einer Krise zu tun haben werden, in der eine Lüge notwendig sein wird.

Lügen – ein Akt der Selbsterhaltung

Eine Krise kann akut sein – wie im Fall der Lebensgefahr. Ein Krisenzustand kann aber auch chronisch werden. Die Situationselemente sind dieselben – große Gefahr und kein Entkommen –, doch der Zeitrahmen ist vollkommen verschieden, und es gibt keinen kritischen Wendepunkt. Die Bedrohung kann zum Dauerzustand werden, so daß das Unheil auch nicht durch eine Lüge nach der anderen abzuwenden ist, oder aber auch die Lüge wird zum Dauerzustand und wirft jedesmal das Problem der Täuschung auf.

Bei extremen und lang anhaltenden Bedrohungen des Überlebens wie bei Seuchen, Invasionen und religiöser oder politischer Verfolgung ist der menschliche Entscheidungsspielraum unerträglich eingeengt. Hier zählt nur noch das Überleben; moralische Erwägungen sind nahezu ausgelöscht. Die Menschen mögen sich immer noch in extremen körperlichen oder geistigen Bedrängungen Hilfe und Schutz gewähren und immer noch sich des Lügens enthalten, doch solche Entscheidungen sind rein freiwilliger Natur. Und die Macht der Verhältnisse hat vielen das moralische Rückgrat gebrochen; sie haben keine Wahl mehr.

Hume schrieb, daß man Gerechtigkeit nur bei einem mittleren Maß von Mangel und Nächstenliebe erwarten könne – wenn es weder so viel Überfluß gibt, daß alle haben, was sie brauchen, noch so viel Mangel, daß nicht alle überleben können; und wo die Menschen weder so vollkommen gut sind, daß sie sich von sich aus gerecht und liebevoll verhalten, noch so unverbesserlich böse, daß nichts sie dazu bringen könnte.*

* Vgl. David Hume: ‹*Eine Untersuchung über die Principien der Moral*›, Wien 1883, Dritter Abschnitt, I. Theil, S. 14ff. Während ich Hume zustimme, daß es einen Stand der Verhältnisse gibt, unterhalb dessen Gerechtigkeit nicht erwartet werden kann, teile ich nicht seinen Optimismus hinsichtlich deren Überflüssigkeit auf den höchsten Stufen des Überflusses und der menschlichen Nächstenliebe. Zunächst erkennen wir allmählich, wie grenzenlos menschliche Bedürfnisse werden können. Und zweitens sind uns Situationen bekannt, wo zwischen wohlmeinenden Personen ernste Probleme der Gerechtigkeit und der moralischen Entscheidung entstehen, wobei diese Probleme nicht auf eine Mangelsituation zurückzuführen sind. In Krankenhäusern

Und George Steiner weist auf den «Überlebenswert» des Lügens unter extremen Verhältnissen hin:

«Die Fiktion war Tarnung: vor denen, die um dasselbe Wasserloch, dieselbe knappe Jagdbeute und dieselben wenigen sexuellen Ziele konkurrierten. Eine falsche Information geben oder nicht die ganze Wahrheit sagen hieß, sich einen lebenswichtigen Raum ergattern oder einfach das Überleben zu sichern. Die Märchen und die Mythologien erhalten eine undeutliche Erinnerung an die evolutionäre Bedeutung der Maskierung und Irreführung aufrecht. Loki und Odysseus sind späte literarische Beispiele für das weitverbreitete Motiv des Lügners, des Listenreichen, der überlebt.»[2]

Es ist keine Frage, daß man sich unter derartigen Umständen den Luxus des Nachdenkens über Alternativen nicht leisten kann. Das Überleben selbst liefert hier wieder einmal die Rechtfertigung, die alles andere beiseite drängt. In solchen Situationen bedarf die Frage nach der Ausbreitung von Täuschungspraktiken insofern keiner Erwägung, als sie bereits entschieden ist. Die Gesellschaft befindet sich dann ja bereits in einem Zustand des Zusammenbruchs, und die eine Lüge würde das schon bestehende Chaos nicht groß verschlimmern. Aus all diesen Gründen würde eine öffentliche Diskussion über die Rechtfertigbarkeit dieser Lügen ziemlich an der Sache vorbeigehen.

Diese langfristigen Bedrohungen des Überlebens belasten die moralischen Prinzipien an stärksten. In kürzeren und begrenzteren Krisensituationen wie zum Beispiel Bergwerksunglücken oder Schiffsuntergängen, wo einige überleben und in die Gesellschaft zurückkehren können, kommen die normalen

kann es zum Beispiel zu einschneidenden moralischen Differenzen kommen, wobei jeder das Beste für die Patienten tun will und man über reichliche Ressourcen verfügt. Und schließlich kann auch das Wohlwollen gegenüber den Mitmenschen zu einer Art von Tyrannei werden.

Als Vergleich zu Hume siehe John Rawls: ‹*Eine Theorie der Gerechtigkeit*›, Frankfurt a. M. 1975, S. 111ff., und H. L. A. Hart: ‹*Der Begriff des Rechts*›, Frankfurt a. M. 1973, S. 214ff.

moralischen Erwartungen, die man an jedermann stellen kann, stärker zum Tragen. Solche Notlagen schaffen außergewöhnliche Umstände, jedoch wird die Geltung moralischer Normen von ihnen nicht völlig außer Kraft gesetzt. Die Überlebenden können vor Gericht gestellt und ihr Verhalten wird an den bestehenden Standards gemessen werden, so wie in Conrads *«Lord Jim»*, oder in dem berühmten Prozeß der Vereinigten Staaten gegen Holmes.[3] In diesem Fall hatte die Besatzung eines Rettungsbootes vierzehn Menschen über Bord geworfen, um das Boot vor dem Sinken zu bewahren. Eines der überlebenden Besatzungsmitglieder wurde wegen Totschlags verurteilt.

Doch wenn man sagt, daß langfristige Bedrohungen des Überlebens die Moralität belasten, dann heißt das nicht, daß sich im nachhinein nicht durchaus Unterschiede in der Einhaltung der Prinzipien der Gerechtigkeit und Aufrichtigkeit selbst in solchen Situationen ausmachen ließen. Es heißt ganz offensichtlich auch nicht, daß die, die ihren Mitmenschen eine solche Last *auferlegen* oder sie tolerieren, nicht zu verurteilen sind. Es heißt nur, daß es zu einem Punkt des menschlichen Leidens und der lang anhaltenden Lebensbedrohung kommen kann, jenseits dessen die Opfer keine Gerechtigkeit mehr walten lassen können und wo die Frage der Einhaltung moralischer Grundsätze von Außenstehenden nicht mehr beurteilt werden kann.*

* Vgl. dazu Hannah Arendt: «Diesen individualistischen Ausweg der moralischen Person haben die totalitären Regierungen dadurch abgeschnitten, daß sie die Entscheidungen des Gewissens selbst absolut fragwürdig und zweideutig gemacht haben.

Wie ein Mensch entscheiden soll, der vor die Wahl gestellt wird, entweder seine Freunde zu verraten und damit zu ermorden oder seine Frau und Kinder, für die er ja in jedem Sinne verantwortlich ist, dem Tode preiszugeben, ist schlechthin nicht mehr auszumachen, vor allem dann nicht, wenn Selbstmord automatisch Mord an der eigenen Familie bedeutet. Die Alternative ist hier nicht mehr zwischen Gut und Böse, sondern zwischen Mord und Mord. Klarer wird die Situation noch an dem Beispiel, das Camus zitiert: von der Frau in Griechenland, der die Nazis die Wahl überließen, welches von ihren drei Kindern getötet werden solle.»

(Hannah Arendt: ‹*Elemente und Ursprünge totaler Herrschaft*›, Frankfurt a. M. 1962, S. 661f.)

Krisen des Alltags

Akute, lebensbedrohende Krisen können also Lügen rechtfertigen, die unschuldiges Leben retten; und lang anhaltende Lebensbedrohungen erlauben Lügen zum Zwecke der Selbstverteidigung. Aber es gibt eine große Anzahl von weniger bedrohlichen Lagen, die von Lügnern auch noch als Krisen begriffen werden. Vielleicht wollen sie sich von einer dauernden unerfreulichen Belastung frei machen, selbst wenn sie in keiner Weise lebensbedrohend ist. Ihre moralischen Entschuldigungen – ihre Unschuldsbeteuerungen zum Beispiel oder die von ihnen empfundere Bedrohung – mögen sehr viel schwächer sein. Selbst wenn es sich um eine ernste Bedrohung handelt, muß sie nicht unmittelbar bevorstehen. Vielleicht ist es nicht einmal sicher, daß die Bedrohung durch eine Lüge aufgehoben werden kann. Es gibt zahllose Varianten von Situationen, in denen die Lügner immer einen dringenden Grund zum Lügen vorgeben. Wie lassen sich diese Gründe beurteilen?

Die folgende Geschichte von Plutarch ist ein gutes Beispiel einer solchen komplexen Situation, wo eine Lüge ausgesprochen und in höchsten Tönen gepriesen wurde:

«. . . so herrschte in Sparta lange Zeit Gesetzlosigkeit und Unordnung, durch die auch der Vater des Lykurg, während er König war, zu Tode kam. Denn bei dem Versuch, eine Schlägerei auseinanderzubringen, wurde er mit einem Schlächtermesser erstochen und hinterließ die Regierung seinem ältesten Sohn Polydektes.

Da auch dieser nach kurzer Zeit starb, mußte, wie alle glaubten, Lykurg König werden; und solange, bis klar wurde, daß die Frau seines Bruders schwanger war, regierte er auch als König. Sobald er aber dies erfuhr, erklärte er, daß die Königswürde dem Kind zukomme, falls es ein Knabe wäre, und daß er die Regierung nur als Vormund führe. [. . .] Als nun die Frau heimlich zu ihm sandte und ihm den Vorschlag machte, sie wolle die Frucht abtreiben, wenn er sie dann als König von Sparta zu seiner Gemahlin machte, war er zwar entsetzt über ihre Schlechtigkeit, lehnte aber den Vorschlag nicht ab, sondern tat so, als ob er damit einverstanden wäre, erklärte aber, sie brauchte nicht durch eine Abtreibung mittels gefährlicher Arzneimittel ihren Körper zu schädigen; er werde schon dafür sorgen, daß das Kind sogleich nach der Geburt beseitigt würde. So hielt er die Frau bis zur Niederkunft hin [. . .]. Nun traf es sich, daß, während er mit den leitenden Männern zu Tische saß, ein Knäblein zur Welt kam, und die Diener erschienen und brachten ihm das Kindchen. Da nahm er es in Empfang, so wird erzählt, legte es mit den Worten ‹Spartaner! Ein König ist euch geboren!› auf den königlichen Platz und gab ihm den Namen Charilaos (= Freude des Volkes), weil alle hoch erfreut waren und seine Gesinnung und seine Gerechtigkeit bewunderten.»[4]

Es ist möglich, daß Lykurg der Königin ihre bösen Pläne, die sie in bezug auf ihr ungeborenes Kind und den zukünftigen König hegte, hätte ausreden können. Doch wäre er damit gescheitert, dann hätte sie diese Pläne sicher ausgeführt. Andererseits hätte Lykurg anstatt sie zu belügen, ihre Absichten der Öffentlichkeit mitteilen und somit versuchen können, sie davon abzuhalten, dem Kind Leid anzutun. Doch das hätte sie ihr Ansehen, vielleicht ihr Leben gekostet, und wenn ihm sein Versuch mißlungen wäre, wären sein eigenes Leben und das des Kindes in Gefahr geraten. Seine Lüge konnte also nicht gewährleisten, daß die Bedrohung des Lebens des Kindes wie auch seines eigenen Lebens voll und ganz abgewendet wird. Und da er jetzt einmal angefangen hatte, in dieser Angelegenheit zu lügen, mußte er zu immer weiteren Lügen greifen, um die erste Lüge stützen zu können.

Gelegentlich geht die Gefahr nicht von einem einzelnen aus, sondern von einer ganzen Institution, die als ungerecht empfunden wird. Wie reagieren wir auf ein Gesetz, ein Verfahren, ein ganzes Netz der Korruption, ja der Unterdrükkung? Man stelle sich jemanden vor, der es mit einer unehrlichen Stadtverwaltung, einer autoritären Nervenklinik oder einem Verbrechersyndikat zu tun hätte. Sollte er sich einfach deren Standards unterwerfen, um durchzukommen und seinen Job zu erledigen? Oder sollte er Widerstand leisten? Offen oder verborgen? Und mit welchem Risiko?

In einigen dieser Situationen sind Lügen, wiederum auf der Basis von Selbstverteidigung, eindeutig gerechtfertigt. Wenn zum Beispiel jemand unrechtmäßig in einer Nervenklinik festgehalten wird, dann stehen ihm nur wenige oder gar keine Mittel zur Verfügung, die Freiheit wiederzuerlangen. Wenn er mit Hilfe einer Lüge soweit kommt, daß er einen Rechtsanwalt sprechen kann, der seine Sache aufgreifen oder die Behörden glauben machen kann, daß die Öffentlichkeit von dieser Situation in Kenntnis gesetzt werden wird, dann wird diese Lüge sicher einer öffentlichen Überprüfung standhalten. Das Opfer ist machtlos, es verfügt kaum über erfolgversprechende Alternativen. Die Gefahr, lebenslänglich dort festgehalten zu werden, ist groß.[5] Das Risiko, das eine solche Lüge zur weiteren Vorbereitung von Täuschungshandlungen beiträgt, ist gering. Es ist zwar richtig, daß hier nicht das Leben selbst bedroht ist, doch die rechtlose Freiheitsberaubung wäre meiner Meinung nach eine ebenso überzeugende Entschuldigung.

Eine akutere Krise, die allerdings in geringerem Maße das Leben oder die Freiheit bedroht, tritt dann ein, wenn jemand dazu gezwungen wird, sich sterilisieren zu lassen, oder von einer ungewollten Verletzung seiner körperlichen Integrität bedroht wird. Ich meine, daß man auch unter diesen Umständen, sofern es keine alternativen Formen des Widerstands gibt, eine Selbstverteidigung durch Täuschung zugestehen kann.

Eine viel harmlosere «Krise» entstand für eine mir bekannte junge Frau, die einem Dorf von ehemaligen Kopfjägern einen Besuch abstattete. Man empfing sie freundlich und setzte ihr die spezielle Delikatesse des Stammes vor: junge Mäuse, die, am Schwanz gefaßt, in zerlassene Butter getunkt und lebend verspeist werden. Einen Augenblick überlegte sie und erklärte dann bedauernd, daß sie die Mäuse gern probiert hätte, doch ihre Religion würde ihr das verbieten.

Es gibt allerdings eine Zahl von alltäglichen Situationen, wo der Grad der Gefahr und die Verpflichtung, sich dieser Gefahr auszusetzen, umstritten sind. Man denke an die jungen Männer, die sich im Recht fühlen, wenn sie eine körperliche oder geistige Untauglichkeit vorschützen, um dem Militärdienst zu entgehen. Und man sollte vergleichen, in welchen Situationen eine solche Lüge angewendet wird: zu Friedenszeiten, im Zweiten Weltkrieg und im Vietnamkrieg. Oder man nehme den folgenden Fall:

Die Mutter eines Kindes trat an einen Kinderarzt heran, den sie schon sehr lange kannte. Bei dem Kind handelte es sich um einen siebenjährigen weißen Jungen, der in Hyde Park, Massachusetts, lebte. Der Arzt hatte dieses Kind vor kurzem wegen Bettnässens behandelt und die Eltern psychologisch beraten, weil das Kind Anzeichen aggressiven Verhaltens, Schlafstörungen und psychische Labilität zeigte. Im Sommer des Jahres 1975 wurde den Eltern mitgeteilt, daß ihr Sohn vom September an mit dem Bus zur Schule in eine entfernte Nachbarstadt gebracht werden sollte. Die Eltern, die dagegen waren, daß Kinder gezwungen werden sollten, mit dem Bus zu einer entfernteren Schule gebracht zu werden, waren von dieser Nachricht sehr betroffen. Angeblich wurde der Junge dadurch in helle Aufregung versetzt. Er näßte wieder öfter das Bett, war ziemlich ängstlich und hatte, wie die Eltern berichteten, häufige Alpträume.

Ende August gingen die Eltern zu ihrem Kinderarzt und legten ihm ein Formular vor, womit sie beantragten, daß das Kind aus «gesundheitlichen Gründen» in seiner Schule in ihrer Nachbarschaft bleiben dürfe. Der Arzt dachte über diesen Antrag nach. Er glaubte, daß für den Jungen angesichts des bevorstehenden Schulwechsels eine Stressreaktion ausgelöst werden könnte. Das allein wäre jedoch noch nicht weiter ungewöhnlich. Der Arzt war nicht davon überzeugt, daß diese Stressreaktion als ernstzunehmender Grund gelten konnte, den Jungen von der Pflicht des Bustransportes zu befreien. Andererseits stand er in sehr guten Beziehungen zu der Familie, und sie hatten ihn verzweifelt darum gebeten, das Formular auszufüllen. Die Erhaltung dieser Beziehung war ihm sehr wichtig, und er glaubte, daß die Familie in dieser Situation, die sie als eine große Krise in ihrem Leben empfand, wirklich auf seine Hilfe angewiesen sei. Der Arzt selbst lehnte diese Schultransporte prinzipiell ab.

Er entschied sich, das Formular auszufüllen und erklärte, daß es seiner Meinung nach für die psychische Stabilität des Kindes wichtig sei, daß es nicht mit dem Bus in eine andere Schule transportiert würde. Er beschrieb dann die angebliche Verschlechterung des Befindens des Jungen während des Sommers.[6]

Sowohl für die Eltern dieses Jungen als auch für die, die zum Wehrdienst eingezogen werden sollen, gibt es ja aber andere Möglichkeiten: Sie können sich weigern, einer Forderung nachzukommen, die sie als ungerecht empfinden, und müssen dann eben die Folgen dessen tragen. Viele standen schon vor einer solchen Entscheidung, ob sie einer Aufforderung, die sie als bedrohlich und ungerecht betrachten, Folge leisten, oder ob sie lügen, um der Sache zu entgehen, oder ob sie sich offen verweigern. Bei der Beurteilung dieser Entscheidungsmöglichkeiten muß man berücksichtigen, wie ungerecht die Aufforderung tatsächlich ist, welche Alternativen zur Verfügung stehen, wie schwerwiegend die Folgen einer offenen Verweigerung sind, und welche Wirkungen das Lügen hat, nicht zuletzt auf den Lügner selbst.

Nehmen wir ein Ehepaar, das sich in einer Gesellschaft scheiden lassen will, wo eine Scheidung nur bei Ehebruch ausgesprochen wird. Das Paar sieht nun vielleicht zwei Möglichkeiten, die Scheidung zu erlangen: entweder durch faktischen Ehebruch oder durch die falsche Behauptung, daß ein Ehebruch vorgekommen sei. Eine Variante der zweiten Möglichkeit besteht darin, daß man einen Mummenschanz aufführt, wo der eine Partner in einer eindeutigen Situation ertappt wird. Und was sollte ein solches Paar machen, wenn ihnen sowohl Ehebruch wie Lügen verabscheuungswürdig erscheinen, sie aber auch glauben, die Ehe unmöglich weiterführen zu können? In Gesellschaften, wo die Scheidung so erschwert worden ist, haben einige die gerichtliche Trennung gewählt; doch vielen schien dieser Weg so beschwerlich, daß eine Lüge dagegen als ein geringer Preis für die Befreiung aus der Ehe wirkte.

Würde man einen solchen Fall öffentlich diskutieren, dann

würden diejenigen das Lügen für entschuldbar halten, die meinen, es sei das System selbst, das solche Entscheidungen erzwingt und das also verändert werden muß. Denn die Gesetzgeber beziehungsweise die Systemlenker geraten nicht in eine Krisensituation wie die Ehepartner, die sich scheiden lassen wollen. Denen, die die Scheidungsgesetze machen, stehen viel mehr Alternativen offen als denen, die in einem System gefangen sind, das den Ehrlichen bestraft. Und offensichtlich fördert das System die Ausbreitung von Unehrlichkeit in einer Weise, wie es die individuelle Krisenreaktion nicht tut. Für das System gibt es daher viel weniger Entschuldigungen als für den individuellen Betrug, der nur ein Teil des Systems ist. Andere würden hingegen die These vertreten, daß man Gesetze, die man als ungerecht empfindet, nur durch eine Gesetzesänderung überwinden kann und nicht dadurch, daß man das Gesetz hintergeht.

Dies sind nur wenige Beispiele aus der großen Zahl von mißlichen Lagen, die als Krisen erfahren werden und wo das Lügen als einer der wenigen Auswege erscheint und man Lösungen, denen alle zustimmen könnten, vielleicht nicht finden wird. Die Faktoren, die die Entscheidung beeinflussen, sind sehr verschieden. Manchmal sind in solchen Situationen nur eine oder jedenfalls nur wenige Lügen notwendig. In anderen Fällen und insbesondere dann, wenn man keine andere Wahl hat, als innerhalb bestimmter Institutionen zu überleben, besteht ständig der Zwang zur Lüge. Die Betroffenen können dann wählen, entweder eine Lüge zu »leben« oder in irgendeiner Form auszubrechen – indem sie das Risiko einer offenen Mißachtung der herrschenden Normen auf sich nehmen oder sich tatsächlich befreien.

Diese Situationen unterscheiden sich auch hinsichtlich der Anzahl der Personen, die faktisch an den Täuschungspraktiken beteiligt sind. Sie unterscheiden sich weiterhin dadurch, ob man freiwillig oder gezwungenermaßen daran teilnimmt, was wiederum von den Konsequenzen eines Zuwiderhandelns abhängig ist. Schließlich unterscheiden sie sich noch darin, daß einige Lügen hinterher eher akzeptiert werden als andere.

Die vorgebrachten Rechtfertigungen sind in all diesen Fällen verschieden. Aber immer werden die Lügner dazu neigen, die Kräfte zu überschätzen, die sie zum Lügen getrieben haben. Und überall gibt es einen Umschlagspunkt, wo die Beteiligten entweder mitmachen, sich befreien können oder zum Opfer werden.

Wo liegt dieser Umschlagspunkt? Wo liegt die Grenze des zumutbaren Heroismus? Wo wirken Machtlosigkeit, Bedrohung von außen und eine vorherrschende Praxis so zusammen, daß Korruption die Regel, Ehrlichkeit die Ausnahme darstellt?

Die ausnahmslose Zurückweisung aller Lügen hilft niemandem in diesen schwierigen Situationen. Ebensowenig der simple Glaube, daß wir – da die meisten von uns nie in eine extreme Notlage geraten, aus der sie nur mit einer Lüge herauskommen können – in der Praxis den Puristen folgen können, vielleicht mit dem Zugeständnis von ein oder zwei Ausnahmen von ihrem totalen Lügenverbot. In normalen Zeiten mag dieser Glaube eine gesunde Verhaltensrichtschnur sein; doch für jene, die von Krisen heimgesucht werden, in denen Lügen der einzige Ausweg ist, ist er wenig praktikabel.

Grenzziehungen werden schwierig, sobald man das Feld der eindeutig lebensbedrohenden Krise verläßt. Es wird dann nicht leicht, die Fragen zu beantworten, die für eine moralische Rechtfertigung von Bedeutung sind. Die erste Frage, die nach Alternativen zur Lüge fragt, ist immer dann schwer zu beantworten, wenn es keine Gewißheit über die verschiedenen Alternativen gibt und wie hart die Folgen sein werden. Wenn, zweitens, nach den moralischen Argumenten für und gegen die Lüge gefragt wird, so stößt man auf Schwierigkeiten, die mit der Entschuldigung zusammenhängen, es sei nicht aus böser Absicht geschehen: Es wird verschiedene Meinungen darüber geben, wie schwer, wie unmittelbar, wie unwiderruflich und wie anhaltend die Risiken wirklich sind. Diese Meinungsverschiedenheiten werden zuweilen in grundsätzlich differierenden Einschätzungen begründet sein, wie notwendig die Aufrechterhaltung bestimmter Einrichtungen überhaupt ist, die zu den Lügen geführt haben – die Scheidungsgesetze, der Zwangstransport der Schulkinder, die Gesetze zur Einberufung zum Wehrdienst und so fort.

Eine öffentliche Überprüfung solcher Lügen hätte demnach nicht nur die isolierte Lüge, sondern auch die gesellschaftlichen Institutionen und Normen zur Diskussion zu stellen, deren Bestandteil die Lügen sind, und nachdrücklich für die Suche nach individuellen und gesellschaftlichen Alternativen zu sorgen.

Korruption die Regel, Ehrlichkeit die Ausnahme

Wann richtet eine Ausbreitung von Täuschung gravierenden Schaden an? Sicherlich dann, wenn es von Gelegenheiten zur Täuschung nur so wimmelt und wenn das Wissen um diese Praktiken zu Vertrauensverlust, Nachahmung, zu täuschenden Gegenmaßnahmen führt. Wie angezeigt die Lüge im Einzelfall auch immer sein mag – das Widerstreben, täuschendes Verhalten in bestimmten Berufen zu verzeihen, ist in der Furcht vor einer solchen Ausbreitung begründet. Es gibt einige Berufe, bei denen Krisensituationen keine Ausnahmefälle darstellen, sondern häufig auftreten. Ärzte, Rechtsanwälte, Journalisten, Geheimdienstagenten und Angehörige des Militärs können sich oft in einer Klemme befinden, wo schwerwiegende Konsequenzen nur durch Täuschung vermeidbar scheinen. Die Arbeit, die sie sich ausgesucht haben, stellt sie oft in solche Krisensituationen; in ihren Berufen werden außerdem Konkurrenz und ungewöhnliche Leistungen belohnt. Den Weg des geringsten Widerstandes zu gehen, kann Voraussetzung einer derartigen Leistung sein. Und wenn Täuschung etwas Alltägliches ist und nur selten bestraft wird, dann wird sie sich mit um so größerer Wahrscheinlichkeit ausbreiten. Wenn die akzeptierten Praktiken zunehmend dreister, Mißbräuche und Fehler zu etwas Gewohntem werden, schadet das am Ende der Person selbst, dem Berufszweig, den Klienten und der Gesellschaft.

Bei solchen Praktiken sind Eigeninteressen und altruistische Motive immer miteinander verwoben. Gewisse Unlauterkeiten können einem einen persönlichen Vorteil verschaffen, niemandem wird dadurch allzusehr geschadet, und auch der Nutzen für andere ist oft beträchtlich. Aber die Eigeninteressen werden nicht klar auf den Tisch gelegt; tatsächlich gibt es in Berufsorganisationen nur selten eindeutige Regeln oder eine offene Diskussion der unausgesprochenen Verhaltensstandards.

Der diesem Kapitel vorangestellte Auszug aus der *Watergate-Affäre* liefert hierzu ein gutes Beispiel. Sicher, es war eine sich zuspitzende Krise für die ganze Nation, und sie war für nachforschende Journalisten, die der Aufdeckung der Tatsachen über Watergate zu nahe kamen, nicht ungefährlich. Und sicher ist weiter, daß es ein großes Wettrennen um diese Enthüllungen gab; der Wunsch, beruflich voranzukommen und Ruhm zu erlangen, spielte bei diesem Unternehmen bestimmt eine große Rolle. Bei ihren Nachforschungen mußten die beiden Journalisten mehr als nur einmal lügen; es entstand ein ganzes Netz von Täuschungen. Personen, die sie interviewten, wurde vorgemacht, andere wären bereits mit gewissen Informationen herausgerückt oder hätten etwas über sie geäußert. Und die Zeitung wurde dazu benutzt, um Nachrichten zu drucken, für die es nicht immer einen hinreichenden Beweis gab.

Abgesehen davon, daß die ganzen Nachforschungen heimlich vonstatten gehen mußten, ist es nicht klar, ob die Täuschung wirklich nötig war. Andererseits verdienten die Reporter gewiß eine große Anerkennung dafür, daß sie die Verbrechen im Watergate-Skandal ans Licht gebracht haben. Man kann die These vertreten, daß Täuschung nötig war, um diese Enthüllungen zu ermöglichen; mehr als die Lügen selbst stört an dem Buch jedoch die Tatsache, daß das hier vorliegende moralische Dilemma mit keiner Zeile gewürdigt wird. Niemand scheint auch nur einen Moment innegehalten zu haben, um sich vor Augen zu halten, daß die Anwendung betrügerischer Mittel ein Problem darstellt. Niemand hat die Gründe dafür und dagegen abgewogen. Man weiß von keiner Anstrengung, nach ehrlichen Alternativen zu suchen oder zwischen verschiedenen Formen und Graden der Täuschung zu unterscheiden oder darüber nachzudenken, ob das Lügen in bestimmten Situationen notwendiger war als in anderen.

Das Fehlen einer solchen Reflexion kann leicht dazu führen, daß zahllose junge Reporter gedankenlos einige dieser Methoden übernehmen. Und die, die diese Methoden in einer Zeit der nationalen Krise mit Erfolg angewendet haben, könnten das auch bei geringfügigeren Anlässen wieder tun. Der Leser gewinnt den Eindruck, daß diese Praktiken unter Journalisten gang und gäbe sind. Es ergeben sich demnach schwerwiegende Folgen, was die Risiken für die persönliche Berufsauffassung der direkt Beteiligten angeht, das öffentliche Image dieses Berufes und für die, die diesen Beruf ausüben oder sich darauf vorbereiten.

Andere Berufe werden von den gleichen Risiken betroffen. Bei der Betreuung von Kranken und Sterbenden, im Gerichtssaal, bei jeder Art von Verkauf und Anwaltschaft – wo immer es reichlich Gelegenheiten zur Täuschung gibt, diese eine Menge einbringt und die Zeit zum Nachdenken über andere Möglichkeiten kurz ist – ist die Gefahr der Herausbildung eingefahrener Täuschungspraktiken größer als in anderen Berufszweigen. Das Wort «Krise» wird dann zu einem so elastischen Begriff, daß es auf jeden Anlaß zum Lügen paßt. Wir müssen uns daher noch genauer mit konkreten Fällen in diesen Berufsbereichen beschäftigen.

In den folgenden Kapiteln werde ich aus der riesigen Zahl von Fällen, die sich anbieten, nur einige wenige herausgreifen. Es könnten auch ebensogut andere herangezogen werden; meine Hoffnung geht dahin, daß, sobald einige Praktiken unter die Lupe genommen werden, die vielen anderen um so leichter einer Prüfung unterzogen werden können.

9
Mit Lügen gegen Lügner

Seinem Freunde
soll ein Freund man sein
und Gaben vergelten auch:
Lachen für Lachen
sollen die Leute nehmen
und Täuschung für Trug.

Edda

Schwört mir die Liebste, daß sie treu; erkannt
hab ich die Lüge, will ihr aber glauben;
damit sie glaubt, ich wäre noch ein Fant,
dem schlechte Welt die Unschuld nicht konnt rauben.

So glaubend, daß sie noch für jung mich hält,
obwohl sie weiß, daß ich bereits in Jahren,
hab ich mich vor der Lügnerin verstellt,
daß beiderseits die Wahrheit wir bewahren.

Doch warum sagt sie mir nicht, daß sie lüge?
Warum bekenn ich ihr nicht mein Gebrechen?
Ach, Liebe liebt dergleichen Winkelzüge
und liebt es nicht, vom Ältersein zu sprechen.

Ich laß von ihr, sie sich von mir betrügen,
umlügend unsre Fehler zum Vergnügen.

Shakespeare, *Sonett 138*

Im Dienste der Entlarvung

Im Jahre 385 richteten die Christen den ersten von vielen «Ketzern» hin: Priscillian, der Bischof von Avila, wurde der Unmoral und Hexerei angeklagt und zum Tode verurteilt. Er vertrat eine äußerst asketische Lehre und empfahl den Verzicht auf Ehe und körperliche Freuden um der Erlösung willen, denn er war der Überzeugung, daß alle Materie und insbesondere der menschliche Körper, der von Jesus Christus eingeschlossen, von Teufeln erschaffen wurde.

Nach seinem Tod waren seine Anhänger so schlau, ihren Glauben zu verheimlichen. Sie gaben vor, dem offiziellen Dogma zu folgen, während sie insgeheim ihre eigenen Praktiken weiterführten. Consentius wollte ihre Gemeinde unterwandern, um sie zu überführen, machte sich jedoch Sorgen, weil ihm das ohne Täuschungsmanöver nicht gelingen konnte. Er schrieb an Augustinus, um ihn um Rat zu fragen. Wäre es nicht rechtens, diese ketzerische Sekte zu belügen, so argumentierte er, wenn man dabei berücksichtigt, daß sie selbst hinsichtlich ihres Glaubens lügen?

Für beide Seiten stand die Wahrhaftigkeit auf dem Spiel. Jede Seite erkannte die Bedeutung der Wahrhaftigkeit in religiösen Dingen an – die Bedeutung, für seinen Glauben zu zeugen. Das Wort «Märtyrer», das im Griechischen «Zeuge» bedeutet, wurde von den Christen übernommen, um jene zu bezeichnen, die ungebrochen für ihren christlichen Glauben zeugten, selbst wenn sie die Todesstrafe zu erleiden hatten. Und im Laufe der langen, blutigen Geschichte der religiösen Verfolgungen stellten sich immer wieder die gleichen Fragen: bei den Verfolgern, ob sie das Mittel der Täuschung anwenden sollten, um die Sekten zu unterwandern, die sie unterwerfen oder zum rechten Glauben bekehren wollten; bei den Verfolgten, ob sie ihren Glauben verbergen sollten oder nicht.[1] Die gleichen Diskussionen entstehen auch bei politischer Verfolgung; doch bei religiösen Feindseligkeiten sind sie besonders brisant, weil das Lügen in Glaubensdingen als schwerste Sünde überhaupt gilt und der Bekehrung der Ungläubigen beziehungsweise Andersgläubigen der höchste Wert beigemessen wird.

Augustinus antwortete auf Consentius' Frage, daß er zwar angetan sei von dem Eifer, sogar «gegen verborgene Ketzer zu wüten», doch halte er es nicht für Rechtens, sie mit Hilfe von Lügen zu entlarven. Gegen Lügen mit Lügen vorzugehen, schrieb er, sei das gleiche wie die Vergeltung des Raubes durch Raub, des Sakrilegs mit einem Sakrileg, des Ehebruchs mit Ehebruch. Doch vor allem würden Christen, die auf ihre Aufrichtigkeit so stolz sind, durch das Belügen von Ketzern, die tief im Sumpf der Unwahrheit und Lüge stecken, gerade einen der Hauptunterschiede zwischen sich und den Ketzern auslöschen.[2]

Wenn man Gleiches mit Gleichem vergilt, mit den Missetaten, der Unreife oder Inkompetenz derer wetteifert, mit denen man im Streit liegt, dann läßt man sich bisweilen nicht gerade von hochgeschraubten Verhaltensstandards leiten. Und doch meinen viele, daß man in der Tat eine Lüge mit einer anderen Lüge heimzahlen dürfe – vielleicht nicht im Falle von Kindern, wohl aber den vielen anderen gegenüber, die genau wissen, was sie tun.

Auge um Auge

Solche Ansichten gehen auf die Vorstellung von Gerechtigkeit zurück, die Auge um Auge und Zahn um Zahn fordert. Sie ziehen in erster Linie Entschuldigungen heran, die etwas mit ausgleichender Gerechtigkeit zu tun haben: Einen Lügner zu belügen, heißt ihm zu geben, was er verdient, sein eigenes Spiel zu spielen, ein Gleichgewicht wiederherzustellen, das er selbst gestört hat. In gleicher Weise werden Geschenke mit Geschenken erwidert, Feindseligkeit mit Feindseligkeit, Schläge mit Schlägen.[3]

Diese Auslegung von Reziprozität schafft eine Voreingenommenheit, die es leichtmacht, die zu belügen, die man für seine Feinde hält. Als Präsident Nixon Täuschung und Einbruch autorisierte, um die Unterlagen über Daniel Ellsberg aus der Praxis seines Psychiaters zu beschaffen, glaubte er, damit Ellsberg seinen früheren Verrat heimzuzahlen. Hatte Ellsberg nicht sein Recht verwirkt, ehrlich behandelt zu werden? Würde er nicht bloß «das Seine» erhalten, wenn er nun selber hintergangen würde?

Viele finden es einfacher, die zu belügen, die sie für selbst nicht ehrlich halten. Es ist, als ob eine Barriere gefallen wäre. Und auf Augustinus' Argument, die Vergeltung einer Lüge mit einer anderen Lüge sei das gleiche wie die Vergeltung eines Frevels durch einen anderen Frevel, könnten sie antworten: Eine solche Analogie stimme dort nicht mehr, wo sie den Anspruch erhebe, daß es immer falsch sei, es einem Lügner mit gleicher Währung heimzuzahlen. Vielmehr könnten sie eine andere Analogie herstellen – die zwischen Lügen und der Anwendung von Gewalt – und fragen: Wenn man in bestimmten Situationen Gewalt anwenden darf, um Gewalt zu begegnen, warum sollte man Lügen niemals mit Lügen erwidern?

Bei solchen Diskussionen werden zwei verschiedene moralische Fragen vermischt. Die erste fragt, ob ein Lügner den gleichen Anspruch auf die Wahrheit hat wie ein ehrlicher Mensch. Die zweite fragt, ob es eher gerechtfertigt ist, einen Lügner zu belügen als andere Menschen.

Die erste ist eine Frage danach, ob ein Lügner Grund zur Beschwerde hat, wenn man ihm seine Lüge in gleicher Währung heimzahlt. Ohne Zweifel lautet die Antwort, daß ein Lügner unter normalen Umständen einen solchen Grund nicht hat. Es wäre nichts als heuchlerisch, wenn er sich darüber beschwerte, daß andere sich nicht an die Regeln halten, die er selbst gebrochen hat. Deswegen scheint es nur gerecht, Lügner ihrerseits zu täuschen.

Dieser Folgerung liegt jedoch ein Kurzschluß zugrunde: Sollten andere ihrerseits Lügner belügen? Ist es Rechtens, wenn sie das tun? Denn ihre Entscheidung hängt nicht allein von den Ansprüchen des Lügners oder von seiner Vertrauenswürdigkeit ab; sie muß wie alle anderen Lügen auch einer sorgfältigen Prüfung unterworfen werden und muß in ebenso umfassender Weise die Wirkungen bedenken.

Um uns diese Unterscheidung völlig klarzumachen, sollten wir das Beispiel eines krankhaften Lügners nehmen, der als solcher bekannt und ziemlich harmlos ist; möglicherweise ist es jemand, der unwahre Geschichten über sportliche Glanztaten in seiner Jugend verbreitet. Es besteht nun sicher kein Grund, ihn wegen seiner Geschichten häufiger anzulügen. Wenn man darüber nachdenkt, wie man mit diesem Mann umgehen soll, dann ist der Schaden zu berücksichtigen, der durch gewohnheitsmäßiges Lügen dem Lügner selbst, anderen und dem allgemeinen Vertrauen zugefügt wird. Andernfalls würde man sich vollkommen von den Charakterschwächen anderer abhängig machen und bei der Erwiderung von Lügen mit Lügen immer auf den kleinsten gemeinsamen Nenner hinuntergehen.

Doch selbst wenn es Rechtens wäre, in dieser Weise Gleiches mit Gleichem zu vergelten, dann käme noch die Schwierigkeit hinzu, daß wir nicht genau wissen, wann andere lügen. Auch wer eine Täuschung mit einer Täuschung vergelten will, wird also zwangsläufig Fehler machen. Hätten wir die Freiheit, jene zu betrügen, von denen wir annehmen, daß sie gelogen haben, dann würde das zu einer ungeheuren Zunahme der Täuschungen führen und die zur Vergeltung ausgesprochenen Lügen immer schwerwiegender machen.

Zusammenfassend läßt sich sagen, daß gegenüber denen, die für Lügner gehalten werden, zweifellos eine Lockerung der Wahrhaftigkeitsstandards eintritt. Es ist ganz einfach eine Tatsache, daß man sich zum Beispiel einem verläßlichen Geschäftspartner anders gegenüber verhält als einem verschlagenen, aggressiven Vertreter. Doch diese Lockerung der Standards erklärt nur den Unterschied im Verhalten; sie rechtfertigt aber an sich nicht die Lügen gegenüber denen, die wir für unehrlich halten. Zum Teil kann der Schaden, den ein Lügner durch seine Lüge angerichtet hat, durch eine Gegenlüge zurückgezahlt werden. Doch die Risiken, die daraus für andere, das allgemeine Vertrauen und auch für die Vergeltungslügner selbst entstehen, türmen sich nur auf und breiten sich aus. Nur wenn es darüber hinausgehende und zwingendere Entschuldigungen gibt, kann das Belügen von Lügnern gerechtfertigt werden.

Was könnten diese zwingenderen Entschuldigungen sein? Eine denkbare Entschuldigung wäre der Hinweis auf die völlige Harmlosigkeit der beabsichtigten Lüge. Eine wirklich harmlose Lüge mag so entschuldigt werden können, aber doch nicht deswegen, weil es nur ein Lügner ist, den man belügt. Eine zweite Entschuldigung wäre dann zur Hand, wenn der Lügner, den man betrügen will, eine Krise von der Art heraufbeschworen hat, wie wir sie im vorigen Kapitel skizziert haben. Auch hier wäre die Lüge nicht in besonderem Maße durch die Tatsache gerechtfertigt, daß der Belogene ein Lügner ist.

Eine häufig herangezogene dritte Entschuldigung hängt eng mit dem Gefühl der Gegenseitigkeit zusammen, das das Belügen von Lügnern natürlicher erscheinen läßt als das Belügen von ehrlichen Personen. Dahinter steckt der Wunsch, dem Lügner eine Lektion zu erteilen, ihm vorzuführen, wie man sich fühlt, wenn man angelogen wird.»* Die hier vorgebrachte Entschuldigung behauptet, daß durch eine solche Vergeltung etwas Nützliches erreicht wird. Der Lügner, so wird argumentiert, hat nicht nur seine Vertrauenswürdigkeit verspielt, er hat das Vertrauen insgesamt verletzt. Ihm und anderen wird es zum Vorteil gereichen, wenn er erkennt, was er eigentlich getan hat, und er die Wirkungen dieses Verhaltens am eigenen Leibe spürt – anders gesagt, wenn er dazu gebracht werden kann, auch einmal die Perspektive des Getäuschten zu übernehmen.

Doch diese Behauptung ist offenkundig unzureichend, um der Täuschung von Lügnern eine zusätzliche Rechtfertigung zu verschaffen. Denn wenn man wirklich dem Lügner eine Lektion erteilen will, dann gibt es dafür sicher viele ehrliche Möglichkeiten. Zu lügen, um jemandem eine Lektion zu erteilen, stellt somit in keiner Weise den letzten Ausweg dar. Man erreicht damit auch nicht unbedingt das Ziel, auf das die Entschuldigung pocht – es kann gut sein, daß die Lektion überhaupt nicht verstanden wird. Häufig wird es eher so sein, daß der derart behandelte Lügner zu dem Schluß gelangt, daß er ja zu Recht von der Annahme ausgegangen ist, daß jedermann lügt, und daß er die Standards seines Verhaltens nun

* Diese Entschuldigung vermischt sich häufig mit der rachsüchtigen und erzieherischen Bedeutung von «jemandem eine Lektion erteilen».

daran orientiert. Daher ist es nicht nur falsch, wenn man lügt, um jemandem eine Lektion zu erteilen; es ist vielmehr sogar kontraproduktiv, sich so gegenüber denen zu verhalten, von denen man annimmt, daß sie keinen rechten Begriff von dem haben, was Ehrlichkeit bedeutet. Das Kind, der Gedankenlose, der Verwirrte und der krankhaft zur Übertreibung Neigende werden diesen Begriff nur dann entwickeln, wenn sie bei anderen Ehrlichkeit erfahren, und nicht umgekehrt.

Consentius benutzte allerdings noch eine vierte Entschuldigung, als er fragte, ob er das Mittel der Täuschung anwenden dürfe, um Ketzer zu entlarven. Er hatte nicht bloß Gegenseitigkeit oder das Erteilen einer Lektion im Sinn. Seine Lügen sollten in bester Weise dem dienen, was er für das Prinzip der Aufrichtigkeit hielt. Dieses Ziel sollte auf zwei Wegen erreicht werden. In erster Linie wollte er die Verlogenheit der Priscillianer entlarven – sowohl die Falschheit ihrer religiösen Ansichten als auch die Lügen, die sie zum Selbstschutz gebrauchten. Damit hoffte er den wahren Glauben voranzubringen und dessen Feinde zu schwächen oder zu vernichten.

Mit äußerster Schärfe meinte Augustinus dazu:

«Siehst du denn nicht, wie sehr dieses Argument gerade die unterstützt, die wir durch unsere Lügen zu unserer Beute machen wollen? Wie du selbst gezeigt hast, ist dies genau die Meinung der Priscillianer. Um diese Meinung zu begründen, ziehen sie die Heilige Schrift als Beweis heran und drängen ihre Anhänger dazu, zu lügen, so als ob sie dadurch dem Beispiel der Patriarchen, der Propheten, der Apostel und der Engel folgten, und sie zögern nicht einmal, sogar Jesus Christus, unseren Herrn, hinzuzufügen, denn sie glauben, sie könnten die Wahrheit ihrer Lüge nicht anders beweisen als dadurch, daß sie sagen, die Wahrheit sei trügerisch. Man muß sie widerlegen, nicht imitieren.»[4]

Die Berufung auf die Wahrhaftigkeit, um sich damit für das Belügen von Lügnern zu entschuldigen, hält, wie Augustinus gezeigt hat, einer sorgfältigen Prüfung nicht stand. Sie ist nicht besser als die Berufung auf ausgleichende Gerechtigkeit – beruhe sie nun auf dem Prinzip der Heimzahlung oder Gegenseitigkeit – oder auf Wohltätigkeit. Es gibt aber einen Situationskontext, der solche Lügen entschuldbarer macht, nämlich wenn der Lügner und der Betrogene einem *wechselseitigen* Täuschungsmanöver zustimmen.

Gegenseitige Täuschung

Das zu Beginn dieses Kapitels zitierte Shakespeare-Sonett beschreibt ein recht verbreitetes, oft schmerzliches menschliches Arrangement, wo sich zwei Personen gegenseitig täuschen, jeder von dem Betrug weiß und doch jeder es vorzieht, betrogen zu werden, als der ungeschminkten Wahrheit ins Gesicht zu sehen. Jeder täuscht den Glauben an die Schmeichelei und das Vertrauen vor, das der andere ihm entgegenbringt.

Ich laß von ihr, sie sich von mir betrügen,
umlügend unsre Fehler zum Vergnügen.[5]

Die meisten Freundschaften und Familien verlassen sich in irgendeiner Form auf eine solche Gegenseitigkeit, um Illusionen zu bewahren, unangenehme Erinnerungen zu unterdrükken und um sich die nötige Unterstützung zu gewähren. Gelegentlich wird ein solches Bündnis bereitwillig eingehalten; meistens jedoch nur unter Schmerzen und ohne die Freiheit, einen neuen Anfang zu machen.

Eine solche Täuschung kann einem Spiel ähnlich werden, wo beide Partner die Regeln kennen und nach diesen Regeln spielen. Sie stellt dann eine Art Pakt dar, der eindeutig bestimmt, was jeder tun kann und was dieses Arrangement für ihn abwirft. Ein Pokerspiel ist ein solcher Pakt. Es mischt Vertrauen und Mißtrauen, Feilschen und Glücksspiel. Gegenseitiges Betrügen kann wie bei einem Pokerspiel von kurzer Dauer sein oder endlos weitergehen. Es kann dabei sehr wenig oder auch sehr viel auf dem Spiel stehen. Im besten Falle vollzieht sich diese Praxis freiwillig und offen und kann jederzeit beendet werden. Dann läßt sich dagegen auch nicht mehr viel einwenden.*

Doch nur wenige gegenseitige Täuschungen stellen solche idealen Übereinkünfte dar. Einige beruhen gar nicht auf Übereinkunft, obwohl die Lügner das oft meinen. Viele rationalisieren zum Beispiel ihre Lügen gegenüber Sterbenden oder chronisch Kranken mit dem Gedanken, daß «er weiß, daß ich weiß, daß er im Sterben liegt», womit sie sich von der Notwendigkeit befreien, ehrlicher zu sprechen. Dies stellt für beide Parteien eine Art von Gefangenschaft dar, vor allem jedoch für den Patienten, der oft zu verletzbar ist, um die Wahrheit vertragen zu können. Falls allerdings ein Kranker darum bittet, nicht mit entmutigenden Nachrichten belastet zu werden, dann kann ein solcher Pakt entstehen, wo jeder die Übereinkunft respektiert. Die schwierigsten Situationen sind wie immer diejenigen, wo man glaubt, daß der Patient die Wahrheit nicht will, jedoch aus Furcht, ins Fettnäpfchen zu treten, nicht zu fragen wagt.

In bestimmten Situationen nehmen auch wir an einem solchen gegenseitigen Täuschungsspiel teil: als Käufer und Verkäufer, im Falle von Selbstschutz und Verfolgung, zuweilen als Ehemann und Ehefrau. Auf einem Basar zum Beispiel gehören falsche Behauptungen einfach mit zu den Spielregeln; es wäre verrückt, wollte man hier von Anfang an seine ehrlichen Absichten erklären. Wenn Käufer und Verkäufer wissentlich und freiwillig mit allen Tricks feilschen, dann läßt sich keiner von beiden durch die Übertreibungen des anderen, sein Gerede, daß dies nun das letzte Angebot gewesen sei oder daß er nun das Interesse an der Sache verloren hätte, ins Bockshorn jagen. Beide Seiten haben dann den Spielregeln zugestimmt.

* Man beachte hier die Analogie zwischen Täuschung und Gewalt: An einem Boxkampf nehmen die Kämpfer für gewöhnlich freiwillig teil, und er wird nach festgelegten Regeln beendet. Auch die Teilnahme an einem Duell mag freiwillig sein, doch sie ist häufig für zumindest einen der Teilnehmer gesellschaftlich erzwungen. Hat man dem Duell erst einmal zugestimmt, kann man sich nur unter den größten Schwierigkeiten wieder daraus zurückziehen. Ein Überfall schließlich basiert weder auf der freiwilligen Zustimmung des Opfers, noch kann man dieser Situation anders entkommen als durch Gegengewalt.

Viel größere Probleme entstehen dann, wenn eine der beiden Parteien nicht freiwillig teilnimmt oder wo nicht beide Seiten in gleicher Weise darüber Bescheid wissen, daß mit Täuschungen gearbeitet werden darf. Für Lügner ist es einfach, das freiwillige gegenseitige Sich-übers-Ohr-Hauen als Entschuldigung für andere, viel fragwürdigere Praktiken heranzuziehen. Ein Fabrikbesitzer kann zum Beispiel wissentlich falsch behaupten, daß das Werk geschlossen werden muß, falls die Gewerkschaft die kommende Wahl gewinnt. Eine solche Lüge kann nicht als Teil einer Übereinkunft zu gegenseitiger Täuschung entschuldigt werden. Denn keinem Angestellten werden die «Spielregeln» bekannt sein, nach denen der Unternehmer spielt. Sie sind auch insofern im Nachteil, als sie wenig tun können, um nun ihrerseits den Unternehmer zu täuschen. Und selbst wenn sie wissen, daß ihnen etwas Unwahres gesagt wird, können sie nicht viel tun, sofern sie nicht sonstwo eine gleichwertige Arbeitsmöglichkeit an der Hand haben.

Hat sich einmal eine Gewerkschaft organisiert, dann fällt die falsche Aussage des Fabrikbesitzers, daß er das Werk schließen müsse, wenn die Gewerkschaften auf einer zehnprozentigen Lohnerhöhung bestehen sollten, in einem Kontext, wo jeder damit rechnet, daß der andere ihn zu täuschen versucht. Die Gewerkschaft kann im Gegenzug mit Drohungen antworten. Doch während beide Seiten die Spielregeln vielleicht *kennen*, hat möglicherweise keine von beiden eingewilligt, nach diesen Regeln zu spielen. Auch ist ihnen nicht freigestellt, aus diesem Handel auszusteigen oder die ungeschriebenen Regeln zu ändern.

Wie diese Beispiele veranschaulichen, ist die Täuschung beim geschäftlichen Handeln und beim Verkaufen selten wechselseitig so ausgeglichen und frei akzeptiert wie bei Spielen. Doch selbst wenn das der Fall ist, dann muß man sich immer noch fragen, ob daraus nicht etwas anderes werden kann, so daß Personen, die der Täuschung *nicht* zustimmen, hinters Licht geführt werden, und ob nicht auch für die Lügner selbst nachteilige Folgen entstehen, auch wenn sie sich gegenseitig nicht im mindesten verletzen. Wieder kann uns hier die Analogie zu Spielen, die Lügen und Bluffen zulassen, weiterhelfen. Viele dieser Spiele besitzen klare Abgrenzungen; die Spieler wissen, wann sie spielen, mit wem und nach welchen Regeln. Bestimmte Verhandlungssituationen sind ebenso klar von anderen Unternehmungen abgesetzt. Bei vielen ist das jedoch nicht der Fall. Dann kann es schwierig werden zu wissen, wann man täuschen sollte und wann nicht, wer freiwillig teilnimmt und wer nicht und wieviel Täuschung die «Regeln» zulassen.

Diese Schwierigkeiten verstärken sich für diejenigen, die einen Großteil ihrer Zeit mit Täuschungsmanövern zubringen. Sie büßen dann möglicherweise die Fähigkeit ein, zwischen verschiedenen Formen und Graden der Täuschung einen Unterschied zu machen; und wenn die Umstände, die ein täuschendes Verhalten erlauben, nicht sehr klar umrissen sind, kann dieses Verhalten auch in andere Beziehungen einströmen. Wer sich an einer Täuschung beteiligt, von der er annimmt, daß sie auf gegenseitigem Einverständnis beruht, kann am Ende mit einem vergröberten Urteilsvermögen und einer verringerten Glaubwürdigkeit dastehen, obgleich die ursprüngliche Verhandlungspraxis für sich genommen harmlos schien.

Bei Verhandlungen oder im Geschäftsleben gibt es tausenderlei Situationen, wo man entweder ehrlich bleibt oder sich der anscheinend allgemein akzeptierten Praxis anschließt. Diese Alltagssituationen stellen die moralischen Standards vieler Leute immer wieder auf die Probe. Eine neuere Untersuchung zeigt, daß Geschäftsleute zunehmend darüber beunruhigt sind, daß diese Standards in ihrer Arbeit einem starken Druck ausgesetzt sind, weil Täuschung belohnt wird.[6] «Zahlenmanipulation» ist für sie ein besonders akutes Problem, ebenso Fragen der Ehrlichkeit in der Werbung oder bei der Information des Topmanagements, von Klienten und des Staates.

Ich fasse zusammen: Die Tatsache, daß jemand selbst ein Lügner ist, verleiht der Entschuldigung einer Täuschung für sich genommen keine zusätzliche Überzeugungskraft. Immer noch müssen Alternativen abgewogen, moralische Argumente bedacht und die Verallgemeinerungsfähigkeit berücksichtigt werden. Wenn sich allerdings der Lügner, den man belügen will, dazu noch anschickt, einem selbst Schaden zuzufügen, dann kann sich die Sachlage verändern; und dies nicht, weil er ein Lügner ist, sondern wegen der Bedrohung, die von ihm ausgeht. Wir haben bereits gesehen, daß der Versuch, einen schwerwiegenden Schaden zu verhindern, sowohl eine Lüge rechtfertigen kann als auch die Anwendung von Gewalt. Ich möchte daher auf diese Frage noch detaillierter eingehen – die Frage des Belügens derjenigen, von denen man etwas Böses befürchtet (Gegner und als bedrohlich empfundene Personen). Nicht allein um die Lügen anderer zu erwidern, um die Lügner zu bessern oder um das zu stützen, was sie für wahr hielten, sondern wegen dieser vermeintlichen Bedrohung glaubten Consentius und Nixon, daß sie ihre Feinde belügen dürften.

10
Mit Lügen gegen Feinde

«Wenn Jemand einen Anderen seinen ‹Feind›, seinen ‹Nebenbuhler›, seinen ‹Widersacher›, seinen ‹Gegner› nennt, so meint man, er spreche die Sprache der Selbstliebe und drücke Gefühle aus, die speciell ihm zukommen und aus seinen besonderen Umständen und seiner besonderen Lage entspringen. Wenn er aber einem Menschen die Epitheta ‹lasterhaft›, oder ‹hassenswert› oder ‹schlecht› gibt, dann spricht er eine andere Sprache und drückt Gefühle aus, von welchen er erwartet, daß alle seine Zuhörer mit ihm übereinstimmen werden. Er muß hier also von seiner privaten und besonderen Lage absehen und einen Gesichtspunkt wählen, den er mit Anderen gemeinsam hat: er muß irgendein allgemeines Princip der menschlichen Natur erregen und eine Saite berühren, die bei allen Menschen anklingt.»

David Hume, ‹*Eine Untersuchung über die Principien der Moral*›

«Man ging dabei von dem sehr richtigen Grundsatze aus, daß in der Größe der Lüge immer ein gewisser Faktor des Geglaubtwerdens liegt, da die breite Masse eines Volkes [...] einer großen Lüge leichter zum Opfer fällt als einer kleinen [...].»

Adolf Hitler, ‹*Mein Kampf*›

«Ich entdeckte schon sehr früh, daß derjenige, der der Wahrheit dienen will, seinem Gegner keine Gewalt antun darf, sondern er muß ihn durch Geduld und Sympathie von seinem Irrtum abbringen.»

Gandhi, ‹*Defense Against Charge of Sedition*›

Lügen: die Sprache der strategischen Moral

Wenn man jemanden für einen Feind hält, dann hält man ihn für feindselig und der Ausübung von Zwang durch Gewalt, der Androhung von Gewalt und der Täuschung für fähig. Der Steuerhinterzieher, der Geiselnehmer, die einmarschierende fremde Macht sind Feinde einer Gesellschaft; doch private Gegner wie zum Beispiel Konkurrenten in einem halsabschneiderischen Business oder Rivalen in der Liebe oder in der Politik können ebenso feindselig sein. In all diesen Beziehungen gibt es mehr als eine nur zufällige Verbindung zwischen den Begriffen «Feind» und «Lügner». Ein Feind wird häufig, wenn auch nicht immer, eine Lüge gebrauchen, um uns eine Niederlage beizubringen; und jemand, der uns belügt, wird häufig, wenn auch nicht immer, in unseren Augen ein Feind sein.

Das Belügen von Feinden dient zwei Zwecken. Zunächst kann es deren Aktionen stören. Wenn es gelingt, den Feind glauben zu machen, man sei zu stark, um besiegbar zu sein, oder so jämmerlich und unattraktiv, daß sich ein Angriff gar nicht lohnt, dann kann auf diese Weise die Aggression abgewehrt werden. Zweitens kann das Lügen in der Strategie, den Feind zu *schlagen*, eine entscheidende Rolle spielen. Im Zweiten Weltkrieg hielten die Alliierten nicht nur ihre Pläne der Invasion der Normandie geheim, sondern sie heckten auch einen ausgeklügelten Schwindel aus, um die Deutschen glauben zu machen, daß die Invasion zu einem anderen Zeitpunkt und an einem anderen Ort stattfinden würde.

Das Belügen von Feinden steht in engem Zusammenhang mit den Lügen zum Zweck des Überlebens und den Lügen in großen Krisen, die wir in früheren Kapiteln erörtert haben. Doch sehr häufig gibt es gar keine unmittelbare Krise und kein drängendes Problem des Überlebens; Lügen gegenüber Feinden gelten jedoch traditionellerweise als nicht der Rechtfertigung bedürftig. Sie berufen sich zunächst auf die *ausgleichende Gerechtigkeit.* Feinde werden so behandelt, wie sie es eben verdienen; sie bekommen das, was ihnen zusteht. Dazu beruft man sich bei allen feindlichen Beziehungen auf die *Vermeidung von Schaden*. Das Prinzip der Selbstverteidigung wird auch von denen als Entschuldigung bemüht, die den Krieg weit über ihre Landesgrenzen hinaustragen. Und wo es mit der Selbstverteidigung nicht klappt, da muß die Berufung auf die Verteidigung eines anderes Staates herhalten. Auf der Grundlage dieser beiden Entschuldigungen des vergeltenden Ausgleichs und der Selbstverteidigung wird jede weitere Prüfung für überflüssig gehalten. Feindseligkeiten verschärfen die Polarisierung noch und verstärken den Glauben an die Rechtschaffenheit der eigenen Sache. Als weitere Sperre gegen Selbstzweifel versucht jede Partei sich selbst einzureden, daß Gott oder die Vorsehung oder das Recht auf ihrer Seite sei.

Diese Rechtfertigung ist oft sehr hergeholt, obgleich sie gelegentlich auch zutrifft. In diesem Kapitel möchte ich mich vor allem mit den beiden Hauptprinzipien befassen, auf die man sich beim Belügen von Feinden beruft: ausgleichende Gerechtigkeit und die Vermeidung von Schaden.

Die erste Behauptung, die zur Rechtfertigung von Lügen gegenüber Feinden vorgebracht wird, lautet, daß Feinde eine solche Behandlung verdienen. Gemäß den frühesten und bei weitem am stärksten verbreiteten intuitiven moralischen Urteilen erfordert die ausgleichende Gerechtigkeit, daß man seine Freunde gut und seine Feinde schlecht behandeln sollte. Jedem das, was er verdient. Feinde haben durch ihre eigene Unfairness, ihre aggressiven Handlungen oder Absichten das sonst geltende Recht verwirkt, selbst fair behandelt zu werden. Die Vorstellung, daß man einem Feind auch noch die andere Backe hinhalten sollte, ist dieser intuitiven Moral völlig fremd.

Nur wenige haben einen so unverhohlenen Anspruch auf die Rechtfertigung von Lügen gegenüber Feinden erhoben oder die Definition von «Feindschaft» so weit gefaßt wie Machiavelli. Er war der Exponent einer strategischen Verwendung einer Kombination von Täuschung und Gewalt, des Hineinschlüpfens in die Rolle sowohl des Fuchses wie auch des Löwen. Er erteilte dem Prinzen den Rat, sein Wort zu brechen, wenn es nötig sein sollte, weil die Menschen ohnehin «böse und schlecht sind»:

«Zuvörderst muß man daher wissen, daß man mit zweierlei Waffen kämpfen könne, d. h. mit den Gesetzen und mit der Gewalt. Die erste Art ist Sache der Menschen, die zweite Sache der wilden Tiere. Aber bei der Unzulänglichkeit der ersteren muß man öfters zur letzteren seine Zuflucht nehmen. [. . .]

Da nun ein Fürst genötigt ist, die Rolle eine wilden Tieres gut zu spielen, muß er sich den Fuchs und den Löwen zum Muster nehmen; der Löwe nämlich entgeht den Netzen nicht, der Fuchs entwischt dem Wolfe nicht. Er muß daher ein Fuchs sein, um die Schlingen zu wittern und ihnen zu entgehen, und ein Löwe, um die Wölfe zu schrecken. Die, welche bloß Löwen sein wollen, verstehen ihre Sache schlecht.

Ein kluger Fürst darf daher sein Versprechen nie halten, wenn es ihm schädlich ist, oder die Umstände, unter denen er es gegeben hat, sich geändert haben.

Diese Grundregel würde nicht gut sein, wenn alle Menschen gut wären. Weil aber alle böse und schlecht sind, und in dem angegebenen Falle dem Fürsten ihr Versprechen auch nicht halten würden, so berechtigt ihn dieses, auch wortbrüchig zu werden. [. . .] Nur muß man es gleich dem Fuchse verstehen, seine Rolle durch geschickte Wendungen meisterhaft zu verstecken. Denn die Menschen sind so einfältig und so gewöhnt, den herrschenden Verhältnissen nachzugeben, daß der, welcher betrügen will, immer Leute findet, welche sich betrügen lassen.»[1]

Im vorangegangenen Kapitel haben wir bereits die Berufung darauf, daß ja schließlich auch andere betrügen, einer Überprüfung unterzogen und festgestellt, daß damit allein das Lügen als Vergeltung nicht zu rechtfertigen ist.

Nun erhebt sich die Frage: Würde die Tatsache, daß die Menschen «böse und schlecht sind», eine zusätzliche Rechtfertigung für solche Lügen bereitstellen, die noch über das hinausgehen, was wir schon als Selbstverteidigung in Krisensituationen eingeräumt haben? Und was mag Machiavelli damit gemeint haben, als er sagte, «die Menschen sind böse und schlecht», um das als Rechtfertigung dafür geltend zu machen, daß man sie belügt?

Zunächst drückt eine solche Aussage die Überzeugung aus, daß es wahrscheinlich ist, daß die Menschen etwas Schlechtes *tun*, daß sie gefährlich sind, was dann rechtfertigt, daß man sie ihrerseits belügt. Einige leiten dieses Urteil aus Erfahrungen mit Menschen ab, vor denen sie sich fürchten mußten; andere schließen aus angeblichen rassischen, religiösen oder Klassenmerkmalen, daß die Mitglieder gewisser Gruppen eine Bedrohung darstellen und daher hinterhältig behandelt werden müssen. Weil einige als schlecht betrachtet werden, hält man sie automatisch für weniger vertrauenswürdig; da man ihnen selbst nicht trauen kann, warum sollte man denn mit ihnen ehrlich umgehen? Umgekehrt ziehen die, die täuschen oder schaden wollen, einen Nutzen daraus, wenn sie ihre Gegner als schlecht, ja sogar als Untermenschen erscheinen lassen, die das Recht auf eine würdige Behandlung verwirkt haben. Kriegführende Nationen gehen in ihren Propagandaslogans oft sehr weit, um ihre Feinde als Untermenschen, ja als unmenschlich und daher der Ehrlichkeit und des Respekts gar nicht würdig erscheinen zu lassen.

Als Resultat dieser Unterstellungen wird der Gegner als »exterritorial» angesehen: er befindet sich außerhalb des Geltungsbereiches des «Gesellschaftsvertrags», der sonst unter Menschen oder zumindest innerhalb jeder einzelnen Gesellschaft gilt. Die Außenseiter, so wird behauptet, fügen sich nicht den bestehenden Regeln oder können es nicht. Sie kommen ihrer Pflicht nicht nach, die ihnen aus dem gesellschaftlichen Arrangement erwächst, aus dem sie selbst Gewinn ziehen, und können daher den üblichen Schutz nicht für sich erwarten. Diese These wurde von James Martineau im Jahre 1875 mit Nachdruck vertreten:

«Vermengt mit der großen Masse gibt es in jeder menschlichen Gesellschaft welche, die zwar in ihr leben, ihr aber nicht eigentlich zugehören, die ihr nicht dienen, sondern von ihr zehren, die ihre Ordnung ungestraft zu Zwecken der Unordnung ausnützen und die ihre Rechte in Gelegenheiten zum Unrechttun verkehren. Dies sind Mörder, Räuber, bewaffnete Feinde, Verrückte, die außerhalb der Gesellschaft stehen. [. . .] Ohne einen gewissen *moralischen Konsensus* kann der Staat der Wahrheit weder begründet werden, noch kann man ihm beitreten.»[2]

Für Martineau war es klar, daß die, die die Gesellschaft bedrohten, außerhalb der Moral standen und daher nicht mit der Ehrlichkeit behandelt werden brauchten, die man anderen schuldete. Ausgerüstet mit einer solchen Überzeugung, kann jeder, der gegen Feinde vorgehen will, die gewöhnlichen moralischen Bedenken in den Wind schlagen. Es besteht dann gar keine Notwendigkeit, nach Alternativen zum Lügen zu suchen, und nur selten geht er seinen eigenen Motiven oder dem Prozeß nach, wodurch er dazu gebracht wurde, seine Feinde *als* Feinde zu betrachten, als außerhalb des Gesellschaftsvertrags stehend. Wenn aber Herrscher oder Revolutionäre oder Rivalen in der Liebe oder im Geschäft zu rechtfertigen versuchen, daß sie die betrogen haben, die sie für ihre Feinde halten, dann klingen ihre Worte hohl. Denn all die Gefahren des unterschiedslosen Lügens und des Machtmißbrauchs verstärken sich noch, wenn die niedrige Meinung von den Betrogenen die eigenen Lügen zu rechtfertigen scheint.

Von entscheidender Bedeutung ist, daß die, die ihre Feinde aus der Überzeugung heraus belügen, daß dies nur gerecht sei, dabei die Wirkungen dieser Lügen auf sich selbst, auf andere, die davon mitbetroffen sind, und auf das allgemeine Vertrauen übersehen. Es mag Situationen geben, in denen nötig ist, es jemandem heimzuzahlen; daraus folgt nicht, daß es eine Rechtfertigung des Betruges gibt. Im Gegenteil, Lügen zu diesem Zweck sollten uns zu außerordentlicher Vorsicht veranlassen.

Denn die Wahrscheinlichkeit ist besonders groß, daß sich der Schaden, den Lügen gegenüber Feinden zur Folge haben, weiter ausbreitet, weil das Verfahren, mit dem jemand zum Feind erklärt wird, sehr willkürlich abläuft. Die öffentliche

Rechtfertigung der Ausübung von Zwang gegenüber feindseligen Individuen würde einen eindeutigen und nachvollziehbaren Beweis dafür verlangen, warum man sie so klassifiziert. Viele verzichten allerdings auf diese Mühe. Gelegentlich sind sie so stark vom Verfolgungswahn beherrscht, daß sie sich einbilden, die Öffentlichkeit selber stehe hinter der Verschwörung, die sie bekämpfen. Und Machiavelli gestattet das Lügen nicht nur, um es jemandem nachträglich heimzuzahlen, sondern auf Grund von *vorgreifenden* Überlegungen. Weil die Menschen «ihr Versprechen auch nicht halten würden», berechtigt dich «dieses, auch wortbrüchig zu werden». Dabei wird kein Beweis einer bestehenden Feindseligkeit benötigt; die Voraussage künftiger Wortbrüche gilt als hinreichender Grund.

Paranoia ist nichts Ungewöhnliches, wenn es darum geht, «Feinde» aufzustellen und die Entscheidung zu fällen, wie man sich ihnen gegenüber verhält. Noch schlimmer: Je paranoider ein Subjekt oder eine Gruppe ist – das heißt je mehr sie davon überzeugt sind, daß eine Verschwörung gegen sie im Gange ist und daß die Sache, die sie vertreten, höher als alle anderen stehe –, desto selbstgerechter werden sie meinen, daß ihre Lügen durch die Niederträchtigkeit ihrer Feinde gerechtfertigt seien. Genau wie Verfolgungswahn und Größenwahn pathologische Verzerrungen der Perspektive des Lügners darstellen, so können sie auch die Perspektive des Getäuschten verzerren. Beide können so weit kommen, daß sie hinter jedem Busch einen Feind wittern und von allen Seiten Betrug und Nötigung erwarten. Diese Verzerrung führt zu einer Trübung beider Perspektiven, und jene vermutete Schlechtigkeit kann als Einladung zu weiteren Vergeltungen und neuen Vorsichtmaßregeln wirken.

Die meisten Behauptungen, daß Lügen gegenüber Feinden gerechtfertigt sind, würden also dem prüfenden Blick einer vernünftigen Öffentlichkeit nicht standhalten können. Das Risiko der Voreingenommenheit ist hier viel größer als bei Lügen gegenüber anderen Personen. Je unreflektierter der Anspruch auf Rechtfertigung daherkommt und je stereotyper die als Feind betrachtete Gruppe gesehen wird, desto unwahrscheinlicher ist es, daß unparteiische Beobachter die Entschuldigungen für das Belügen eines solchen Feindes akzeptieren. Der Schaden für alle Getäuschten, für die Lügner selbst und die Bedrohlichkeit, die von all den Lügen für andere ausgeht, würden dann allzu deutlich werden, genau wie die angebliche Böswilligkeit der als feindselig angesehenen Gruppe sich als nicht überzeugend erweisen würde.

Doch sicher gibt es einige, die so ungeschminkt feindselig auftreten, so offensichtlich gefährlich sind, daß die Gefahr gering ist, daß man sie falsch einschätzt. Es ist zwar keine Entschuldigung, sie aus einem Gefühl der Vergeltung zu belügen, aber entspringt nicht aus dem Umstand, daß es sich hier um Feinde handelt, eine zusätzliche Rechtfertigung des Lügens? Damit stellt sich jetzt folgende Frage: Können wir in der Rechtfertigung des Lügens, das wir bereits in Krisensituationen zugestanden haben, noch weiter gehen? Entsteht aus der Tatsache, daß eine Krise *von einem Feind heraufbeschworen* wurde, eine weitere Rechtfertigung des Zurücklügens? Genügt, sofern Feinde mitbetroffen sind, schon eine weniger schwerwiegende Krise, um Lügen zu rechtfertigen? Kann man Feinde in einer Krise belügen, die weniger bedrohlich, weniger unmittelbar ist als jene, die von Naturkräften oder auch in unabsichtlicher Weise von Freunden verursacht wird?

Lügen: eine Präventivmaßnahme

Wir haben bereits die Fälle diskutiert, wo Täuschung als Selbstverteidigung und als Antwort auf Gewalt gerechtfertigt ist. Feindschaft vermehrt das Auftreten solcher Krisen und erhöht deren Ernst. Belagerungen, Invasionen, Spionage und Folter[3] – sie alle sind von Betrug und Gegenbetrug überlagert. Wo sie um sich greifen, ist kaum mehr auszumachen, wann man nicht als Reaktion zum Mittel der Täuschung Zuflucht nehmen darf. Die Irreführung von Folterern durch jede erdenkliche List würde eindeutig gebilligt werden müssen. Das Opfer hat keine andere Wahl, wenn es vermeiden will, durch die Herausgabe von Informationen das Leben anderer zu gefährden. Der Folterer hat keinen Anspruch, ehrliche Antworten zu erhalten, zumal er sich durch solche Methoden selbst entwürdigt hat. Es ist unwahrscheinlich, daß sich diese Praxis des Lügens ausbreiten wird, da das Opfer nur in einer Zwangssituation gelogen hat. Und schließlich befindet sich das Opfer nun nicht gerade in einer Situation, wo es lange über den Schaden der Lüge für sich selbst oder das allgemeine Vertrauen nachdenken wird.[4]

Wenn Lügen unter solchen Bedingungen gerechtfertigt sind, kann dann nicht das gleiche für jene Lügen gelten, die die Entstehung solcher Bedingungen verhindern sollen? Was ist von betrügerischen Maßnahmen zu halten, um einen ungerechten Krieg zu beenden? Oder von hinterlistigen Methoden, um etwas über einen Angriff zu erfahren, dem man dann möglicherweise zuvorkommen kann? Fallen diese Lügen nicht auch noch unter den Begriff der Selbstverteidigung?

Würde jemand zum Beispiel behaupten, daß es nicht richtig war, daß die Alliierten die Deutschen im Zweiten Weltkrieg über die Zeit und den Ort der Landung in der Normandie täuschten?

Im Prinzip spricht viel für eine Erweiterung der Rechtfertigung von Lügen zur Selbstverteidigung. Die Bedrohungen sind real und umfassend; Alternativen gibt es vielleicht nicht, und sicher wird von beiden Seiten sowieso mit Betrug im Rahmen der laufenden Feindseligkeiten *gerechnet*, und dies um so mehr, wenn bereits offen Gewalt eingesetzt wird. Selbstverteidigung – die sich jeder Form von Doppelzüngigkeit bedient – kann also auch die Risiken aufwiegen, mit denen die Lügen selbst in der Regel belastet sind. Obgleich Berufungen auf Vergeltung und ausgleichende Gerechtigkeit Lügen gegenüber Feinden nicht entschuldigen, vermögen es Berufungen auf die Prinzipien der Selbstverteidigung und der Abwendung von Schaden sehr wohl. Ehrlichkeit sollte nicht dazu führen, daß man durch einen Feind in Bedrängnis gerät, wenn diese Notlage auf der anderen Seite durch eine Täuschung vermieden werden kann.

In der Praxis jedoch hat das Belügen von Feinden enorme

Schattenseiten. Wie bereits angedeutet, nötigt die große Wahrscheinlichkeit, daß Irrtum und Diskriminierung mit im Spiel sind, wenn es darum geht zu bestimmen, wer ist Feind, wer nicht, zur Vorsicht. Zweitens besteht bei Lügen gegenüber Feinden die große Gefahr, daß sie auf den Lügner selbst zurückschlagen. Nur zu oft ist die an Feinde adressierte Lüge in gleicher Weise eine Lügen gegenüber Freunden. Wird sie aufgedeckt, was bei einigen immer geschieht, dann ist der Preis dafür sehr hoch. Bei dem U-2-Vorfall zum Beispiel sollte eine Routinelüge die Erkundungsmission des Piloten verschleiern. Adressat dieser Lüge war der Gegner. Doch diese Lüge markierte einen entscheidenden Wendepunkt im Prozeß des zunehmenden Vertrauensschwundes, den in den Augen der amerikanischen Bürger das Wort ihrer politischen Führer erlitt.

Selbst wenn das Lügen angesichts von Gewalt und im Namen der Selbstverteidigung gerechtfertigt sein mag, so erfordert gerade diese Verteidigung des Selbst große Vorsicht, denn die Täuschung läßt sich nicht wie viele Formen der Gewalt auf ein genau abgegrenztes Ziel *lenken*. Je umgreifender der Täuschungsplan angelegt ist, desto wahrscheinlicher ist es, daß es zu unangenehmen Rückwirkungen auf den Lügner kommt.

Staaten bauen einen riesigen Apparat auf, um Gegner zu täuschen. Und wenn eine Regierung dafür bekannt ist, daß sie mit Täuschungen arbeitet, dann hat das zersetzende Folgen. Es kann so weit kommen, daß diese Folgen den Wirkungen der Gehirnwäsche gleichkommen, wie sie von Hannah Arendt beschrieben worden.

«Man hat oft bemerkt, daß das sicherste Ergebnis der sogenannten Gehirnwäsche nicht eine veränderte Gesinnung, sondern jener Zynismus ist, der sich weigert, irgend etwas als wahr anzuerkennen. Wo Tatsachen konsequent durch Lügen und Totalfiktionen ersetzt werden, stellt sich heraus, daß es einen Ersatz für die Wahrheit nicht gibt. Denn das Resultat ist keineswegs, daß die Lüge nun als wahr akzeptiert und die Wahrheit als Lüge diffamiert wird, sondern daß der menschliche Orientierungssinn im Bereich des Wirklichen, der ohne die Unterscheidung von Wahrheit und Unwahrheit nicht funktionieren kann, vernichtet wird.»[5]

Selbst wenn das Unwahre nicht total an die Stelle der Wahrheit tritt, sondern dem Getäuschten zufällig und partiell erscheint, oder wenn davon Dinge betroffen werden, die er für entscheidend hält, kann ein solcher Zynismus eintreten. Aus diesem Grunde können die vielen Formen der internationalen Täuschung, die für die Regierungen einfach als «Teil des Spiels» gelten, sowohl für das Vertrauen nach innen wie nach außen weitreichende Folgen haben.

Es gibt immer mehr Beweise dafür, daß die Weltöffentlichkeit, an die die Propaganda sich richtet, mißtrauischer wird. Die Empfindlichkeit dagegen, manipuliert zu werden, ist stärker geworden, und das Vertrauen in die eigene oder in fremde Regierungen geht zurück. Ein Ergebnis davon ist, daß auf der ganzen Welt die Bürger immer weniger der Überzeugung sind, daß sie das Handeln ihrer Regierung beeinflussen können.[6]

Der Vertrauensschwund kommt einigen in gewissem Grade zugute. Wer in der Lage ist, dem Druck von Behörden Widerstand entgegenzusetzen, der wird das tun, und es werden wenige sein, die sich einen sinnlosen Krieg aufreden lassen. Doch insgesamt gesehen sind die Wirkungen negativ. Insoweit es um Probleme geht, die sich nur gemeinsam bewältigen lassen – zum Beispiel Probleme der Abrüstung, der Energiepolitik, des Bevölkerungswachstums –, wirkt die Tatsache, daß man der Regierung nicht vertrauen kann, lähmend. Gutwillige Bemühungen um das gemeinsame Interesse werden so von Zynismus und dem Gefühl der Machtlosigkeit unterhöhlt werden, die als Folge dessen auftreten, daß man sich im großen Maßstab getäuscht fühlt.

Lügen gegenüber Feinden, nur weil sie Feinde sind, können also gelegentlich in besonderer Weise zu entschuldigen sein, doch sie sind mit besonderen Gefahren belastet, Gefahren der Voreingenommenheit, der Selbstschädigung, der Weiterverbreitung und schwerwiegender Beeinträchtigungen des allgemeinen Vertrauens. Und gerade die These, daß Lügen gegenüber Feinden besonders entschuldbar sind, führt dadurch, daß man nun viele Lügen unhinterfragt durchgehen läßt, am Ende dazu, daß noch mehr Krisensituationen und ein noch größeres Maß an Unterdrückung erzeugt werden, als es sonst der Fall gewesen wäre. Es gibt so viele Kräfte, die in Feindschaftsbeziehungen eine zunehmende Unehrlichkeit unterstützen. Sie lassen sich nie ganz ausschalten, doch man muß jede Anstrengung unternehmen, um sie niederzuhalten.

Gibt es irgendwelche speziellen Umstände, die das Belügen von Feinden entschuldbarer machen? Könnte eine öffentliche Kontrolle dabei helfen, all die scheinhaften oder von Vorurteilen belasteten Entschuldigungen auszurotten, dazu all jene Fälle, wo Lügen auf den Lügner selbst zurückschlagen oder dem allgemeinen Vertrauen Schaden zufügen könnten, und gleichzeitig gewisse Bedingungen definieren, unter denen Lügen gegenüber Feinden gerechtfertigt sind? Wenn ja, durch welche Merkmale einer Feindschaftsbeziehung wären solche Umstände gekennzeichnet?

Lügen: ein Teil der Spielregeln

Eine solche öffentliche Kontrolle würde zunächst nach Alternativen Ausschau halten. Unabhängig davon, wie feindselig oder gefährlich eine Person auch ist – ein ehrliches Verhalten ihr gegenüber wird dem Betrug in jedem Fall vorzuziehen sein. Zweitens muß die Situation, wo die Feinde aufeinandertreffen und sich die Lage krisenhaft zuspitzt, Täuschung erlauben, wenn auch nur mit der gleichen Vorsicht wie in anderen Krisen. Wann immer es Rechtens ist, einen Angriff oder eine Bedrohung mit Gewalt abzuwehren, muß es auch zulässig sein, eine List zu gebrauchen. Die Kriterien zur Bestimmung dafür, wer als so bedrohlich zu gelten hat, müssen sich allerdings öffentlich rechtfertigen lassen. Auf diese Weise kann man einen Unterschied machen zwischen der Täuschung eines Kidnappers und der Täuschung eines geschäftlichen Gegners.[7]

Neben solchen Krisen gibt es noch den speziellen Fall der Täuschung in gesetzlichen, *erklärten* Streitsituationen, wo sich die Feindseligkeiten zum Beispiel gegen Steuerhinterzieher oder Geldfälscher richten, oder wenn zwei Parteien offen miteinander im Krieg liegen. Solche offenen Erklärungen vermindern die Wahrscheinlichkeit des Irrtums und der rein persönlichen Gehässigkeit, solange man sie ungehindert rechenschaftspflichtig machen kann. Sie vermindern jedoch nicht die Möglichkeit einer gemeinsamen Diskriminierung anderer durch Mitglieder einer Gruppe oder Gesellschaft und sollten daher nur in Kombination mit einem starken Schutz der Bürgerrechte zur Anwendung kommen. Bei einem solchen Schutz lassen sich die Gegner, Verbrecher zum Beispiel, um so eindeutiger ins Auge fassen; und je überzeugender sich die Kriterien, sie als feindlich zu betrachten, rechtfertigen lassen, desto leichter wird es zu entschuldigen sein, wenn man sie in Situationen belügt, wo Ehrlichkeit sinnlos ist.

Wenn die Benennung eines Feindes wie bei einer Kriegserklärung in aller Offenheit stattfindet, dann wird wahrscheinlich auf beiden Seiten der Einsatz von Täuschung erwartet. Man kann wohl kaum behaupten, daß dem *zugestimmt* wird, doch zumindest ist es bekannt, und man nimmt es hin. Je geheimer aber die Bestimmung und Verfolgung von Feinden vonstatten gehen, desto anfälliger wird der ganze Vorgang, wofür die Geheimdienste auf der ganzen Welt zeugen. Es gibt in dem Fall keine öffentliche Kontrolle darüber, wer als Feind zählt oder wie er zu behandeln ist. Die Rubrik der «Feinde» wird immer größer und ihre Behandlung zunehmend unmenschlich.

Doch selbst wo Feinde öffentlich als solche benannt werden, stellen sich mit der Zusammensetzung dieser Öffentlichkeit besondere Probleme. Denn wer bildet diese Öffentlichkeit? Und wie soll die Vernunft und Objektivität dieser Öffentlichkeit gewährleistet werden? Mit der Militarisierung der Welt ging eine zunehmend brutale Machtausübung nach innen einher.[8] Es liegt auf der Hand, daß die Tatsache, daß eine Militärjunta oder ein Diktator öffentlich eine Gruppe zu Staatsfeinden erklärt, die Bedingungen der öffentlichen Kontrolle nicht erfüllt. Und auch wo die Mehrheit einer Gesellschaft in eine Feindseligkeitshysterie hineingepeitscht wurde, kann man nicht in dem Sinne von «Öffentlichkeit» sprechen, in welchem wir diesen Begriff bisher gebraucht haben.

Im Prinzip lassen sich also sowohl Täuschung als auch Gewalt nur im Rahmen einer enggefaßten Rechtfertigung als Selbstverteidigung gegen Feinde denken. In der Praxis jedoch sprengen beide diese engen Grenzen; sie nehmen zu, schaukeln sich gegenseitig hoch, vervielfachen sich und leben voneinander, so daß nicht erhöhte Sicherheit, sondern das Gegenteil entsteht. Es bedarf daher ständiger Anstrengung, sie unter Kontrolle zu halten und einzugrenzen.

Die Sprache der Feindschaft und Rivalität ist, wie Hume in der zu Beginn dieses Kapitels zitierten Passage angemerkt hat, eine Privatsprache, die sich nicht für die Zwecke einer moralischen Untersuchung eignet. Wenn wir Entschuldigungen für das Lügen formulieren wollen, dann sollten diese Entschuldigungen in der Lage sein, vernünftige Personen zu überzeugen und nicht nur ein ausgewähltes Publikum, das in der Feindschaft zu einer bestimmten Gruppe befangen ist. In Feindseligkeiten einzutreten heißt die Fähigkeit aufzugeben, die Perspektiven zu wechseln. Doch auch die, die während einer Periode der Feindseligkeit die Sprache der Moral fallenlassen und sich statt dessen die Sprache des strategischen Handelns zu eigen machen, täten gut daran, sich Mark Twains Worte in Erinnerung zu rufen: «Bist du im Zweifel, dann sag die Wahrheit. Das wird deine Feinde verwirren und deine Freunde erstaunen.»

11
Lügen – eine berufliche Verpflichtung?

«Es ist zum Beispiel ein wirksamer Schutz für rechtmäßige Geheimnisse, daß man allgemein denkt und erwartet, daß Leute, die Fragen stellen, zu denen sie kein Recht haben, belogen werden.»

Henry Sidgwick, ‹*Die Methoden der Ethik*›

«Es ist der Zyniker, der unter dem Anspruch, überall und jederzeit und jedem Menschen in gleicher Weise ‹die Wahrheit zu sagen›, nur ein totes Götzenbild der Wahrheit zur Schau stellt. Indem er sich den Nimbus des Wahrheitsfanatikers gibt, der auf menschliche Schwachheiten keine Rücksicht nehmen kann, zerstört er die lebendige Wahrheit zwischen den Menschen. Er verletzt die Scham, entheiligt das Geheimnis, verrät die Gemeinschaft, in der er lebt [. . .].»

Dietrich Bonhoeffer, ‹*Ethik*›

«Ich sehe nicht, warum wir nicht rundheraus sagen sollten, daß eine der Funktionen des Anwalts darin besteht, für seinen Klienten zu lügen; ich glaube gezeigt zu haben, daß dies in seltenen Fällen auch tatsächlich so ist.»

Charles Curtis, ‹*The Ethics of Advocacy*›

Grenzen der Schweigepflicht

«Ich werde hier Zeuge eines – noch nicht ausgeführten – Verbrechens, das zwar sicher nicht aus Bosheit verübt wird, doch nichtsdestoweniger vorsätzlich, und zwar aus den niedrigsten und gemeinsten Motiven. Das voraussichtliche Opfer ist in den meisten Fällen eine reine junge Frau, die ihr Vertrauen in die Liebe und Ehre des Mannes setzt, der dabei ist, sich an ihr in dieser unaussprechlichen Weise zu vergehen. [. . .] Ein einziges Wort [. . .] würde sie vor ihrem schrecklichen Schicksal bewahren, doch dem Arzt sind durch seinen unumstößlichen Kodex die Hände gebunden, er ist zum Schweigen verurteilt, er darf keinen Finger rühren und nichts tun, um diese Katastrophe zu verhindern!»

Das schrieb im Jahre 1904 ein Arzt, dem ein an Syphilis erkrankter Patient mitgeteilt hatte, daß er heiraten wolle, ohne seine Verlobte über seinen Zustand in Kenntnis zu setzen.[1] Zu einer Zeit, als Geschlechtskrankheiten so gut wie unheilbar waren und sie ein so heikles Thema darstellten, daß auch Verlobte darüber miteinander nicht sprechen konnten, stand so mancher Arzt vor einer lähmenden Entscheidung: Entweder hielt er sich an seine Schweigepflicht oder er half einem unschuldigen künftigen Opfer, dessen Gesundheit sonst vielleicht zerstört worden wäre, dessen Kinder mißgebildet oder geistig zurückgeblieben zur Welt gekommen wären. Auch heute noch stehen Ärzte vor ähnlichen Konflikten: Sollte der Arzt den Betroffenen etwa von der periodisch wiederauftretenden Geisteskrankheit eines Patienten erzählen, der kurz vor der Heirat steht? Von dessen schwerwiegenden sexuellen Problemen? Von einer sich zunehmend verschlimmernden Erbkrankheit? Vor kurzem schrieb ein Arzt, daß er Zeuge vieler «unmöglicher Eheschließungen» gewesen sei, weil er seinen Berufseid der Schweigepflicht nicht brechen durfte.[2] Die Vertraulichkeit zwischen Arzt und Patienten zu respektieren kommt einer der ältesten Verpflichtungen in der Medizin nach. Rechtsanwälte tun für ihre Klienten das gleiche, ebenso Priester bei der Beichte.

Zu schweigen reicht meistens aus, um diese Verpflichtung zu erfüllen. Doch häufig wird das Schweigen so ausgelegt, daß dadurch das Geheimnis an den Tag kommt. Was wäre gewesen, wenn die Eltern des jungen Mädchens Verdacht geschöpft und den Arzt gefragt hätten, ob es irgend etwas gäbe, was der Heirat ihrer Tochter mit diesem jungen Mann im Weg stünde? Würde der Doktor nur hervorstammeln, daß er seine Schweigepflicht nicht brechen dürfe, dann hätte das ihren Verdacht bestärkt. Eine Lüge ist in diesem Fall die einfachste Art, das Geheimnis zu schützen. Andere haben allerdings subtile Ausflüchte bei der Beantwortung von unbefugten Fragen nach Berufsgeheimnissen ersonnen, wie zum Beispiel: «Ich weiß darüber nichts» (mit dem stillschweigenden Vorbehalt «was ich anderen mitteilen könnte»).[3]

All jene, die versprochen haben, über das, was sie von einem Klienten, einem Patienten oder in der Beichte erfahren haben, Stillschweigen zu bewahren, kommen in schwierige Entscheidungssituationen.[4] Wie kann man wütende Väter ablenken, die danach fragen, ob ihre Töchter schwanger sind und durch wen; was soll man einem Unternehmen antworten, das sich nach dem psychiatrischen Befund eines seiner Angestellten erkundigt; wie soll man mit Fragen der Presse über die Gesundheit eines Kandidaten zur Bundestagswahl fertig werden? Häufiger als je zuvor geraten heute Leute in eine solche Klemme. Die Grenze zwischen gebührlichen und ungebührlichen Informationsersuchen mag von Gesellschaft zu Gesellschaft verschieden gezogen sein und im Laufe der Zeit verändert werden; doch wo immer diese Grenze liegt – derjenige, dem Geheimnisse anvertraut wurden, hat darauf zu achten, wie er sie am besten schützen kann.

Eine ähnliche Loyalität gewährt Kollegen Schutz. Politiker oder Ärzte oder Rechtsanwälte teilen nur widerwillig etwas über die Inkompetenz oder Unehrlichkeit von Kollegen mit. Wenn durch Schweigen alles verraten würde, wäre auch hier wieder Lügen eine mögliche Alternative. Einige entscheiden sich dafür, auch wenn sie wissen, daß unschuldige Personen dadurch einen Schaden davontragen werden – daß sie durch eine ungeschickte Operation verstümmelt oder in ein Gerichtsverfahren hineingezogen werden, das nie hätte eingeleitet werden sollen.

Gibt es Grenzen dieser Pflicht zur Verschwiegenheit? Läßt sich diese Pflicht so weit ausdehnen, daß sie Lügen erforderlich macht? Wie ist sie eigentlich entstanden, und warum ist sie so bindend, daß sie auch jene schützen kann, die kein Recht haben, unwissende Opfer ihrer Inkompetenz, Krankheit oder Böswilligkeit auszusetzen?

Auf dem Spiel steht hier die Treue, das Worthalten gegenüber jenen, die einem ihre Geheimnisse anvertraut haben unter der Bedingung, daß man sie für sich behält. Pflichttreue gegenüber Klienten und seinesgleichen wurzelt in den urzeitlichsten Stammesgefühlen: Loyalität gegenüber den eigenen Leuten, den Verwandten, Clan- und Gildemitgliedern im Unterschied zum diffuser wahrgenommenen Rest der Menschheit – den Nichtverwandten, den Außenseitern, den Barbaren. Lange bevor die Gerechtigkeit zum Thema wird, ist die Verteidigung des Eigenen die geltende Regel. Sie geht dem Gesetz und auch der Moral voraus. Verbunden mit dem Drang zur Selbsterhaltung hilft sie, das kollektive Überleben in einer feindlichen Umwelt zu sichern. Die Wahrheit über einen Freund zu sagen kann dann bedeuten, daß man ein «falscher Freund» ist. Und der Familie oder dem Clan die Treue zu halten kann heißen, daß man der Welt zu ihren Gunsten mit jeder verfügbaren Waffe entgegentritt, einschließlich jeder Art von Betrug.[5]

Dieser Drang, sich selbst und seine Angehörigen, Freunde und Partner zu schützen, erhält sich auch dann noch, wenn moralische Normen und Gesetze anerkannt werden. Es werden dann bestimmte Grenzen gesetzt: Betrug und körperliche Aggression werden eingeschränkt. Doch wo noch diese starken persönlichen und beruflichen Bande vorherrschen, bleiben die Grenzen unsicher. Und so ergibt sich eine Konfrontation zwischen Lügen zum Schutze der Verschwiegenheit und dem restriktiven Gebot, unschuldigen Personen nicht zu schaden. Unter dem Mantel der Verschwiegenheit dauern so teils rechtmäßige, teils angemaßte Verhaltenspraktiken fort.

Um zwischen solchen Praktiken unterscheiden zu können,

müssen wir fragen: Wie wird die Verschwiegenheit selbst verteidigt? Auf welchen Prinzipien beruht sie? Und in welchen Fällen, wenn überhaupt, reichen diese Prinzipien hin, um Lügen zum Schutz der Verschwiegenheit zu rechtfertigen?

Es gibt drei verschiedene Thesen, die zur Stützung der Schweigepflicht vorgebracht werden. Die erste lautet, daß uns ein Recht zukommt, uns selbst und die uns Nahestehenden vor Schaden zu schützen, der aus der Aufdeckung von Geheimnissen entstehen würde; die zweite These besagt, daß Fairness den Respekt vor Privatangelegenheiten verlangt; und drittens: ein noch stärkerer Respekt ist den Informationen zu zollen, die man *versprochen* hat, für sich zu behalten.

Die erste These beruft sich auf das Prinzip der Vermeidung von Schaden. Wenn man lügt, um etwas für einen Freund, einen Klienten, einen Kollegen zu verbergen, dann kann sie das vor Unbill, ja vor Einschränkungen ihrer Freiheit bewahren. Der Pilot, dessen Herzkrankheit bekannt wird, kann seinen Job verlieren; dem syphilitischen Verlobten gibt man möglicherweise den Laufpaß; der Arzt, der der Pfuscherei beschuldigt wird, kann verurteilt werden. Doch die Berufung auf dieses Prinzip hat offensichtlich Grenzen. Das Lügen, um Schaden von dem Piloten oder dem Verlobten abzuwenden, kann einen noch größeren und völlig unverdienten Schaden bei den Passagieren oder der Frau herbeiführen, die er heiraten will. Die bloße Zunftperspektive ist hier zu eng; die Verschwiegenheitsbande können die Wahrnehmung des Leidens trüben, das Außenstehenden auferlegt wird. Das trifft besonders dann zu, wenn nicht sicher ist, welcher Person ein Schaden zugefügt wird – wenn zum Beispiel bei einem Chirurgen, der Alkoholiker ist, einer von zehn Patienten, der sonst überlebt hätte, bei der Operation stirbt.

Die zweite These gründet sich auf das Recht der Geheimhaltung. Viele Informationsersuchen sind unerwünscht und in sich selbst ungebührlich. Ihnen mit Schweigen zu begegnen oder sie von sich zu weisen ist dann nur Rechtens; doch viele sind von einem solchen Anliegen so verwirrt und erschreckt, daß sie statt dessen lügen. Bonhoeffer überliefert einen solchen Fall:

«Ein Kind wird von seinem Lehrer vor der Klasse gefragt, ob es wahr sei, daß sein Vater oft betrunken nach Hause komme. Es ist wahr, aber das Kind verneint es.»[6]

In diese Kategorie fallen auch all die illegitimen Fragen nach der politischen Überzeugung, nach sexuellen Praktiken oder nach dem religiösen Glauben. In Zeiten der Verfolgung werden durch ehrliche Antworten auf solche Nachfragen Menschen ihrer Freiheit, ihrer Anstellung und ihrer Würde beraubt. Es ist daher gerechtfertigt, sich zu weigern, eine Information zu geben, die einen Freund der Verfolgung ausliefern würde; und in den Fällen, wo eine solche Weigerung schwierig oder gefährlich ist, würde das Lügen in die Kategorie der Reaktion auf eine Krise fallen. Man hat ein Recht, sich selbst und andere vor illegitimen Fragen zu schützen, kommen sie nun von einem zudringlichen Mitmenschen, einem autoritären Regime oder von einer inquisitorischen religiösen Institution. Es steht jedem einzelnen eindeutig frei, einen großen Teil seines Lebens vor dem Einblick anderer zu schützen. Dies ist der Bereich der Privatsphäre, der persönlichen Freiheit, in den niemand sich einzumischen hat.

Die Grenzen dieses Bereiches der Privatangelegenheiten werden heute dauernd verletzt. Sollte die Anwendung von empfängnisverhütenden Maßnahmen oder eine Abtreibung die Sache des einzelnen bleiben? Sollten Unternehmen Bewerber einem Lügendetektortest unterwerfen dürfen? Wie kann die Privatsphäre gegen unerwünschte Angriffe gesichert werden? Von Jahr zu Jahr werden immer mehr Daten von Schulen, Psychiatern, Unternehmen, Testamentsvollstreckern und den riesigen Computersystemen der Regierung und der Versicherungsgesellschaften festgehalten. Man sammelt nachteilige Informationen (beziehungsweise was zu einem bestimmten Zeitpunkt zufällig als nachteilig angesehen wird), die von sehr vielen Stellen abgefragt werden – von Unternehmen oder Behörden, die jemand einstellen wollen, von der Regierung, von Wissenschaftlern und von der Presse. Es erfordert eine ständige Wachsamkeit, will man die Grenze zwischen rechtmäßigen und unrechtmäßigen Nachfragen aufrechterhalten.

Aber gehört die Syphilis des jungen Verlobten im eigentlichen Sinne zu seinen Privatangelegenheiten? Sicher hat seine zukünftige Frau ein Interesse daran, davon zu erfahren. Und gewiß ist die Drogensucht eines Arztes oder sein Alkoholismus mehr als seine Privatsache, genauso wie die Schuld des Klienten, zu dessen Gunsten ein Rechtsanwalt einen Meineid unterstützt.

Es gibt noch eine dritte Position zur Verteidigung der Vertraulichkeit und Verschwiegenheit. Ihr zufolge ist die Aufdekkung von Geheimnissen nur dann erlaubt, wenn man Schaden verhindern und die Privatsphäre eines anderen respektieren will; es sei denn, es wurde ein Versprechen abgegeben, die fragliche Information nicht weiterzugeben. Selbst wenn die Verschwiegenheit sonst niemandem zugute kommt oder der ausgleichenden Gerechtigkeit dient, so wird argumentiert, so erlangt sie durch ein Versprechen diese Eigenschaften. Und auch wo gewöhnliche Versprechen gebrochen werden können, bleiben berufliche Versprechen an Klienten, Patienten oder Beichtende unverbrüchlich. Wenn ein Beichtvater ein Geheimnis wahrt, dann tut er etwas, was er vielleicht nicht für diejenigen tun würde, denen er nicht versprochen hat zu schweigen. Dieses Versprechen kann eine solch starke Wirkung ausüben, daß es nicht allein über die Wahrhaftigkeit oder den Wunsch, Schaden zu vermeiden, hinweggeht, sondern über beides zugleich.

Was verleiht Versprechen eine solche Macht? Zunächst baue ich durch ein Versprechen Erwartungen auf und eine Art Gleichgewicht; sollte ich mein Versprechen brechen, dann zerstöre ich dieses Gleichgewicht und versäume, die Erwartungen zu erfüllen. Gemessen an dem, was ich versprochen habe und nun einem anderen schulde, bin ich unfair. Wenn ich mein Wort breche, dann versäume ich zweitens, mein Versprechen *wahrzumachen*. Gebe ich ein Versprechen ab und weiß, daß ich es nicht einhalten werde, dann lüge ich. Drittens wird beruflichen Versprechen gegenüber Klienten eine besondere Unverbrüchlichkeit zugestanden, so daß die, die ihrer am meisten bedürfen, sich vorbehaltlos auf sie verlassen. Würden die gesellschaftlichen Normen den Schutz solcher Geheimnisse nicht erlauben, dann würde niemand Rechtsanwälten oder Geistlichen etwas anvertrauen. Dann wären viele um den hilfreichen Dienst gebracht, den diese Einrichtungen ihnen gewähren.

Doch auch diese Berufung auf die Unverletzlichkeit von Versprechen stößt auf Grenzen. Wir können im Grunde nur das versprechen, was wir auch geben können und was Rechtens ist. Ein in sich selbst unrechtes Unternehmen wird durch ein Versprechen um keinen Deut stärker gerechtfertigt. Bei Täuschungspraktiken, die unter dem Siegel der Verschwiegenheit geschützt werden, muß man wiederum fragen, was denn überhaupt zu Recht Klienten oder Kollegen versprochen werden *kann*. Die drei Thesen, die für die Verschwiegenheit eintreten, müssen auseinandergehalten werden, wenn wir uns berufliche Verschwiegenheitspraktiken näher ansehen. Werden sie nicht klar voneinander geschieden, verschwimmen ihre Grenzen. Die Rhetorik der Loyalität gewinnt dann die Oberhand und dehnt die Grenzen so weit aus, daß auch noch all das mit abgedeckt wird, was ursprünglich nie dem Schutz der Verschwiegenheit unterstellt war. Doch auch das Gegenteil kann geschehen, so daß die Privatsphäre angesichts unerwünschter Fragen zusammenschrumpft.

Ein Akt der Kollegialität

Ist es richtig, durch Lügen Kollegen zu schützen, die unschuldige Personen einem Risiko aussetzen? Kollegen, die wegen Sucht, Unfall oder Krankheit nicht in der Lage sind, ihre Arbeit ordentlich zu verrichten? Wer mit Piloten, Chirurgen und Offizieren zusammenarbeitet, muß sich möglicherweise zwischen Lügen und der Wahrheit, zwischen Schweigen und Reden entscheiden.

Natürlich will man seine Kollegen in Schutz nehmen; die Beziehungen zwischen Personen, die zusammen arbeiten, können sehr eng sein und zu Bindungen fast wie zwischen Brüdern führen. Berufskodizes schreiben den Kollegen häufig vor, sich gegenseitig wie Brüder zu behandeln. (Der hippokratische Eid verlangt Ärzten den folgenden Schwur ab: «Ich werde den, der mich diese Kunst gelehrt hat, gleich meinen Eltern achten [. . .] [und] seine Nachkommen gleich meinen Brüdern halten [. . .].» Und in der Neuformulierung des Eides durch die Weltgesundheitsorganisation [WHO] heißt es einfach, daß «meine Kollegen wie meine Brüder sein werden».)

Ein solches Verwandtschaftsgefühl schafft besondere Bindungen. Das Ideal der Bruderschaft erweitert und vertieft das der Gleichheit unter Blutsbrüdern. Brüder teilen sich alles, stehen in der Not zusammen, teilen ihre Gewinne, treten füreinander ein und sorgen für die Familie des anderen. In der Medizin, wo diese Berufsbande die längste Tradition besitzen, behandeln Ärzte die Mitglieder der Familien anderer Ärzte kostenlos; sie vermeiden eine offene Konkurrenz um Patienten und wenn nötig schützen sie sich gegenseitig vor Kritik von außen. Die Beziehungen, die beim Erlernen der Kunst der Medizin begründet werden, schaffen eine Schuld gegenüber der ganzen Profession. Doch wie weit sollte diese Schuld gehen? Bis zu welchen gesellschaftlichen Kosten sollten Kollegen, die gewöhnlich als erste wissen, wenn einer der ihrigen unschuldige Personen einem Risiko aussetzt, die Bloßstellung eines kranken oder unfähigen Berufskollegen verhindern? An welchem Punkt wird es ihre Pflicht, den Schutz einzustellen, ja vielleicht sogar denen das Risiko mitzuteilen, die am stärksten davon betroffen sind?

Die Verhaltenskodizes verlangen, jedenfalls im Prinzip, daß Ärzte Patienten schützen. So heißt es im Abschnitt 4 der Prinzipien der medizinischen Ethik, die von der Amerikanischen Medizinischen Gesellschaft (A.M.A.) aufgestellt wurden:

«Die Medizin sollte die Öffentlichkeit und sich selbst vor Ärzten schützen, die in ihrem Charakter oder ihrer beruflichen Befähigung Mängel aufweisen. Ärzte sollten allen Gesetzen gehorchen, die Würde und Ehre ihres Berufes aufrechterhalten und dessen selbsterlassene Regeln achten. Sie sollten ohne

Zögern ungesetzliches oder unmoralisches Verhalten von Berufskollegen aufdecken.»[7]

In der Praxis kommt eine solche Aufdeckung allerdings nur äußerst selten vor. Man schätzt, daß zwischen drei und fünf Prozent der amerikanischen Ärzte eigentlich inkompetent sind, sei es wegen einer Beeinträchtigung durch Krankheit, sei es wegen Sucht oder mangelhafter Ausbildung.[8] Jedoch wird nur weniger als einhundert Ärzten im Jahr die Zulassung entzogen. Und wenn Patienten gegen ärztliche Pfuscherei einen Prozeß anstrengen, dann übt eine «Verschwörung des Schweigens» auf den einzelnen Arzt einen außerordentlichen Druck aus, nicht gegen Kollegen in den Zeugenstand zu treten. Der Druck wird noch durch das nicht unerhebliche Risiko verstärkt, daß einem Arzt, der zugunsten eines Klägers auftritt, seine Kunstfehlerversicherung gekündigt werden kann.[9] Es ist nicht nur so, daß Ärzte selten die Fehler von Kollegen zur Anzeige bringen, sondern darüber hinaus hindern Lügen und Vortäuschungen *andere* daran, die Informationen zu erhalten, die dazu führen könnten, daß der Betreffende zur Verantwortung gezogen wird.

Die Kollegen von Cyril und Stewart Marcus, zwei bekannten talentierten Gynäkologen mit glänzenden akademischen Karrieren und gutgehenden Praxen in New York, die 1975 an Barbituratvergiftung starben, müssen sich vor schwere Probleme gestellt gesehen haben. Der körperliche Zustand der beiden hatte sich langsam verschlechtert, während sie weiter in angesehener und lukrativer Weise ihrem Beruf nachgingen. Doch sie waren unfähig geworden, Operationen durchzuführen, die sie für ihre Patienten angesetzt hatten. Sie sahen ausgemergelt aus, ihr Verhalten wurde orientierungslos und merkwürdig. Einmal nahm einer den Platz des anderen am Operationstisch ein, ohne vorher den Patienten oder die assistierenden Helfer zu informieren. Erst zwei Wochen vor ihrem Tod wurden sie von der Arbeit in dem Krankenhaus entbunden. Bis dahin hatten sich ihre Kollegen damit herumgequält, wie sie mit dem Problem fertig werden sollten, das die beiden für das Krankenhaus darstellten. Doch auch danach konnten sie noch ungehindert weiter ihre Patienten besuchen.

Oder man sehe sich an, vor welche Entscheidung Kollegen in dem folgenden Fall gestellt waren:

«Ein Orthopäde aus Sacramento in Kalifornien, der wegen Kunstfehlern auf mehrere Millionen Schadensersatz verklagt worden war, gab unter Eid zu, daß er komplizierte und gefährliche Rückgratoperationen durchgeführt habe, ohne daß diese erforderlich waren; immer noch sind eine Reihe von Verfahren gegen ihn anhängig, die von Patienten angestrengt wurden, die jetzt verkrüppelt oder gelähmt sind. Mehrere Berichte bestätigen, daß Kollegen für ihn gelogen haben, am Operationstisch eingegriffen haben, um zu verhindern, daß er etwas verpfuscht, und daß sie gelegentlich Nachfolgeoperationen durchführten, um den Schaden, den er angerichtet hatte, wieder zu reparieren; das alles jedoch, ohne irgend etwas zu unternehmen, um ihn am Weiterpraktizieren zu hindern. Als seine Kollegen ihm schließlich und endlich die Erlaubnis entzogen, in dem fraglichen Krankenhaus zu praktizieren, taten sie das so stillschweigend, daß er einfach an einem anderen Krankenhaus in derselben Stadt seine Arbeit fortführte.»[10]

Für die Lügen, die jemanden schützen sollen, der seine Patienten einem solchen Risiko aussetzt, kann es keine Entschuldigung geben. Und nur eine unglaubliche Blindheit gegenüber dem Leiden derer, die außerhalb des eigenen unmittelbaren Gesichtskreises stehen, hat diese Chirurgen wohl dazu bringen können, einen unfähigen und gefährlichen Kollegen so diskret zu feuern, daß er seine «Arbeit» an einem anderen Krankenhaus fortsetzen konnte.

Bei solchen Extremfällen gibt es kein kompliziertes moralisches Dilemma. Vor der beruflichen Loyalität steht hier eindeutig die Pflicht, schwerwiegenden Schaden zu vermeiden. Allein die Vorstellung, was ein vernünftiger Mensch zu solchen Lügen sagen würde, reicht schon aus, um zu zeigen, wie unakzeptabel sie sind. Das Problem liegt hier eher in der praktischen Durchführung: Wie kann man in solchen Fällen verhindern, daß jemand noch länger gedeckt wird, bevor großer Schaden angerichtet wird? Und was sind die Alternativen für Kollegen, die einerseits den Schaden für die Patienten verhindern wollen, andererseits aber ihresgleichen zu helfen versuchen? Kann dem kranken Kollegen etwa eine risikolose Tätigkeit übertragen werden, während man ihn unterstützt und ihm eine Therapie vermittelt?

Häufiger noch entsteht ein moralisches Dilemma in den zahlreichen Grenzfällen. Was ist mit Kollegen, die nicht unbedingt unfähig, sondern bloß mittelmäßig sind? Was ist mit denen, die schwere Fehler begangen haben, die sich vielleicht nie wiederholen?[11] Was ist mit ganzen Krankenhäusern, wo wegen eines Mangels an Ausbildung oder Ausstattung die Patienten einem wesentlich größeren Risiko ausgesetzt sind als anderswo? Sollten Patienten erfahren, daß ihre Chancen, wieder gesund zu werden, bei einigen Ärzten oder bei bestimmten Krankenhäusern nur 50 : 50 stehen? Wenn sie fragen, sollten sie eine ehrliche Antwort erhalten?

Niemand möchte ein Denunziant sein und einen Ruf oder eine Laufbahn zerstören, vielleicht sogar irrtümlich. Man kann sich seines Verdachts nicht immer sicher sein; um dafür klare Beweise in die Hand zu bekommen, sind möglicherweise Schritte erforderlich, die nur wenige zu tun bereit sind. Wenn das Krankenhaus zu einem Ort würde, wo einer den anderen überwacht und man sich gegenseitig bespitzelt, dann hätte das vielleicht auch für die Patienten ziemlich unerwünschte Langzeitfolgen. Selbst wenn ein Beweis vorliegt, mag man immer noch zögern, ihn zu nutzen oder fürchten, als Freundesverräter zu gelten, oder auf Besserung in absehbarer Zeit zu hoffen. Jeder Arzt kann sich vorstellen, daß er sich eines Tages selbst in einer ähnlichen Klemme befindet und dann die Unterstützung und den Schutz der Kollegen braucht. Die Angst vor Rache, wenn man einen aus den eigenen Reihen zur Anzeige bringt, die Furcht vor einem riskanten Prozeß, den man angehängt bekommt, wenn man die ganze Berufszunft verrät, das alles mag zusätzlich eine Rolle spielen.

Aber auch für die Patienten stellen sich damit ernste Probleme. Alkoholismus und ähnliche Dinge plagen Personen in allen Bereichen des Lebens, doch bei einem Arzt stellen sie ein besonders gefährliches Risiko dar. In vielen Arbeitsfeldern kann sich die Leistungsfähigkeit von Personen verschlechtern; doch die Wirkungen, so ernst sie auf lange Sicht auch sein mögen, werden selten so katastrophal sein wie bei einer falschen Diagnose, der Verabreichung eines falschen Medikaments oder der unzulänglichen Durchführung einer Operation.

Für die Ärzte und die Öffentlichkeit wird es Zeit, sich genau die Gefahr bewußtzumachen, die sich in bestimmten Bereichen durch berufliche Unfähigkeit ergibt, und sich die Konflikte vor Augen zu halten, die dann zwischen Loyalität und Verantwortlichkeit entstehen. Ohne eine solche Kooperation wird die Furcht vor Mißbrauch der Loyalität nur noch häufiger juristisch ausgetragene Probleme heraufbeschwören, woraufhin die Ärzte ihrerseits zu weiteren Abwehrmaßnahmen greifen werden. Wie schon in den letzten Jahrzehnten wird dann das zu einem weiteren Vertrauensverlust führen.

Um dem entgegenzuwirken, sind statt dessen Maßnahmen auszuarbeiten, die Vertrauen verdienen und dabei weder unnötig Karrieren zerstören noch die Beziehungen unter den Ärzten über einen kritischen Punkt hinaus gefährden. Zunächst müssen die bestehenden Zulassungsorgane mit ausreichenden finanziellen und personellen Mitteln ausgestattet werden, damit sie die Öffentlichkeit wirkungsvoll schützen können. Zweitens müssen Wege gefunden werden, um die, die nicht in der Lage sind, bestimmte risikoreiche Arbeiten auszuführen, auf andere Positionen zu placieren, wo sie keinen Schaden anrichten können und doch die Unterstützung erhalten, die Berufskollegen sich gegenseitig geben *sollten*. Drittens sollten die regelmäßigen Tests, denen bestimmte Berufe sich unterziehen müssen (zum Beispiel Piloten), für all jene eingeführt werden, die andere einem Risiko aussetzen würden, sollten sie nicht länger im Vollbesitz ihrer beruflichen Kompetenz sein.

Die, die täglich mit solchen potentiell «riskanten» Personen zu tun haben, würde man durch solche Maßnahmen von einem großen Druck befreien. Sie würden dann seltener zwischen der Loyalität gegenüber ihrem Kollegen und der Sorge für andere hin und her gerissen werden. Geschieht dies dann doch, dann muß das bemäntelnde Lügen als das gesehen werden, was es ist: als Übernehmen der Mitverantwortung für eine strafbare Handlung. Im Endeffekt dienen solche Lügen nicht einmal den langfristigen Interessen derer, zu deren Gunsten sie gebraucht werden. Es ist kein wirklicher Akt der Brüderlichkeit oder Hilfe, wenn man durch eine Lüge für einen in Bedrängnis geratenen Kollegen auch noch seinen Teil dazu tut, daß dieser immer tiefer in Schwierigkeiten hineingerät und eine immer größere Schuld auf sein Gewissen lädt.

Zum Schutze des Mandanten

«Das Verhältnis eines Rechtsanwalts zu seinem Mandanten gehört zu den Intimbeziehungen. Sie würden für Ihre Frau lügen. Sie würden für Ihr Kind lügen. Es gibt andere, Ihnen nahestehende Personen, für die Sie auch dann lügen würden, wenn Sie nicht einmal für sich selbst lügen würden. Wo ist die Grenze dieser Lügen? Ich weiß es nicht, und Sie sind sich auch nicht sicher.»

Diese Äußerung von Charles Curtis, einem bekannten Bostoner Anwalt, hat viel Staub aufgewirbelt und ihm einige Kritik eingebracht.[12] Gibt es Personen, für die man in Situationen lügen würde, wo man nicht einmal für sich selbst lügen würde? Und warum sollte es einen solchen Unterschied geben? Dieselben Fragen haben sich in bezug auf Pastoren und Ärzte erhoben, die die Geheimnisse ihrer Gemeindemitglieder und Patienten schützen. Hier geht es nicht um den Schutz von Kollegen; es geht vielmehr um die als legitim erachtete Verteidigung von Informationen, die Vertreter bestimmter Berufe von ihren Klienten im strengsten Vertrauen erhalten haben.

Die meisten würden Curtis zustimmen, daß das Verhältnis zum Beispiel eines Rechtsanwalts zum Mandanten, genau wie das zwischen Ehepartnern, es verlangt, daß bestimmte Geheimnisse geschützt werden. Doch kaum jemand hat sich bisher öffentlich hingestellt und dieses Privileg so weit ausgedehnt, daß es auch Lügen umfaßt. Curtis bezog sich ausschließlich auf Lügen vor Gericht. Vor kurzem hat jedoch Monroe Freedman, Dekan der Hofstra Law School und Autor eines bekannten Buches über Rechtsethik, sogar einige Formen der Täuschung vor Gericht befürwortet:

«Obwohl es seiner persönlichen Moral widersprechen mag, hat ein Verteidiger die berufliche Verpflichtung, einen meineidigen Klienten wie gewöhnlich zu befragen und die Zeugenaussage des Angeklagten als Beweis der Jury vorzutragen.»[13]

Wenn das also heißen soll, daß ein Rechtsanwalt einen Mandanten hat, der das Gericht belügt und somit einen Meineid leistet, dann vertritt Professor Freedman die Ansicht, daß sein Verteidiger die berufliche Verpflichtung hat, Fragen zu stellen, die diese Zeugenaussage nicht ins Wanken bringen, und sogar die falsche Aussage mitzubenutzen, wenn er das Beste für seinen Mandanten herausholen will. Das schließt zweifellos auch Lügen mit ein. Es gibt auch keinen Zweifel daran, daß sich solche Dinge nicht gerade selten in der Praxis zutragen. Doch der Meineid ist traditionell immer stärker verabscheut worden als andere Formen des Lügens. Wie kommt es also, daß er dennoch – wenn auch nur von einer Minderheit – verteidigt wird? Und zwar nicht nur als ein bedauerliches Verhalten verteidigt wird, das gelegentlich zu entschuldigen ist, sondern tatsächlich als eine *berufliche Verpflichtung*.

Ein Grund liegt wiederum in der sogenannten Stammesethik, nämlich daß man von sich selbst und seinesgleichen Schaden abwenden will. Doch häufig tritt ein Argument hinzu, das den absoluten Vorrang der Schweigepflicht vor allem anderen behauptet, wenn ein Mandant einem vertrauliche Informationen gibt. Eine solche Prioritätensetzung – so wird oft gemeint – bedürfe keiner Rechtfertigung. Die Anwälte sehen hier einen offenkundigen Unterschied zu all den fragwürdigeren Privilegien, auf die im Laufe der Geschichte Anspruch erhoben wurde – angefangen von den sexuellen Privilegien des

Feudaladels bis zu den Exzessen des «Präsidentenprivilegs» –, so daß sich eine Verteidigung *dieses* Privilegs erübrigt.

Doch wenn wir verstehen wollen, warum damit das Lügen vor Gericht von jeder Schuld freigesprochen werden *sollte*, dann müssen wir fragen: Was liegt dieser Privilegierung der vertraulichen Information zugrunde? Anwälte bringen dafür drei Argumente vor. Das erste lautet, daß selbst der hartgesottenste Verbrecher ein Recht auf Beratung, Hilfe und geschickte Vertretung seiner Interessen hat; er hat das Recht auf eine Person, die loyal zu ihm steht. Die Fairness gebietet, daß auch seine Position zu Gehör kommt; doch er kann seine schwierige Lage nur dann ehrlich darstellen, wenn er sichergehen kann, daß sein Vertrauen nicht mißbraucht wird.

Wir können dieses Argument zwar akzeptieren, sehen aber immer noch nicht, warum sich damit Lügen rechtfertigen lassen. Die Annahme, daß sich dieses Privileg so weit ausdehnen läßt, steht quer zu der langen Tradition des Verbots, falsches Zeugnis zu geben, und insbesondere zum Verbot des Meineids. In der jüdischen und christlichen Tradition zum Beispiel gelten das Ablegen eines falschen Zeugnisses und der Meineid als die schwerwiegendsten Formen der Täuschung, die auch die härtesten Strafen nach sich ziehen. Damals hat man bis in die Einzelheiten hinein eine Reihe von Unterscheidungen ausgearbeitet, die auch für die Situation heutiger Anwälte noch relevant sind. Das wäre zum Beispiel das Bußbuch von Cummean aus dem neunten Jahrhundert:

«8. Der, der einen falschen Schwur ablegt, soll vier Jahre Buße tun.
9. Doch der, welcher andere ohne ihr Wissen zum Meineid verführt, soll sieben Jahre Buße tun.
10. Der, der ohne sein Wissen zum Meineid verführt wird, muß ein Jahr büßen.
11. Der, der den Verdacht hat, daß er zu einem Meineid verführt wird und der trotzdem schwört, der soll wegen seiner Einwilligung zwei Jahre Buße tun.» [14]

Ein zweites Argument zugunsten des Schutzes der vertraulichen Information geht über die individuellen Rechte des Mandanten hinaus. Es besagt, daß wir nicht nur in der Lage sein sollten, von unseren Anwälten Diskretion zu erwarten, sondern daß das soziale System als Ganzes davon profitieren wird, wenn die Schweigepflicht gewahrt wird. Sonst würden die Klienten es nicht wagen, den Anwälten ihre Geheimnisse anzuvertrauen, und die Anwälte wären ihrerseits nicht in der Lage, ihre Mandanten angemessen zu vertreten. Selbst wenn es in Einzelfällen zu Ungerechtigkeiten führt, wenn es einem tüchtigen Anwalt gelingt, die Missetaten eines Mandanten vor Gericht zu verbergen, wird die Gerechtigkeit insgesamt verbessert, so wird behauptet, wenn die Mandanten darauf vertrauen können, daß ihre Anwälte ihre Geheimnisse für sich behalten. Einige meinen, daß mit diesem Argument auch Lügen vor Gericht abgedeckt sind. Und für diese Erweiterung des Prinzips der Verschwiegenheit ziehen sie auch keine zusätzlichen Argumente heran.[15]

Solche Argumente werden schließlich häufig mit einer Berufung auf das Prinzip der Aufrichtigkeit zementiert. Die Aufrichtigkeit selber wird befördert werden, so argumentieren viele, wenn jede Seite mit allen Mitteln danach strebt, der anderen eine Niederlage beizubringen. In dem amerikanischen Parteienprozeß* soll die Wahrheit eher als Resultat des Wettstreits zwischen den gegnerischen Parteien an den Tag kommen, sofern der Beklagte «innerhalb der Grenzen des Gesetzes» sowohl entschieden verteidigt als auch heftig angeklagt wird.[16] Der Parteienprozeß wird von seinen Befürwortern oft dem «inquisitorischen Rechtssystem» gegenübergestellt, wo der Staat selbst zunächst die Sachlage erforscht und dann ein

* Der amerikanische Zivilprozeß wird grundlegend durch den Parteienprozeß (adversary proceeding, adversary system) geprägt. Die Verhandlung selbst liegt dabei weitgehend in den Händen der Parteien (Kläger und Beklagte), das heißt die Beweisführung einschließlich der Benennung und Vernehmung der Zeugen geschieht auf Initiative der Parteien und ihrer Anwälte unter dem unparteiischen «Vorsitz» des Richters. Die Verhandlung findet in der ersten Instanz vor einem Einzelrichter und – gegebenenfalls – vor einer Jury statt. Die Jury besteht aus Laien. Vgl dazu Peter Hay, ‹*Einführung in das amerikanische Recht*›, Darmstadt 1975 (Anmerkung des Übersetzers).

Urteil fällt.[17] Diejenigen, die dafür sind, daß ein Anwalt sein Plädoyer auf Falschaussagen aufbaut, behaupten also in gewissem Sinne, daß mit der Lüge Wahrheit produziert werden kann. Meines Wissens ist diese Behauptung empirisch niemals bestätigt worden. Es gibt allerdings keinen Grund, warum sie nicht experimentell überprüft werden könnte, zum Beispiel in simulierten Gerichtsverhandlungen. Bis dahin bleibt der Eindruck bestehen, daß es ein Widerspruch in sich ist, wollte man sagen, daß die Wahrheit dadurch befördert wird, daß man die Restriktionen für den Meineid vor Gericht lockert.

Wie kann man also zu einer kritischen Beurteilung dieser Behauptungen gelangen? Wo das Prinzip der Schweigepflicht mit der Notwendigkeit, «innerhalb der Grenzen des Gesetzes» zu bleiben, kollidiert, wird die schwierige Position eines Anwalts im Parteienprozeß offenbar.

Die Aufgabe der Beurteilung dieser Behauptungen wird dadurch erschwert, daß man sich diesen Fragen in der Jurisprudenz in der letzten Zeit kaum ernsthaft gewidmet hat und außerhalb dieser Profession schon gar nicht. Diejenigen, die die Frage, wie sich der Anwalt vor Gericht verhalten sollte, in Kursen oder Lehrbüchern aufgreifen, tun dies, ohne auf die Diskussionen über solche Probleme in der Moralphilosophie oder der Theologie zu verweisen. Sie machen die Studenten und Praktiker auch nicht auf die Autoren aufmerksam, die innerhalb der Rechtswissenschaft sich mit solchen Fragen auseinandergesetzt haben, wie Grotius und Pufendorf.[18] Dies ist aber möglicherweise kein Wunder, denn die Philosophen selbst haben diesen Dingen in den letzten Jahrhunderten nur wenig Beachtung geschenkt.

Historische und berufliche Engstirnigkeit hat allerdings ihre Gefahren. Sie führt zur geistigen Verarmung; es findet keine wirkliche Analyse mehr statt. In einem neueren Lehrbuch über die Berufspflichten von Anwälten heißt es in diesem Sinne schlicht:

«In der Frage, was die Pflicht des Anwalts ist, wenn er weiß, daß sein Mandant lügt, gibt es einfach keinen Konsensus. In dieser und anderen Situationen kann ein Anwalt nur seinem

Fingerspitzengefühl für die jeweils behandelten Dinge folgen und diese schwierigen Fälle des Pflichtenwiderstreits nur so gut lösen, wie er es eben kann.»[19]

Damit wird praktisch ein Freifahrtschein ausgestellt. Wenn man die Entscheidung allein dem Gespür und dem Verantwortungsbewußtsein der Betreffenden überläßt, ohne ihnen Entscheidungskriterien an die Hand zu geben, dann können auch die Gleichgültigen und Korrupten frei schalten und walten.[20] Verweise auf Verantwortungsbewußtsein und Feingefühl treten an die Stelle einer Analyse und einer breiter angelegten Untersuchung.

Wie auch bei vielen anderen beruflichen Täuschungspraktiken ist das Problem hier, daß diese Fragen nur zu oft den Berufen selbst überlassen werden, obgleich sie offensichtlich das *öffentliche* Wohlergehen sehr eng berühren. Es besteht also die dringende Notwendigkeit, diese Probleme umfassender zu diskutieren und zu analysieren. Wann verletzt die Privilegierung der Verschwiegenheit die vom Gesetz gezogenen Grenzen? Wann verliert das Versprechen auf Schutz vertraulicher Information seine Legitimität? Wollen wir eine Gesellschaft, wo Anwälte ihren Mandanten implizit versprechen können, daß sie ihre Geheimnisse durch Meineide und Lügen schützen werden? Eine solche Diskussion dürfte sich nicht nur innerhalb der Anwaltskammern und der juristischen Übungen zum Thema der Berufspflichten abspielen.

Soll die Öffentlichkeit an einer solchen Diskussion teilnehmen, dann müßten wahrscheinlich eher die Dinge im Vordergrund stehen, die auch in diesem Buch im Zentrum stehen: nämlich die Sorge um die Konsequenzen einer eingefahrenen beruflichen Verhaltenspraxis für die Beteiligten, ihre Kollegen, das Rechtssystem und die Gesellschaft insgesamt; weiterhin die Art und Weise, wie sich solche Praktiken ausbreiten, und der Schaden, den gesellschaftliche Institutionen im Endeffekt dadurch erleiden.

Der Weg ist hier in der Tat sehr schlüpfrig. Denn wenn einige Lügen vor Gericht zur Wahrung der Schweigepflicht gegenüber einem Mandanten Rechtens sind, warum nicht andere?

Wenn der Anwalt ganz allein das Urteil darüber fällt, welche Lügen tolerierbar sind, nach welchen Kriterien richtet er sich dann? Wird er sich nicht dazu gedrängt sehen, auch noch andere Lügen mit gelten zu lassen, die anscheinend ebenfalls den Klienten schützen? Und wenn Anwälte sich daran gewöhnen, gewisse Lügen zu akzeptieren, welchen Einfluß wird das auf ihre Integrität in anderen Bereichen haben?

Eine der Wirkungen einer öffentlichen Diskussion solcher Fragen wäre unvermeidlich die, daß man dann mehr über berufliche Täuschungspraktiken im Rechtsbereich erfahren würde. An diesem Wissen sollten alle Prozeßbeteiligten teilhaben – insbesondere die Richter und die Geschworenen. Sollten Geschworene angewiesen werden, die Tatsache zu berücksichtigen, daß eine Reihe von Anwälten glaubt, ein Recht zu haben, sich auf Falschaussagen zu stützen?

Natürlich würden nicht einmal die Anwälte, die ein solches Recht für sich selbst reklamieren würden, es wollen, daß man den Geschworenen eine solche Anweisung gäbe. Doch wenn sie sich nach dem Grund fragen, dann kommen sie vielleicht dazu, ihr eigenes Verhalten aus einer anderen Perspektive zu betrachten. Die wichtigsten Gründe, die sie gegen eine entsprechende Instruierung der Geschworenen anführen können, wären die, daß es weiterhin möglich sein sollte, sie irrezuführen, und daß ihr Vertrauen zu den Juristen und den gerichtlichen Verfahren erhalten bleiben müßte. Einmal vorgewarnt, müßte darüber hinaus jeder auch nur mit einem bißchen Verstand ausgerüstete Geschworene nun den Verdacht hegen, daß der Anwalt *alle möglichen* Formen der Täuschung benutzt.

Wenn man sich solche Anweisungen an die Geschworenen einmal vorstellt, dann wird meines Erachtens deutlich, daß diejenigen, die – selbst aus den besten Motiven – vor Gericht lügen wollen, diese Motive den kritischen Augen der Öffentlichkeit nicht aussetzen können. Sie wollen sich einer Praktik bedienen, wünschen jedoch nicht, daß dies allgemein bekannt wird.

Kann man behaupten, daß solche Lügen mittlerweile so verbreitet sind, daß sie eine akzeptierte Praktik darstellen, über die jedermann Bescheid weiß – ähnlich wie ein Spiel oder das Feilschen auf einem Basar? Wenn das aber der Fall ist, warum sollten sich dann die Anwälte so unbehaglich fühlen angesichts der Tatsache, daß man die Geschworenen von dieser Praktik unterrichtet? Tatsache ist doch, daß, auch wenn die Anwälte diese Praktik kennen, sie in der Öffentlichkeit, und insbesondere den Geschworenen, nicht bekannt ist, geschweige denn, daß sie öffentliche Zustimmung findet.

Ich glaube daher, daß eine öffentliche Untersuchung der Frage, ob das Lügen vor Gericht zugunsten eines meineidigen Mandanten zulässig ist, zu der Erkenntnis führen würde, daß es vor Gericht Grenzen einer akzeptablen Vertretung der Interessen eines Mandanten gibt. Und das Anwalt-Mandant-Verhältnis ändert an diesen Grenzen überhaupt nichts. Dieses Verhältnis mit seinem Privileg der Verschwiegenheit rechtfertigt nicht von sich aus das Lügen für einen Mandanten. Schließlich müßten die gesetzten Grenzen den tatsächlichen Meineid von Anwälten wie auch den umständlicheren Weg, sich auf den Meineid eines Mandanten zu stützen, ausschließen. Die Anwälte selbst könnten am Ende dankbar sein, daß die Verhaltensstandards öffentlich diskutiert und in aller Offenheit festgelegt werden. Sie könnten dann leichter dem Druck von seiten der Mandanten widerstehen und zu ihrer eigenen Befriedigung endlich ein Problem lösen, das sie sonst, wie es schien, in einen belastenden Konflikt zwischen persönlichen und beruflichen Prinzipien gestellt hätte.

Was auch wiederum gefordert ist, ist die Fähigkeit, die Perspektive zu wechseln und nicht nur die Notwendigkeiten zu sehen, die einen zum Meineid und zur Lüge drängen, sondern auch die Wirkung, die derartige Verhaltensweisen auf die Getäuschten und das gesellschaftliche Vertrauen überhaupt haben. Richter Marvin E. Frankel beschreibt einen solchen Perspektivenwechsel:

«. . . unser System des Parteienprozesses gibt der Wahrheit im Vergleich zu den anderen Werten, denen unsere Rechtsinstitutionen eigentlich dienen soll, einen zu geringen Stellenwert. [. . .] Unser mehr oder weniger typischer Anwalt, der als Untersuchungsrichter eingesetzt wird, macht einen dramatischen Perspektivenwechsel durch, wenn er sich auf die andere Seite der Schranke begibt.»[21]

12
Lügen zum Wohle der Allgemeinheit

«Wie aber, fuhr ich fort, können wir nun wohl Rat schaffen für die untadeligen und heilsamen Täuschungen, von denen wir vorher sagten, es sei löblich, durch sie zu überreden vornehmlich die Befehlshaber selbst, wo aber nicht, doch die übrige Stadt? [. . .]

Ihr seid nun also freilich, werden wir weitererzählend zu ihnen sagen, alle, die ihr in der Stadt seid, Brüder; der bildende Gott hat aber denen von euch, welche geschickt sind zu herrschen, Gold bei ihrer Geburt beigemischt, weshalb sie denn die köstlichsten sind, den Gehilfen aber Silber, Eisen hingegen und Erz den Ackerbauern und übrigen Arbeitern. [. . .]

Die Erzählung also ihnen glaublich zu machen, weißt du dazu irgendwie Rat? – Nirgendwie, daß sie selbst es glauben sollten, jedoch ihre Söhne wohl und deren Nachkommen und die übrigen späteren Menschen. – Aber auch dies, sprach ich, wäre schon sehr schön dazu, daß sie sich desto mehr der Stadt und einer des anderen annehmen würden [. . .].»

Platon, ‹*Politeia*›

«Hugo: Und Sie glauben, die Lebenden werden sich mit Ihren kleinen Schlichen abfinden?

Hoederer: Man muß die Pille versüßen.

Hugo: Indem man die Kameraden belügt?

Hoederer: Indem man sie manchmal belügt.

[. . .]

Hoederer: Ich werde lügen, wenn es nötig ist, und ich verachte doch niemand. Nicht ich habe die Lüge erfunden; sie ist entstanden aus einer in Klassen aufgeteilten Gesellschaft, und jeder von uns hat sie schon bei der Geburt geerbt. Wir werden die Lüge nicht dadurch abschaffen, daß wir sie persönlich ablehnen, sondern dadurch, daß wir mit allen Mitteln die Klassen zum Verschwinden bringen.»

Jean-Paul Sartre, ‹*Die schmutzigen Hände*›

Die ehrenwerte Lüge

In den vorangegangenen Kapiteln haben wir drei Umstände kennengelernt, die für die Lügner die überzeugendsten Entschuldigungen zu liefern scheinen: eine Krisensituation, in der ein außerordentlicher Schaden nur durch einen Betrug abgewendet werden kann; zweitens die völlige Harmlosigkeit und Trivialität einer Lüge, die es als absurd erscheinen läßt, daß man sich darüber aufregt, daß gelogen worden ist; und drittens die Schweigepflicht gegenüber bestimmten Individuen. Ich habe gezeigt, wie Lügen in Krisenzeiten sich zu umfassenden Verhaltenspraktiken ausweiten können, wobei der abzuwendende Schaden immer weniger offensichtlich und die Bedrohlichkeit der Situation immer weniger unmittelbar ist; außerdem, wie harmlose Lügen gleichfalls zu einer Gewohnheit werden können, die nicht länger harmlos ist und immense kumulative Kosten nach sich zieht; und schließlich, daß Lügen zum Schutz von bestimmten Individuen und ihren Geheimnissen in zunehmendem Maße zum Schaden aller für zweifelhafte Zwecke eingesetzt werden können.

Kommen diese drei Momente zusammen und mischen sich mit noch einem weiteren – dem Wunsch, dem Allgemeinwohl zu dienen –, dann entsteht die gefährlichste von allen Formen der Täuschung. Diese Lügen sind vielleicht nicht einmal durch eine unmittelbare Krise gerechtfertigt noch durch absolute Trivialität oder die Verpflichtung einer bestimmten Person gegenüber; die Lügner neigen vielmehr dazu, sie deswegen als richtig und unvermeidlich zu betrachten, weil ihnen altruistische Motive zugrunde liegen. In diesem und dem nächsten Kapitel möchte ich mich dieser umfangreichen Kategorie von Lügen zuwenden.

Natürlich überlappen sich diese Lügen vielfach mit denen, die wir bereits behandelt haben. Doch die Verteidigung, die diese Lügen am besten charakterisiert, ist durchaus eigenständig und bezieht sich auf den Nutzen, den sie herbeiführen können, und den langfristigen Schaden, den sie zu vermeiden vermögen. Die dahinterstehende Absicht mag weitgehend paternalistisch sein; eben das ist der Fall, wenn die Bürger «zu ihrem eigenen Besten» getäuscht werden oder wenn auch nur einige wenige zum Wohle der Gesamtheit belogen werden. Irrtum und Selbsttäuschung vermengen sich mit diesen altruistischen Zielen und trüben sie dadurch; die Schleier, die wir bei der Analyse des Lügens zu lüften haben, sind undurchdringlicher als in anderen Fällen des Täuschungsverhaltens. Doch ich werde versuchen, aus diesen Lügen die Elemente auszusondern, die bewußt und absichtlich der Gesellschaft nützen sollen.

Es gibt eine lange Tradition der politischen Philosophie, die einige Lügen zum Wohle der Allgemeinheit billigt. Platon war der erste, der – wie am Anfang dieses Kapitels zitiert – den Begriff der «edlen Lüge» auf die phantasievolle Geschichte anwendete, die man den Leuten erzählen sollte, damit sie die Klassenunterschiede akzeptieren, die die gesellschaftliche Harmonie sichern sollten. Dieser Geschichte zufolge mischte Gott selbst bei der Erschaffung den Herrschern, Gehilfen, Ackerbauern und übrigen Arbeitern Gold, Silber, Eisen und Erz bei, weil er diese Gruppen für verschiedene Aufgaben innerhalb einer harmonischen gesellschaftlichen Hierarchie vorgesehen hatte.

Das griechische Adjektiv, das Platon verwendet, um diese Unwahrheit zu charakterisieren, bringt etwas äußerst Wichtiges über die von den Mächtigen gebrauchten Lügen zum Ausdruck: dieses Adjektiv ist *«gennaion»*, und es bedeutet «edel» in dem doppelten Sinne von «hochherzig» und «wohlerzogen».[1] Dieselbe Annahme der Vornehmheit, guten Erziehung und Überlegenheit über die, die getäuscht werden, ist in Disrealis Aussage enthalten, daß der ein Gentleman sei, der wisse, wann er die Wahrheit zu sagen habe und wann nicht. Anders gesagt: das Lügen ist zu entschuldigen, wenn es von denen für «edle» Ziele eingesetzt wird, die gebildet genug sind, um solche Absichten überhaupt zu hegen.

Weltliche wie geistliche Herrscher haben ihre Unwahrheiten im wohlwollenden Licht solcher gesellschaftlichen Absichten gesehen. Sie haben Mythen propagiert und am Leben erhalten, haben die Leichtgläubigkeit der Unwissenden ausgenutzt und Stabilität in allgemein geteilten Überzeugungen gesucht. Sie haben sich selbst als hochherzig, wohlerzogen und denen überlegen betrachtet, die sie täuschen. Einige gingen so weit zu behaupten, die Regierenden hätten ein *Recht* zu lügen.[2] Die Mächtigen lügen, weil sie glauben, daß sie besser als andere wüßten, worum es geht; häufig meinen sie, daß die von ihnen Hintergangenen ohnedies nur begrenzt urteilsfähig sind oder daß sie auf wahrheitsgemäße Informationen wahrscheinlich falsch reagieren würden.

Gelegentlich halten die Regierenden bestimmte Umstände für zu unerquicklich, zu belastend, als daß die meisten Leute rational damit fertig werden könnten. Wenn sie zum Beispiel der Überzeugung sind, daß sich ihr Land auf langfristige Herausforderungen von großer Tragweite vorbereiten muß, wie einen Krieg, eine Epidemie oder Einschränkungen wegen künftiger Mangelsituationen, und befürchten, daß die Bürger nur auf kurzfristige Gefahren zu reagieren vermögen, dann mag Täuschung den Regierenden als das einzige Mittel erscheinen, um die notwendigen Ziele zu erreichen.

Aus der Perspektive des Lügners handelt es sich bei all diesen Entscheidungen um «ehrenwerte» Lügen. Falls der Lügner überhaupt die Reaktionen der Getäuschten berücksichtigt, dann wird er annehmen, daß sie es ohne Murren, ja vielleicht sogar mit Dankbarkeit aufnehmen würden, sollte der Betrug ans Licht kommen und die dadurch erreichten Vorteile sichtbar werden. Häufig wird vermutet, daß die Lüge nur auf einer bestimmten *Stufe* der Erziehung der Öffentlichkeit erforderlich sein wird. In einem Platon-Kommentar von Erasmus heißt es dazu:

«Er stellt trügerische Geschichten für den Pöbel dar, damit die Leute nicht das Gebäude des Magistrats in Brand stecken, und ähnliche Unwahrheiten, mit denen die unwissende Masse zu ihrem eigenen Besten getäuscht wird, so wie Eltern ihre Kinder täuschen und Ärzte die Kranken.

[. . .] Die unwissende Masse braucht daher zeitweilig Versprechen, Illusionen, Allegorien, Parabeln [. . .], so daß sie nach und nach zu anspruchsvolleren Dingen voranschreiten kann.»[3]

Einige erfahrene öffentliche Amtsträger reagieren ungehalten auf den Versuch, die Ethik solcher Täuschungspraktiken in Frage zu stellen (es sei denn, sie dienten persönlichen Zielen). Sie verweisen darauf, daß lebenswichtige nationale Interessen Täuschungsmaßnahmen erforderlich machen, um angesichts großer Schwierigkeiten die Lage zu meistern. Es müssen Verhandlungen weitergeführt werden, die am besten vor den Augen der Öffentlichkeit verborgen bleiben; es müssen politische Tauschgeschäfte unter Dach und Fach gebracht werden, die vom biederen Wähler einfach nicht verstanden werden können. Damit die Staatsdiener effektiv arbeiten, ist ein gewisses Maß an Illusion vonnöten. Jede Regierung muß daher die Menschen bis zu einem gewissen Punkt täuschen, um sie führen zu können.

Diese Regierungsvertreter halten die ethischen Bedenken der Öffentlichkeit zwar für verständlich, doch für kaum realistisch. Solche «moralistischen» Bedenken, die ohne irgendein Verständnis der praktischen Sachzwänge vorgetragen werden, können dazu führen, daß unmögliche Standards aufgestellt werden. Diese könnten die Arbeit ernsthaft behindern, ohne daß sie die in Rede stehenden Verhaltensweisen ändern würden. Die Regierungsbeamten könnten sich dann derart blockiert fühlen, daß einige von ihnen vielleicht ihre Posten aufgeben; die Arbeit der restlichen würde in zunehmendem Maße von Ineffektivität und Inkompetenz gezeichnet sein.

Wenn wir uns in die Perspektive der Getäuschten versetzen, also derer, die die Folgen von Regierungstäuschungen zu spüren bekommen, dann können solche Argumente nicht überzeugen. Wir können denen, die uns belügen, nicht unbesehen ihren Altruismus oder ihre kompetente Urteilsfähigkeit abnehmen, egal wie sehr sie uns nützen wollen. Wir haben mittlerweile erfahren müssen, daß so manch ein Betrug für persönliche Zwecke in der Maske des öffentlichen Interesses daherkommt. Wir wissen, wie die Täuschung – selbst wenn sie aus den uneigennützigsten Motiven heraus geschieht – korrumpierend wirkt und sich ausbreitet. Und wir haben die Konsequenzen von solchen Lügen am eigenen Leib gespürt, die, wie man glaubte, ehrenwerten Zielen dienten.

Ebensowenig kann das Argument überzeugen, daß es Täuschungen von seiten der Regierung schon immer gegeben hat und auch immer geben wird und daß deshalb der Versuch, hier Grenzen zu ziehen und Standards aufzustellen, nichts als eine unsinnige Belästigung ist. Sicher ist es wahr, daß sich aus den meisten menschlichen Handlungsbereichen die Täuschung nicht vollständig entfernen läßt. Doch bestehen zwischen verschiedenen Gesellschaften große Unterschiede hinsichtlich der praktizierten Betrugsformen und dem Ausmaß, in welchem sie angewendet werden, Unterschiede auch zwischen verschiedenen Personen innerhalb derselben Regierung und Unterschiede zwischen aufeinanderfolgenden Regierungen innerhalb derselben Gesellschaft. Das beweist nachdrücklich, daß es sich lohnt zu versuchen, die Ursachen solcher Unterschiede herauszufinden und nach Möglichkeit zu suchen, wie man die Aufrichtigkeitsstandards auf effektive Weise anheben kann.

Schließlich sollte das Argument, daß diejenigen, die moralische Bedenken erheben, ignorant gegenüber den politischen Realitäten seien, nicht dazu führen, daß diese kritischen Überlegungen abgetan werden, sondern zu einer deutlicheren Beschreibung, was diese Realitäten denn eigentlich sind, so daß eine eingehendere und informiertere Diskussion beginnen kann. Wir haben allen Grund anzunehmen, daß eine Regierung stärker durch die Abwehr von Kritik und ihre Unfähigkeit, sich nach Grundsätzen zu richten, geschädigt wird als durch deren offene Diskussion. Falls Täuschung in Ausnahmefällen zugelassen werden soll, dann sollten die Kriterien für diese Ausnahmen in aller Offenheit debattiert und öffentlich bestimmt werden. Sonst gibt man den Regierungsführern freie Bahn, um die Tatsachen zu manipulieren und zu verdrehen, und erläßt ihnen jede Rechenschaftspflicht gegenüber der Öffentlichkeit.

Der Versuch, die politische Täuschung in Frage zu stellen, kann nicht einfach so summarisch vom Tisch gewischt werden. Die Verunglimpfung der Untersuchung solcher Praktiken muß als Verteidigung einer unrechtmäßigen Macht verstanden werden – einer Macht, die nicht aus der Zustimmung der Regierten erwächst. Auf den folgenden Seiten werde ich nur einige wenige Fälle aufgreifen, die einerseits klare Vertrauensbrüche illustrieren, die kein Bürger wünschen kann, und andererseits Umstände, wo es schwieriger ist, ein eindeutiges Urteil zu fällen.

Die Fortsetzung der Politik mit anderen Mitteln

Im September 1964 schrieb ein Beamter des Außenministeriums ein Memorandum, das einen folgenschweren Betrug der amerikanischen Öffentlichkeit empfahl. Dieses Memorandum spiegelte einen wachsenden Konsensus in der Administration wider.[4] Er skizzierte mögliche Reaktionsweisen auf die sich verschlechternde militärische Situation in Südvietnam. Dazu gehörten eine Verstärkung der amerikanischen Teilnahme an der «Pazifizierung» Südvietnams und ein «Crescendo» der Militäraktionen gegen Nordvietnam, was auch eine heftige Bombardierung durch die USA mit einschloß. Doch man befand sich gerade mitten in einer Wahlkampagne. Von dem republikanischen Gegenkandidaten des Präsidenten, Senator Goldwater, nahm die Wählerschaft an, daß er eine Eskalation des Krieges in Vietnam befürwortete und mit nuklearen Drohungen an die Adresse der kommunistischen Welt leicht bei der Hand war. Das Memorandum unterstützte Präsident Johnsons Versuche, Senator Goldwater als unverantwortlichen Kriegstreiber hinzustellen. Ein Abschnitt mit dem Titel «Zur besonderen Beachtung während der nächsten zwei Monate» bildete den Abschluß; darin hieß es:

«Weil wir vor der Wahl nicht mehr genügend Zeit haben, um bestimmte Aktionen, die der amerikanischen Öffentlichkeit befremdlich erscheinen könnten, zu rechtfertigen, müssen wir während der nächsten zwei Monate besonders bedachtsam vorgehen. Den Südvietnamesen müssen wir signalisieren, daß wir trotz der Beschränkungen, die uns der Wahlkampf auferlegt, sehr energisch handeln, und der amerikanischen Öffentlichkeit, daß wir zurückhaltend und mit den besten Absichten agieren.»

Je länger der Wahlkampf sich hinzog, desto stärker präsentierte sich Präsident Johnson als der Kandidat des Friedens. Er ließ in keiner Weise erkennen, daß hohe Ministerialbeamte, die im Falle seines Wahlsieges im Amt bleiben würden, einen starken Druck auf ihn ausübten, den Krieg zu eskalieren; er machte nicht die geringsten Andeutungen, vor welch schwerer Entscheidung er im Falle einer Wiederwahl sicher stehen würde.[5] Vielmehr wiederholte er immer und immer wieder, daß

«das vorrangige Problem, der entscheidende Punkt in diesem Wahlkampf, die Frage ist: Wer kann am besten den Frieden wahren?»[6]

Die Strategie hatte Erfolg; die Wahl wurde gewonnen, der Krieg eskalierte. Unter dem Namen Operation «Rolling Thunder» führten die USA 1965 massive Bombenangriffe gegen Nordvietnam. Die Unterdrückung jeder echten Diskussion über diese Pläne während des Wahlkampfs und die trügerische Selbstdarstellung als Partei des Friedens erschienen den eingeweihten Regierungsmitgliedern gerechtfertigt. Sie glaubten zu wissen, was für ihr Land das Beste sei und daß die Geschichte ihnen recht geben würde. Sie dachten der Nation und der Welt zu dienen, indem sie in höchster Not die Gefahr eines kommunistischen Sieges abwendeten. Für die nötige Krisenstimmung, die sich als weitere Rechtfertigung ausschlachten ließ, sorgte die Dominotheorie: Sobald der erste Dominostein erst einmal umgestoßen war, sah man schon ein Regime nach dem anderen zu Fall kommen.

Doch warum dann der Betrug, wenn die Absichten so altruistisch waren? Warum wurden diese Absichten nicht offen vor der Wahl dargelegt? Der Grund dafür muß gewesen sein, daß die Regierung nicht unbedingt mit der öffentlichen Unterstützung dieser Pläne rechnen konnte. Zunächst hätte wohl kaum jedermann die Ansicht geteilt, Nordvietnam stelle eine wirkliche Bedrohung dar. Ein offenes Wort über die Wahrscheinlichkeit der Eskalation hätte vielleicht viele Stimmen gekostet; es hätte gewiß nicht in die Kampagne gepaßt, die Präsident Johnson als den Kandidaten präsentierte, der am besten den Frieden wahren könne. Zum zweiten fürchtete die Regierung, daß ihre Erklärung im Wahlkampf so «verzerrt» werden könnte, daß den Wählern nicht die korrekten Informationen vorliegen würden. Drittens fehlte die Zeit, um die Öffentlichkeit über alles genau zu unterrichten. Schließlich waren die Pläne noch nicht endgültig; Änderungen waren möglich, und die Situation in Südvietnam war äußerst unstabil. Aus all diesen Gründen schien es das beste zu sein, im Wahlkampf für Verhandlungen und Zurückhaltung einzutreten und den republikanischen Gegner zur Zielscheibe aller Befürchtungen einer amerikanischen Kriegsbereitschaft werden zu lassen.

Präsident Johnson verweigerte somit der Wählerschaft jede Möglichkeit, der Eskalation des Krieges in Vietnam zuzustimmen oder sie abzulehnen. Guten Glaubens, daß sie für den Kandidaten des Friedens gestimmt hatten, fanden sich die amerikanischen Bürger innerhalb weniger Monate in einen der grausamsten Kriege ihrer Geschichte hineingezogen. Eine Täuschung dieser Art rührt an die Grundsubstanz des demokratischen Staates. Sie erlaubt es den Regierenden, das unverbrüchliche Recht des Volkes, bei kritischen Abstimmungen eine wohlinformierte Entscheidung zu treffen, zu übergehen oder außer Kraft zu setzen. Das Volk zum Besten des Volkes zu täuschen ist in einer Demokratie eine in sich widersprüchliche Vorstellung, es sei denn, es gäbe eine ausdrückliche Zustimmung zu diesem Betrug. Die Handlungen von Präsident Johnson wichen daher von den grundlegendsten Prinzipien unseres politischen Systems ab.

Was wäre, wenn nun jede Regierung sich eine ähnliche Freiheit zu täuschen einräumte, vorausgesetzt, sie wäre der Ansicht, daß die Täuschung wirklich unumgänglich sei, um ein wichtiges, die gesamte Gesellschaft betreffendes Ziel zu erreichen? Das Problem ist, daß diejenigen, die solche Überlegungen anstellen, immer für Voreingenommenheiten anfällig sind. Sie überschätzen die Wahrscheinlichkeit, daß der angestrebte Nutzen eintreten und der Schaden abgewendet werden wird; sie unterschätzen die Möglichkeit, daß der Betrug herauskommen wird, und ignorieren, welche Wirkungen das auf das allgemeine Vertrauen haben könnte. Sie unterschätzen ebenfalls das Begriffsvermögen der getäuschten Bürger und deren Fähigkeit und Recht, eine vernünftige Entscheidung zu treffen. Und was am bedeutsamsten ist: hinter einer solchen wohlwollenden Selbstgerechtigkeit verbergen sich die vielen Motive für politische Lügen, die *nicht* als moralische Entschuldigungen gelten könnten: das Bedürfnis, frühere Fehler zu vertuschen; Rachsüchtigkeit; der Wunsch, an der Macht zu bleiben. Diesen eigennützigen Zielen liegen unzählige Lügen zugrunde, die als «notwendig» für das Allgemeinwohl rationalisiert werden.

Gewöhnen sich politische Führer erst einmal daran, solche Rechtfertigungen zu benutzen, dann verlieren sie allmählich jedes Gefühl für Fairness und Wahrhaftigkeit. Einige werden glauben, daß man jede Lüge verwenden kann, solange sie sich nur selbst einzureden vermögen, daß das für das Volk auf lange Sicht von Vorteil ist. Von hier ist es nur noch ein kleiner Schritt bis zu der Schlußfolgerung, daß das Volk von allen Manövern profitieren wird, die die richtigen Leute im Amt halten, auch wenn nicht jede einzelne Lüge einen allgemeinen Nutzen abwirft. Kommen Staatsdiener erst einmal in dieser Weise vom rechten Weg ab, dann werden all die schäbigen Betrügereien von Watergate möglich – die gefälschten Telegramme, die gelöschten Tonbänder, die ausgeklügelten Vertuschungen, die Bestechung von Zeugen, damit sie lügen, die um Vertrauen werbenden Fernsehansprachen.

Während die Täuschung im Falle von Watergate ungewöhnlich weit ging, würden doch alle Beobachter darin übereinstimmen, daß Täuschung ein wesentlicher Bestandteil vieler Alltagsentscheidungen der Regierung ist. Statistiken können so hingebogen werden, daß ungelegen kommende Probleme als weniger schwerwiegend erscheinen. Ministerialbeamte können das Parlament belügen, um für wichtig erachtete Vorhaben nicht zu gefährden oder um Geheimnisse zu wahren, die sie nicht ausplaudern dürfen. Fragt man Kongreßabgeordnete, die miteinander heimlich politische Abmachungen treffen, damit der andere für Maßnahmen stimmt, die er sonst abgelehnt hätte, dann werden sie das abstreiten. Untergebene, die glauben, daß die Exekutive dabei ist, unkluge Schritte zu tun, können falsche Gerüchte durchsickern lassen. Was da durchsickert, kann aber auch korrekt sein, wird jedoch jemand anders zugeschrieben, um die eigentliche Informationsquelle zu schützen.

Man nehme die folgende Situation und stelle sie sich in allen erdenklichen Variationen in den Wahlkämpfen auf Kommunal-, Landes- und Bundesebene vor:

Der Bürgermeister einer großen Stadt stellt sich zur Wiederwahl. In einem Bericht wurde ihm empfohlen, nach seiner Wiederwahl die Mietpreisbindung aufzuheben. Das hat er auch vor, glaubt jedoch, daß er die Wahl verlieren wird, wenn das bekannt wird. Als er zwei Tage vor der Wahl auf einer Pressekonferenz nach der Existenz eines solchen Berichtes gefragt wird, streitet er jedes Wissen davon ab und erneuert seine Zusage, daß er die Mietpreisbindung nachdrücklich unterstützen werde.

In den Augen des Bürgermeisters liegt seine Wiederwahl sehr im Interesse der Öffentlichkeit, und die Lüge betrifft Fragen, die die Wähler nicht richtig beurteilen können, wie er meint, schon gar nicht so kurzfristig. Die beträchtliche Voreingenommenheit, die den eigennützigen Motiven entspringt (der Wunsch, gewählt zu werden, im Amt zu bleiben, Macht auszuüben), ist in solchen Situationen dem Betrachter oftmals deutlicher als dem Lügner selbst. Diese Voreingenommenheit durchdringt die angeblichen Rechtfertigungen für die Lüge – die Verdienste, die Überlegenheit, der Altruismus des Lügners, daß die Sache, die er vertritt, richtig sei und daß die Getäuschten nicht in der Lage seien, «angemessen» auf die Wahrheit zu reagieren.

Das Mißtrauen gegenüber Lügen dieser Art ist mittlerweile so verbreitet, daß der Wähler kaum noch weiß, was er von dem halten soll, was Kandidaten im Wahlkampf so daherreden. Das Vertrauen in die Politiker ist dadurch schwer angeschlagen worden. Ich habe bereits das Ergebnis einer Umfrage zitiert, daß in den Jahren 1975 und 1976 69 Prozent der Amerikaner der Meinung waren, daß die politischen Führer des Landes das amerikanische Volk während der vergangenen zehn Jahre ständig belogen haben. Mehr als 40 Prozent der Befragten stimmten darüber hinaus der Aussage zu:

«Die meisten Politiker sind sich so ähnlich, daß es im Grunde kaum eine Rolle spielt, wer gewählt wird.»[7]

Viele weigern sich, unter solchen Umständen überhaupt noch zur Wahl zu gehen. Andere versuchen, die äußere Erscheinung oder andere persönliche Faktoren als Anhaltspunkte dafür zu nehmen, ob ein Kandidat vielleicht ehrlicher als andere ist. Wähler und Kandidaten sind gleichermaßen die Verlierer, wenn ein politisches System ein solch niedriges Vertrauensniveau erreicht hat. Sind die Politiker gewählt, dann machen sie die Feststellung, daß ihre Warnungen und Appelle an gemeinsame Opfer auf Ungläubigkeit und Gleichgültigkeit stoßen, selbst dann, wenn der Einsatz aller sehr dringend erforderlich ist. Gerichtsverfahren und Untersuchungen nehmen zu. Und die Tatsache, daß man von Kandidaten bei einem Wahlsieg nicht ernstlich erwartet, daß sie zu dem stehen, was sie im Wahlkampf gesagt haben, und sie für Abweichungen von ihren Zusagen nicht zur Verantwortung zieht, stellt nur einen noch größeren Reiz für sie dar, es beim nächsten Mal mit der Wahrheit nicht so genau zu nehmen, wodurch das Mißtrauen auf seiten der Wähler noch weiter verstärkt wird.

Politische Lügen sind selten trivial, obgleich diejenigen, die sie anwenden, das vermuten. Sie können auch gar nicht trivial sein, wenn so viele Menschen von ihnen berührt werden und es so ausgesprochen wahrscheinlich ist, daß sie nachgeahmt werden, zum Zwecke der Vergeltung benutzt werden und sich sprunghaft vermehren. Wenn Politiker oder ganze Regierungen sich das Recht zu lügen anmaßen, dann beschneiden sie die Macht der Öffentlichkeit in einer Weise, der diese niemals freiwillig zugestimmt haben würde.

Die Unterminierung des politischen Systems

Kann es Ausnahmen von dem wohlbegründeten Argwohn vor Täuschung im öffentlichen Leben geben? Gibt es Zeiten, wo sich die Öffentlichkeit ehrlich nicht um mögliche Lügen kümmert oder es sogar vorzieht, getäuscht zu werden? Sind einige Lügen so trivial oder so durchsichtig, daß man sie ignorieren kann? Und kann man sich eine öffentliche Diskussion über ernsthaftere Täuschungen von Regierungsseite denken, bei der vernünftige Personen dieser Täuschung im voraus zustimmen können?

Zunächst ist festzuhalten, daß im politischen und diplomatischen Bereich es ebenso viele kleine Alltagslügen gibt wie im Privatleben der meisten von uns. Wenn man auf einem Botschaftsempfang oder einer politischen Versammlung vortäuscht, sich gut zu unterhalten, wenn man einen Toast auf ein zweifelhaftes Regime ausbringt oder auf einen blassen Kandidaten – das sind Höflichkeitsformen, die nur wenige täuschen. Man kann sie wohl kaum als Bedrohung einzelner oder ganzer Gemeinwesen betrachten. Doch wie bei allen unbedeutenden Alltagslügen liegt das Problem darin, daß sie sich so leicht verbreiten und daß hier sehr schwer Grenzen zu ziehen sind. Ist es immer noch eine harmlose Lüge, wenn ein Minister verkündet, er besuche ein bestimmtes Land, während er in Wirklichkeit in ein anderes reist? Oder wenn ein amerikanischer Präsident nach außen hin erklärt, eine Erkältung zwinge ihn, ins

Weiße Haus zurückzukehren, wobei es in Wirklichkeit eine internationale Krise war, die ihn seine Wahlkampfreise abbrechen ließ? Ist es eine harmlose Lüge, wenn man einen Staatsdiener in der Öffentlichkeit hochlobt, den man gerade gefeuert hat? Angesichts der Verletzlichkeit des öffentlichen Vertrauens ist es nirgends so wichtig wie im öffentlichen Leben, daß man die Täuschung durch kleine Lügen absolut minimal hält und daß man die Gefahr abwendet, daß sie sich in weiter verbreitete Täuschungspraktiken verwandeln.

Ein Großteil der Lügen, die die im Rampenlicht der Öffentlichkeit stehenden Personen nicht nur als nicht tadelnswert, sondern als hochgradig gerechtfertigt ansehen, betreffen ihr Privatleben. Informationen über ihre Ehen, ihre Kinder, ihre Meinungen über andere, Informationen über ihre persönlichen Pläne und über ihre Motive für persönliche Entscheidungen – all dies sind Privatangelegenheiten, die sie füglich für sich behalten können, wenn sie es wünschen. Die Weigerung, solche Informationen zu geben, ist voll gerechtfertigt – doch dieses Recht, Informationen zurückzuhalten, ist nicht das Recht zu lügen. Das Lügen über Privatangelegenheiten läßt Ungutes über das Verhalten in anderen Bereichen ahnen.*

Gewisse andere Formen der Täuschung können von den gewählten Volksvertretern diskutiert und im voraus autorisiert werden. Der Einsatz von getarnten Polizeiwagen zur Abschreckung von Geschwindigkeitsübertretungen ist dafür ein Beispiel. Verschiedene Formen der unangekündigten, gelegentlich geheimen Überprüfung von Geschäfts- und Regierungspraktiken sind weitere. Sind diese Vorgehensweisen öffentlich kontrolliert, dann können sie in festen Grenzen gehalten und Mißbräuche verhindert werden. Doch müssen sie vorher *offen* diskutiert und akzeptiert werden, und man muß jede

* Die Lügen, die ein erfahrener Erwachsener über seine Privatangelegenheiten verbreitet, die sich auch durch die Verweigerung jeder Auskunft hätten schützen lassen, ist daher viel weniger entschuldbar als die Lüge des Schulkindes, das viel zuviel Angst vor dem einschüchternden Lehrer hat, um ihm Widerstand entgegenzusetzen oder um aus dem Moment heraus auf einen anderen Ausweg zu kommen.

erdenkliche Vorsicht walten lassen, damit die Privatsphäre und die Freiheitsrechte einzelner geschützt bleiben und damit solche heimlichen Aktivitäten sich nicht verbreiten. Es reicht nicht, daß ein Politiker vermutet, daß diese Praktiken schon Zustimmung finden würden.

Für eine andere Form der Täuschung gibt es eine solche Zustimmung im voraus sicher nicht: nämlich dann, wenn man die Öffentlichkeit eine Zeitlang hinhalten will oder wenn eine korrekte Information zu einem bestimmten *Zeitpunkt* großen Schaden anrichten würde. Nehmen wir an, eine Regierung bereitet die Abwertung ihrer Währung vor. Wenn die Nachricht zu einigen durchsickert, bevor alle davon erfahren, kann es zu unfairen Spekulationsgewinnen kommen. Oder nehmen wir die Entscheidung, die Steuern auf Importwaren kräftig anzuheben, um eine in Krisen geratene Wirtschaft zu retten. Die vorzeitige Ankündigung dieser Entscheidung würde dazu führen, daß gehortet wird und daß genau die Dinge eintreten, gegen die die Steuern sich richten. Daher werden Regierungspolitiker jede vorzeitige Ankündigung zu vermeiden suchen und jeden Kommentar verweigern, wenn sie danach gefragt werden, ob eine Abwertung oder höhere Steuern ins Haus stehen. Zuweilen werden die offiziellen Verlautbarungen auch weitergehen und fälschlich behaupten, daß die in Frage stehenden Aktionen gar nicht stattfinden werden.

Solche Lügen können in dem guten Glauben an die Vermeidung schädlicher Spekulationen und von Güterhortung ausgesprochen werden. Aber nichtsdestoweniger: wenn man der Öffentlichkeit gegenüber falsche Erklärungen abgibt, deren Täuschungscharakter spätestens dann ans Licht kommt, wenn die Abwertung oder die Steuererhöhung verkündet wird, dann wird das Vertrauen einen großen Schaden erleiden. Es ist, als würde man einem Patienten erzählen, eine Operation sei schmerzlos – je schneller sich das Gegenteil erweist, desto wahrscheinlicher kommt es zu einem Vertrauensverlust. Darüber hinaus sind auch diese Lügen wie alle anderen Formen der Täuschung auch den Gefahren der Verbreitung, des Irrtums und der Pervertierung von Verhaltensmaßstäben ausgesetzt. Aus diesen Gründen ist es weitaus besser, in solchen Situationen lieber jeden Kommentar zu verweigern als zu lügen. Man könnte einwenden, daß die Verweigerung eines Kommentars von der Presse als gleichbedeutend mit dem Eingeständnis interpretiert wird, daß eine Abwertung oder höhere Steuern vor der Tür stünden. Ein solcher Einwand trifft nur dann, wenn eine Regierung ihre Glaubwürdigkeit nicht bereits dadurch gefestigt hat, daß sie wissen ließ, sie würde zu solchen Angelegenheiten nie einen Kommentar abgeben, und sich streng an diese Regel hält. Weil es sich in diesen Fällen jeweils nur um schreiende Lügen handeln könnte, lohnt es sich schon, im voraus für diese Glaubwürdigkeit zu sorgen, so daß die Ablehnung eines Kommentars nicht als Einladung an Geldspekulanten gewertet wird.

Eine andere Form der Täuschung findet statt, wenn die Regierung glaubt, die Öffentlichkeit befinde sich im Zustand der Angst, der Feindseligkeit oder sei hochgradig verunsichert. Um keine Panik zu erzeugen, werden die Informationen über die ersten Anzeichen einer Epidemie unterdrückt oder abgeschwächt. Und wenn man eine aufgebrachte Menschenmenge belügt, die ihr Opfer sucht, dann ist das der Lüge gegenüber dem Mörder vergleichbar, der danach fragt, wohin der gegangen ist, den er verfolgt. Eine solche Lüge läßt sich verteidigen. In derartigen Situationen ist man zuweilen im Recht, wenn man Informationen zurückhält; in seltenen Fällen vielleicht sogar, wenn man lügt. Doch diese Fälle sind so selten, daß sie praktisch gar nicht vorkommen.

Die Tatsache, daß es seltene Umstände gibt, die das Lügen der Regierung als gerechtfertigt erscheinen lassen, schafft eine Schwierigkeit – diese Entschuldigungen werden oftmals im Dienste ganz anderer Ziele vorgebracht werden. Einigen Regierungen oder Politikern wird es immer so vorkommen, daß die Informationen, die sie zu verbergen wünschen, noch nicht wirklich abgesichert sind, daß dies nicht der rechte Zeitpunkt sei und daß die Öffentlichkeit nicht die hinreichende Nüchternheit aufbringe. Aus diesen Gründen läßt sich schwer absehen, wie das Belügen der Öffentlichkeit über Probleme wie Geldabwertung oder Änderung der Besteuerung im voraus Zustimmung und damit eine Rechtfertigung finden kann.

Gibt es außergewöhnlich gefährliche Umstände, wo sich eine Krisensituation derart zuspitzt, daß es gerechtfertigt ist, wenn man die Öffentlichkeit zu ihrem eigenen Schutz belügt? Wir haben bereits das Belügen von Feinden in einer akuten Krise behandelt. Gelegentlich wird in einem solchen Fall die heimische Öffentlichkeit mitgetäuscht, zumindest zeitweilig, wie es bei dem U-2-Vorfall der Fall war. Immer wenn eine Bedrohung auftritt – von einem künftigen Feind, wie vor dem Zweiten Weltkrieg, oder auf Grund von Energiemangel –, ist die Versuchung sehr groß, das Belügen der Bürger als gerechtfertigt anzusehen. Die Regierung mag ehrlich bezweifeln, daß die Wähler in der Lage sind, die unmittelbaren Opfer zu bringen, die zur Bewältigung der wachsenden Gefahr erforderlich sind. (Oder die Exekutive hat kein ausreichendes Vertrauen zum Parlament.) Die Öffentlichkeit mag zu emotionalisiert erscheinen, für die Offenlegung der Tatsachen ist die Zeit vielleicht noch nicht reif. Gibt es so außergewöhnliche Krisen, daß Täuschungsmanöver gerechtfertigt sind?

Man vergleiche zum Beispiel, was in den Erklärungen zweier US-Präsidenten, die einer öffentlichen Atmosphäre gegenüberstanden, die entschieden einen Kriegseintritt Amerikas ablehnte, jeweils gesagt wird und was ungesagt bleibt: Der eine ist Präsident Lyndon Johnson bei seinem Versuch, den Krieg in Vietnam zu eskalieren, der andere ist Präsident Franklin D. Roosevelt, der sein Land zum Eintritt in den Zweiten Weltkrieg bewegen will und gleichzeitig Aussagen wie die folgende macht, die während der Kampagne zu seiner Wiederwahl im Jahre 1940 gefallen ist:

«Ich habe es schon einmal gesagt, und ich werde es immer wieder sagen: Eure Boys werden nicht an irgendwelchen Kriegen im Ausland teilnehmen.»[8]

Gemessen an den in diesem Kapitel dargelegten Standards war die Tatsache, daß Präsident Johnson heimlich den Krieg eskalieren ließ und den Wähler nicht nach seiner Meinung zum offiziell nie erklärten Krieg gegen Vietnam befragte, in keiner Weise zu rechtfertigen. Die Öffentlichkeit wurde einfach übergangen; es bestand keine unmittelbare Gefahr für die Nation, die als Entschuldigung für das Belügen der Öffentlichkeit bei einer Wahl hätte geltend gemacht werden können.

Die Krise, die vor Beginn des Zweiten Weltkriegs drohte, war zweifellos viel schwerer. Dieser Fall ist wirklich schwierig und gehört zu denen, wo auch vernünftige Personen nicht unbedingt einer Meinung sind. Die Bedrohung war beispiellos; die Notwendigkeit, Vorbereitungen zu treffen und die Verbündeten zu unterstützen, war groß; doch die Schwierigkeiten, die amerikanische Öffentlichkeit in Alarmbereitschaft zu versetzen, schienen unüberwindlich. Würde nun diese Krise ein Vorgehen mittels Betrug rechtfertigen?

Auch wenn es sich um eine schwere Krise handelt, würde die Zulassung von Täuschung, wie ich glaube, schreckliche Folgen haben. Wollen wir in einer Gesellschaft leben, wo Politiker zu Betrug und Manipulation greifen dürfen, wann immer sie der Meinung sind, daß eine außergewöhnliche Krise entstanden sei? Würden wir es nicht eher vorziehen, das Risiko einzugehen, einer Krise nicht gewachsen zu sein, die uns offen erklärt wird und vor der uns die Regierung durch Manipulation hätte bewahren können? Und wie wollen wir uns gegen Mißbrauch schützen, wenn wir dieses Risiko nicht eingehen wollen?

Wenn wir Antworten auf diese Fragen erwägen, dürfen wir nicht nur die kurzfristigen Wirkungen von Manipulationen der Regierung berücksichtigen. Die Art und Weise, wie Präsident Roosevelt das amerikanische Volk dazu gebracht hat, zunächst die Möglichkeit, dann die Wahrscheinlichkeit des Krieges zu akzeptieren, wurde von denen als Beispiel herangezogen, die Präsident Johnsons Heuchelei rechtfertigen wollten. Und auf diesen Akt der Heuchelei wurde nun wiederum von denen verwiesen, die in der Nixon-Administration sich alle möglichen Formen der Unehrlichkeit zunutze gemacht haben. Heimlichkeiten und Betrug nahmen zum Teil auch deswegen zu, weil es immer schon Präzedenzfälle dafür gab.[9]

Die Konsequenzen der Ausbreitung von Täuschung, Entfremdung und Vertrauensschwund hätten nicht konkreter dokumentiert werden können, als es in den vergangenen Jahrzehnten geschehen ist. Uns wurde auf sehr lebhafte Weise vorgeführt, wie Lügen unser politisches System unterminieren können. Aus der Rückschau mag die Täuschung von Präsident Roosevelt unter den damaligen Umständen als entschuldbarer erscheinen als vieles, was dann folgte, doch auch dieser Täuschung könnten wir ebensowenig wie den späteren im voraus unsere Zustimmung erteilen.

Überall dort, wo Lügen gegenüber der Öffentlichkeit zur Routine geworden sind, sollte man daher auf besonderen Schutzvorkehrungen bestehen. Die öffentliche Überprüfung der Rechtfertigbarkeit von Täuschungspraktiken ist nötiger denn je. Der Test wird hart sein, und dies um so mehr, je mehr Vertrauen in die investiert wird, die lügen, und je mehr Macht sie ausüben. An Regierungsmitglieder und andere Personen in Vertrauenspositionen sollten die höchsten Standards angelegt werden. Ihre Positionen machen ihre Lügen nicht ehrenwerter, ganz im Gegenteil. Einige Lügen – insbesondere unbedeutende Alltagslügen und Lügen in Notlagen – sind vielleicht *entschuldbarer* als andere, doch nur solche Täuschungspraktiken, die offen diskutiert werden können und denen man im voraus zustimmen kann, sind in einer Demokratie *rechtfertigbar.*[10]

13 Lügen im Namen des wissenschaftlichen Fortschritts

«Die Anwendung von Täuschung hat sich mehr und mehr verbreitet und ist heute fast schon ein Standardmerkmal von sozialpsychologischen Experimenten. Täuschung ist zu einem Spiel geworden, das oft mit großem Geschick und Virtuosität gespielt wird.

[. . .] Manchmal habe ich das Gefühl, daß wir eine Generation von Studenten ausbilden, die gar nicht wissen, daß es noch andere Möglichkeiten der Forschung in unserem Bereich gibt. [. . .] Unsere Haltung scheint zu sein: wenn man betrügen kann, warum soll man dann die Wahrheit sagen?»

Herbert Kelman, ‹*Human Use of Human Subjects*›

«Das Fördern von Forschungsmethoden, die das Belügen von anderen Menschen einschließen [. . .], läßt eine Gruppe von zunehmend abgestumpften Individuen entstehen, die unfähig sind zur Selbstkritik und in wachsendem Maße solchen Klienten dienstbar werden, die bei ihrer Manipulation anderer Menschen, sei es einzeln oder in der Masse, einen unverhohlenen Zynismus walten lassen.»

Margaret Mead, ‹*Research with Human Beings*›

«Der Forscher, dessen Untersuchung zur Verringerung von Gewalt, Rassismus oder Sexismus beitragen könnte, der sich jedoch weigert, diese Untersuchung durchzuführen, weil sie sich der Täuschung bedient, hat kein ethisches Problem gelöst, sondern es nur gegen ein anderes eingetauscht.»

Robert Rosenthal, *unveröffentlichtes Arbeitspapier*

Täuschung im Dienste der Forschung

Bei Stanley Milgrams Gehorsamsexperimenten, die zuerst im Jahre 1963 in Yale stattfanden, rekrutierte man Teilnehmer, indem man ihnen weismachte, es handle sich um Experimente im Rahmen einer Untersuchung des Erinnerungsvermögens. Man ließ sie glauben, sie seien «Lehrer», in einem Experiment, in welchem sie «Lernenden» schmerzhafte Elektroschocks zunehmender Stärke verabreichen sollten, sobald jene Fehler machten. Die sogenannten Lernenden waren in Wirklichkeit Schauspieler, die stöhnten, schrien und um Beendigung des Experiments bettelten. Die «Lehrer» wurden beim – wie sie glaubten – Austeilen immer härterer Strafen beobachtet, um ihre Reaktionen, ob sie weitermachten oder protestierten, genau registrieren zu können. Ein großer Teil von ihnen ging so weit, die stärksten Schocks zu verabreichen, auch dann noch, als die Pseudo-Lernenden brüllten, ihr Herz könnte das nicht mehr aushalten.

Die Reaktionen eines Testteilnehmers werden so beschrieben:

«Das Experiment beginnt er in ruhiger Haltung, wird jedoch im weiteren Verlauf zunehmend verkrampft. Nachdem er den 180-Volt-Schock gegeben hat, rutscht er auf seinem Stuhl herum, schüttelt den Kopf und spricht aufgeregt auf den Versuchsleiter ein:

Versuchsperson: Ich halt das nicht aus. Ich werde doch den Mann da drin nicht umbringen! Hören Sie, wie der schreit?

Versuchsleiter: Wie ich Ihnen vorher schon sagte, die Schocks können schmerzhaft sein, aber –

Versuchsperson: Aber er schreit doch. Er kann das nicht aushalten. Was ist mit ihm los?

Versuchsleiter (mit geduldigem, sachlichem Ausdruck): Das Experiment erfordert, daß Sie als Lehrer fortfahren. [. . .]

Versuchsperson: Aber ich lehne jede Verantwortung dafür ab. Der brüllt doch da drin!

Versuchsleiter: Es ist absolut notwendig, daß Sie weitermachen, Lehrer.

Versuchsperson (deutet auf die noch nicht gestellten Fragen): Es sind einfach noch zuviel übrig. Ich meine, lieber Gott, wenn er sie falsch macht, es sind noch zuviel da. Ich meine, wer übernimmt denn die Verantwortung, wenn dem Herrn drüben was passiert?

Versuchsleiter: Ich trage die volle Verantwortung, wenn ihm was geschieht. Fahren Sie bitte fort!

Versuchsperson: Okay. [. . .]

(Das Experiment wird fortgesetzt mit 195, 210, 225, 240, 255 und 270 Volt [. . .]).

Versuchsleiter: Jetzt werden Sie auf dieser Seite oben wieder beginnen und alle Fragen wiederholen müssen, bis er sie richtig gelernt hat.

Versuchsperson: Also nee! Ich werd den Mann nicht umbringen. Wollen Sie damit sagen, daß ich auf der Skala noch weiter rauf muß? Nee, mein Herr! Der schreit da drin. Ich geb dem keine 450 Volt.

Versuchsleiter: Das Experiment erfordert, daß Sie weitermachen.

Versuchsperson: Das weiß ich ja, aber der Mann da drin schreit, Sir.

[. . .]

Das Verhalten dieser Versuchsperson spricht mehr oder weniger für sich selbst, aber wir wollen doch einige wenige Punkte anmerken. Zunächst einmal fährt dieser Mann trotz seiner zahlreichen aufgeregten Einwände, trotz seines anhaltend hartnäckigen Widerstrebens fort, die Schocks, wie vom Versuchsleiter befohlen werden, zu verabreichen. Es ergibt sich also hier ein Zwiespalt zwischen Reden und Handeln. Zweitens kann man bei aller Phantasie nicht behaupten, daß dieser Mann dem Schüler Schocks habe verabreichen wollen. Es war im Gegenteil eine schmerzliche Aktion für ihn, die sich nur aus seiner Beziehung zum Versuchsleiter ergab.»[1]

Die Resultate fielen wider alle Erwartung aus. Selbst die Forscher hatten sich nicht vorgestellt, daß man einen so hohen

Prozentsatz der Teilnehmer dazu bringen könnte, ihren Mitmenschen einen – scheinbar – so großen Schmerz zuzufügen. 62 Prozent der Teilnehmer leisteten den Anordnungen des Experimentleiters uneingeschränkten Gehorsam.

Doch zugleich mit dem Schock stellte sich ein sehr ungutes Gefühl ein. Man hatte Menschen durch Täuschung dazu gebracht, Seiten von sich zu zeigen, die sie freiwillig niemals hätten zum Vorschein kommen lassen. Man hatte sie benutzt, hatte sie manipuliert, und alles ohne ihre Zustimmung. War dies ein legitimer Weg, ein Experiment durchzuführen? Und konnte der Wert der Resultate wirklich ein Ausgleich für das Unbehagen sein, das sie empfunden haben, nachdem sie erfahren hatten, wozu sie fähig waren?

Am Anfang wurden diese Fragen zumeist nur unter Psychologen diskutiert. Doch als Milgrams Buch über diese Experimente die breite Öffentlichkeit erreichte, weitete sich diese Diskussion aus. Bis dahin war die Anwendung von Täuschungspraktiken in der sozialwissenschaftlichen Forschung nie ernsthaft in Frage gestellt worden. Andererseits stellte sich heraus, daß solche Täuschungen in der Medizin eine lange und gelegentlich auch tragische Geschichte besaßen.[2] In der gesamten biomedizinischen Forschung wird sie daher heute sorgsam in Schranken gehalten.[3] Personen dürfen an einer Untersuchung nur dann teilnehmen, wenn man vorher ihre Einwilligung eingeholt hat. Und falls die Untersuchung mit Mitteln der Täuschung arbeitet, wie es der Fall ist, wenn Placebos benutzt werden, dann müssen die Beteiligten dem im Vorwege zugestimmt haben. Es erhob sich die Frage: Sollte diese Regel nicht für *jede* Forschung mit und an Menschen gültig sein?

Im Prinzip gibt es für jede Forschung Gesetze, soweit ein Risiko für Menschen entsteht. In der Praxis jedoch setzt man bei der Erforschung menschlichen Verhaltens ganz andere Maßstäbe an – das bezeugen die kürzlich überarbeiteten *Ethischen Grundregeln der Psychologen*, auf die man sich im Januar 1977 geeinigt hat. Diese Grundregeln legen es nur nahe, daß die Forscher eine Zustimmung einholen, die auf ausreichender Information beruht, doch sie nehmen ausdrücklich jene Untersuchungen aus, die «Verheimlichung oder Täuschung zwingend erforderlich machen»:

«d. Offenheit und Ehrlichkeit sind grundlegende Eigenschaften der Beziehung zwischen dem Forscher und dem, der sich der Forschung zur Verfügung stellt. Wenn eine Untersuchung aus methodologischen Gründen Verheimlichung oder Täuschung zwingend erforderlich macht, dann muß der Forscher so bald wie möglich dafür Sorge tragen, daß der Teilnehmer die Gründe für diese Handlungsweise einsieht und sie als gerechtfertigt akzeptieren kann.

[. . .]

g. Der nach moralischen Grundsätzen handelnde Forscher schützt die Teilnehmer an seinen Untersuchungen vor körperlichem und psychischem Schmerz, vor Schaden und vor Gefahr. Falls das Risiko besteht, daß die Untersuchung solche Folgen mit sich bringt, dann muß der Forscher den Teilnehmer davon in Kenntnis setzen, er muß seine Einwilligung einholen, bevor die Untersuchung beginnt, und er muß alles in seiner Möglichkeit stehende unternehmen, um das Leid so gering wie möglich zu halten. Ein Forschungsverfahren darf nicht angewendet werden, wenn es dem Teilnehmer ernsten oder lang anhaltenden Schaden zufügt.»[4]

Es ist erstaunlich, wie unpräzise diese Forderungen gehalten sind. Wenn die Forscher sich selbst einreden können, daß die Täuschung einem guten Zweck diene und keinen Schaden anrichte, dann steht es ihnen frei, mit den Mitteln der Lüge, der Tarnung, der Heimlichkeit zu arbeiten. *Sie* treffen diese Entscheidung, nicht die, die sie hinters Licht führen. Und dementsprechend wird festgelegt, was Schaden oder Schmerz verursachen könnte.

Ein Grund dafür, daß die *Ethischen Grundregeln* einen so großen Spielraum lassen, liegt darin, daß viele Untersuchungen durch eine vorherige, auf Informationen beruhende Zustimmung der Teilnehmer stark behindert werden würden, denn ein Großteil der Forschungen in den Sozialwissenschaften beruht seinem Wesen nach auf Täuschung, und das trifft insbesondere für die Soziologie und die Sozialpsychologie zu. Man stellt eine Untersuchungssituation her; die menschlichen Reaktionen werden nun beobachtet und gemessen. Wenn die Teilnehmer nicht wissen, was getestet wird oder, was gelegentlich auch vorkommt, daß überhaupt ein Test abläuft, dann werden ihre Reaktionen spontaner ausfallen.

Am Anfang unseres Jahrhunderts hatte es mit ein paar einzelnen Untersuchungen begonnen, die mit dem Mittel der Täuschung arbeiteten; heute strömt eine wahre Flut solcher Forschungsarbeiten aus den Universitäten, Marktforschungsorganisationen, privaten Forschungsgruppen und aus staatlichen Institutionen. Die Ergebnisse dieser Forschungen werden in Hunderten von Zeitschriften rund um den Globus veröffentlicht und an Tausende von Studenten weitergegeben. Wenn sie genügend Aufsehen erregen, dann werden diese Ergebnisse auch noch von der Presse und dem Fernsehen verbreitet.

In einer dieser Untersuchungen hatte man männlichen Studenten fälschlich die Überzeugung vermittelt, sie seien durch Fotografien von Männern sexuell erregt worden, und hatte dann beobachtet, wie sie auf diese Information reagierten. In einem anderen Fall hatte man Personen heimlich LSD gegeben. In anderen Fällen hatte man die Namen von Personen, die einen Fragebogen über brisante Themen ausgefüllt hatten, der ausdrücklich anonym sein sollte, durch unsichtbare Kodezeichen auf den Umschlägen herausbekommen. Bei vielen Untersuchungen versucht man nicht einmal, eine Scheinzustimmung der Untersuchten zu bekommen. Sozialwissenschaftler können sich zum Beispiel in Gruppen wie die Anonymen Alkoholiker oder religiöse und politische Organisationen einschleichen. Sie können Kinder darauf hin trainieren, daß sie Passanten ansprechen und vorgeben, sie wüßten nicht, wohin. Oder sie können einen Unfall oder Überfall arrangieren, komplett mit Opfer, künstlichem Blut und allem Drum und Dran, um das «Hilfe»verhalten der Dabeistehenden zu testen.

Welche Entschuldigungen werden für solche Eingriffe in die persönliche Entscheidungsfreiheit angeboten? Die Forscher berufen sich auf zwei Prinzipien: etwas Nützliches zu erreichen und Schaden zu vermeiden. Zunächst hoffen sie, daß ihre Forschung einen wichtigen Nutzen bringen wird: und zwar nicht allein den allgemeinen Nutzen, daß dadurch das menschliche Wissen vergrößert wird, sondern sie haben dabei spezifischere gesellschaftliche Vorteile im Auge, wie die Verbesserung von Lehrtechniken oder die Reduktion von Gewalt. Ihre These ist, daß das Wissen, das diesen Zielen dient, häufig am besten in Experimenten gewonnen werden kann, die dem Probanden etwas vortäuschen. So erklärt ein Forscher:

«Eine plausible Tarnungsgeschichte verbirgt nicht nur die Absicht des Untersuchenden, sondern kann darüber hinaus einen Situationsrahmen erzeugen, der auf den Untersuchten eine große Wirkung ausübt.»[5]

Die zweite Behauptung lautet: Da viele Experimente völlig harmlos sind, ist es nur eine Verschwendung von Zeit und Energie, wollte man an sie die Anforderungen stellen, die bei biomedizinischen Experimenten wohl angebracht sein mögen. Zwei Dinge bezeugen diese Harmlosigkeit. Zunächst gibt es häufig ein Kontrollgremium, dem die Experimente unterstellt sind, das das Recht besitzt, schädliche Experimente abzulehnen. Wird ein Experiment nicht abgelehnt, dann kann es auch für die Untersuchten praktisch kein Risiko mehr mit sich bringen. Zweitens nehmen viele Forscher nach Beendigung des Experiments die Aufgabe auf sich, den Untersuchten zu erklären, daß sie getäuscht wurden, und versuchen, ihr fragwürdiges Handeln zu rechtfertigen. Man glaubt, daß diese Erklärung, die bei der nachträglichen «Manöverbesprechung» abgegeben wird, Mißbrauch verhindern und noch anhaltende Unbehaglichkeiten und Ängste beseitigen kann. Vor dem Hintergrund solcher Garantien scheint es manchem Forscher als überflüssig, daß die Leute das Recht besitzen sollten, ein Experiment abzulehnen, das ihnen ohnehin keinen dauerhaften Schaden zufügt. Und ist es nicht umgekehrt geradezu *unmoralisch*, solche harmlosen Experimente *nicht* durchzuführen, die uns in den Besitz eines Wissens bringen können, das wir dringend benötigen?

A. Alternativen

Wenn die Öffentlichkeit diese Probleme diskutieren könnte, dann wäre die erste Frage: Geht man davon aus, daß jede Täuschungspraktik nicht allein den Belogenen schadet, sondern auch den Lügnern selber und im allgemeineren Sinne dem gesellschaftlichen Vertrauen überhaupt – welche Alternativen gibt es denn überhaupt zu solchen Untersuchungen, die mit Täuschung arbeiten? Diese Frage bringt die Sozialforscher in arge Verlegenheit. Anders als im Fall einer Krise, wo eine Lüge die letzte Rettung sein mag, kann das Experiment selbst wohl kaum als letzte Rettung bezeichnet werden und das täuschende Experiment noch viel weniger. Eine Alternative zur Wissenssuche mittels Lügen wäre der völlige Verzicht auf dieses Wissen; eine andere, diesem Wissen auf nichtexperimentellem Wege beizukommen, etwa durch das Studium von Aufzeichnungen oder sonstigen Daten; eine dritte Möglichkeit ist die, experimentell vorzugehen, doch auf der Basis eines ehrlichen Forschungsverfahrens.[6]

Würden diese Alternativen öffentlich diskutiert, dann bezweifle ich, daß die von den Forschern als harmlos erachteten täuschenden Untersuchungen allgemein gebilligt werden würden. Jede Untersuchung müßte unter Berücksichtigung der jeweils verfügbaren Alternativen einzeln beurteilt werden. Ein solches Vorgehen, sofern es mit Ernst betrieben wird, würde sehr viele dieser Untersuchungen unmöglich machen. Als erste würden die Untersuchungen abgeschafft werden, die überhaupt kein neues Wissen anstreben, sondern nur zur Übung der Studenten dienen, die altbekannte Täuschungsverfahren noch einmal wiederholen. Üben läßt sich aber ebensogut an Hand von ehrlichen Forschungsverfahren wie an Hand von unehrlichen.

Zweitens müßte man verlangen, daß jene Untersuchungen, die das von ihnen angestrebte Wissen auch durch ehrliche Mittel erlangen können, dies auch tun. Man müßte sich dann wohl etwas mehr einfallen lassen, und vielleicht wäre auch ein größerer Aufwand bei der Arbeit mit Aufzeichnungen und Statistiken erforderlich. Es mag gut sein, daß die Suche nach Alternativen eine bessere Ausbildung und mehr Einfallsreichtum verlangt als der einfache Griff zu Täuschungstechniken.

Schließlich könnte man solchen Untersuchungen den Vorzug geben, die auch dann noch durchführbar sind, wenn man die Teilnehmer im Vorwege um Zustimmung für die Teilnahme an einem täuschenden Experiment bittet; verzichten sollte man auf solche Studien, wo die vorherige Einholung des Einverständnisses die ganze Untersuchung entwerten würde.

Will man derartige Unterscheidungen treffen, dann bedarf es dazu eines wirklichen Umschwenkens bei den Forschern und den Organisationen, die die Experimente beaufsichtigen. Denn mittlerweile ist die Manipulation zu etwas Alltäglichem geworden, und zwar so sehr, daß man oft gar nicht mehr über andere Möglichkeiten nachdenkt. Jedes Lehrbuch zählt immer wieder die Erfolge von früheren Untersuchungen auf, die mit dem Mittel der Täuschung gearbeitet haben. Jede neue Generation von Sozialwissenschaftlern in der ganzen Welt eifert diesen Untersuchungen von neuem nach. Und die Ausschüsse, die zur Beaufsichtigung von Experimenten eingesetzt worden sind, verlangen oft gar nicht (anders als die Kontrollausschüsse für die biomedizinische Forschung), daß die informierte Zustimmung der Teilnehmer eingeholt wird, bevor eine täuschende Untersuchung durchgeführt werden kann.

Doch solche Veränderungen erzeugen ein schwieriges Problem. Wie steht es mit Untersuchungen, die mit großer Wahrscheinlichkeit der Gesellschaft nützen und wo alternative Modelle gar nicht in der Lage sind, die Informationen zu erbringen, die über ein täuschendes Verfahren erlangt werden können – zum Beispiel eine Untersuchung, die die Gründe dafür aufdecken will, warum Erwachsene Kinder mißbrauchen? Wohl kaum werden Leute aus freien Stücken die Charakterzüge offenbaren, die man bei solchen Untersuchungen durch Hinterlist aus ihnen hervorlocken könnte. Und zumindest läßt sich sagen, daß wir immer noch über keine hinreichende experimentelle Dokumentation dieser Charaktereigenschaften verfügen.

B. Schaden und Nutzen

Um diese Frage beantworten zu können, müssen wir sorgfältig die angebliche Harmlosigkeit dieser Untersuchungen prüfen. Wie aus den *Ethischen Grundregeln* hervorgeht, besteht heute schon eine weitgehende Einigung darüber, daß man Untersuchungen, die Personen dauerhaften Schaden zufügen, in den Sozialwissenschaften nicht durchführen sollte: So hätte die Studie, bei welcher Soldaten ohne ihr Wissen LSD erhielten, nie in Angriff genommen werden dürfen. Untersuchungen wie zum Beispiel Milgrams Gehorsamsexperiment müssen daher von sich behaupten, daß sie keinen dauerhaften Schaden verursachen. Gleichsam muß angenommen werden, daß jeder momentane Stress und jedes Unwohlsein entweder von selbst verschwinden oder nach Abschluß der Untersuchung aufzuheben sind. Würden sich diese beiden Behauptungen in einer öffentlichen Diskussion auch dann noch halten lassen, wenn an dieser Diskussion potentielle Teilnehmer an solchen täuschenden Experimenten beteiligt sind?

Zweifellos werden diese potentiellen Teilnehmer so reagieren, daß sie möglicherweise an einigen Experimenten teilnehmen würden und an bestimmten anderen auch nicht, und es wird sicher einige geben, die sich zu überhaupt keinem Experiment hergeben würden. Wahrscheinlich würden sie sich daher darauf einigen, daß jeder die Harmlosigkeit dessen, was man mit ihm vorhat, persönlich einschätzen muß. Was dem einen vielleicht nichts ausmacht, kann einen anderen tief verletzen. Was bei dem einen die Wundmale eines unerträglichen Einbruchs in seine Privatsphäre zurückläßt, berührt einen anderen in keiner Weise. Wer sensibel ist, wird sich verletzt fühlen, wenn er dazu gebracht wird, sich grausam zu verhalten, oder wenn man ihn hinsichtlich seiner sexuellen Reaktionen hinters Licht führt; andere werden jedoch ohne Schaden daraus hervorgehen.

C. Manöverkritik

Aber gibt das Verfahren der nachträglichen «Manöverkritik» nicht eine zusätzliche Sicherheit? Läßt sich nicht jedes noch anhaltende Gefühl der Belastung oder der Angst nicht aufheben, sobald die Untersuchung vorbei ist? Und ebenso die Empfindung, hier sei in die Privatsphäre eingegriffen worden? Die Wirksamkeit der nachträglichen Besprechung wird auf zwei Faktoren zurückgeführt: Zum einen wird das Verfahren der Untersuchung im nachhinein offen und ehrlich dargestellt, zum anderen gibt der Forscher den Teilnehmern psychologische Unterstützung, damit sie mit der Belastung und dem nun erlangten Wissen fertig werden. Beide Momente müssen aus der Perspektive derer, die von der «Manöverkritik» angeblich profitieren sollen, das heißt aus der Perspektive der experimentell Getäuschten, genau unter die Lupe genommen werden.

Vom Standpunkt der Wahrhaftigkeit aus gesehen, ist die erste These zur Verteidigung des Verfahrens der «Manöverkritik» sehr interessant. Auch wenn das Experiment insgesamt einen Angriff auf die Aufrichtigkeit darstellt, kann der durch die Lüge bewirkte Schaden – das scheint die These ausdrükken zu wollen – durch eine wahre Information «ausgelöscht» werden, so ähnlich wie ein Gegengift die Wirkungen eines Giftes aufhebt. Wirkt der durch die Lüge verursachte Schaden nicht allzu lange auf den Betrogenen ein, dann wird er folgenlos bleiben. Das hatte schon Bacon bemerkt:

«Es ist ja nicht die Lüge, die flüchtig durch den Geist hindurchzieht, sondern die Lüge, die sich hineinversenkt und darinnen festsetzt, die den erwähnten Schaden anrichtet.»[7]

Man glaubt also, daß die nachträgliche Wahrhaftigkeit jeden durch Lüge angerichteten Schaden beseitigen kann, besonders wenn den Beteiligten die Wahrheit unverzüglich nach Abschluß des Experiments mitgeteilt wird. Einige Forscher sind der Ansicht, daß die nachträgliche Besprechung ganz besonders positiv wirkt, wenn sie dabei ihr eigenes Unbehagen preisgeben, gelogen zu haben, und wenn sie dann erklären, warum sie dennoch meinen, daß die Lügen gerechtfertigt seien. Die Teilnehmer an der Untersuchung können darauf mit Enttäuschung darüber reagieren, daß sie sich so leicht haben hereinlegen lassen und daß sie einer erfundenen Story Glauben geschenkt haben. Doch wenn die «Manöverkritik» Erfolg hat, dann hoffen die Forscher, der Enttäuschung entgegengewirkt und den Teilnehmer als Verbündeten gewonnen zu haben; das geht dann so weit, daß dieser verspricht, den *anderen* Teilnehmern nichts davon zu erzählen, daß sie getäuscht werden.

Leider ist die nachträgliche Besprechung nicht immer so wirkungsträchtig.[8] Die Enttäuschung kann bestehenbleiben, das Gefühl der Beklemmung und des Sich-preisgegeben-Habens kann anhalten. Das Experiment kann möglicherweise den Teilnehmern etwas über sie selbst offenbaren, was kein nachträgliches Gespräch auszulöschen vermag. Die Teilnehmer können im Anschluß an die Erklärung sogar noch mißtrauischer geworden sein und für jede weitere und zukünftige Untersuchung kaum noch zu gebrauchen sein. Und schließlich kann es ihnen Schmerz bereiten, wenn sie hören, daß jemand, der ein Vorbild für andere sein sollte – ein Wissenschaftler –, solche verschlagene Taktik benutzt hat.

Einige Forscher vertreten daher das Argument, daß dies Grund genug sei, die Teilnehmer *nicht* nachträglich aufzuklären, es sei denn, der angerichtete Schaden kann dadurch wirklich gelindert werden. Für andere wiederum gewinnt das zweite Moment, das mit dem Verfahren der «Manöverkritik» in Verbindung steht, eine noch größere Bedeutung: Selbst wenn das Gegenmittel der Wahrhaftigkeit allein noch nicht wirkt, selbst wenn dadurch das Gefühl der Beklemmung und der Schuld, die Empfindung, entblößt worden zu sein, nicht beseitigt wird, so kann der forschende Psychologe dies alles durch seine Person erreichen. Die *Ethischen Grundregeln* besagen, daß es die Pflicht des Forschers ist zu gewährleisten, «daß für den Teilnehmer keine schädlichen Folgen entstehen».[9]

Können die Teilnehmer wirklich sicher sein, daß sich das Gefühl der Beklemmung, das sie angesichts unerfreulicher, vielleicht sogar entwürdigender Entdeckungen über sich selbst überkommen wird, so leicht ausradieren läßt oder daß sie es lernen, damit zu leben? Besitzen sie das nötige Vertrauen in die Fähigkeit von Psychologen, das menschliche

Bewußtsein wiederaufzurichten, wenn es psychische Verletzungen erlitten hat? Und selbst wenn einigen diese Fähigkeit gegeben ist, besitzen sie sie alle? Jeder von uns weiß, welch ein Gefühl das ist, wenn ein Unbefugter in unsere Intimsphäre eindringt, jeder weiß, wie es ist, wenn man etwas erfährt, womit man nur schwer fertig werden kann.[10] Über diese Empfindungen kommt man nicht immer leicht hinweg. Das Gegenteil anzunehmen, hieße die Komplexität der menschlichen Reaktionsweisen zu verleugnen. Diese Annahme verlangt einen größeren Glauben an die helfenden und heilenden Kräfte des Wissenschaftlers, als unsere Erfahrung es uns nahelegt.[11]

Die Teilnehmer an Untersuchungen müssen demnach in der Lage sein, selbst zu beurteilen, ob ein Experiment für sie Risiken mit sich bringt und ob sie Vertrauen haben zum Verfahren der nachträglichen Aufklärung. Das Urteil des Forschers reicht nicht aus. Eine solche Vorsicht auf seiten der Öffentlichkeit ist weder Ausdruck einer feindlichen Einstellung zur Forschung, noch entspringt sie dem Wunsch, die akademische Freiheit einzuschränken – auch wenn Wissenschaftler das oft glauben, wenn es um die Frage geht, wie die Rechte der Teilnehmer an Forschungsexperimenten zu schützen sind. Diese Vorsicht zielt vielmehr einzig und allein auf das Problem der Gefahren, die solchen Experimenten innewohnen. Die akademische Freiheit hat nämlich niemals die Freiheit bedeutet, andere ohne ihr Einverständnis Risiken auszusetzen.

Doch diese Vorsicht hat Grenzen. Sie kann nicht so weit ausgedehnt werden, daß nun jede Untersuchung sich den gleichen Genehmigungsprozeduren zu unterwerfen hat. Denn viele Untersuchungen in den Sozialwissenschaften sind selbst an den strengsten Maßstäben gemessen völlig harmlos. Messungen, Beobachtungen und nicht zudringliche Experimente können oft ohne das geringste Risiko durchgeführt werden. Nehmen wir zum Beispiel Beobachtungen des Verhaltens von Passanten, wenn ein Helfershelfer des Forschers verkehrswidrig die Straße überquert, oder der Reaktionen einer Menschenmenge, die einen heimkehrenden Kriegshelden willkommen heißt. Es wäre für alle nur lästig und auch ein bißchen verrückt, wollte man in diesen Fällen strikt auf dem Prinzip der vorherigen Einwilligung bestehen. Wie lassen sich also diese harmlosen Fälle am besten aussortieren?

Kontrollgremien

Man braucht dazu keine neuen Bundesverordnungen, die gibt es schon übergenug. Vielmehr sollten die Grundsätze, die bereits für die biomedizinische Forschung gelten, auch auf die Sozialwissenschaften übertragen werden. Diese Grundsätze verlangen ein auf vorheriger Information beruhendes Einverständnis der Teilnehmer an Forschungsexperimenten, die sie «körperlichen, psychischen, sozialen oder sonstigen» Risiken aussetzen.[12] Die Berufsorganisationen selbst und die vielen Aufsichtsinstitutionen, die es bereits gibt, sind im Prinzip am besten dafür qualifiziert, derartige Risiken für Menschen abzuwägen. Deren Aufgabe besteht ja darin, präzise Verhaltensgrundsätze festzusetzen und die Projekte einem Auswahlverfahren zu unterziehen: Dabei sollen sowohl die Untersuchungen ausgesiebt werden, deren Durchführung zu viele Gefahren mit sich bringt (selbst wenn man dafür freiwillige Teilnehmer finden würde), als auch jene, die so trivial sind, daß sich ein vorheriges Einverständnis erübrigt.

In der Praxis allerdings erfüllen die Kontrollgremien diese Funktion nicht immer, soweit es um sozialwissenschaftliche Forschungen geht. Viele Untersuchungen, und es sind oft gerade die in Planung und Durchführung völlig unqualifizierten, werden diesen Gremien nie vorgelegt. Und die, die ihnen vorgelegt werden, werden nicht danach ausgewählt, ob sie das vorherige Einverständnis der Teilnehmer einholen, wenn die Untersuchung mit gewissen Risiken verbunden ist – das beweisen die vielen umstrittenen Untersuchungen, die von den Kontrollkommissionen genehmigt wurden. Das Versäumnis, die Risiken für die beteiligten Menschen zu erkennen, wird dadurch geradezu unausweichlich, daß nur in sehr wenigen

Kommissionen Laien und potentielle Teilnehmer an Forschungsexperimenten vertreten sind.

Bevor man behaupten kann, daß es um den Schutz der Interessen der Öffentlichkeit geht, müssen daher die Zusammensetzung und die Vorgehensweisen der Aufsichtskommissionen reformiert werden. Laien und potentielle Teilnehmer müssen vertreten sein. Von größter Wichtigkeit ist dabei, daß die Kommissionen angemessene Kriterien zur Bestimmung dessen anlegen, was für die Teilnehmer an Forschungsexperimenten ein Risiko darstellt. Sie müssen deutlich machen, daß die Einholung des Einverständnisses mit einschließt, daß die Teilnehmer über alle für ihre Entscheidung wichtigen Tatsachen informiert werden. Dazu gehören das Ziel der Untersuchung und das Faktum, daß man möglicherweise auch mit dem Mittel der Täuschung arbeiten wird. Bei potentiell riskanten Experimenten sollten die Kommissionen auch ein scharfes Auge darauf haben, ob das Einverständnis der Teilnehmer nicht durch gewisse Rahmenbedingungen erzwungen wird. Das kann passieren, wenn Studenten innerhalb von obligatorischen Kursen oder als Voraussetzung für akademische Abschlüsse an solchen Untersuchungen teilnehmen müssen. Zu den ernsten Risiken gehören auch die, die auf der psychologischen Ebene liegen: So mancher wird schmerzlich davon getroffen, wenn er bemerkt, daß er sich unwissentlich preisgegeben hat, daß seine Privatangelegenheiten offengelegt wurden oder wenn er etwas über sich selbst herausfindet, womit er nur sehr schwer leben kann.

Wenn man ohne das Einverständnis der Betreffenden etwas über ihre privaten, ja intimen Verhaltensweisen und Gefühle herausbekommt, dann ist das nicht viel anders, als wenn man ihr Telefon abhören oder durchs Schlüsselloch lugen würde. Solche Handlungen werden dadurch nicht weniger zudringlich, daß sie im Interesse der Wissenschaft geschehen. Wie sonst auch, so sollten wir auch vor diesen Verletzungen unserer Privatsphäre geschützt sein.[13]

Wenn man die psychologischen Risiken berücksichtigt, dann könnten täuschende Untersuchungen wie das Gehorsamsexperiment von Milgram nur mit dem vorherigen Einverständnis der Teilnehmer durchgeführt werden. Wird dieses Einverständnis verweigert, dann sollte man das als ein Zeichen dafür werten, daß die Untersuchung ohne die Einholung des Einverständnisses hätte gar nicht stattfinden sollen. Wenn die Untersuchung auf der Basis einer vorherigen Information nicht durchgeführt werden kann, weil dann das Überraschungsmoment dahin ist, dann bleiben zwei Alternativen: Entweder man legt die Untersuchung so *harmlos* an, daß sich eine vorherige Einwilligung erübrigt, oder man bittet eine Gruppe von Teilnehmern bei gleichzeitiger detaillierter Darlegung der Risiken um ihre Zustimmung zu einer Reihe von Untersuchungen, wobei man jedoch um ihre Einwilligung nachsucht, geheimhalten zu dürfen, wann welche Untersuchung nun stattfindet. Die Aufsichtskommission müßte dann überprüfen, ob ein solches Vorgehen einen ausreichenden Schutz gewährleistet.

Probleme der beruflichen Verantwortung

Der größte Schaden, den täuschende Experimente verursachen, mag die Forscher selbst, die in diesem Fach ausgebildeten Studenten und den Berufsstand als solchen treffen. Der Teilnehmer hat ja letztlich nur für kurze Zeit etwas mit dem täuschenden Experiment zu tun. Doch die Forscher planen die Untersuchungen, führen sie durch, erklären sie in den nachträglichen Besprechungen den Teilnehmern immer wieder und lehren Studenten, wie die Dinge zu handhaben sind. Es besteht hier eine doppelte Gefahr, daß sich Täuschungspraktiken verbreiten. Was den einzelnen betrifft, so können Lügen zu etwas Alltäglichem werden, Manipulationen zur Gewohnheit. Was den ganzen Berufsstand betrifft, so kann es sein, daß Betrug zu etwas Gewöhnlichem wird und den Beteiligten immer weniger Gewissensbisse kommen.

Am Anfang mag es so sein, daß die Forscher bei diesen Praktiken ein Unbehagen empfinden. Doch wenn sie zur Beteiligung gezwungen sind, gewöhnen sie sich mit der Zeit daran, etwas zu tun, was sie normalerweise ablehnen würden, und büßen auf diese Weise ein Stück ihres moralischen Empfindens ein. Viele fangen damit als Studenten an; sie finden es schwierig, es abzulehnen, eine erfundene Tarnungsstory zu erzählen oder eine Gruppe zu unterwandern, besonders wo ihre Professoren dasselbe tun. Weder in ihren Seminaren noch in ihren Lehrbüchern werden sie dazu ermutigt, ihr Verhalten als Wissenschaftler moralisch zu differenzieren. Gelegentlich erscheint in den Lehrbüchern ein Verweis darauf, daß die Sache mit der Täuschung nicht ganz unproblematisch ist, doch folgt gleich im Anschluß die Erklärung, die Forschung mache nichtsdestoweniger ein solches Vorgehen erforderlich. Doch viele wichtige moralische Unterscheidungen werden nicht getroffen: Unterscheidungen zwischen dem Schaden für den Belogenen und dem für den Lügner, zwischen einer aus dem Moment geborenen Lüge und einer geplanten und wiederholten, zwischen Lügen und anderen Formen der Täuschung, zwischen Routinepraktiken und Notlagen, zwischen verschiedenen Entschuldigungen und verschiedenen Graden der Rechtfertigung.

Dieses Fehlen einer moralischen Analyse von fragwürdigen Forschungstechniken, die im allgemeinen Gebrauch sind, leitet uns zu einer übergreifenden Frage. Kann die Universität der Ort sein, wo eine Forschung gelehrt wird, die mit Mitteln der Täuschung operiert? Sollten akademische Disziplinen solche Techniken mit einschließen? Werden sie aus anderen Disziplinen nicht ausgeschlossen? Doppelzüngigkeit findet sich in jedem Bereich, doch die meisten *lehren* sie nicht. Soweit es diese Techniken betrifft, muß man daher die Funktion der Lehre in Frage stellen. Wir haben zu fragen: Welche Wirkungen hat es auf Studenten, wenn ihre Professoren ihnen beibringen, wie man in bestimmten Situationen betrügt, wo ihre Abschlüsse und ihr berufliches Vorwärtskommen vielleicht davon abhängen, wie geschickt sie mit Täuschungstechniken umgehen können?

Wenn man die Wirkungen auf jeden einzelnen Studenten zusammennimmt, dann bleibt davon der ganze Berufsstand nicht unberührt. Und wenn ein Berufszweig dafür bekannt wird, solche Forschungen zu unternehmen, dann ergibt sich noch ein weiteres Problem – jede täuschende Untersuchung trägt ihren Teil dazu bei, daß von dem Vertrauen nicht mehr viel übrigbleibt. Nur an wenigen Stellen läßt sich ablesen, daß dies auch von der Ausbreitung täuschender Forschungsmethoden verursacht wird. Was zunächst im akademischen Bereich geschah, hat unzählige Nachfolger im kommerziellen Bereich gefunden. Die Psychologen wissen, daß der Widerstand der Öffentlichkeit, sich für Forschungszwecke zur Verfügung zu stellen, gewachsen ist. Meinungsforschern begegnet man mit Mißtrauen, häufig mit Feindseligkeit; Fragen bleiben unbeantwortet; Studenten, die immer noch die am leichtesten verfügbaren Teilnehmer darstellen, wissen heute zunehmend besser über Forschungsverfahren Bescheid, so daß man echte Zweifel an der Gültigkeit so mancher Untersuchung haben muß, die ihre Naivität unterstellte. In einem Kommentar zu den weitverbreiteten Täuschungspraktiken im Namen der Sozialwissenschaft heißt es:

«Diese Tricks bestärken nur die wachsende Überzeugung, daß man Unbekannten nicht trauen kann. Wenn ein Krokodil dich mal nicht beißt und ein Vertreter dir mal nicht den letzten Heller aus der Tasche zieht – dann kommt bestimmt ein Sozialforscher und legt dich herein.» [14]

Es liegt also im Interesse der Sozialwissenschaftler selbst, daß sie ihr Ansehen und die Korrektheit ihrer Resultate dadurch schützen, daß sie sich gegen jede Form von Täuschung ohne vorherige Zustimmung und andere hinterhältige Methoden verwahren, auch wenn keine direkte Schädigung der Teilnehmer erkennbar ist; daß sie davon Abstand nehmen, solche Methoden zu lehren; und daß sie mit Studenten und mit Kollegen sich gründlich mit den moralischen Aspekten der Forschung auseinandersetzen.

Ich möchte mich nun einer Gruppe von Experimenten zuwenden, die das Mittel der Täuschung benutzen und die in einen Bereich eindringen, den einige sicher lieber nicht publik machen würden, wo allerdings das öffentliche Interesse an der Aufdeckung von Mißbrauch und Irrtum groß ist. Sie dienen dazu, die Öffentlichkeit zu schützen; dieser Zweck verleiht ihnen eine erhöhte Dringlichkeit. Reicht das aus, um die Täuschung zu rechtfertigen?

Prinz oder Schweinehirt

In Märchen mischen sich die Prinzen – als Schweinehirten verkleidet – unter ihr Volk, um das zu erfahren, was ihnen am Hofe nicht gesagt wird – wie die Kranken und Armen leben; wie die Hofleute und Räte ihre Arbeit tun; wie Macht ausgeübt wird. In den letzten fünfzehn Jahren ist mit der Hilfe von Sozialwissenschaftlern eine merkwürdige Analogie zu diesen Prinzenverkleidungen ins Leben gerufen worden: die Untersuchungen mit Scheinpatienten. Forscher geben vor, sie würden an Depressionen, Wahnvorstellungen, Schmerzen und sonstigen Beschwerden leiden und begeben sich dann in Krankenhäuser, um sich «helfen» zu lassen. Sie wollen selbst herausfinden, wie für die Kranken und Notleidenden gesorgt wird, wie mit öffentlichen Geldern umgegangen wird und wie die alltägliche Routine in den Krankenhäusern aussieht.

Diese Untersuchungen sind mittlerweile so gebräuchlich geworden, daß den Ärzten der Rat gegeben wurde, sie sollten lernen, wie sie mit einem neuen Typ von Patient fertig werden können – dem Scheinpatienten.[15] Schockiert und feindselig haben die meisten Ärzte auf die Hinterhältigkeit solcher Methoden reagiert.

Eine der umstrittensten Untersuchungen fand unter der Leitung von D. L. Rosenhan statt. Der Aufsatz, in dem über dieses Projekt berichtet wird[16], ist aus zwei Gründen weithin bekanntgeworden: einmal wegen der überraschenden und erschreckenden Ergebnisse der Studie und zweitens, weil er eine Diskussion über die ethischen Aspekte solcher Untersuchungen entfachte. Die Forscher wollten die Hypothese überprüfen, daß die Unterscheidung von geistig gesunden und geistig kranken Personen in psychiatrischen Krankenhäusern schwierig beziehungsweise ganz unmöglich ist. Acht Forscher unternahmen den Versuch, in zwölf verschiedenen Krankenhäusern als Patient aufgenommen zu werden. Sie gingen dabei wie folgt vor:

«Nachdem der Scheinpatient beim Krankenhaus angerufen und einen Termin vereinbart hatte, erschien er im Aufnahmebüro und klagte darüber, er hätte Stimmen gehört. Auf die Frage, was die Stimmen gesagt hätten, gab er zur Antwort, daß sie meistens undeutlich gewesen seien, doch soweit er heraushören konnte, sagten sie ‹leer›, ‹hohl› und ‹trottelig›.

[. . .] Über das Vortäuschen der Symptome hinaus und die Angabe eines falschen Namens, falschen Berufs und falschen Arbeitgebers wurden die Biographie, die Lebensumstände und das aktuelle Verhalten der betreffenden Person unverändert gelassen.

[. . .] Unmittelbar nachdem der Scheinpatient auf die psychiatrische Station eingewiesen worden war, hörte er damit auf, *irgendein* Symptom von Anomalität zu simulieren.

[. . .] Trotz dieser öffentlichen ‹Zurschaustellung› der Gesundheit wurden die Scheinpatienten in keinem Fall entlarvt. Außer in einem Fall wurden sie alle mit der Diagnose ‹Schizophrenie› aufgenommen und dann mit der Diagnose entlassen: Schizophrenie ‹ohne aktuelle Krankheitserscheinungen›.»

In Australien setzte man Scheinpatienten dazu ein, um herauszufinden, in welchem Maße Ärzte den Patienten Medikamente verschreiben, die über Symptome von Depressionen klagen, und ob Geschlechtsrollenstereotype einen Einfluß auf die Anstrengungen des Arztes haben, diesen Patienten zu helfen.[17] Man trainierte fünf männliche und fünf weibliche Scheinpatienten darauf, sich mit den typischen Symptomen einer milden Depression darzustellen, um so eine Vorauswahl unter den Ärzten treffen zu können. Die Autoren empfehlen das Arbeiten mit Scheinpatienten, weil sich dadurch Einblicke in das System der medizinischen Versorgung und Dienstleistung gewinnen lassen, die sich durch andere Methoden nicht erreichen lassen.

Auch in den Vereinigten Staaten gewinnen solche Untersuchungen an Boden. Im Herbst 1976 sorgte Senator Frank Moss für Schlagzeilen, als er die Ergebnisse einer Untersuchung des New Yorker Medicaid Systems* vorlegte, an der er persönlich teilgenommen hatte.[18] Als Vorsitzender des Senatsunterausschusses für Medizinische Langzeitversorgung besorgte er sich einen Medicaid-Ausweis, besuchte selbst ein medizinisches Zentrum und schickte dann noch Polizisten vom Washingtoner Capitol und Mitarbeiter seines Komitees zu 120 Besuchen der anderen New Yorker «Medicaid-Mühlen». Überall stießen sie auf Patienten-Betrug. Sie wurden als Patienten vielen unnötigen Untersuchungen unterworfen, vielfach zu anderen Ärzten weiterverwiesen, und sie erhielten eine Menge verschrieben.

Diese Techniken greifen immer mehr um sich, um die beruflichen Praktiken im Gesundheitsbereich zu überwachen. Diejenigen, die ihnen ausgesetzt sind, fühlen sich doppelt verletzt: Man hat sie belogen, und sie waren diesen Lügen schutzlos ausgeliefert, so daß sie dieses Vorgehen als Eindringen in den Bereich ihrer privaten Beziehungen zu ihren Patienten empfinden. Warum, so fragen sie, darf man sie so behandeln? Der an ihnen verübte Betrug ist weder eine harmlose Alltagslüge noch als Lüge in einer Notlage zu rechtfertigen. Sollten sich die Forschungen mit Hilfe von Scheinpatienten noch weiter ausbreiten, dann würde das ganze System der medizinischen Versorgung durch das entstehende Mißtrauen und nachfolgende Gerichtsprozesse noch weiter geschwächt.

Wie reagieren die Forscher darauf? Auf welche Grundsätze berufen sie sich? Einige glauben, sie hätten das überhaupt nicht nötig; Täuschung stellt für sie kein Problem dar. Geschult in den manipulativen Techniken der letzten Jahrzehnte, die sie an ihre eigenen Studenten weitervermitteln, zögern sie in keiner Weise mehr, Teilnehmer an Experimenten irrezu-

* Medicare und Medicaid sind Einrichtungen des amerikanischen öffentlichen Gesundheitswesens (Anm. des Übersetzers).

führen. Zuweilen berufen sie sich zudem auf die «Gleichheit» bei der Auswahl der Testpersonen: Wenn man mit Patienten auf Täuschung basierende Forschungsexperimente machen kann, warum dann nicht auch mit Ärzten?[19] Derart unbekümmert, sehen die Forscher natürlich oft gar keine Notwendigkeit, sich ehrliche Alternativen zu überlegen.

Andere Forscher machen sich da schon mehr Gedanken. Doch gelegentlich sehen auch sie keine andere Möglichkeit, die Mißbräuche und Irrtümer, die sie vermuten, ans Licht zu bringen. Und die können tatsächlich sehr gravierend sein. Die zahllosen Patienten, die in den «Medicaid-Mühlen» falsch behandelt worden sind, bezeugen die Ungerechtigkeit des Systems und den ungeheuren Mißbrauch von Steuergeldern. Diese Forscher berufen sich daher auf die Prinzipien der Schadensvermeidung und Hervorbringung von Nutzen, die nach ihrer Ansicht in diesen Fällen Priorität vor der Aufrichtigkeit haben.

Die ausspionierten Ärzte, die darin einen Angriff auf ihre privaten Beziehungen zu ihren Patienten sehen, könnte man darauf hinweisen, daß diese Beziehungen ohnehin einer öffentlichen Prüfung zugänglich sein *sollten*. Darin unterscheiden sie sich stark von dem privaten sexuellen oder religiösen Verhalten. Das Gesetz unterstützt diese Unterscheidung, indem es festlegt, daß Öffentlichkeit in bezug auf die Angelegenheiten zulässig ist, an denen die Allgemeinheit ein legitimes Interesse hat. Das Eindringen in die Privatsphäre muß in diesem Fall ganz anders bewertet werden als bei vielen anderen Untersuchungen, die sich zum Beispiel mit Homosexualität oder dem Gehorsam gegenüber Autoritätspersonen, die gewalttätige Handlungen von den Versuchspersonen verlangen, befassen.

Die Forscher könnten ihr Vorgehen auch mit dem Prinzip der Gerechtigkeit zu rechtfertigen suchen. Es ist ungerecht, daß Männer und Frauen bloß wegen ihres Geschlechts eine unterschiedliche Behandlung empfangen, anstatt daß sie die Behandlung erhalten, die die Krankheit am besten heilen kann. Es ist ungerecht, daß die Armen und Wehrlosen in den entsprechenden öffentlichen Dienstleistungseinrichtungen eine so minderwertige medizinische Versorgung bekommen, und ebenso ungerecht ist es, daß die Allerwehrlosesten in den psychiatrischen Krankenhäusern den Prozeduren unterworfen werden, die die Untersuchungen mit Pseudopatienten an den Tag gebracht haben. Schließlich berufen sich die Forscher auf das Prinzip der Wahrhaftigkeit selbst: Die Überwachung wird künftig zu einer größeren Ehrlichkeit bei der Versorgung des Patienten führen, so argumentieren sie, zu einem größeren Respekt für den Patienten, der ein verkappter Forscher sein könnte, und endlich zu einer größeren Zurückhaltung, Vorurteile in bezug auf die Geschlechtsrolle zum Tragen kommen zu lassen.

Wollen wir diese Argumente abwägen, dann müssen wir zwischen zwei verschiedenen Absichten von Untersuchungen mit Scheinpatienten unterscheiden: Die eine Absicht ist die, an wissenschaftliche Ergebnisse zu gelangen, die andere, die zu schützen, die einem Risiko ausgesetzt sind. Werden solche Untersuchungen in erster Linie als *Forschungsarbeiten* betrachtet, dann stehen ihre Rechtfertigungsbehauptungen auf ziemlich schwachen Füßen. Selbst Befürworter dieser Untersuchungen geben zu, daß das so erlangte *Wissen* ebensogut ohne Täuschungsmethoden hätte gewonnen werden können und daß es mittlerweile ohnehin schon gut belegt ist. Täuschung ist daher keineswegs der einzige Weg, um das wissenschaftliche Ziel zu erreichen. Ehrliche Untersuchungen sind vorzuziehen. Den Zielen der Gerechtigkeit für die Unterprivilegierten und der größeren Ehrlichkeit auf seiten der Ärzte dienen diese vereinzelten Untersuchungen höchstens durch Zufall.

Wenn man allerdings das Element der *Überwachung* in diesen Untersuchungen hervorhebt, dann sieht die Sache etwas anders aus. Heimliche Kontrollen gibt es schließlich in vielen Arbeitsbereichen, wie bei der Autoreparatur, im Bankgewerbe, bei Gaststätten; zweifellos wird dadurch ein höherer Leistungsstandard erreicht. Doch wenn bei den Scheinpatienten-Untersuchungen die Kontrollabsicht im Vordergrund stehen soll, dann müssen die Betroffenen wissen, daß sie möglicherweise kontrolliert werden, und sie sollten diesem Verfahren vorher zugestimmt haben. Genau wie bei den getarnten Polizeiwagen reicht es nicht aus, einfach zu unterstellen, daß die Öffentlichkeit oder eine Berufsgruppe diese Täuschungspraktiken schon billigen werde.

Stattet man das Verfahren der Kontrolle durch Scheinpatienten mit den entsprechenden Schutzvorkehrungen aus, dann hätte man damit eine Möglichkeit, die Behandlung von Patienten zu kontrollieren. Kontrolle durch Scheinpatienten könnte dann zumindest etwas anderes sein als die jetzt in den Sozialwissenschaften so inflationär verbreitete Forschung mit Hilfe von Täuschungsmanövern. Die Absicht ist entscheidend, und Schutz ist dringend erforderlich. Das hinterhältige Element, das darin steckt, ließe sich durch vorherige Zustimmung weitgehend überwinden. Manchmal mag es keine andere Möglichkeit geben, Kontrolle auszuüben. Eine solche Beaufsichtigung von beruflichen Beziehungen hat nichts mit dem Eindringen in die Privatsphäre nichtsahnender Personen zu tun.

Doch auch diese Form von Betrug mag ihren Tribut fordern. Unsere Gesellschaft duldet bereits ein großes Maß an heimlicher Überwachung. Wir müssen uns fragen, wieviel Überwachung und Hinterherspionieren wir eigentlich wirklich wollen. Wollen wir auch Scheinstudenten in den Seminaren haben, Leute, die sich zum Schein zu einem religiösen Glauben bekehren lassen, Scheinparteimitglieder, Scheinklienten und Scheinpatienten? Wie weit wollen wir beim Hinterherspionieren hinter Kollegen gehen, um ein paar Bösewichte zu entdecken? Und sollte es überhaupt irgendeine Überwachung geben, wo gar kein Verdacht besteht, daß ein Vergehen vorliegt?

Dies sind Fragen, die die Öffentlichkeit entscheiden muß. Man muß sich die heimlichen Praktiken zusammen ansehen, und man muß Normen dafür festsetzen, was ein Gemeinwesen als notwendige und erträgliche Überwachung betrachtet. Solange es solche Normen für Untersuchungen mit Scheinpatienten nicht gibt, sollten Ärzte darauf gefaßt sein, daß sie ohne ihr Wissen von Wissenschaftlern beobachtet werden. Damit kommen wir auf das Märchen zurück, mit dem wir begonnen haben: Am klügsten wird es sein, jeden Fremden gut zu behandeln. Wer weiß – vielleicht ist er ein verkleideter Prinz.

14
Macht über Kinder und Abhängige: Paternalistische Lügen

«Zuerst kann, was einem Kinde oder Blödsinnigen gesagt wird, selbst wenn es einen falschen Sinn hat, doch keine schuldbare Lüge sein. Denn nach allgemeiner Sitte der Menschen ist es gestattet: ‹Daß man das leichtgläubige Alter der Knaben zum Besten habe.› Auch *Quintilian* sagt von den Kindern: ‹Zu ihrem Besten wird manches erdichtet.› Der nächste Grund dafür ist, daß Kinder und Blödsinnige kein Urteilsvermögen haben, und deshalb sie hierin nicht verletzt werden können.»

Hugo Grotius *‹Über das Recht des Krieges und Friedens›*

«Nun, der Mißbrauch von Wahrheit sollte ebenso unter Strafe gestellt werden wie die Einsetzung der Lüge. Als gäbe es zwei Höllen, eine für die Sünden gegen die christliche Liebe, eine andere für Sünden gegen das Recht.»

Blaise Pascal, *‹Über die Religion›*

Sag alles wahr, doch sag es schräg,–
Im Umweg liegt Gewinn:
Zu licht ist unsrer trüben Sicht
Der Wahrheit Wundersinn.
Wie Blitz, durch mildes Wort erklärt,
Vertrauter wird dem Kind,
Muß Wahrheit blenden nach und nach,
Sonst würde jeder blind.
Emily Dickinson, *‹Gedichte›*

»Zu ihrem eigenen Besten« – Lügen gegenüber Abhängigen

Unterwerfung, Geburt und freiwilliges Anerbieten: auf diesen drei Wegen, sagt Hobbes, kann man in die Abhängigkeit eines anderen geraten.[1] Solange die Macht als göttlich oder natürlich gilt und nicht weiter hinterfragt wird, wird auch das Recht, Zwang auszuüben und zu manipulieren, für selbstverständlich erachtet. Die Notwendigkeit einer Rechtfertigung ergibt sich erst dann, wenn dieses Recht in Frage gestellt wird: Wann *darf* Macht zu Recht ausgeübt werden – Macht zum Beispiel über ein Kind? Und die Antwort des Paternalismus darauf lautet, daß eine solche Machtausübung zumindest dann gerechtfertigt ist, wenn sie zum Wohle der betroffenen Person geschieht.

Paternalistisch handeln heißt Personen zu leiten, notfalls sogar mit Zwang, zu ihrem eigenen Wohl und um sie zu schützen, wie ein Vater es mit seinen Kindern tut, der sie vor Schaden bewahren muß, wenn nötig auch gewaltsam. Wenn ein kleines Kind mit Streichhölzern spielen oder Ammoniak trinken will, dann müssen die Eltern einschreiten. So wie Motorradfahrer zu ihrem eigenen Schutz dazu gezwungen werden, Helme zu tragen. Und als Odysseus mit seinen Begleitern sich den Sirenen näherte, die «die schöne Stimme (entsandten)»[2], wollte er an den Mast seines Schiffes gefesselt werden, und er beschwor seine Mannschaft, ihm noch stärkere Bande anzulegen, sollte er sie anflehen, die Seile zu lösen. Paternalistische Beschränkungen mögen wie im Falle des Odysseus kurzfristig und selbst auferlegt sein, aber sie können auch von längerer Dauer und alles andere als freiwillig sein.[3]

Einige der durchgreifendsten paternalistischen Vorschläge stammen von Johann Peter Frank, der im achtzehnten Jahrhundert in Deutschland die öffentliche Gesundheitspflege begründete.[4] In seinem sechsbändigen ‹*System einer vollständigen medicinischen Policey*› (1784) schlug er Wege vor, «Krankheiten durch kluge Verfügungen (zu) verhüten». Wo immer sie die Gesundheit der Bürger befördern könnten, sollten Gesetze erlassen werden. Das sexuelle Verhalten, die Ehe und die Aufzucht der Kinder sollten bis in kleinste Detail Regeln unterworfen und den Frauen gesetzlich verboten werden, zu enge Kleidung zu tragen, wenn diese sie beim Atmen behindere; in jedem Dorf sollten die Krankheiten unter Kontrolle gebracht werden. Frank schlug sogar ein Gesetz vor, das von den Teilnehmern an einem Dorftanz verlangte, sie sollten eine gewisse Zeit ruhig sitzen bleiben, bevor sie nach Hause gingen, damit sie sich in der kühlen Abendluft keine Erkältung holten.

Es liegt auf der Hand, daß einige paternalistische Beschränkungen notwendig sind. Es ist eine Frage des Überlebens, daß wir als Kinder vor Schaden behütet werden. Auch als Erwachsene akzeptieren wir bestimmte Eingriffe und Bestimmungen, die Gefahren wie Infektionen oder Unfälle abwenden sollen. Aber es ist kaum zu übersehen, daß die Absicht, Schaden zu verhindern, auch schon viel Leid verursacht hat, sei es ungewollt oder durch Mißbrauch. «Schutz» kann erwürgen; er kann auch ausbeuten. Durch die gesamte Geschichte hindurch sind Männer, Frauen und Kinder dazu gezwungen worden, entwürdigende Arbeit, die Ausübung fremder Religionen, die Errichtung staatlicher Machtinstitutionen und auch Kriege, die sie angeblich «befreien» würden, zu akzeptieren, und das alles zu ihrem – von anderen festgelegten – «Besten». Und an die Stelle der Gewalt mag mittlerweile wohl die Täuschung getreten sein, um Menschen gefügig zu machen: Die Leute werden hinters Licht geführt, damit sie sich konform verhalten und Ideologien und religiöse Kulte annehmen; niemand praktiziert diese Verfahren mit größerem Eifer als jene, die glauben, es ginge um das Wohl der Getäuschten.

Neben der Belehrung und der Überzeugung stehen dem Paternalisten zwei Wege der Manipulation offen: die Gewalt und die Täuschung. Ich habe bereits dargestellt, wie Regierungen im großen Stil manipulieren und sich dabei auf paternalistische Argumente berufen. In diesem Kapitel werde ich mich auf die Anwendung von Täuschung unter Familienmitgliedern und Freunden konzentrieren, dem Bereich, der die meisten von uns vor die schwierigsten Entscheidungen zwischen Wahrhaftigkeit und Lügen stellt. Vielleicht brauchen wir uns nie den Kopf darüber zu zerbrechen, ob wir vor Gericht oder bei der Durchführung eines Experiments oder als Journalist lügen sollen; doch sind unsere Familien, unsere Freunde, all die, deren Wohlergehen uns am Herzen liegt, betroffen, dann kann es scheinen, daß Lügen gelegentlich der einzige Weg sind, sie nicht zu verletzen oder zu enttäuschen. Anders als bei den Täuschungspraktiken im Beruf, die etwa dem Allgemeinwohl oder dem Fortschritt der Wissenschaft dienen sollen, haben wir es hier mit den engsten Bindungen zu tun, die es zwischen Menschen gibt.

Lügen zum Schutz dieser Bindungen gelten als besonders angemessen und selbstverständlich. Lügen, um den Kindern zu verheimlichen, daß die Ehe ihrer Eltern möglicherweise auseinanderbricht; Lügen, um den falschen Schein zu wahren, bei guter Gesundheit zu sein; Lügen, um den von Unglück Getroffenen Mut zu machen, daß alles wieder gut werde – in solchen Situationen werden Unwahrheiten zum Zweck der Unterstützung, des Trostes und des Schutzes ausgesprochen.

Kinder werden oft mit den geringsten Bedenken hintergangen. Mehr als andere brauchen sie Pflege, Unterstützung und Schutz. Daß man sie nicht nur vor einer brutalen Sprache und schrecklichen Nachrichten zu beschützen versucht, sondern auch vor Sorgen und Schmerz – indem man abschwächt, verschönert und bemäntelt –, das ist ebenso natürlich, wie sie gegen schlechtes Wetter zu schützen. Weil sie verletzlicher sind als Erwachsene und alles bei ihnen einen stärkeren Eindruck hinterläßt, können sie nicht immer mit dem, was sie hören, fertig werden. Ihre Bemühungen, wie unzulänglich auch immer, brauchen Ermutigung und Zuwendung und keine «objektive» Beurteilung. Ungeschminkte Tatsachen, die man ihnen gedankenlos oder böswillig mitteilt, können sie verletzen, ja langfristig schädigen und sie – was dann ihre Art des Selbstschutzes ist – gefühllos machen.

Doch auch unabhängig von den Aspekten des Beschützens und des Ermutigens gehört es einfach nicht zu den wesentlichsten Grundsätzen unseres Umgangs mit Kindern, daß man sich streng an die Tatsachen hält. Gerade bei den Jüngsten kann das gemeinsame Eintauchen in die Welt der Geschichten und Märchen, des Ausgedachten und der Spiele im besten Falle, wie Erik Erikson es ausdrückt, «das Ergreifen einer jungfräulichen Chance, eines himmlischen Spielraums»[5] bedeuten, wobei man die konventionelle Ebene des «Tatsächlichen» und «Realistischen» weit hinter sich läßt.

Es entsteht eine Gefahr, wenn die, die mit Kindern umgehen, in bekannter Manier «Wahrheit» und «Wahrhaftigkeit» verwechseln. Es kann dazu führen, daß sie Geschichten, Witze und alles, was sich von den Tatsachen entfernt, mit Lügen verwechseln.* Sie können dann aus den Augen verlieren, was es heißt, Kinder so weit zu respektieren, daß man ehrlich zu ihnen ist. Das Belügen von Kindern scheint dann so ziemlich dasselbe zu sein, als wenn man ihnen Geschichten erzählt oder ihre Sprünge zwischen Wirklichkeit und Phantasie mitmacht. Aber Fiktion *beabsichtigt* nicht irrezuführen, sondern verlangt den «bereitwilligen Verzicht auf Zweifel», wie Coleridge es genannt hat, und eben das fehlt bei der gewöhnlichen Täuschung.

* Die Verwechslung von Fiktion und Täuschung hat eine lange Tradition. Im zehnten Buch des *Staates* stellt Platon fest, daß Künstler und Tragödiendichter nur eine Abbildung dritten Grades der Wirklichkeit liefern. Im Gegensatz dazu argumentierten Augustinus und andere, daß die künstlerischen, symbolischen und rituellen Werke nicht lügnerisch sind, da sie nicht auf Irreführung angelegt sind. Samuel Coleridge benutzte den Begriff des «bereitwilligen Verzichts auf Zweifel», um den poetischen Glauben zu bezeichnen, die die Fiktion von ihrem Publikum verlangt. Ein solcher Verzicht auf Zweifel stellt eine Art Einverständnis dar.

Doch auch wenn Fiktion und Lügen jeweils etwas Verschiedenes ist, so gibt es natürlich eine Reihe von Grenzbereichen, wo beide ineinander übergehen. Das ist der Fall, wenn ein Autor (bei der Propaganda) mit seinen Schriften tatsächlich manipulativ wirken will; wo der Autor Fiktion und angeblich tatsachengemäße Aussagen miteinander vermischt, ohne dabei anzuzeigen, an welcher Stelle der «Verzicht auf Zweifel» angebracht ist; wenn jemand etwas berichtet, was das Publikum für Fiktion und Erfindung hält, er selbst jedoch für unbezweifelbare Realität erachtet (wenn ein Schizophrener zum Beispiel sein Tagebuch publiziert); wenn der Autor eines Stückes nicht die Absicht hat, jemanden zu täuschen, jedoch zusehen muß, wie ein einfältig von der Handlung Hingerissener aus dem Zuschauerraum auf die Bühne springt, um das Opfer aus einer Notlage zu befreien. In all diesen Fällen fließen die Elemente von Fiktion und Täuschung zusammen.

Schließlich gibt es natürlich eindeutige Fälle von Täuschungen, zum Beispiel beim Plagiat und bei der Fälschung.

Genauso destruktiv sind jene sturen Erwachsenen, die aus ihrer Verwechslung von Fiktion und Täuschung den gegenteiligen Schluß ziehen und nun beides aus dem Leben ihrer Kinder mit Stumpf und Stiel ausrotten wollen. Sie fürchten, was sie für die Irrealität und Falschheit der Märchen halten. In den Geschichten, die Kinder erzählen, sehen sie Lügen und Verdrehungen. Mit verheerenden Folgen für sich selbst und ihre Familien ersticken sie jeden Ausdruck der Einbildungskraft. Edmund Gosse hat in seinem Buch ‹*Father and Son*› eine solche Erziehung beschrieben, die nur in ihrer Exzessivität ungewöhnlich ist. Seine Eltern hatten ihn bei seiner Geburt zum Priesteramt bestimmt und wollten ihn zur «Wahrhaftigkeit» erziehen. Gosse schreibt:

«Mein größtes Vergnügen fand ich in den Büchern. Was mir hier zur Verfügung stand, war sehr begrenzt, denn Geschichtenbücher jeder Art waren streng untersagt. Dichtung irgendwelcher Art, sei sie religiös und weltlich, war im Haus nicht zugelassen. [. . .]

[. . .] In meiner ganzen Kindheit wurde niemals eine Erzählung mit den erregenden Worten ‹Es war einmal› eingeleitet. Man erzählte mir etwas über Missionare, jedoch nie etwas über Piraten. Über Kolibris wußte ich gut Bescheid, von Elfen hatte ich nie etwas gehört. Jack der Riesentöter, Rumpelstilzchen und Robin Hood waren mir unbekannt, und obwohl ich etwas über Wölfe wußte, war mir Rotkäppchen selbst vom Namen her völlig fremd.»[6]

Ein anderer Grund für paternalistische Täuschungen entstammt gerade dem Wunsch, gegenüber Kindern und anderen Personen mit einem eingeschränkten Verständnisvermögen ehrlich zu sein. Wenn man mit ihnen redet, hofft man, sie zu einem möglichst adäquaten Verständnis dessen zu bringen, um was es geht, so daß sie in der Lage sind, «angemessen» zu reagieren – weder zu nachlässig noch zu intensiv, wenn es sich um eine unmittelbare Gefahr handelt, und auch nicht mit allzu großer Besorgnis, wenn es eine erst in der Zukunft auf sie zukommende Gefahr ist. Die Wahrheit wird gerade so umgebogen, daß der Hörer – wie der Sprecher glaubt – den richtigen «Eindruck» bekommt. Dadurch hofft man, die Unerfahrenheit oder die Ängste des Hörers auszugleichen, ebenso wie das Erheben der Stimme bei der Verständigung mit einem Schwerhörigen hilft oder die Übersetzung das Gemeinte in eine andere Sprache überträgt.

Eine solche «Übersetzung» in eine Sprache, die das Kind verstehen kann, mag einem Dabeistehenden ziemlich unangebracht erscheinen, doch sie soll nicht im mindesten täuschen, sondern nur ein angemessenes Verhalten bewirken. Sie kann allerdings selbstverständlich mit einer Täuschung Hand in Hand gehen – um zum Beispiel Gefahren herunterzuspielen, gegen die man nichts tun kann, oder um umgekehrt im Kind eine Furcht zu erzeugen, die gewährleisten soll, daß es von Gefahren sich fernhält, die sich wirklich vermeiden lassen. In diesem Sinne können Eltern einem Kind erzählen, daß die Medizin nicht schlecht schmecke oder daß das Behandeln einer Wunde nicht weh tue. Und sie können die Gebrechen übertreiben, die die befallen, die nicht das «Richtige» essen. In jedem dieser Fälle lernt das Kind auch, daß die Großen mogeln, wenn es ihnen zupaß kommt.

All diese Faktoren – das Bedürfnis nach Schutz und Ermutigung, die relative Unwichtigkeit, exakt die Tatsachen wiederzugeben, und der Wunsch, wichtige Informationen zu vermitteln, obwohl auf seiten des Kindes Verständnisschwierigkeiten bestehen – tragen dazu bei, daß man es sich so leicht macht, Kinder zu täuschen. Die gemeinhin für selbstverständlich gehaltene Duldung der Irreführung der Jungen und derjenigen, die nicht im Vollbesitz ihrer Geisteskräfte sind, findet sich bereits bei Milton vor:

«Welcher vernünftige Mensch würde leugnen, daß wir gewisse Menschen, wie Kinder, Verrückte, Kranke, Berauschte, Feinde, Wahnsinnige, Diebe, mit guten Gründen täuschen dürfen?»[7]

In der Nachfolge von Grotius haben viele das Argument aufgegriffen, daß man Kinder täuschen darf, weil ihnen überhaupt kein Recht auf wahre Informationen zukommt. Da sich Kinder über das, was man ihnen sagt, kein «freies Urteil» bilden können, tue man ihnen kein Unrecht und verletze auch ihre Freiheit nicht, wenn man sie belügt.

Zu welchem Schluß wir auch immer hinsichtlich der Angemessenheit von paternalistischen Lügen in Ausnahmesituationen gelangen – das Argument, daß es in Ordnung sei, Kinder und Personen, die nicht im Vollbesitz ihrer geistigen Kräfte sind, zu belügen, bloß *weil* sie diesen Gruppen angehören, ist eindeutig unhaltbar. Jemand, der ein Kind belügt, um ihm Schaden zuzufügen, trägt sicher eine größere und keine geringere Schuld, weil das Opfer die Gefahr nicht voll durchschauen konnte. Mit Lügen kann man Kindern ebensosehr ein Unrecht antun wie anderen, wenn nicht sogar in noch stärkerem Maße. Und das Belügen von Kindern kann den Lügnern ebenso selber schaden wie das Belügen anderer. Schließlich wird von einer Lüge gegenüber einem Kind oft auch seine Familie mit betroffen, weil entweder Mitglieder der Familie an dem Betrug teilhaben oder selber dabei getäuscht werden. Das Folgende ist ein Beispiel dafür, wie das Belügen eines Kindes «zu dessen eigenem Wohl» das Gefüge einer ganzen Familie zersetzte:

Als Folge eines Krebses im Säuglingsalter hat ein fünfzehnjähriger Junge nur noch eine Niere. Die Eltern wollten die Ängste vermeiden, die ihm und seinen Geschwistern aus diesem Wissen erwachsen könnten, und erzählten ihnen statt dessen die folgende Geschichte: Als der Junge noch sehr klein war, hatte er unter Aufsicht einer achtjährigen Schwester geschaukelt. Er war von der Schaukel heruntergefallen und hatte sich dabei so stark gestoßen, daß die Niere so sehr verletzt wurde, daß sie entfernt werden mußte. Der Junge hat heute nur einen Wunsch: Mannschaftssport zu betreiben. Er weiß, daß er das mit nur einer Niere nicht kann. Er ist sehr böse auf seine ältere Schwester, die ihrerseits eine tiefe Schuld empfindet.

Doch nicht nur Kinder und Pflegebedürftige werden aus paternalistischen Gründen belogen. Wir können dieselbe Frage auch in Hinblick auf Erwachsene durchspielen, die uns nahestehen oder für die wir eine besondere Verantwortung haben. Lehrer täuschen gelegentlich ihre Schüler, um sie nicht zu verletzen; oder Richter schmeicheln einem Kollegen, daß die Unbestechlichkeit seines Urteils immer noch unvermindert sei. Gegenüber Leuten, die es brauchen, bringen wir – zum Schein – Bestärkung, Zustimmung oder Liebe zum Ausdruck, um sie nicht zu enttäuschen. Die Wahrscheinlichkeit dafür ist besonders groß in solchen Beziehungen, wo eine enge Bindung vorausgesetzt wird – zwischen Arbeitskollegen zum Beispiel oder zwischen Freunden. Um den Schein zu wahren, um eine lang bestehende gegenseitige Verpflichtung zu respektieren, und um jemanden nicht verletzen zu müssen, werden Lügen ausgesprochen, die dem Schutz und der Verhüllung dienen.

Auch wenn eine offene Zurückweisung stattfindet – ein Bewerber für eine Stelle wird abschlägig beschieden, eine Bitte um Geld wird abgelehnt, ein Heiratsantrag wird abgewiesen –, können paternalistische Lügen benutzt werden, um die wahren Gründe der Ablehnung zu verbergen, um die Höflichkeit zu wahren und um diesen Schlag für das Selbstwertgefühl des Abgewiesenen abzuschwächen. Es fällt leichter zu sagen, man könne nichts tun oder daß die Regeln es nicht erlaubten, als zu sagen, daß man etwas nicht tun wolle. Es ist leichter zu sagen, daß es für das von einem Autor eingereichte Buch keinen Markt gäbe als: daß es unlesbar sei; oder daß es keine freie Stelle gäbe als: daß dem Bewerber die nötigen Kenntnisse fehlten.

Es gibt ein interessantes Beispiel für das Lügen, um eine Zurückweisung zu verhüllen. Und zwar handelt es sich um die Entscheidung, daß ein Mitglied einer Familie einem anderen Familienmitglied nicht ein lebensrettendes Organ spenden will. Es ist bekannt, daß eine Niere, die von einem engen Familienangehörigen stammt, wahrscheinlich mit größerem Erfolg transplantiert werden kann als die Niere eines nicht verwandten Spenders. Es kommt jedoch vor, daß niemand in der Familie eine Niere besitzt, die sich zum Spenden eignet; ebenso gibt es den Fall, daß ein Familienangehöriger zwar zum Ausdruck bringt, daß er die Niere spenden will, gleichzeitig jedoch Angst hat, von Aggressionen erfüllt ist und der Sache recht ablehnend gegenübersteht. Renée Fox und Judith Swazey beschreiben einen solchen Fall:

«Susans Mutter drückte ihre Bereitschaft aus, ihre Niere zu spenden, doch die Mediziner hatten Anlaß zu der Annahme, daß sie es eigentlich doch nicht wollte. Ihnen fiel zum Beispiel auf, daß Mrs. Thompson in der Zeit, als sie untersucht wurde, Magen-Darm-Beschwerden und Herzklopfen bekam. Sobald man ihr allerdings mitgeteilt hatte, daß sie nicht der Spender der Niere für ihre Tochter sein könne, ‹ging es schlagartig wieder besser›. Weder Mrs. Thompson noch ihre Tochter wissen, daß man sie aus psychologischen Gründen nicht genommen hat. [. . .] Zur Erklärung, warum sie nicht der Spender sein könne, sagte man Mrs. Thompson, ‹daß ihr Gewebe nicht mit dem ihrer Tochter zusammenpasse›.»[8]

Von all solchen Täuschungspraktiken wird behauptet, sie fußten auf Menschenfreundlichkeit und Anteilnahme für die Getäuschten. Sieht man sich die Sache aber genauer an, dann sticht auch hier wieder die Diskrepanz der Perspektiven ins Auge. Den Wunsch, zu schützen und zu helfen, der hinter so vielen paternalistischen Lügen steht, können wir teilen; ebenso können wir anerkennen, daß man die Wahrheit nicht als Waffe benutzen darf, nicht einmal versehentlich. Doch aus der Sicht der Belogenen sind mit der paternalistischen Täuschung viele Gefahren verbunden. Wie im Falle der Mutter, der man hinsichtlich ihrer Eignung als Spender einer Niere für ihre Tochter die Unwahrheit gesagt hatte, läßt man gewisse Probleme unausgesprochen. Oder man macht jemandem falsche Hoffnungen; so kann es Studenten gehen, die jahrelang eifrig studiert haben, ohne daß man ihnen auch nur einmal gesagt hat, daß sie nicht darauf hoffen dürfen, in ihrem Bereich voranzukommen oder gar eine Anstellung in der Universität zu finden. Wie bei dem Jungen, dem man erzählt hatte, seine Schwester sei indirekt an seiner Krankheit schuld, können unnötige Feindseligkeiten Platz greifen. Hohl gewordene Ehen und Freundschaften können noch mehr an Substanz verlieren, wenn der Getäuschte überhaupt keine Gelegenheit hat zu erkennen, was los ist.

Bei der Verteidigung von paternalistischen Lügen beruft man sich vielfach darauf, daß man sie ja unvoreingenommen und uneigennützig anwendet, um damit bedrängten Mitmenschen zu helfen. Bei näherer Prüfung stellt sich allerdings häufig heraus, daß diese Objektivität und Uneigennützigkeit nicht echt sind. Man erkennt dann, daß sich die gutgemeinten Absichten, von denen die Lügner sprechen, sich mit vielen anderen, weitaus weniger altruistischen Motiven vermengen – zum Beispiel ist da die Scheu vor dem Konflikt zu nennen, der durch eine unverblümte Offenlegung der Gefühle und Absichten des Lügners entstehen würde; oder der Wunsch, große Veränderungen zu vermeiden, wenn Untreue oder Süchtigkeit nicht länger verborgen werden können; und schließlich der Drang, sich die Macht zu erhalten, die aus dem Hintergehen anderer entspringt (diese Macht ist dann am größten, wenn die Belogenen wehrlos oder pflegebedürftig sind). Dies sind Motive des Selbstschutzes und der Manipulation, man will die Kontrolle über eine Situation behalten und weiterhin ungehindert agieren können. Solange der Lügner diese Motive nicht erkennt, kann man sich auf sein voreingenommenes Urteil, daß seine Lügen altruistisch seien und daher entschuldbar, nicht verlassen.

Aus der Sicht der Getäuschten wird daher der «hilfreiche Charakter» der paternatlistischen Lügen fraglich. Darüber hinaus werden damit auch die Vorteile in Frage gestellt, die dem Lügner, wie er denkt, erwachsen. Die Folgewirkungen einer Täuschung für den Lügner selbst – die Notwendigkeit, Lügen abzustützen, sie immer wieder abzusichern, die Ängste vor einer möglichen Entdeckung, die Verwirklichung und die Bedrohung der eigenen Integrität –, diese Folgewirkungen werden gerade in einer engen persönlichen Beziehung sehr groß sein, wo eine einzige Lüge selten ausreichen wird. Steht man in engem Kontakt mit dem, den man belügt, dann kann es sehr schwierig sein, den Betrug verborgen zu halten. Oft stellt sich heraus, daß der Preis für ein solches «Lügenleben» nicht einmal durch die Vorteile, die der Lügner dadurch erlangte, wettgemacht wurde.

Paternalistische Lügen: Die Ausbeutung der Abhängigen

Die beiden simpelsten Sichtweisen der paternalistischen Lüge kann man also ausscheiden. Es ist in keiner Weise Rechtens, Personen zu belügen, nur weil sie Kinder sind oder nicht in der Lage sind zu verstehen, was man ihnen sagt. Und die einfache Anschauung, die von Luther und vielen anderen geteilt wird, daß die hilfreiche Lüge durch ihren Altruismus entschuldigt wird[9], ist viel zu unkritisch. Damit werden viel zu viele Lügen ungeprüft zugelassen. Beide Sichtweisen versäumen es, den Schaden zu berücksichtigen, der durch das Lügen nicht allein den Getäuschten, sondern auch den Lügnern und ihren persönlichen Bindungen entsteht.

Gibt es andere Möglichkeiten, die wenigen rechtfertigbaren paternalistischen Lügen (sofern es sie gibt) von den vielen Mißbräuchen des Paternalismus zu unterscheiden? Ein erster Weg besteht darin, daß man sich die zahlreichen Parallelen zwischen Gewalt und Täuschung vor Augen führt, auf die wir in diesem Buch hingewiesen haben, und dann fragt: Ist das Lügen aus paternalistischen Gründen immer dann gerechtfertigt, wenn Gewalt gerechtfertigt ist?

In einer Krisensituation, wo ein unschuldiges Leben bedroht wird und keine anderen Alternativen zur Verfügung stehen, läßt sich Täuschung sicher in demselben Umfang wie Gewaltanwendung zugestehen. Beides wäre zum Beispiel gerechtfertigt, um ein Kind zu retten, das vor lauter Angst ein brennendes Gebäude nicht verlassen mag. Es wäre sowohl gerechtfertigt, wenn man es mit Gewalt heraustragen oder ihm fälschlich sagen würde, es sei völlig ungefährlich hinauszulaufen. Doch die Parallele stimmt nicht ganz. Die Tatsache, daß der Paternalismus gerade so häufig in Familien und anderen engen und von Abhängigkeit gekennzeichneten Beziehungen am besten gedeiht, wirkt sich in besonderer Weise auf die Entscheidung aus, ob man mittels Gewalt oder Täuschung manipuliert. Diese Beziehungen erfordern ein stärkeres und langfristigeres Vertrauen als die meisten anderen. Während in vielen Krisensituationen wie in der, wo der Mörder sein Opfer verfolgt, es egal ist, ob man nun lügt oder Gewalt anwendet, ist in Familienkrisen oder in sonstigen Vertrauensbeziehungen das Gegenteil der Fall.

Man stelle sich nur ein Elternpaar vor, das zu verhindern sucht, daß ein kleines Kind in einen Teich fällt. Vielleicht versuchen sic es mit Ablenkung oder Überredung und greifen schließlich, wenn das nichts hilft, zum Mittel der Gewalt. Doch wie steht es, wenn sie sich statt dessen entscheiden, dem Kind zu erzählen, in dem Teich würden böse Geister wohnen? Zwar läßt sich durch eine solche Geschichte die Gefahr des Ertrinkens wirksam verhindern und den Eltern bliebe so die Anwendung von Gewalt erspart, doch auf lange Sicht zahlt sich eine solche Strategie für eine Familie nicht aus. (Wenn die Eltern allerdings zu weit weg sind oder in ihrer eigenen Bewegungsfreiheit eingeschränkt sind, so daß sie das Kind nicht immer wieder vom Teich wegholen können, dann kann man die Lüge als letztes Mittel vielleicht akzeptieren.)

Die paternalistische Besorgtheit um die, die uns nahestehen, liefert nicht nur keine weitere Entschuldigung für das Lügen (zusätzlich zu den bereits an früherer Stelle akzeptierten Lügen in Krisensituationen, den wirklich harmlosen Lügen oder den Lügen, denen die Belogenen zugestimmt haben). Im Gegenteil: gerade die Enge der Bindung *schränkt* die Rechtfertigbarkeit selbst jener Lügen *ein*. In Krisen sind paternalistische Täuschungen, wie wir gesehen haben, nur dann zulässig, wenn sich die Mittel der Überzeugung und der Gewalt als zwecklos erwiesen haben.[10] Und in Familien, unter Nachbarn und engen Freunden und Arbeitskollegen türmen sich triviale Lügen in weit stärkerem Maße auf als bei lockereren Bekanntschaften. Sie können dadurch eine Tragweite erlangen, die sie sonst nicht hätten. Bei all diesen Lügen muß der zusätzliche Schaden für die Beziehung selbst in Betracht gezogen werden, und außerdem die Tatsache, daß der Lügner jederzeit damit rechnen muß, daß einige seiner Lügen herauskommen und ihm dann das Vertrauen entzogen wird.

Am problematischsten steht es mit dem *Einverständnis* bei paternalistischen Lügen. Kinder, Freunde oder Ehegatten werden nur selten im Vorwege ihr Einverständnis erklärt haben, daß man sie zu ihrem eigenen Wohl belügt. Gelegentlich begegnet man dann einer Variante des erforderlichen Einverständnisses: dem impliziten Einverständnis. Eines Tages, so wird argumentiert, werden die Belogenen dankbar sein für die Einschränkungen, die man ihnen zu ihrem eigenen Besten auferlegt hat. Die zu Unrecht Belogenen werden es allerdings nicht sein. Diese Erwartung einer künftigen Dankbarkeit setzt ein vorher gegebenes Einverständnis voraus: Wenn diejenigen, die jetzt zu ihren eigenen Gunsten getäuscht werden, uneingeschränkt einsichtsfähig, geistig und körperlich gesund beziehungsweise erwachsen wären, dann würden sie dem zustimmen, was jetzt für sie getan wird.[11] Befänden sie sich in der Position des Lügners, dann würden sie aus dieser altruistischen Sorge heraus ebenfalls lügen.

Kann man das «implizite Einverständnis» als Maßstab für alle paternalistischen Lügen verwenden – in Krisen, unter trivialeren Umständen, um Schutz zu spenden, um Mut zu machen, um zu trösten? Die Kluft zwischen den Perspektiven des Lügners und des Belogenen wäre dann überbrückt; ihre Ziele – nämlich dem Belogenen zu nützen – wären dann die gleichen. Um die berechtigten paternalistischen Lügen von all den anderen zu unterscheiden, müßte man dann die Belogenen fragen (sofern sie wirklich in der Lage sind, ihre eigenen Interessen zu beurteilen), ob sie wollen würden, daß man sie hintergeht. Wenn sie erst zu einem späteren Zeitpunkt vernünftig genug sind, um das beurteilen zu können, dann müßte man sie fragen, ob sie dem Betrug ihre nachträgliche Zustimmung geben – ob sie dankbar sind, daß sie belogen wurden.

Zuweilen ist die Antwort auf solche Fragen klar. Einverständnis liegt dann vor, wenn jemand selbst im voraus darum bittet, daß man ihn belügt und ihm Beschränkungen auferlegt. Odysseus bat darum, daß man ihn mit Seilen fesseln sollte; manche Patienten bitten ihren Arzt, eine ungünstige Prognose für sich zu behalten. Es gibt auch Situationen, wo zwar kein vorheriges Einverständnis abgegeben wurde, wo aber jeder vernünftige Mensch wollen würde, daß man ihn zu seinem eigenen Wohl anlügt. Jemand, der für kurze Zeit geistesgestört ist, oder das vor Angst gelähmte Kind, das man mit Lügen aus einem brennenden Haus herauslocken muß, wird die Anständigkeit derer, die gelogen haben, nicht in Zweifel ziehen, wenn es wieder einen klaren Gedanken fassen kann.

Diese Fragen eignen sich auch gut dazu, um all die Fälle auszuscheiden, wo niemand im Ernst bestimmten Formen des Zwangs zustimmen würde, die nur paternalistisch *genannt* werden, es aber gar nicht sind. Wenn man jemanden in eine Irrenanstalt sperrt, um ihm damit zu «helfen», seine politische Ablehnung eines herrschenden Regimes zu überwinden, so ist das sicher ein Schicksal, für das es kein implizites Einverständnis gibt; und eine nachträgliche Zustimmung zu einer solchen Behandlung geschieht nicht aus Freiheit – sie ist ein Zeichen eines gebrochenen Geistes.

Oder ein anderes Beispiel, das in der Antike häufig zitiert wurde: daß es richtig sei, schwer bedrängten Kampftruppen falsche Siegesmeldungen zu überbringen, so daß sie neuen Mut schöpfen und den Feind besiegen. Diejenigen, die solche Unwahrheiten erzählen, haben sich vielleicht selbst eingeredet, daß sie den Soldaten damit einen Gefallen tun. Und ist der Sieg dann tatsächlich errungen, mögen das auch die Soldaten glauben, die zufällig mit dem Leben davongekommen sind. Doch vor einer Schlacht würden sie die Sache bestimmt nicht so optimistisch betrachten. Sie haben allen Grund zu fragen, wie sich eine solche Handlungsweise rechtfertigen läßt, wenn man den Ausgang des Kampfes gar nicht kennt – wie der Lügner dazu kommt, das spätere Einverständnis von einem Sieg abhängig zu machen und dabei ohnehin nur die Überlebenden zu berücksichtigen. Bei der Verteidigung dieser Lügen greift man zwar zu einer paternalistischen Sprache und hebt dabei auf den Stolz und das nachträgliche Einverständnis der Soldaten und ihre Dankbarkeit ab, durch eine Lüge soviel Ansporn zum Weiterkämpfen erhalten zu haben, doch hinter diesen Worten steckt wenig echte Sorge für den einzelnen Soldaten, und auch das Bild von den getäuschten Soldaten, die angeblich nicht genügend Vernunft aufbringen, um für sich selbst zu entscheiden, ist unhaltbar. Diese Lüge ist nichts als strategisch, sie soll nur die Ziele derer befördern, die auf den Kommandohöhen sitzen.

Vielfach ist es jedoch nicht so klar, ob ein vernünftiger Mensch später seine Zustimmung erteilen wird, daß man ihn getäuscht hat. Paternalistische Lügen werden meistens in sehr privaten Umständen ausgesprochen, wo ein kompliziertes Netz seit langem praktizierter Verheimlichungen es schwermacht, realistische Alternativen zu bestimmen und zu erkennen, ob der Belogene tatsächlich nicht in der Lage ist, die Wahrheit zu ertragen, was nützen und was schaden wird, ja was überhaupt eine Lüge ist.

Sollten zum Beispiel Eltern, die ein Kind adoptiert haben, so tun, als seien sie die leibhaftigen Eltern?* Sollte eine schwerkranke Frau, die fürchtet, daß ihr Mann mit der Wahrheit nicht fertig werden würde, ihn über ihren Zustand belügen? Wenn man die vielen Lügen betrachtet, um diese Dinge zu verheimlichen, dann lassen sich die Konsequenzen einer Offenlegung der Wahrheit nicht über einen Kamm scheren. Sagt man ihnen die Wahrheit, dann werden die meisten sicher erklären, daß sie es vorziehen, Bescheid zu wissen. Doch einigen würde das sicher Schmerz bereiten, und sie würden wünschen, daß man es ihnen nie gesagt hätte.

Mit Ausnahme von eindeutigen Fällen, wo jedermann sein Einverständnis erklären beziehungsweise jedermann es verweigern würde, ist es doch ein großer Unterschied, ob man sich auf ein implizites Einverständnis oder ein tatsächliches verläßt. Ein tatsächliches Einverständnis nimmt falschen Aussagen ihren Täuschungscharakter, wie zum Beispiel bei einem Spiel, dessen Regeln die Spieler vorher zugestimmt haben. Vom impliziten Einverständnis läßt sich das gleiche nicht sagen. Ob man nun davon überzeugt ist oder nicht, daß ein solches Einverständnis gegeben werden wird, muß man sich trotzdem immer fragen, ob die Lüge auch sonst gerechtfertigt ist oder nicht. Die persönliche Bindung zwischen dem Lügner und dem Belogenen rechtfertigt nicht von sich aus schon paternalistische Lügen, und diese Rechtfertigung geht ebensowenig von der Überzeugtheit des Lügners von seinen guten

* Heute legt man es den Eltern nahe, ihrem adoptierten Kind reinen Wein einzuschenken.

Absichten aus, seiner Ansicht, daß der Getäuschte nicht in der Lage ist, das Vernünftige zu tun, wenn man ihm die Wahrheit sagt, oder seinem Glauben an das implizite Einverständnis des Belogenen. Wenn man ein solches Einverständnis unterstellt, dann kommen alle Vorurteile, die die Perspektive des Lügners beeinträchtigen, nur noch stärker zum Tragen.

Wenn wir den Standpunkt von potentiell Getäuschten einnehmen, dann dürfen wir uns nicht in eine Lage begeben, wo andere meinen, daß wir getäuscht werden sollten. Es ist möglich, von vornherein über den Grad an Aufrichtigkeit zu sprechen, den man in einer Ehe, einer Freundschaft oder unter Arbeitskollegen ertragen kann; man kann grundsätzliche Regeln formulieren, bevor es überhaupt etwas zu verbergen gibt. Bei paternalistischen Lügen ist es ähnlich wie bei den trivialen Alltagslügen (beide überschneiden sich oft): Es ist vielleicht nur schwer möglich, jede Unwahrheit zu vermeiden, doch es besteht kein Grund, nicht zu versuchen, das Lügen soweit wie möglich einzuschränken, sich nach Alternativen umzusehen und andere wissen zu lassen, daß man lieber ehrlich behandelt werden möchte. (Es versteht sich, daß das natürlich nicht bedeutet, mit dem Verzicht auf Lügen nun auch Diskretion und Taktgefühl aufzugeben.)

Man kann solche Standards unter Ehegatten, Freunden, Kollegen ausarbeiten. Schwieriger wird es allerdings bei Kindern und Zurückgebliebenen, die nicht so bald, vielleicht sogar nie den Punkt erreichen werden, wo sie mit anderen besprechen können, wie ehrlich sie behandelt werden wollen. Man kann jetzt praktisch keine Zustimmung von ihnen erhalten, daß man sie täuschen darf; und ein nachträgliches Einverständnis in der Zukunft ist entweder unmöglich oder so weit entfernt, daß man sich darauf nicht verlassen kann.

Das Problem wird noch dadurch verschärft, daß die Interessen dieser Gruppen in der Öffentlichkeit nur äußerst schlecht vertreten sind. Selbst die hervorragendsten, angeblich «aufgeklärtesten» Philosophen haben die brutalsten Praktiken zur Manipulation und Täuschung der Unreifen, Behinderten und Vernunftlosen unterstützt. Selbst John Stuart Mill, der sich so nachdrücklich für die Freiheit aussprach, erklärte, davon ausgenommen seien die Kinder, die Pflegebedürftigen und jene «rückständigen gesellschaftlichen Zustände [. . .], in denen die menschliche Gattung selbst als noch unmündig angesehen werden kann». Er schrieb:

«Despotismus ist eine legitime Regierungsform im Umgang mit Barbaren, sofern er ihre Förderung im Sinn hat und die Mittel durch die tatsächliche Erreichung des Ziels gerechtfertigt werden.»[12]

Die Berufung auf «vernunftbegabte Menschen» hat nie die Interessen derer geschützt, die als Außenseiter, tiefer stehend, behindert oder unreif galten. Und sie selbst können nicht zwischen gutwilligen und böswilligen Motiven derer unterscheiden, die sie belügen. Und daß die gutwilligen Motive überwiegen, zu diesem Vertrauen hat die bisherige Geschichte kaum Anlaß gegeben. Anstatt also die gemeinhin geteilte Sichtweise zu akzeptieren, daß das Belügen von Kindern oder denen, von denen die Lügner meinen, sie seien *wie* Kinder, eher zu rechtfertigen sei, braucht man vielmehr besondere Schutzmaßnahmen, damit diese Gruppe nicht ausgebeutet wird.

Zusammenfassend läßt sich also sagen: Obwohl man paternalistische Lügen gelegentlich gut verstehen und mit ihnen sympathisieren kann, sind sie auch mit besonderen Risiken verknüpft. Einmal handelt es sich um Risiken für den Lügner selbst, die daraus entstehen, daß er immer mehr Lügen gebrauchen muß, um vor den Menschen, mit denen er zusammen lebt oder die er häufig sieht, den Schein zu wahren; so wird die Wahrscheinlichkeit immer größer, daß der Schwindel herauskommt und man zu ihm kein Vertrauen mehr hat. Weiterhin gibt es Risiken für die Beziehung, in der die Täuschung stattfindet, und schließlich das Risiko, daß der Belogene in jeder Weise ausgebeutet wird.

Trotzdem gibt es einige, die es vorziehen würden, aus paternalistischen Gründen heraus belogen zu werden. Die Schwierigkeit dabei ist nur, herauszufinden, welche Personen das sind. Solange man das nicht weiß, kann auch diesen Personen Schaden zugefügt werden. Denn es ist vielleicht nicht besonders fair oder nett, wenn man jemandem bestimmte Unwahrheiten sagt; doch mag es genausowenig fair und nett sein, wenn man ihm die entsprechenden Wahrheiten mitteilt. Die intime Abgeschlossenheit der Kommunikation bei der paternalistischen Täuschung verstärkt die Schwierigkeiten nur noch, ebenso ist es mit unserem Versagen, uns in die Lage derer zu versetzen, die nicht über die volle Fähigkeit zur Selbstbestimmung verfügen.

Ich werde dieser Frage detaillierter im nächsten Kapitel nachgehen, wo ich die Lügen gegenüber Kranken und Sterbenden in den Mittelpunkt stelle. Die Ansichten über die Täuschung in solchen Fällen sind seit langem geteilt. Mittlerweile stehen uns bereits erste empirische Daten darüber zur Verfügung, welche Informationen die Leute tatsächlich über ihre Krankheit und die Wahrscheinlichkeit des baldigen Todes wünschen – Daten, die man bei jeder Entscheidung, ob man Patienten die Wahrheit sagt oder nicht, berücksichtigen muß. Die Tatsache, daß Ärzte und anderes medizinisches Personal vor diesen Entscheidungen stehen, macht es darüber hinaus eher möglich, diese Probleme öffentlich zu diskutieren, als es bei den vielen Lügen der Fall ist, die in dem nach außen abgeschlossenen Bereich des Familienlebens ihren Ort haben.

15 Die Vernichtung der Menschenwürde: Lügen gegenüber Kranken und Sterbenden

«Das Gesicht eines Arztes sollte wie das eines Diplomaten undurchdringlich sein. Die Natur ist eine gutmütige alte Heuchlerin; sie betrügt die Kranken und Sterbenden mit Illusionen besser als mit jedem Schmerzmittel. [. . .]

Einige schlaue alte Ärzte haben immer ein paar Phrasen für Patienten zur Hand, die unbedingt die Ursache für ihre Beschwerden wissen wollen, jedoch überhaupt nicht in der Lage sind, die wissenschaftliche Erklärung dafür zu verstehen. Der Ausdruck ‹spinale Irritation› hat, wie ich weiß, bei solchen Gelegenheiten gute Dienste geleistet, doch ich glaube, nichts schien so viel auszusagen und bedeutete doch so wenig und hat alle Seiten so tief zufriedengestellt wie die großartige Wendung ‹Kongestion des Portalsystems›.»

Oliver Wendell Holmes, *‹Medical Essays›*

«Und ihn peinigte diese Lüge, ihn peinigte es, daß sie nicht offen bekennen wollten, was sie wußten und was er wußte, sondern ihn belogen und ihn selber zwangen, an dieser Lüge teilzuhaben. Die Lüge, die Lüge, die sich an seinem Sterbebett breitmachte, mit der sie immer wieder den furchtbaren, feierlichen Akt seines Todes ihren Gesellschaften, Fenstervorhängen und Diners mit Fischspeisen gleichstellten – diese Lüge war furchtbar quälend für Iwan Iljitsch.»

Leo Tolstoj, *Leo Tolstoj, ‹Tod des Iwan Iljitsch›*

«Wer sich in die analytische Technik eingelebt hat, trifft das dem Arzte sonst unentbehrliche Lügen und Vorspiegeln überhaupt nicht mehr und pflegt sich zu verraten, wenn er es in bester Absicht einmal versucht. Da man vom Patienten strengste Wahrhaftigkeit fordert, setzt man seine ganze Autorität aufs Spiel, wenn man sich selbst, von ihm bei einer Abweichung von der Wahrheit ertappen läßt.»

Sigmund Freud, ‹*Bemerkungen über die Übertragungsliebe*›

Täuschung als Therapie

Auf Verlangen seiner Versicherung läßt ein vierundsechzigjähriger Mann in einem Krankenhaus eine Routineuntersuchung vornehmen. Dabei stellen die Ärzte fest, daß er Krebs hat, der innerhalb der folgenden sechs Monate zum Tode führen wird. Eine Aussicht auf Heilung besteht nicht. Chemotherapie könnte sein Leben vielleicht um ein paar Monate verlängern, hätte jedoch Nebenwirkungen, die der Arzt in diesem Fall nicht in Kauf nehmen will. Zudem ist er der Ansicht, daß eine solche Therapie den Patienten vorbehalten bleiben sollte, bei denen Aussicht auf Besserung besteht. Der Patient leidet unter keinerlei Symptomen, die ihm Grund zu der Annahme geben würden, er sei nicht völlig gesund. In der nächsten Woche will er einen kurzen Urlaub antreten.

Der Arzt hat nun mehrere Möglichkeiten, mit der Wahrheit umzugehen. Sollte er dem Patienten mitteilen, was er weiß, oder sollte er es verschweigen? Sollte er die Wahrheit verleugnen, wenn er gefragt wird? Und wenn er sich entschließen sollte, die Diagnose offenzulegen, sollte er damit warten, bis der Patient aus dem Urlaub zurück ist? Doch auch wenn er dem Patienten die Wahrheit sagt, sollte er dann die Möglichkeit der Chemotherapie erwähnen und begründen, warum er in diesem Fall von ihr abrät? Oder sollte er jeden Versuch unterstützen, den Tod hinauszuschieben?

In diesem Fall entschied sich der Arzt, dem Patienten sofort reinen Wein einzuschenken. Die Möglichkeit der Chemotherapie erwähnte er allerdings nicht. Ein Medizinstudent, der bei dem Arzt arbeitete, war mit diesem Vorgehen nicht einverstanden; auch mehrere Schwestern waren der Ansicht, daß der Patient über diese Möglichkeit hätte informiert werden müssen. Vergeblich versuchten sie, den Arzt davon zu überzeugen, daß der Patient ein Recht darauf besitze. Als der Versuch, ihn zu überzeugen, nichts fruchtete, entschloß sich der Student, den Anweisungen des Arztes zuwider zu handeln und informierte den Patienten über die Möglichkeit der Chemotherapie. Nach einer Beratung mit seiner Familie suchte der Patient um diese Behandlung nach.

Ärzte stehen häufig vor solchen bedrängenden Entscheidungen. Was sie offen aussprechen, zurückhalten oder verdrehen, ist für ihre Patienten von größter Bedeutung. Mit entsprechender Vehemenz betonen die Ärzte deswegen auch, daß sie ihre Gründe für das Verzerren und Verheimlichen der Wahrheit haben: Sie wollen einen Kranken nicht unnötig in Unruhe versetzen oder ein überflüssiges Leiden oder Unbehagen erzeugen wie in dem Fall des Krebspatienten; sie wollen einem Patienten nicht die letzte Hoffnung nehmen und sagen daher den Sterbenden nicht die Wahrheit über ihren Zustand; oder sie wollen die Chancen einer Heilung verbessern, indem sie einen übertriebenen Optimismus in bezug auf eine bestimmte Therapie an den Tag legen. Ärzte benutzen Information als Teil ihres therapeutischen Vorgehens; sie wird in bestimmten Mengen, in bestimmten Mischungen und zu den Zeitpunkten ausgegeben, die man für den Patienten für am besten hält. Im Vergleich dazu kommt der akkuraten Tatsachentreue eine viel geringere Bedeutung zu.

So hat sich der Eindruck ergeben, daß das Belügen von Patienten in besonderer Weise entschuldbar sei. Einige würden die These vertreten, daß man Ärzten, und *nur* Ärzten, das Recht zugestehen sollte, die Wahrheit in einer Weise zu manipulieren, die bei Politikern, Anwälten und anderen so wenig wünschenswert ist.[1] Ärzte sind dazu ausgebildet, ihren Patienten zu helfen. Ihr Verhältnis zu den Patienten beinhaltet besondere Verpflichtungen, und sie wissen viel besser als jeder Laie, was der Heilung und dem Überleben dienlich ist oder was sie behindert.

Selbst die gewissenhaftesten Ärzte, die auf Quacksalberei und marktschreierische Anpreisungen falscher Heilkuren sehr distanziert reagieren, zögern, dem Lügen prinzipiell abzuschwören. Lügen ist normalerweise falsch, so sagen sie; noch falscher allerdings wäre es, wenn man Patienten durch die Wahrheit Schaden zufügen würde. Diese Ansicht kommt auch bei B. C. Meyer zum Ausdruck:

«Unser Beruf hat sich traditionellerweise an einem Gebot orientiert, das über die Verpflichtung, die Wahrheit um der Wahrheit willen zu sagen, noch hinausgeht; es lautet: ‹Vermeide soweit wie möglich jeden Schaden.›»[2]

Die Wahrheit, so Meyer, kann wichtig sein, doch nicht, wenn sie die Gesundheit und das Wohlbefinden von Patienten gefährdet. Das schien für viele Ärzte in der Vergangenheit selbstverständlich zu sein; in den medizinischen Kodizes und Eiden und älteren medizinischen Schriften ist Wahrhaftigkeit kein Thema. Dieser Mangel überrascht um so mehr, als in denselben Dokumenten andere Grundsätze der Ethik mit Nachdruck und Eindringlichkeit vertreten werden.

Von unmittelbarer Relevanz für die medizinischen Praktiker sind die beiden fundamentalen Grundsätze, Gutes zu tun und keinen Schaden anzurichten. Sie werden am häufigsten betont. Das Leben und die Gesundheit zu erhalten, Krankheit, Schmerz und Tod abzuwehren – dies sind die ewigen Aufgaben der Medizin und Krankenpflege. In der gesamten Geschichte der Medizin sind diese Grundsätze nachhaltig vertreten worden. Im hippokratischen Eid versprechen die Ärzte:

«Ärztliche Verordnungen werde ich treffen zum Nutzen der Kranken [. . .], hüten aber werde ich mich davor, sie zum Schaden und in unrechter Weise anzuwenden.«[3]

Und in einem hinduistischen Initiationseid heißt es:

«Tag und Nacht, so beschäftigt du auch sein mögest, sollst du mit Herz und Seele danach trachten, deinen Patienten Erleichterung zu bringen. Du darfst den Patienten weder im Stich lassen noch ihm schaden, selbst wenn es dich dein Leben kostet.«[4]

Eine vergleichbare Betonung der Wahrhaftigkeit als ethischer Grundwert gibt es jedoch nicht. Sie fehlt in praktisch allen Eiden, Kodizes und Gebeten. Der hippokratische Eid erwähnt die Wahrhaftigkeit gegenüber Patienten in bezug auf ihren Zustand, ihre Aussichten und die Behandlung nicht. Auch andere frühe Kodizes und Gebete schweigen sich darüber aus. Sicher beziehen sie sich häufig auf die Vertraulichkeit, mit welcher die Ärzte das behandeln sollten, was ihnen mitgeteilt wird; aber einen entsprechenden Hinweis auf die Ehrlichkeit gegenüber dem Patienten gibt es nicht. Einer der wenigen, die sich auf einen solchen Grundsatz beriefen, war Amatus Lusitanus, ein für sein Können weithin bekannter jüdischer Arzt, der, verfolgt, im Jahre 1568 an der Pest starb. Er veröffentlichte einen Eid, in welchem es heißt:

«Wenn ich lüge, so werde ich den ewigen Zorn Gottes und seines Engels Raphael auf mich laden, und in der Kunst der Medizin wird mir nichts mehr meinen Wünschen entsprechend gelingen.»[5]

Auch in späteren Kodizes bleibt dieses Thema ausgespart. Es kommt nicht einmal in der Erklärung von Genf vor, die 1948 von der World Medical Association angenommen wurde. Und die Grundsätze der medizinischen Ethik der American Medical Association überlassen die Entscheidung, den Patienten zu informieren oder nicht, immer noch dem Arzt selbst.[6]

Ausgestattet mit einer solchen Freiheit, kann ein Arzt nun frei entscheiden, den Patienten so viel oder so wenig zu sagen, wie er für zweckmäßig hält, solange er dabei gegen keine Gesetze verstößt. Im Falle des Mannes, den wir am Anfang dieses Kapitels erwähnt hatten, könnten sich einige Ärzte im Recht fühlen, wenn sie zum Besten des Patienten lügen, andere wiederum würden die Wahrheit sagen. Einige könnten verschweigen, daß es zu der von ihnen empfohlenen Behandlung Alternativen gibt, andere würden es nicht tun. In jedem Falle könnten sie sich auf die ethischen Grundsätze der amerikanischen Medizinervereinigung berufen. Viele würden es vorziehen, wenn sie lügen dürften. Sie würden behaupten, daß eine

Lüge nicht nur Schaden abwenden kann von einem Patienten, sondern daß man auch nie genau wissen kann, ob sie mit einer pessimistischen Diagnose recht hatten; es könnte daher sein, daß eine «wahrhaftige» Aussage den Patienten unnötigerweise verletzt. Die Sorge um die Heilung und die Hilfe für diejenigen, die nicht geheilt werden können, steht dann dem Wunsch nach uneingeschränkter Offenheit entgegen. Diese Sorge wird besonders stark sein, wenn die Prognose traurig ausfällt oder wenn Patienten von ihrer Krankheit oder ihren Medikamenten so sehr mitgenommen werden, daß sie abhängiger als gewöhnlich werden und dann möglicherweise leichter zur Depression und Irrationalität neigen.

Ärzte wissen nur zu gut, wie ungewiß eine Diagnose oder Prognose sein kann. Sie wissen, wie schwer es ist, korrekte und aussagekräftige Antworten auf Fragen nach Krankheit und Gesundheit zu geben. Sie wissen auch, daß die Offenlegung ihrer eigenen Unsicherheit und Befürchtungen die Wirkung jener psychologischen Heilungsfaktoren beeinträchtigen würde, die vom Glauben an die Wiedergesundung abhängen. Zudem fürchten sie, daß der Hinweis auf ernste Risiken, egal wie unwahrscheinlich ihr Eintreten auch ist, den Mechanismus der «sich selbst erfüllenden Voraussage» ablaufen lassen würde. Wie jeder andere auch wollen sie nicht gern Überbringer ungewisser oder schlechter Nachrichten sein. Und last, but not least würde es den Ärzten die dringend benötigte Zeit für andere Patienten wegnehmen, wenn sie sich hinsetzten und offen und ehrlich, ohne dabei auf Einfühlsamkeit zu verzichten, mit einem Patienten dessen Krankheit diskutierten.

Diese Gründe können erklären helfen, warum Schwestern, Ärzte und die Angehörigen von Kranken und Sterbenden sich lieber nicht durch irgendwelche Regeln binden lassen wollen, die sie darin einschränken würden, Informationen zu unterdrücken, aufzuschieben oder zu verzerren. Das heißt nicht, daß sie unbedingt immer vorhaben zu lügen. Sie wollen nur die Freiheit haben, es zu tun, wenn sie es für angebracht halten. Und das Widerstreben, dieser Freiheit durch ein Verbot des Lügens verlustig zu gehen, erklärt wiederum, warum sich die Kodizes und Eide mit den Problemen der Wahrhaftigkeit und des Lügens nicht auseinandersetzen.

Doch dabei entstehen heute oft scharfe Konflikte. Ärzte arbeiten nicht länger nur allein mit den Patienten. Viel stärker als früher müssen sie sich mit anderen beraten; wenn sie sich entschließen zu lügen, dann wird ihre Entscheidung nicht unbedingt bei allen, die an der Betreuung des Patienten beteiligt sind, auf Zustimmung stoßen. Eine Schwester berichtet von den daraus entstehenden Schwierigkeiten:

«Aus meiner Erfahrung würde ich sagen, daß den Patienten, denen man nichts vom tödlichen Charakter ihrer Krankheit mitgeteilt hat, so viele Fragen unbeantwortet bleiben, daß viele bald dahinterkommen, daß ihre Krankheit ernster ist, als man es ihnen sagt. [. . .]

Die Schwestern kümmern sich vierundzwanzig Stunden am Tag um diese Patienten, während der Arzt nur einmal am Tag kurz zur Visite kommt. Daher wird es vielfach die Schwester sein, an die der Patient sich wendet, wenn er seine unausgesprochenen Ängste nicht mehr für sich behalten kann. [. . .] Für uns Schwestern ist das schwierig, denn weil wir in dauerndem Kontakt mit dem Patienten sind, können wir Schritt für Schritt verfolgen, wie es bis zu diesem Punkt kommt. Immer wieder fragt der Patient: ‹Warum läßt der Schmerz nicht nach?› oder ‹Warum verringert die Bestrahlung die Schmerzen nicht?› [. . .] Als Schwestern haben wir nicht das Recht, diesen Patienten eine ehrliche Antwort zu geben (was ich auch bestimmt nicht wollen würde), doch das Problem ist immer noch ungelöst, und der Kreis der Wissenden um den allein in der Mitte stehenden Patienten wird immer größer.»[7]

Die Entscheidung des Arztes zu lügen zwingt seine Mitarbeiter in zunehmendem Maße, eine Rolle zu spielen, die sie weder für human noch für klug halten. Verschärfend wirkt überdies, daß diese Probleme innerhalb der Medizin noch nie sorgfältig durchdacht worden sind und in der Ausbildung der Mediziner nicht ernsthaft behandelt werden.[8] Patienten in genau der gleichen Lage werden daher von verschiedenen Ärzten auch sehr verschieden behandelt werden. Dazu kommt, daß die Angehörigen häufig mit dem Tun der Ärzte nicht einverstanden sind, selbst wenn die Ärzte und das pflegerische Personal hinsichtlich der Behandlung eines Patienten zu einer übereinstimmenden Meinung gelangt sind. Da die Ärzte die Frage, ob Angehörige das Recht haben, bestimmte Forderungen zu stellen, nicht allgemein zufriedenstellend beantwortet haben, werden die Probleme mehr oder minder nach dem Zufallsprinzip so gelöst, wie es der einzelne Arzt jeweils für richtig hält.

Täuschung als Freiheitsberaubung

Das Durcheinander, das in der Medizin in bezug auf das Problem der Wahrheit herrscht, wird sowohl durch die Patienten selbst als auch durch die Ergebnisse neuerer empirischer Untersuchungen noch vergrößert. Drei Hauptargumente zugunsten des Belügens von Patienten werden immer stärker in Frage gestellt: nämlich erstens, daß Wahrhaftigkeit unmöglich sei; zweitens, daß die Patienten keine schlechten Nachrichten hören wollen, und drittens, daß ihnen die Wahrheit nur schade.

Das erste dieser Argumente haben wir bereits in Kapitel 1 behandelt. Es bringt «Wahrheit» und «Wahrhaftigkeit» durcheinander, um damit den Weg für ein gelegentliches Lügen frei zu machen, das sich auf das zweite und dritte Argument dann stützt. Wir können jetzt deutlicher erkennen, daß es sich hierbei nur um ein strategisches Manöver handelt, das der Frage der Wahrhaftigkeit überhaupt erst einmal den Wind aus den Segeln nehmen soll, um dann doch dem Arzt zu überlassen, was er sagt und wie er es sagt. Die Behauptung, «daß es keine scharfe Trennungslinie zwischen dem Wahren und dem Unwahren gibt, da es ohnehin unmöglich ist, die Wahrheit zu sagen»[9], stellt nichts als den Versuch dar, jeden Einwand gegen das Lügen abzuschmettern, bevor man sich überhaupt mit ihm auseinandergesetzt hat. Um zu erkennen, wie unhaltbar dieses Argument ist, braucht man sich nur einmal vorzustellen, wie man reagieren würde, wenn man so etwas aus dem Mund eines Autohändlers oder eines Hausmaklers hörte.

Auf die Medizin angewendet, findet dieses Argument allerdings eine zusätzliche Absicherung: Selbst wenn die Leute im Normalfall durchaus verstehen können, was man ihnen sagt, so sind Patienten dazu oft gerade nicht in der Lage. An dieser Stelle kommt der Paternalismus dann zum Zuge. Wenn wir uns Autos oder Häuser kaufen, so argumentiert der Paternalist, dann müssen wir geistig hellwach sein; wenn wir aber krank sind, sind wir dazu nicht immer imstande. Bei unseren Entscheidungen brauchen wir dann Hilfe, selbst wenn uns diese Hilfe nur dadurch gegeben werden kann, daß man uns unwissend hält. Und der Arzt sei dazu ausgebildet und bereit, eine solche Hilfe zu geben.

Es stimmt natürlich, daß einige Patienten, die durch Krankheit oder starke Medikamente geschwächt sind, nicht in der Lage sind zu erkennen, was für sie selbst das beste ist. Doch die meisten können es noch. Und auch die, die es tatsächlich nicht können, haben ein Recht darauf, daß eine Person ihres Vertrauens – ihre Pflegeperson oder der Ehegatte – korrekt informiert wird.

Die paternalistische Unterstellung, daß die Ärzte den Patienten überlegen seien, bringt auch für die Ärzte selbst große Gefahren mit sich – sie riskieren damit, in eine Haltung der Verachtung abzugleiten. In einem Brief an eine medizinische Zeitschrift wurde vor kurzem folgende Ansicht vertreten:

«Auf Grund der Tatsache, daß man mich bereits gerichtlich zu belangen suchte, habe ich als Radiologe sehr ernsthaft über den Rat nachgedacht, auf der Grundlage einer ausführlichen Information das Einverständnis der Patienten einzuholen; ich habe mich dann allerdings doch entschlossen, ‹ohne vorherige Information der Patienten die Risiken auf mich zu nehmen› und ‹Gott, dem Gericht und den Geschworenen› zu vertrauen, anstatt mich durch einen juristischen Trick der Verantwortung zu entziehen. [. . .]

In einer allgemeinen radiologischen Praxis sind viele unserer Patienten gar nicht informierbar, und wir würden nie fertig werden, wenn wir bei jeder potentiell schädlichen Untersuchung zuerst ihr Einverständnis einholen müßten.

[. . .] Wir haben Patienten mit Sprachproblemen, solche ohne Schulbildung und mit mangelnder Intelligenz, wir haben die Teilnahmslosen und die vor Angst Überwältigten, die alle nicht in der Lage sind, auf Grund von Informationen sich ein Urteil zu bilden und dann ihr Einverständnis zu erklären. Dazu kommen noch die, die aggressiv oder panisch sind und weder zuhören noch begreifen. Und dann gibt es noch die Medicare-Patienten, die ungefähr 35 Prozent der Einweisungen in die allgemeinen Krankenhäuser ausmachen. Die Gescheiteren von ihnen brummen den Arzt an, daß er sie in Ruhe lassen solle. [. . .] Und was den apathischen Rest betrifft, so hat Richard Bright in wohlwollenden Worten dargelegt, daß viele von ihnen deshalb nichts begreifen können, weil ‹ihr Gehirn so schlecht mit Sauerstoff versorgt wird›.»[10]

Das Argument, mit dem es abgelehnt wird, Patienten zu informieren, weil eine wirklich wahrhaftige Information schon an sich unmöglich sei oder weil den Patienten das Verständnis fehle, muß aus der Sicht der Patienten zurückgewiesen werden. Sie wissen, daß man sich die Freiheiten, die sie den gewissenhaftesten und altruistischsten Ärzten zugestehen, auch in den «Medicaid-Mühlen» herausnehmen wird und daß dann die Entscheidungen, von denen man die Patienten fernhält, nicht nur von kompetenten, sondern auch von inkompetenten Ärzten getroffen werden. Und schließlich sind sie sich der Tatsache bewußt, daß auch die besten Ärzte Entscheidungen treffen können, die sie selbst ganz anders getroffen hätten.

Das zweite Argument zur Unterstützung der Täuschung von Patienten bezieht sich insbesondere auf Nachrichten, die Schrecken oder Depression auslösen. Es geht davon aus, daß Patienten im allgemeinen solche Informationen nicht hören wollen und daß sie es vorziehen, einer ernsten Krankheit oder dem Tod nicht offen gegenüberzutreten. Eine Reihe von Umfragen ergab, daß die meisten Ärzte auf Grund einer solchen Überzeugung es sich zur Regel gemacht haben, Patienten nicht davon in Kenntnis zu setzen, daß sie eine Krankheit wie zum Beispiel Krebs haben.

Untersucht man allerdings auf der anderen Seite, was Patienten wissen wollen, dann antwortet die große Mehrheit, daß sie tatsächlich lieber über eine solche Diagnose informiert werden wollen.[11] Diese Untersuchungen müßten aktualisiert werden und eine größere Zahl von Patienten und Nichtpatienten mit einbeziehen. Doch sie zeigen immerhin, daß es in der Frage, ob Patienten Bescheid wissen wollen über das, was sie im Falle einer ernsten Krankheit wie Krebs erwartet, zwischen Ärzten und Patienten tiefgreifende Divergenzen gibt. In den meisten dieser Untersuchungen erklärten über 80 Prozent der Befragten, daß sie informiert werden wollen.

Ärzte, die an der Ansicht festhalten wollen, daß Patienten keine schlechten Nachrichten hören wollen, lassen diese Diskrepanz gelegentlich nicht gelten. Sie behaupten, daß die Tatsache, daß Patienten sagen, daß sie es wollen, im Ernstfall nicht zählt. Je stärker jemand darum bittet, informiert zu werden, desto stärker leidet er unter einer Angst, die dazu führen wird, daß er die Wahrheit verleugnen wird, selbst wenn man sie ihm mitteilt. Es ist daher zwecklos, Patienten zu informieren; sie verleugnen und widersetzen sich den Tatsachen, mit denen sie nicht fertig werden können. Deshalb seien empirische Untersuchungen, die sich nur auf das beziehen, was die Patienten sagen, wertlos, da sie nicht tief genug in deren Bewußtsein eindringen, um den allgemein verbreiteten Widerstand aufzudecken, dem eigenen Tod ins Auge zu sehen.

Diese Ansicht stimmt nur zum Teil. Tatsächlich weiß man aus Erfahrung, daß einige Patienten ihren eigenen Zustand verdrängen. Man schätzt, daß es sich bei ungefähr 15 bis 25 Prozent der Patienten belegen läßt, daß sie verdrängen, was man ihnen über ihre Krankheit gesagt hat, auch wenn sie wiederholt fragen und wiederholt informiert werden. Und kommt der Tod näher, macht fast jeder eine Periode der Verdrängung durch.[12] Elisabeth Kübler-Ross meint, daß die Verdrängung daraus resultiert, daß man ohne Vorbereitung von einem Fremden, der das Ganze schnell hinter sich bringen will, mit einer Information konfrontiert wird. Sie glaubt, daß die Verdrängung nach einer unerwarteten schockierenden Nachricht wie ein Puffer wirkt, der es dem einzelnen erlaubt, sich wieder zu fassen und Abwehrkräfte zu mobilisieren. Sie beschreibt eine Patientin, die fortgesetzt ihre Krankheit verdrängte:

«Überzeugt, daß die Röntgenaufnahme ‹irgendwie vertauscht worden› sei, verlangte sie die Bestätigung, daß ihr Name versehentlich auf einen anderen Befund geraten sei; als man ihr den Gefallen nicht tun konnte, verließ sie sofort die Klinik und suchte einen Arzt nach dem anderen auf, erhielt bald bestätigende, bald beruhigende Auskünfte, verlangte immer neue Untersuchungen und wußte insgeheim doch nur zu gut, daß die erste Diagnose stimmte.»[13]

Doch wenn man behauptet, die Verdrängung sei allgemein verbreitet, dann schlägt das jeder Erfahrung ins Gesicht. Und wenn man jede Behauptung des Gegenteils als «Symptom» einer noch tiefer liegenden Verdrängung deutet, dann bleibt für einen vernünftigen Diskurs kein Raum. Die These von der universalen Verdrängung läßt sich weder beweisen noch widerlegen. Es handelt sich dabei um eine metaphysische Überzeugung über die conditio humana, nicht um eine Aussage darüber, was Patienten wollen und was sie nicht wollen. Es stimmt, daß wir die Möglichkeit unseres eigenen Todes nie völlig begreifen werden, genausowenig wie die Tatsache, daß wir überhaupt am Leben sind. Doch die Menschen unterscheiden sich gewiß darin, in welchem Grade sie sich diesem Wissen öffnen können, wie sie es bei ihren Plänen berücksichtigen und damit ihren Frieden machen können.

Damit die Menschen lernen, sowohl zu leben als auch zu sterben, schrieb Montaigne, müssen sie über den Tod nachdenken und sich auf ihn gefaßt machen.[14] Steckt man den Kopf in den Sand oder wird durch Lügen daran gehindert zu erkennen, was auf einen zukommt, dann wird die Freiheit eingeschränkt – die Freiheit, das eigene Leben als Ganzes zu betrachten, mit einem Anfang, einer Dauer, einem Ende. Einige möchten lieber getäuscht werden, als ihr Leben in dieser Weise als endlich zu sehen; andere werden die Information zurückweisen, die ihnen eine solche Erkenntnis abverlangen würde; doch die meisten sagen, daß sie Bescheid wissen wollen. Das Drängen, über den eigenen Zustand in Kenntnis gesetzt zu werden, ist nicht bloße Neugier oder der Wunsch, in der kurzen verbleibenden Zeit noch einige persönliche Dinge zu regeln. Vielmehr geht es dabei um die Stellung zu dem gesamten Leben, das man gelebt hat, und die Fähigkeit, diesem Leben Sinn und Erfüllung zu geben.[15] In den Lügen oder der Zurückhaltung von Tatsachen reflektiert sich eher die Furcht der Ärzte selbst (die, wie eine Untersuchung belegt[16], viel größer ist als die von Nichtmedizinern), sich mit den Fragen über den Sinn des eigenen Lebens und die Unvermeidlichkeit des Todes auseinanderzusetzen.

Täuschung kann demnach eine existentielle Beraubung darstellen. Darüber hinaus werden wir uns allmählich immer stärker bewußt, was einem Patienten im Laufe seiner Krankheit alles widerfahren kann, wenn er gar nicht oder falsch informiert wird. Lügen bringen ihn in eine Position, wo er an den Entscheidungen über seine eigene Gesundheit nicht mehr teilhaben kann, einschließlich der Entscheidung, überhaupt noch ein «Patient» sein zu wollen. Ein tödlich erkrankter Patient, dem man nicht mitgeteilt hat, daß seine Krankheit unheilbar ist und daß er kurz vor dem Tode steht, kann über das Ende seines Lebens keine Entscheidungen mehr treffen: Ob er ins Krankenhaus geht oder nicht, ob er sich operieren läßt, wo und mit wem er seine letzten Tage verbringt, wie er seine Angelegenheiten regelt – all diese sehr persönlichen Entscheidungen werden ihm unmöglich gemacht, wenn man ihm die Wahrheit verschweigt oder ihm sogar etwas Unwahres sagt.

Es ist schon immer besonders einfach gewesen, tödlich erkrankten Patienten die Wahrheit vorzuenthalten. Sie sind am verletzlichsten, können am wenigsten unternehmen, um das in Erfahrung zu bringen, was sie wissen müssen, und sind kaum in der Lage, ihr Selbstbestimmungsrecht zu behaupten. Die Tatsache, daß man so schwer krank ist, vergrößert in erheblichem Maße die Wahrscheinlichkeit, daß man von anderen abhängig wird. Mit der Aussicht auf eine solche Kontrolle durch andere, in die man dann gerät, wächst natürlich die Angst, eines Tages hilflos zu sein. Zur gleichen Zeit hat sich die Periode der Abhängigkeit und der allmählichen Verschlechterung des Gesundheitszustandes, die die Alten und Kranken durchmachen, verlängert. Die institutionelle Betreuung der Alten und der kurz vor dem Tod Stehenden hat in dramatischer Weise zugenommen. (Über 80 Prozent der Amerikaner sterben heute in einem Krankenhaus oder in einer anderen Institution.)

Schwerkranke erleiden häufig noch einen weiteren Verlust der Kontrolle über ihre grundlegendsten Körperfunktionen. Elektrische Leitungen, Apparate, intravenöse Einführungen von Flüssigkeiten – all das erzeugt neue Abhängigkeiten und gleichzeitig eine Distanz zwischen dem Patienten und seiner Umgebung. Heilbare Patienten sind oft bereit, sich diesen Prozeduren zu unterwerfen; wenn jedoch keine Heilung möglich ist, verstärken sie nur das Gefühl der Distanz und der Unsicherheit und können sogar zum Ersatz für menschliche Tröstungen werden. Wer in dieser Weise leiden muß, befürchtet oft, es werde nur als lästig empfunden, wenn er sich darüber beklagte. Wenn man sie belügt, vielleicht mit den barmherzigsten Absichten, dann kann man damit ungewollt die Patienten neuen Prozeduren ausliefern, unter Umständen sogar einer weiteren Operation, wodurch der Tod durch Transfusionen, Sauerstoffgeräte, ja Wiederbelebungsmaßnahmen länger hinausgeschoben wird, als die meisten es wollen würden.

Wer nahe Angehörige in einer solchen Situation erlebt hat, bei dem ist die Angst vor dem Tod und dem Sterben durch diese Erfahrung erheblich größer geworden. Die Furcht bezieht sich nicht auf den *Moment* des Sterbens oder die davorliegenden Augenblicke. Auch die Furcht, tot zu *sein*, ist nicht stärker geworden. In Gegensatz zu den langen Jahrhunderten, wo das Leben in der Furcht vor den Strafen verbracht wurde, die einen nach dem Tode erwarteten, würden heute viele die Ansicht Epikurs akzeptieren:

«Das angeblich schaurigste aller Übel also, der Tod, hat für uns keine Bedeutung; denn solange wir noch da sind, ist der

Tod nicht da; stellt sich aber der Tod ein, so sind wir nicht mehr da.»*

Gilt die wachsende Furcht nicht dem Moment des Sterbens noch dem Totsein, so richtet sie sich auf all das, was heute bei so vielen dem Sterben vorangeht: das verlängerte Leiden, die zunehmende Schwäche, die Ungewißheit, der Kräfteverlust, die Möglichkeit, geistig senil zu werden, das Gefühl, nur noch eine Last zu sein. Diese Furcht nährt sich außerdem von dem Verlust des Vertrauens zu den Ärzten. Zum Teil geht dieser Vertrauensschwund auf die Mißbräuche der Stellung des Arztes zurück, die ans Licht kamen – die Skandale, die Profite, die aus Altersheimen geschlagen wurden, die kommerzielle Ausbeutung derer, die auf der Suche nach Heilmitteln für ihre Beschwerden sind.[17] Zum Teil aber resultiert er auch daraus, daß Patienten, die miterlebt haben, wie Freunden und Angehörigen die Wahrheit über ihre Krankheit vorenthalten wurde, schon von Anfang an den Verdacht hegen, daß sie getäuscht werden. Und schließlich hängt dieser Vertrauensverlust auch mit der bloßen Anzahl der Personen zusammen – oft sind es Fremde –, die an der Betreuung eines Patienten beteiligt sind. Das Vertrauen, das ein Patient einem Arzt schenkt, den er lange kennt, wird er nur sehr viel schwerer einem Team von Fremden entgegenbringen, wie sachkundig und wohlmeinend diese Personen auch sein mögen.

Im Zusammenhang mit der Ausarbeitung all dessen, was der Begriff des Einverständnisses auf der Grundlage vorheriger Information** impliziert und welche Informationen er vor-

* Vgl. Diogenes Laertius: ‹*Leben und Meinungen berühmter Philosophen*›, Zweiter Band, Buch X, S. 281. Epikur vermachte seinen Garten seinen Freunden und Nachkommen. Kurz vor seinem Tode schrieb er: «Es ist der gepriesene Festtag und zugleich der letzte Tag meines Lebens, an dem ich diese Zeilen an euch schreibe. Harnzwang und Dysenterie haben sich bei mir eingestellt mit Schmerzen, die jedes erdenkliche Maß überschreiten. Als Gegengewicht gegen alles dies dient die freudige Erhebung der Seele bei der Erinnerung an die zwischen uns gepflogenen Gespräche» (vgl. ebenda S. 232f.).

** Das Gesetz verlangt, daß medizinische Eingriffe nur mit der freiwilligen und auf gründlicher Information beruhenden Zustimmung jener Person ge-

aussetzt, hat die Medizinerzunft zum erstenmal ernsthaft damit begonnen, die Probleme von Wahrhaftigkeit und Lüge zu diskutieren. Dieses Einverständnis wird zur Farce, wenn die vorgelegten Informationen falsch oder unvollständig sind. Und selbst eine vollständige Information über einen chirurgischen Eingriff oder ein Medikament ist offensichtlich wertlos, wenn der Patient nicht ebenfalls weiß, welcher Krankheit diese Maßnahmen gelten.

Kataloge der Patientenrechte, die gleichermaßen das Recht auf Information hervorheben, finden heute eine wachsende Zustimmung.[18] Das Recht selbst ist nicht neu, neu ist der Versuch, es auch tatsächlich anzuwenden. Doch selbst wo man den Patienten in den elegantesten Formulierungen ihre Rechte verbrieft, wird ihr Recht auf eine aufrichtige Diagnose und Prognose keineswegs immer respektiert.

Der Grund, warum selbst die Ärzte, die das Recht des Patienten auf Information anerkennen, diese ihnen vielleicht doch vorenthalten, führt uns zu dem dritten Argument, das sich dagegen richtet, allen Patienten die Wahrheit zu sagen. Es geht davon aus, daß die Information den Patienten verletzen könnte und daß das Eintreten für das Recht auf eine solche Information eine Bedrohung der angemessenen Betreuung des Kranken darstellt. Diese Ärzte vertreten die These, daß ein Patient, der eine entmutigende Nachricht empfangen hat, vielleicht Selbstmord begehen will, einen Herzschlag erleiden könnte oder einfach seinen Kampf aufgeben würde, wodurch ihm dann auch noch die verbleibende geringe Chance der Genesung entgehen würde. Und selbst wenn es für einen Patienten sehr gut aussieht, kann die Mitteilung, daß immer noch ein geringfügiges Risiko bestehe, einigen Patienten einen Schock

schehen dürfen. Der Begriff des Einverständnisses auf der Grundlage vorheriger Information («informed consent») kam erst nach 1960 in Gebrauch, als er von dem Obersten Gerichtshof in Kansas in dem Fall «Nathanson gegen Kline» benutzt wurde. Der Patient hat jetzt das Recht, daß man ihm alle Risiken und Vorzüge einer Maßnahme und auch die bestehenden Alternativen dazu offenlegt. Das gilt sowohl für die Therapie als auch medizinische Experimente. Ausnahmen sind Notfälle oder wenn der Patient nicht im Vollbesitz seiner Geisteskräfte ist; in diesem Fall wird eine stellvertretende Vollmacht benötigt.

versetzen oder sie veranlassen, einen notwendigen Schutz wie zum Beispiel eine Impfung oder Antibiotika zurückzuweisen.

Die empirische Grundlage dieses Arguments ist von zwei Seiten her in Frage gestellt worden. Die nachteiligen Wirkungen, die mit der Mitteilung trauriger Nachrichten und dem Hinweis auf Risiken verbunden sind, treten seltener auf, als die Ärzte meinen. Die *Vorteile*, die daraus resultieren, daß der Patient informiert wird, sind viel beträchtlicher. Das läßt sich sogar messen. Informierte Patienten erdulden leichter Schmerz, erholen sich zügiger von einer Operation und gehen williger auf die therapeutischen Maßnahmen ein. Die Haltung «Was ich nicht weiß, macht mich nicht heiß» hat sich als unrealistisch erwiesen. Was die Patienten nicht wissen oder nur vage vermuten, das erzeugt eine zehrende Angst.

Die Frage, ob Informationen schädlich sind, kann nicht in gleicher Weise für alle Patienten beantwortet werden. Die Befürchtung einiger Ärzte, daß einige Patienten einen Schock bekommen würden, wenn man sie über sehr unwahrscheinliche Risiken informierte, die mit einem bestimmten Medikament oder einer Operation verbunden sind, oder daß andere dann sogar die Behandlung ablehnen, die am besten für sie gewesen wäre, scheint für die große Mehrheit der Patienten nicht zuzutreffen. Untersuchungen zeigen, daß nur sehr wenige Patienten dem Eingriff ihr Einverständnis verweigern, wenn man sie über die Risiken informiert hat; sie zeigen weiterhin, daß diejenigen, die tatsächlich ihr Einverständnis nicht geben, auch genau die sind, die – hätte man sie vorher nicht gefragt – aufgebracht genug wären, um dem Arzt einen Prozeß anzuhängen.[19] In noch selteneren Fällen ist es auch durchaus möglich, daß sich bei besonders sensiblen Patienten der Gesundheitszustand als Folge eines Schocks tatsächlich verschlechtert. Einige Ärzte haben die Frage aufgeworfen, ob Patienten, die sterben, nachdem sie in eine Operation eingewilligt haben, über deren Risiken sie ausführlich vor der Operation informiert worden waren, nicht zuletzt auf Grund dieser Information sterben.[20] Zwar sind diese Fragen im Einzelfall nicht zu beantworten, doch sie sprechen sicher für Vorsicht, für ein behutsames Eingehen auf die Personen, die man über die drohenden Risiken informiert, und ein feines Gespür für jede Art von Notsignal.

Die Situation ist ganz anders, wenn man Personen, die bereits krank, vielleicht schon sehr schwach und mutlos sind, eine sehr ungünstige Prognose mitteilt. Einige Ärzte befürchten, daß ein solches Wissen Patienten in den Selbstmord treiben könnte oder sie so sehr erschrecken und deprimieren würde, daß es mit ihrem gesundheitlichen Zustand schlagartig bergab ginge. Die Befürchtung, daß viele Patienten Selbstmord begehen würden, erscheint unbegründet.[21] Und selbst, wenn einige es tun – ist diese Reaktion denn so unvernünftig, steht sie den Interessen des Patienten so sehr entgegen, daß der Arzt daraus die Berechtigung ableiten dürfte, die Wahrheit zu verschweigen oder zu lügen? Viele Gesellschaften in der Vergangenheit haben den Selbstmord erlaubt, unsere eigene Gesellschaft hat ihn diskriminiert; jedoch gelangt man allmählich dazu, einen Unterschied zu machen zwischen den Selbstmorden, die (sofern das überhaupt möglich ist) verhindert werden sollten, und denen, die man respektieren sollte.[22]

Eine weitere mögliche Reaktion auf trostlose Nachrichten besteht darin, daß physiologische Mechanismen ausgelöst werden, die das Sterben beschleunigen – eine Form des Aufgebens oder der Vorbereitung auf das Unabänderliche, je nachdem, wie man es sieht. Lewis Thomas, der bestimmte Reaktionsweisen von Menschen und Tieren untersucht hat, hält es für nicht unwahrscheinlich, daß

«es in einer bestimmten Phase der Reaktion des Körpers auf Verletzung oder Krankheit einen Umschlagpunkt gibt, wo der Organismus eingesteht, daß er am Ende und die Zeit zum Sterben gekommen ist. In diesem Moment werden die Ereignisse, die zum Tode führen, als ein koordinierter Mechanismus in Gang gesetzt. Die Körperfunktionen werden nacheinander und irreversibel stillgelegt, und während dies vonstatten geht, wird ein nervlicher Mechanismus ausgelöst, der für diese Gelegenheit bereitsteht . . .»[23]

Eine solche Reaktion mag angemessen sein; wie viele bezeugen, die man wieder zum Leben erweckt hat, wird der Augenblick des Sterbens dadurch sehr friedlich. Doch eine solche Reaktion kann auch zum ungeeigneten Zeitpunkt ausgelöst werden, wenn der Organismus noch hätte weiterleben können; vielleicht wurde sie auch böswillig durch externe Handlungen ausgelöst, die den Tod herbeiführen sollten. Thomas vermutet, daß einige der Tode, die durch «Hexerei» verursacht wurden, auf solche Reaktionen zurückgehen. Die Art, wie Lévi-Strauss beschreibt, daß Exorzismus und Zauberei zum Tode führen können, legt nahe, daß dieser körperliche Vorgang auch gesellschaftlich verursacht werden kann.[24]

Man kann sich durchaus vorstellen, daß auch traurige Nachrichten, die jemandem unvorbereitet mitgeteilt werden, oder ein starker Schock, der jemanden trifft, der ihn nicht aushalten kann, ohne jede Absicht des Sprechers eine solche «Todesreaktion» herbeiführen können. Man muß hier sehr viel Vorsicht walten lassen und versuchen, im voraus zu erkunden, wie anfällig ein Patient für die zufällige Auslösung einer solchen Reaktion – wie selten sie auch vorkommt – sein mag. Allerdings muß man annehmen, daß die meisten von denen, die lang genug gelebt haben, um in eine Situation zu kommen, wo man sie über einen Eingriff informiert und ihr Einverständnis erbittet, mit einer robusten Widerstandskraft gegen die zufällige Auslösung des Prozesses ausgestattet sind, der zum Tode führt.

Wenn man allerdings an jene denkt, die schon kurz vor dem Tod stehen, dann ist die «Todesreaktion» vielleicht viel weniger unangebracht, viel weniger zufällig und viel weniger unvernünftig. Lange vor dem Entstehen der modernen Medizin haben sich in den meisten Gesellschaften die Menschen auf den Tod vorbereitet, wenn sie ihn kommen fühlten. Philippe Ariès hat beschrieben, wie sich die Menschen im Mittelalter auf den Tod vorbereiteten, wenn sie spürten, daß das Ende nah war. Sie legten sich nieder und erwarteten den Tod, umgeben von Freunden und Angehörigen. Sie ließen noch einmal alles an sich vorbeiziehen, was sie durchlebt und getan hatten, verziehen allen, die an ihrem Sterbebett standen, riefen Gott um seinen Segen für sie an und beteten schließlich. «Nach dem letzten Gebet bleibt nur noch das Harren auf den

Tod, und der läßt für gewöhnlich nicht lange auf sich warten.»[25]

Die moderne Medizin mit ihren heroischen Anstrengungen, die Krankheit zu besiegen und das Leben zu retten, bringt möglicherweise das Bewußtsein wie auch die rein organischen Reaktionsweisen durcheinander, die das Eintreten des Todes erlauben, wenn er unvermeidlich ist. Den Sterbenden wird dadurch ein angemessener Umgang mit dem Tod – so wie er in älteren Zeiten üblich war – verwehrt. Indem die Ärzte die Patienten belügen und auch dann nicht mit ihren Heilungsanstrengungen nachlassen, wenn der Punkt einer möglichen Gesundung längst überschritten ist, berauben sie den einzelnen einer Autonomie, die nur wenige aufzugeben bereit wären.

Manchmal ist also die «Todesreaktion» eine natürliche organische Antwort darauf, daß der Körper über keine Abwehrkräfte mehr verfügt. Zuweilen wird diese Reaktion auch zum falschen Zeitpunkt ausgelöst, wenn gewisse Nachrichten allzu schockierend sind oder jemanden völlig unvorbereitet treffen. Über diese Zusammenhänge müssen wir noch sehr viel mehr lernen, wie selten so etwas auch vorkommt. Doch es gibt keinen Beweis dafür, daß Patienten ganz allgemein von wahrhaftigen Informationen über ihren Zustand umgeworfen werden.

Abgesehen von dem möglichen Schaden, der durch Informationen verursacht werden kann, gewinnen wir mit der Zeit immer mehr Erkenntnisse über die Vorteile, die Patienten dadurch erlangen. Die Leute folgen den Anweisungen viel sorgfältiger, wenn sie wissen, woran sie erkrankt sind und warum sie ein bestimmtes Medikament nehmen sollen. Diese Maßnahmen werden dann auch mit viel größerer Wahrscheinlichkeit günstige Wirkungen haben.* Die Patienten erholen sich

* Vgl. Barbara S. Hulka, J. C. Cassel u. a.: Communication, Compliance, and Concordance between Physicians and Patients with Prescribed Medications, in: *American Journal of Public Health,* Sept. 1976, S. 847–853. Die Untersuchung zeigt, daß von den fast 50 Prozent aller Patienten, die den Anweisungen des Arztes nicht Folge leisten (wodurch sich die beabsichtigten Wirkungen dieser Anweisungen dann auch nicht einstellen), viele anders reagieren würden, wenn man sie angemessen über ihre Krankheit und die Wirkungen eines Medikaments aufklärte.

gleichfalls rascher von Operationen und erdulden mehr Schmerzen ohne Medikamente, wenn sie wissen, was ihnen Beschwerden verursacht und was für sie getan werden kann.*

Utopie Aufrichtigkeit

Nimmt man alles zusammen, dann stehen die drei Argumente, die das Belügen von Patienten verteidigen, auf einem viel unsichereren Grund, als häufig angenommen wird. Die verbreitete Ansicht, daß viele Patienten gar nicht begreifen würden, was man ihnen über ihre Krankheit mitteilen würde, daß sie dieses Wissen gar nicht wollen und dadurch vielleicht sogar zu Schaden kommen könnten und daß Lügen gegenüber diesen Personen entweder moralisch neutral oder gar empfehlenswert sind – all dies muß man sich aus dem Kopf schlagen. Statt dessen müssen wir einen etwas komplizierteren Vergleich anstellen. Auf der einen Seite steht das Recht der Patienten, alles zu wissen, was sie selbst betrifft, stehen die medizinischen und psychologischen Vorteile, die sich aus diesem Wissen für sie ergeben, die unnötige und gelegentlich auch schädliche Behandlung, der sie unterworfen werden können, wenn sie nicht eingeweiht werden, und schließlich die nachteiligen Wirkungen, die aus den Täuschungspraktiken für die Ärzte, ihren Berufsstand und die anderen Patienten entstehen. Dagegen müssen wir eine scharf eingegrenzte paternalistische Sichtweise setzen – nämlich daß *einige* Patienten die Informationen über ihren Zustand nicht verstehen können, daß *einige* diese Informationen nicht wollen und daß *einige* durch ein solches Wissen geschädigt werden könnten; sie sollten nicht wie jeder andere behandelt werden, wenn das ihrem Wohle nicht dienlich ist.

* Vgl. Lawrence D. Egbert, George E. Batitt u. a.: Reduction of Postoperative Pain by Encouragement and Instruction of Patients, in: *New England Journal of Medicine,* 270, 1964, S. 825–827; vgl. ebenfalls Howard Waitzskin und John D. Stoeckle: The Communication of Information about Illness, in: *Advances in Psychosomatic Medicine,* Vol. 8, 1972, S. 185–215.

Dieser Ansatz ist überzeugend. Einige wenige Patienten bitten ganz offen, daß man ihnen schlechte Nachrichten nicht mitteilen möge. Andere signalisieren das auf andere Weise oder würden offensichtlich den Schock und das Leid, die eine solche Nachricht heraufbeschwören kann, nicht gut überstehen. Kann man in diesen Fällen nicht ein implizites Einverständnis, getäuscht zu werden, voraussetzen?

Ausflüchte oder die Verheimlichung von Informationen können gelegentlich notwendig sein. Doch wenn jemand beabsichtigt, einen Patienten zu belügen oder die Wahrheit zu verheimlichen, dann verschiebt sich die Beweislast. Wie bei jeder anderen Täuschung auch liegt sie auf jenen, die ein solches Verhalten befürworten. Sie müssen darlegen, warum sie befürchten, daß ein Patient Schaden davontragen könnte, und wie sie zu dem Wissen kommen, daß jemand anders mit der Wahrheit nicht fertig werden kann. Sich für Täuschung zu entscheiden muß als sehr ungewöhnlicher Schritt betrachtet werden, den man mit Kollegen und anderen Personen, die an der Betreuung des Patienten beteiligt sind, durchsprechen muß. Gründe müssen dargelegt und diskutiert, Alternativen sorgfältig erwogen werden. Wie die Entscheidung auch ausgeht, in jedem Falle muß irgend jemand, der dem Patienten nahesteht, korrekt informiert werden.

Das Gesetz gestattet es bereits Ärzten, Patienten dann Informationen vorzuenthalten, wenn diese sich eindeutig abträglich für ihr Befinden auswirken würden. Dieses Privileg ist von den Gerichten allerdings sehr eng begrenzt worden. Es kann sicher nicht so weitgehend interpretiert werden, daß damit ganz allgemein die Täuschung von Patienten «zu ihrem eigenen Wohl» erlaubt wird. Auch jene Situationen fallen darunter, wo Patienten nach Bekanntgabe der Diagnose sich ruhig und gefaßt dazu entschließen, die von ihrem Arzt empfohlene Therapie nicht weiter mitzumachen.[26] Am allerwenigsten kann damit gerechtfertigt werden, daß man eine große Zahl von Patienten belügt oder ihnen etwas verschweigt, nur weil es nicht immer leicht zu erkennen ist, was der Patient wirklich will.

Für die große Mehrzahl der Patienten muß allerdings im

Gegenteil gelten, daß man die Tatsachen in einer Atmosphäre der Offenheit auf den Tisch legt. Doch wäre es ganz falsch, wollte man daraus ableiten, daß man nun jeden Patienten unvorbereitet mit einer ernsten Diagnose konfrontieren kann und daß eine solche Kommunikation – solange Offenheit gegeben ist – keine weiteren Ansprüche an die menschliche Anteilnahme stellt. Dr. Cicely Saunders, die das bekannte St. Christopher's Hospice in England leitet, beschreibt das Einfühlungsvermögen und das Verständnis, die hier am Platz sind.

«Jeder Patient braucht eine Erklärung seiner Krankheit, die er verstehen kann und die ihn überzeugt, wenn er die Behandlung unterstützen soll und man ihm seine Angst vor dem Ungewissen nehmen will. Dies trifft sowohl für eine günstige als auch für eine ungünstige Diagnose zu.

Die Tatsache, daß ein Patient nicht fragt, bedeutet nicht, daß er keine Fragen hat. Ein Besuch oder ein Gespräch findet selten genug statt. Um herauszubekommen, was wir sagen sollten, können wir nur abwarten und zuhören. Bei unserem Versuch zu erfahren, welchen Dingen sich ein Patient auf der beständig wechselhaften Reise seiner Krankheit und seiner Gedanken gegenübersieht, enthüllen Schweigen und abgebrochene Sätze oft mehr als Worte.

[. . .] Ein großer Teil der Kommunikation verläuft ohne Worte oder indirekt. Das trifft auf alle realen Begegnungen mit Personen zu, in besonderer Weise aber auf jene, die, wissentlich oder nicht, vor schwierigen oder bedrohlichen Situationen stehen. Insbesondere gilt das auch für die Schwerkranken.

Das Hauptargument gegen die bewußte systematische Unterdrückung von unangenehmen Tatsachen lautet, daß ein solches Vorgehen die Kommunikation zwischen Arzt und Patient außerordentlich schwierig gestalten, wenn nicht gar unmöglich machen würde. Kann man erst einmal von der Möglichkeit ausgehen, offen und ehrlich mit einem Patienten zu sprechen, dann heißt das nicht, daß dies auch immer stattfinden wird, sondern die ganze Atmosphäre hat sich dadurch verändert. Uns ist dann die Freiheit gegeben, ruhig auf ein Zeichen von jedem einzelnen Patienten zu warten. Wir behandeln sie dann als Individuen, von denen wir Intelligenz, Mut und persönliche Entscheidungen erwarten können. Sie werden sich sicher genug fühlen, um uns diese Zeichen zu geben, wenn sie es wünschen.»[27]

Wahrhaftigkeit gegenüber den Leidenden heißt vor allem nicht, sie jeder Hoffnung zu berauben: der Hoffnung, daß es doch noch eine, wenngleich geringe, Chance gibt, wieder gesund zu werden; ebensowenig darf man sie der Gewißheit berauben, daß man sie nicht im Stich lassen wird, wenn sie am dringendsten der Hilfe bedürfen.

Wenn die Täuschungspraktiken beseitigt und die Verheimlichung von Fakten auf die wenigen Patienten beschränkt werden soll, die darum bitten oder bei denen erwiesen ist, daß Offenheit ihnen nur schaden würde, dann bleibt allerdings noch viel zu tun. Die Ärzte müssen sich dieses Problems annehmen. Und diejenigen, die sich in einer krankenpflegerischen Ausbildung befinden, müssen lernen, wie man mit den Kranken und Sterbenden spricht, auch über den Tod. Ihnen wird das um so leichter fallen, wenn sie sich alternative Umgangsformen mit dem Patienten überlegen, sich selbst in seine Situation versetzen und wenn sie sogar einmal die Möglichkeit durchspielen, daß sie selbst kurz vor dem Tode stehen.

Solange der Tag noch nicht gekommen ist, an dem Patienten mit ruhiger Gewißheit den Worten der Ärzte vertrauen können – gibt es irgend etwas, was sie in der Zwischenzeit selbst tun können, um ihre Situation zu verbessern? Wie können sie zu vermeiden suchen, daß sie in eine Abhängigkeit hineinrutschen, wo für sie keine Möglichkeit besteht, den Worten irgendeiner Person Vertrauen zu schenken? Gibt es einen Weg, wie sie sich selbst im Zustand großer Schwäche einen gewissen Grad an Autonomie erhalten können?

Wer bereits weiß, wer für ihn sorgen wird, wenn er ernstlich krank wird oder sterben wird, der kann die Angelegenheit schon lange vorher besprechen. Es ist dann sehr wahrscheinlich, daß man seine Wünsche respektieren wird. Viele fassen heutzutage vorgreifende Erklärungen ab, in welchen sie, falls sie es wünschen, festlegen, ob sie über ihren Zustand informiert werden wollen oder nicht. Sie können ebenfalls die Umstände festlegen, unter welchen sie nicht wollen, daß man ihr Leben verlängert.[28] Andere, die über diese Probleme vielleicht vorher noch nicht nachgedacht haben, können darauf bestehen, daß sie zutreffend informiert werden, wenn sie der ärztlichen Betreuung bedürfen. Es ist die große Mehrheit der Patienten – jene, die Angst haben zu fragen und die nicht mißtrauisch erscheinen wollen –, die die Meinung hat entstehen lassen, daß Patienten in Wirklichkeit gar nichts wissen wollen, weil sie ja doch nie fragen.

Aus der Sicht derer, die der ärztlichen Betreuung bedürfen, stellt sich alles ganz anders dar als aus der Sicht derer, die diese Betreuung leisten. Die grundlegendste Frage für den Patienten lautet, ob er seinen Betreuern vertrauen kann. Daraus ergibt sich für den Arzt die Forderung, sich streng an den Grundsatz der Ehrlichkeit zu halten, außer in einigen wenigen, eindeutig abgegrenzten Fällen. Der Arzt erachtet es wiederum für notwendig, daß er die Entscheidung darüber hat, ob der Patient die Wahrheit erfährt oder nicht, und manchmal stehen wirklich humane Absichten dahinter. Die Diskrepanz dieser Perspektiven kann nur dadurch vermindert und das Vertrauen nur dann wiederhergestellt werden, wenn man die verschiedenen Standpunkte offen diskutiert und auch explizit die Ausnahmefälle in Betracht zieht.

16
Die Grenzen des zumutbaren Heroismus – eine Schlußbetrachtung

«Denn es ist wahrlich der Himmel auf Erden, wenn sich eines Menschen Seele in Mitleid regt, wenn sie in der Vorsehung ruht und sich um die Pole der Wahrheit dreht.»

Francis Bacon, *‹Über die Wahrheit›*

Nahezu jede Äußerung oder Handlung kann der Täuschung dienen. Vorsätzliche Lügen – also die am eindeutigsten umrissenen Formen der Unehrlichkeit – standen in diesem Buch im Vordergrund. Grenzformen wie Ausflucht, Euphemismus oder Übertreibung, die schnell bei der Hand sind, um diese Lügen abzustützen oder an deren Stelle zu treten, wurden ebenfalls behandelt. Und das alles ist umgeben von den vielen Arten der bewußten Irreführung, die nicht einmal etwas Falsches aussagen: die Themenwechsel, die Verschleierungen, die Ablenkungsmanöver; hier vermengt es sich schon mit dem Schweigen und der Untätigkeit, zwei Formen, die nur gelegentlich mit Absicht der Täuschung dienen sollen.

Unser Leben spielt sich inmitten all dieser Formen der Unehrlichkeit ab. Von Kindesbeinen an entwickeln wir Strategien, um damit fertig zu werden – wir glauben einigen, wir durchschauen andere, und wieder andere werden von uns bewußt ignoriert. Es kann dann dazu kommen, daß wir gewisse Praktiken des Lügens sogar tolerieren, ohne daß wir dabei wüßten, wie wir sie von denen unterscheiden sollten, die wir rundheraus ablehnen; es kann zum Beispiel sein, daß wir Lügen tolerieren, von denen wir glauben, sie dienten dem «Wohle» bestimmter Gruppen oder Individuen; oder solche, die zum Zweck der Wahrnehmung der Interessen von Mandanten ausgesprochen werden, oder jene, die der Selbstverteidigung dienen. Ich wollte darlegen, mit welchen *Ebenen* der Täuschung wir demzufolge leben müssen und welche Last uns damit jeweils auferlegt wird.

Müssen wir diese Ebenen der Täuschung als Schicksal hinnehmen? Läßt sich daran nichts ändern? Es besteht kein Grund, das zu glauben. Von Familie zu Familie, von Beruf zu Beruf, von Gesellschaft zu Gesellschaft unterscheiden sich diese Täuschungsebenen. Und es gibt genug Möglichkeiten für Veränderungen. Doch wie können diese in Gang gebracht werden? Was kann jeder einzelne selbst tun, und welche Maßnahmen erfordern ein kollektives Handeln?

Zweifellos besitzt der einzelne die Macht, das Maß der Unehrlichkeit in seinem eigenen Leben zu beeinflussen und sein Reden und Handeln entsprechend zu gestalten. Der einzelne kann sich dazu entschließen, auf Täuschung zu verzichten, wann immer es eine ehrliche Alternative gibt; er wird dann auch eine größere Geschicklichkeit darin entwickeln, Probleme auf ehrliche Weise anzugehen. Der einzelne kann lernen, sich sorgfältiger die sonstigen Entscheidungsmöglichkeiten anzusehen, wenn Täuschung der einzige Ausweg zu sein scheint, und wachsamer gegenüber Versuchen zu werden, ihn hinters Licht zu führen; und er kann deutlich machen, daß er auch in kleinen Dingen die Ehrlichkeit vorzieht.

Doch die Fähigkeit der einzelnen, solche Änderungen in die Wirklichkeit umzusetzen, ist jeweils sehr unterschiedlich. Die einzelnen unterscheiden sich in ihrem Wissen über Täuschungen und die Alternativen, sie unterscheiden sich in der Unbeugsamkeit ihres Veränderungswillens und in ihrem Verständnis dessen, welche Auswirkungen das Lügen auf sie selbst haben kann, seien sie Lügner oder Belogene. Viele, die vielleicht in der Lage wären, das Maß der Unehrlichkeit in ihrem eigenen Leben einzuschränken, sehen hier überhaupt kein moralisches Problem und fühlen sich demnach auch nicht genötigt, ihr eigenes Verhalten zu überprüfen und gründlich über Alternativmöglichkeiten nachzudenken. Anderen wiederum ist das sowieso alles egal.

Es gibt noch einen weiteren Unterschied zwischen Individuen, der sich sehr einschneidend auf das Vermögen vieler auswirkt, etwas zu ändern: Es handelt sich dabei zum einen um die ungleichmäßige Verteilung der Macht, Veränderungen herbeizuführen, und zum anderen um die negativen Auswirkungen – wen es trifft, wenn tiefverwurzelte Lügengebräuche angegriffen werden. Der Mangel an Macht und Freiheit, mit den Konsequenzen einer Bekämpfung von Täuschungspraktiken fertig zu werden, verstärkt noch den Mangel an Problembewußtsein und Engagement. Der Mangel an Macht und Freiheit unterwirft gerade auch die einem großen Druck, die sich in dem ganzen Lug und Trug am unwohlsten fühlen.

Daher werden der frisch gebackene Reporter, der seinen Job verliert, wenn er nicht aggressiv genug beim Aufreißen von Stories vorgeht, oder der junge Politiker, dessen Karriere von einem Wahlsieg abhängt, im Prinzip in größerer Versuchung stehen, die Wahrheit zurechtzubiegen, als die, die einen sicheren Arbeitsplatz haben. Doch durch die größere Abgestumpftheit dieser etablierten Leute gegenüber dem, was sie mittlerweile für Routinelügen halten, wird dieser Unterschied wieder mehr als wettgemacht.

Auch die für unsere Gesellschaft so charakteristische Betonung des Individualismus, des Konkurrenzkampfes und des materiellen Erfolges erzeugt einen harten Druck, sich zuweilen auch unlauterer Mittel zu bedienen. Eine Wahl zu gewinnen, sein Einkommen zu erhöhen, Konkurrenten zu übertreffen – derartige Motive treiben viele dazu, sich an Formen der Unehrlichkeit zu beteiligen, die sie sonst weit von sich gewiesen hätten. Für je verbreiteter sie diese Praktiken halten, desto stärker wird der Druck sein, sich an dieser Unaufrichtigkeit zu beteiligen, ja sich hierbei sogar noch gegenseitig Konkurrenz zu machen.

Die gesellschaftlichen Anreize zu betrügen sind gegenwärtig sehr stark, die Kontrollen sind dagegen oft nur sehr schwach. Viele fühlen sich in Verhaltensweisen gefangen, die sie nicht ändern können. Es wäre daher nichts als Wunschdenken, würde man erwarten, daß einzelne von sich aus die kollektiven Betrugspraktiken groß verändern könnten. Es sind die öffentlichen und privaten Institutionen, von denen eine enorme Macht ausgeht, die persönlichen Entscheidungen zu beeinflussen, die dazu beitragen müssen, die bestehenden Zwänge und Anreize zu ändern.

Welche Rolle kann die Regierung bei solchen Bemühungen spielen? Zunächst kann sie auf ihr eigenes Verhalten achtgeben, auf das «Klima», das in ihrem Umgang mit der Öffentlichkeit herrscht. Den Schaden, den das Vertrauen und das öffentliche Leben in den letzten Jahrzehnten davongetragen haben, wiedergutzumachen, wird viel Zeit und Mühe kosten. Zweitens könnte die Regierung mehr Nachdruck darauf legen, daß die bestehenden Gesetze, die Betrug und Meineid verbieten, zur Anwendung gelangen. Auch hier wieder sind es zuerst die Mitglieder der Regierung selbst, die man auf solche Grundsätze verpflichten muß. Drittens müssen die Gesetze und Regeln in unserer Gesellschaft daraufhin geprüft werden, ob sie in irgendeiner Form zu Täuschungen ermutigen. Durch bestimmte Regelungen wird auf die einzelnen ein großer Druck ausgeübt, mit falschen Karten zu spielen – um zum Beispiel weiterhin Gelder von der Fürsorge zu erhalten oder damit sie in Gesellschaften, die der Scheidung große Hindernisse in den Weg legen, die Erlaubnis zur Scheidung bekommen. Einige Gesetze *fordern* sogar das Lügen, zum Beispiel in denjenigen amerikanischen Bundesstaaten, wo die Behörden gesetzlich dazu gezwungen sind, auf Anfragen von künftigen Arbeitgebern hin zu leugnen, daß bestimmte Gesetzesbrecher vorbestraft sind.

Private Institutionen können eine parallele Rolle bei der Eindämmung der Verführung zu unlauterem Verhalten spielen. Neuere Untersuchungen belegen, daß viele Leute aus der Wirtschaft unmoralische Praktiken für sehr verbreitet und die Zwänge, sich daran anzupassen, für sehr stark halten.[1] Diese Zwänge können direkt vom Topmanagement ausgehen und somit eine unmittelbare Wirkung auf die nachgeordneten Managementebenen haben. Drei Viertel der Befragten waren übereinstimmend der Meinung, daß junge Angestellte sich automatisch ihren Vorgesetzten anpassen, um dadurch ihre Loyalität unter Beweis zu stellen. Sehr oft gehen diese Zwänge allerdings nicht vom Topmanagement aus, sondern werden indirekt ausgeübt. Eine Firma setzt sich zum Beispiel hohe Produktions- oder Verkaufsziele. Stehen die ökonomischen Bedingungen dem aber entgegen, dann kann es praktisch unmöglich werden, diese Ziele ohne moralische Kompromisse zu erreichen. Wenn die Anreize für diese Ziele groß genug sind – sie können darin bestehen, daß man seine Stellung behält, daß man befördert wird, einen Bonus oder eine Gehaltserhöhung erhält –, dann kann die Versuchung, zu lügen und zu betrügen, ins Unerträgliche wachsen.

In dem großen Skandal um Preisabsprachen im Jahre 1960, in den General Electric verwickelt war und wo es um den Verkauf von großen elektronischen Anlagen ging, kamen solche Verhältnisse ans Licht. Jahrelang hatten sich untergeordnete Manager an illegalen Preisabsprachen beteiligt, wovon Geschäfte im Wert von mehr als einer Milliarde Dollar im Jahr betroffen waren. Sie hatten sich heimlich zusammengetan, um Preise abzusprechen, Angebote zu manipulieren und die Märkte aufzuteilen. Diese Aktivitäten wurden durch geheime Treffen, irreführende Kodewörter, gefälschte Spesenrechnungen und so weiter getarnt. Indem das Topmanagement strenge Verbote von Preisabsprachen an alle untergeordneten Mitarbeiter verschickte, übte es einen immer stärkeren Druck auf jeden einzelnen aus, den Prozentsatz der Geschäftsabschlüsse zu erhöhen.[2]

Heute drängt man stark auf einen Moralkodex für das Wirtschaftsleben. Doch nur zu häufig fungieren solche Moralkodizes nur als Alibi; man kann ihren abstrakten Forderungen nachkommen und doch weiterhin sein übliches Geschäftsgebaren an den Tag legen. Sowohl im Wirtschaftsleben als auch in den Berufszweigen, die bereits einen Kodex entwickelt haben, braucht man viel mehr als das. Die Kodizes können nichts anderes als den Ausgangspunkt für eine breiter angelegte Untersuchung der moralischen Probleme bilden, die einem in der Arbeit begegnen. Laien, und besonders jene, die von den Berufspraktiken betroffen werden, wie Kunden oder Patienten, müssen an diesen Bemühungen mitwirken und in den Kontrollkommissionen sitzen. Die Disziplinierungsmaßnahmen für die, die sich nicht an die Richtlinien halten, müssen verschärft werden.

In allen Bereichen der Gesellschaft würde man davon profitieren, wenn die Struktur der Anreize, mit der das Betrügen verknüpft ist, verändert würde: das heißt, wenn das Lügen nicht mehr so hohe Gewinne abwerfen und die Ehrlichkeit sich auch kurzfristig mehr lohnen würde. Die Universitäten in Amerika haben zum Beispiel in den letzten Jahren die Feststellung gemacht, daß die Eltern von neuen Studenten sehr häufig ein zu geringes Einkommen angeben, damit ihre Kinder in den Genuß eines Stipendiums kommen – auf Kosten jener, die viel stärker der Hilfe bedürfen. Wenn man den Eltern allerdings von vornherein sagen würde, daß sie möglicherweise aufgefordert werden, ihre Einkommensteuererklärung vorzulegen, dann wird es wahrscheinlich seltener zu solchen falschen Angaben kommen.

Sehr häufig ist es jedoch der Fall, daß es eine solche Überprüfung nicht geben kann – zum Beispiel wo Personen Schätzungen abgeben, Auskunft über ihre Vorlieben geben oder bei Auktionen verdeckt bieten. In Großorganisationen zum Beispiel geben die Experten häufig schiefe Schätzungen und falsche Prognosen ab, um damit die endgültige Entscheidung in die – wie sie meinen – «richtige» Richtung zu lenken.

Es sollte die menschliche Erfindungsgabe eigentlich nicht überfordern, selbst unter solchen Umständen mehr Anreize für die Ehrlichkeit zu ersinnen. Viele haben bereits angefangen, über solche Veränderungen nachzudenken. Insbesondere die Ökonomen sind auf der Suche nach Verfahren, die bei Aktivitäten wie zum Beispiel dem Wählen, dem Anfertigen von Expertisen, dem Handeln und dem Bieten bei Auktionen die Ehrlichkeit belohnen.[3] Dabei geht die mathematische Ökonomie mit der Politik im Interesse der Öffentlichkeit eine Verbindung ein. Sie schlagen hinsichtlich allgemeiner gesellschaftlicher Verfahren solche Veränderungen vor, die dazu führen, daß, wenn Personen strategisch entscheiden, es in ihrem eigenen Interesse liegt, ehrlich zu sein. Auf diese Weise könnten gesellschaftlich eingefahrene Verhaltensweisen, die sich ungeplant entwickelt haben und die gegenwärtig eher die Täuschung zu belohnen scheinen, so geändert werden, daß alle davon etwas haben.

Ausbildungsinstitutionen spielen dabei auch eine sehr große Rolle. Als erstes müssen auch sie ihre eigenen Praktiken überprüfen. Wie gewissenhaft geben sie in puncto Ehrlichkeit ein Beispiel? Wie werden sie mit Betrug, geistigem Diebstahl und Schwindelforschung fertig? Welche Zwänge fördern ein solches Verhalten? In welchem Maße und in welchen Fächern werden Täuschungspraktiken tatsächlich *gelehrt*? Wo ziehen rechtswissenschaftliche Kurse zum Beispiel Grenzen, was die Taktik des Anwalts vor Gericht angeht, wo zieht die Betriebswirtschaft solche Grenzen in bezug auf geschäftliche Verhandlungen? Zum zweiten: Was kann die Ausbildung dazu beitragen, daß die Studenten die verschiedenen Formen der Unehrlichkeit, denen sie in ihrem Arbeitsleben begegnen werden, besser erkennen und besser mit ihnen fertig werden können?

Universitäten und Schwesternschulen, Polizei- und Militärakademien und viele andere müssen Überlegungen anstellen, auf welche Weise in ihrem Bereich die Probleme der moralischen Entscheidung am besten studiert werden können, welche Verhaltensgrundsätze man erwarten und auch aufrechterhalten kann.

Einige Berufszweige, zum Beispiel die Medizin und das Rechtswesen, können auf eine längere Tradition der Beschäftigung mit ethischen Problemen verweisen als andere; hier gibt es entsprechende Ausbildungsveranstaltungen und für den akademischen Unterricht zusammengestelltes Material. Andere Berufe stehen erst am Beginn solcher Bemühungen.[4] Doch überall wird zuwenig Mühe darauf verwandt, Leute auszubilden, die solche Kurse über Probleme der beruflichen Ethik kompetent durchführen könnten. So kommt es, daß die bestehenden Kurse oft unzulänglich sind und die Studenten nur in ihrer Meinung bestärken, daß die Sache mit den moralischen Entscheidungen doch ziemlich undurchsichtig ist und man sich am besten dabei auf seine Intuition verläßt.

Wenn man solche Kurse entwickelt und diejenigen ausbildet, die sie durchführen sollen, dann braucht man nicht bei Null anzufangen. Wir sind nicht die ersten, die sich mit moralischen Problemen wie denen der Täuschung auseinandersetzen. Auch andere haben diese Probleme kennengelernt, haben darüber diskutiert und sind zu Schlußfolgerungen gelangt. Man hat sich seit langer Zeit mit der Struktur von Lügen und den möglichen Rechtfertigungen befaßt. Wir müssen uns diese Ansätze aus der Vergangenheit zunutze machen. Wir müssen darüber nachdenken, zum Beispiel im Rahmen des Arbeitslebens, warum man gemeint hat, *geplante* Lügen seien schlimmer als die, die spontan entstehen; oder daß es schlimmer sei, andere zum Lügen zu bringen (das heißt auch: das Täuschen zu *lehren*, sei es in der Familie, am Arbeitsplatz oder in Ausbildungsinstitutionen), als selbst zu lügen; daß es schlimmer sei, die zu belügen, die ein *Recht* auf ehrliche Information haben, als andere; daß es schlimmer sei, die zu belügen, die einem in Angelegenheiten, die ihnen wichtig sind, ihr Vertrauen geschenkt haben, als Feinde zu belügen.

Heute steht uns einiges zur Verfügung, was diese älteren Traditionen nicht besaßen. Wir verfügen über Informationen und Methoden, die es erlauben, eine sehr viel genauere Bestimmung dessen zu geben, welche der Konsequenzen einer Lüge «hilfreich» und welche «schädlich» sind. Hier gibt es noch viel zu untersuchen; doch wir sind bereits dabei herauszufinden, wie groß der Anteil der Schwerkranken zum Beispiel ist, der die Wahrheit hören *will*, oder welche Folgen es für adoptierte Kinder hat, wenn man sie über die Identität ihrer Eltern getäuscht hat, oder wie die Öffentlichkeit auf einen Betrug durch die Regierung reagiert. Wir erfahren auch sehr viel mehr darüber, wie die Mechanismen der Voreingenommenheit und der Rationalisierung arbeiten. Und schließlich brauchen wir uns nicht auf die Anekdoten zu beschränken, auf die die älteren Denker zurückgreifen mußten, wenn sie die Täuschungspraktiken an Hand von Beispielen illustrieren wollten.

Diese Praktiken sind nicht unveränderbar. In einer unvollkommenen Welt wird man sie sicher nicht völlig unterbinden können, doch man kann sie reduzieren und bekämpfen. Ich hoffe gezeigt zu haben, wie haltlos die für diese Täuschungspraktiken herangezogenen Rechtfertigungen oft sind und wie sie jedes andere Unrecht bemänteln und nähren. Vertrauen und Integrität sind kostbare Dinge, die sich leicht verspielen lassen und die schwer wiederzuerlangen sind. Sie können nur auf der Grundlage des Respekts für die Aufrichtigkeit gedeihen.

Anmerkungen

Einleitung

1 Vgl. The Ethics of Giving Placebos, in: *Scientific American* 231 (1974), S. 17ff.; außerdem Kapitel 5 dieses Buches.

2 *Cambridge Survey Research* 1975, 1976.

3 *The Harris Survey,* März 1976. (Die Zahlen aus dem Jahre 1977 liegen für diese Kategorien etwas höher; die Zahlen für das Weiße Haus stiegen sogar von 11 Prozent auf 31 Prozent.)

4 Paul Edwards (Hg.), *Encyclopedia of Philosophy,* 8 Bände, New York 1967; die Begriffe «Wahrhaftigkeit», «Vertrauen» und «Aufrichtigkeit» tauchen im Index ebenfalls nicht auf.

1. Kapitel

1 Vgl. E. H. Gombrich, *Art and Illusion,* New York 1960, S. 93 (dt.: *Kunst und Illusion,* Köln 1967); Platons Bemerkung, daß die Kunst nur eine drittrangige Nachbildung der Natur und der Wahrheit sei (*Der Staat,* Zehntes Buch), muß zum Teil als Kommentar und Reaktion auf den älteren Begriff der «Wahrheit» verstanden werden. Vgl. dazu auch M. Détienne, *Les maîtres de la vérité dans la Grèce archaïque,* Paris 1967.

2 Vgl. zum Beispiel John L. Austin, *Wort und Bedeutung. Philosophische Aufsätze,* München 1975; William James, *The Meaning of Truth,* Cambridge, Mass. und London 1975; W. F. Quine, *The Ways of Paradox and Other Essays,* Cambridge, Mass. und London 1976; Bertrand Russell, *An Inquiry into Meaning and Truth,* London 1940; Alfred Tarski, *Logic, Semantics, Mathematics,* Oxford 1956; Alan White, *Truth,* New York 1970.

3 Man beachte zum Beispiel die folgende Aussage von Sören Kierkegaard: «Aber die Leidenschaft der Unendlichkeit ist gerade die Subjektivität, und somit ist die Subjektivität die Wahrheit» (Sören Kierkegaard, *Abschließende unwissenschaftliche Nachschrift zu den Philosophischen Brokken,* Erster Teil, Düsseldorf und Köln 1957, S. 194).

4 Ich werde den Begriff der «Unwahrheit» in dem üblichen Sinn von «vorsätzliche Lüge» verwenden. Eine ähnliche Unterscheidung nimmt vor Nicolai Hartmann, *Ethik,* Berlin, 3. Aufl. 1949, S. 460ff.

5 Dietrich Bonhoeffer, *Ethik,* München 1963, S. 392.

6 Friedrich Nietzsche, *Aus dem Nachlaß der Achtzigerjahre,* in: Friedrich Nietzsche, Werke, hg. von Karl Schlechta, München, 6. Aufl. 1969, Band III, S. 691 f.

7 Diogenes Laertius, *Pyrrhon,* in: ders., *Leben und Meinungen berühmter Philosophen,* Hamburg, 2. Aufl. 1967, Zweiter Band, Neuntes Buch, Kapitel XI, S. 191 ff.

8 Die zahlreichen Parallelen zwischen Erkenntnistheorie und Ethik werden diskutiert bei R. B. Brandt, Epistemology and Ethics, Parallel Between, in: Paul Edwards (Hg.), *The Encyclopedia of Philosophy,* a. a. O., Band 3, S. 6ff.; den Vorrang der Erkenntnistheorie vor der Ethik widerlegt John Rawls, The Indepedence of Moral Theory, in: *Proceedings and Addresses of the American Philosophical Association,* 1974–75, S. 5ff.

9 Vergl. David Hume, *Eine Untersuchung über den menschlichen Verstand,* Leipzig, 7. Aufl. 1911, darin XII. Abschnitt: Über die akademische oder skeptische Philosophie, Zweiter Teil, S. 182ff.

10 Doch einige lebten auch gemäß ihren Überzeugungen. So heißt es über Pyrrhon: «Dem entsprach auch sein Auftreten im Leben: er wich vor nichts aus und kannte keine Vorsichtsmaßregeln, gegen alles zeigte er die nämliche Gleichgültigkeit, mochten es nun begegnende Wagen sein oder Abhänge oder Hunde oder anderes dergleichen; [. . .] Seine Rettung aber verdankte er in solchen Fällen [. . .] seinen ihn begleitenden Schülern» (Diogenes Laertius, *Pyrrhon,* a. a. O., S. 192).

11 Epiktet, *Handbüchlein der Moral,* in: ders., *Teles und Musonius/Wege zu Glückseligem Leben,* Zürich 1948, S. 52.

12 Lawrence Henderson, Physician and Patient as a Social System, in: *New England Journal of Medicine* 212 (1935), S. 819ff.

13 Vgl. Roderick Chisholm und Thomas D. Feehan, The Intent to Deceive, in: *The Journal of Philosophy* 74 (1977), S. 143ff.; Charles Fried, *Right and Wreng*, Cambridge 1978, Kap. 3; Nicolai Hartmann, *Ethik,* a. a. O., S. 460ff.; A. Isenberg, Deontology and the Ethics of Lying, in: Judith J. Thomson und Gerald Dworkin (Hg.), *Ethics,* New York 1968; John Henry Kardinal Newman, *Apologia Pro Vita Sua. Geschichte meiner religiösen Überzeugungen,* Mainz 1951, S. 314ff. und 348ff.; Frederick A. Siegler, Lying, in: *American Philosophical Quarterly* 3 (1966), S. 128ff.; George Steiner, *After Babel,* New York und London 1975.

14 Hugo Grotius: *Drei Bücher über das Recht des Krieges und Friedens,* Leipzig 1869, Zweiter Band, Drittes Buch, Kapitel I, S. 188ff.

15 Siehe die Anmerkungen zu Kapitel III.

16 Bei dem Begriff der Selbsttäuschung ergeben sich schwierige Definitionsprobleme. Ist es eine Täuschung oder nicht? Ist sie vorsätzlich oder nicht? Liegt hier überhaupt eine Kommunikation vor oder nicht? Wenn jemand sich selbst zu täuschen scheint, dann gibt es nicht zwei verschiedene Personen, von denen die eine die andere zu täuschen beabsichtigt. Es ließe sich allerdings darüber diskutieren, ob hier zwei «Teile» derselben Person in einem Täuschungsverhältnis zueinander stehen. Gibt es Zeiten, wo die linke Hand nicht weiß, was die rechte tut? Und Situationen, wo die linke Hand die rechte Hand tatsächlich hintergeht? Die Gehirnforschung könn-

te vielleicht zeigen, daß es in diesem Fall nicht so sehr einen Täuschenden und einen Getäuschten gibt, sondern daß hier zwei verschiedene Prozesse ablaufen, die vom Gehirn koordiniert werden. Ob diese Prozesse dann im eigentlichen Sinne als Täuschung zu bezeichnen sind, ist eine Frage, die schon seit Platon diskutiert wird und von Philosophen der Gegenwart wiederaufgegriffen wird. Vgl. R. Demos, Lying to Oneself, in: *Journal of Philosophy* 57 (1960), S. 588ff.; außerdem H. Fingarette, *Self-Deception,* Atlantic Highlands, N. J. 1969. Eine neuere Diskussion der Psychologie der Selbsttäuschung liefert Guy Durandin, *Les Fondements du Mensonge,* Thesis, Faculté des Lettres et Sciences Humaines, Paris 1970.

17 Vgl. Gordon W. Allport und Leo Postman, *Psychology of Rumor,* New York 1947. Die Autoren stellen ein «grundlegendes Gesetz für Gerüchte» dar: Die Menge der umlaufenden Gerüchte variiert je nach Bedeutung des Themas für die betroffenen Individuen, multipliziert mit der Ambiguität der eindeutigen Beweise, die in dem jeweiligen Zusammenhang vorliegen. Ist entweder die Ambiguität oder die Bedeutung gleich Null, dann ist auch die Wahrscheinlichkeit für ein Gerücht gleich Null.

2. Kapitel

1 Vgl. das Zitat auf S. 63, wo Dante Gewalt und Betrug als die beiden Formen der Bosheit bezeichnet, die auf Ungerechtigkeit abzielen. Vgl. auch Northrop Frye, *The Secular Scripture: A Study of the Structure of Romance,* Cambridge, Mass. 1976, Kapitel 3.

2 Samuel Johnson, *The Adventurer* 50 (28. April 1753), in: ders., *Selected Essays from The Rambler, Adventurer, and Idler,* hg. von W. J. Bate, New Haven und London 1968.

3 Nicolai Hartmann, *Ethik,* a. a. O., S. 461.

4 Die folgende Diskussion bezieht sich auf den Rahmen, den die Entscheidungstheorie für Entscheidungsprobleme liefert. Zu diesem Rahmen gehören die *Ziele*, wie sie von den Entscheidern ins Auge gefaßt werden, die *Alternativen*, die zur Erreichung dieser Ziele zur Verfügung stehen, eine sich auf die verschiedenen Handlungsmöglichkeiten beziehende *Kosten-Nutzen*-Schätzung und eine *Entscheidungsnorm*, um diese Faktoren gegeneinander abzuwägen.

5 Aristoteles, *Nikomachische Ethik,* Stuttgart 1969, Buch IV, Abschnitt 13, S. 113. Zu Aristoteles' Begriff der «Wahrheit» vgl. auch Paul Wilpert, Zum Aristotelischen Wahrheitsbegriff, in: *Philosophisches Jahrbuch der Görresgesellschaft,* Band 53, 1940, S. 3ff.

6 Vgl. Michel de Montaigne, *Von Lügnern,* in: ders., Gesammelte Schriften. Hist.-krit. Ausgabe, hg. von Otto Flake und Wilhelm Weigand, München und Leipzig 1908, Erster Band, Essays, I. Buch, S. 48ff.; außerdem Ewald M. Plass (Hg.), *What Luther Says: An Anthology,* St. Louis 1959, S. 871.

7 Voreingenommenheit und «opportunistisch verzerrte Überzeugungen» behandelt auch Gunnar Myrdal, *Objektivität in der Sozialforschung,* Frankfurt a. M. 1971.

8 Mit den «Hunden» sind «Heiden» oder «Sodomiten» gemeint. John Noon-

an, Jr. ist der Ansicht, daß sich der Begriff *pharmakoi*, der hier mit «Zauberer» übersetzt wurde, auf jene bezog, die Abtreibungen durchführten bzw. Mittel zur Abtreibung verordneten (John Noonan, *The Morality of Abortion*, Cambridge, Mass. 1970, S. 9).

9 Niccolo Machiavelli, *Vom Fürsten,* in: ders., Gesammelte Schriften, hg. von Hanns Floerke, München 1925, Zweiter Band, S. 71.

10 W. Montgomery Watt, *The Faith and Practice of Al-Ghazali,* London 1953, S. 133. Allerdings gestattete Al-Ghazali solche Lügen, die notwendigen und lobenswerten Zielen dienen, sofern es keine ehrliche Alternative gibt. Vgl. Nikki Keddie, Sincerity and Symbol in Islam, in: *Studia Islamica* 19 (1963), S. 45.

11 Homer, *Odyssee,* übersetzt in deutsche Prosa von Wolfgang Schadewaldt, Reinbek 1958, 13. Gesang, 290ff., S. 174; vergl. auch Friedrich Nietzsche, *Über Wahrheit und Lüge im außermoralischen Sinn,* in: Friedrich Nietzsche Werke, a. a. O., Band III, S. 309ff.

12 Zwar ist ein solches Prinzip nicht so oft wie andere hervorgehoben worden, doch hat es auch entschiedene Verteidiger gefunden. Bei Cicero heißt es: «Grundlage aber der Gerechtigkeit ist die Zuverlässigkeit, das heißt die Unveränderlichkeit und Wahrhaftigkeit von Worten und Abmachungen» (Marcus Tullius Cicero, *Vom rechten Handeln,* Zürich 1953, I. 23, S. 30). In seinem *System of Moral Philosophy* stellte Francis Hutcheson das «allgemeine Gesetz der Aufrichtigkeit» auf (Nachdruck New York 1968, Buch 2, S. 32). Richard Price hält die Aufrichtigkeit für eine Grundlage der moralischen Pflicht (*A Review of the Principal Questions of Ethics* [1758], Nachdruck Oxford 1948, S. 153ff.). Hastings Rashdall erwähnt das «Prinzip der Aufrichtigkeit» in seiner *Theory of Good and Evil*, London, 2. Aufl. 1924, Buch 1, S. 192. W. D. Ross betont die «Pflichten der Treue», die den Versuch, nicht zu lügen, mit einbegreifen (*The Right and the Good,* Oxford 1930, S. 19ff.). Und G. J. Warnock hebt in seinem Buch *The Object of Morality* (London 1971, S. 83ff.) die Notwendigkeit eines Prinzips der Nichttäuschung hervor.
Was dieses Prinzip stützt, ist für einige ein religiöser Grund, für andere die Intuition und für wieder andere das Gewicht der Erfahrung der Vergangenheit.

13 Vgl. Robert Nozick, Moral Complications and Moral Structures, in: *Natural Law Forum* 13 (1968), S. 1ff. Siehe auch Richard McCormick, *Ambiguity in Moral Choice,* Milwaukee 1973.

3. Kapitel

1 Augustinus, On Lying, in: ders., *Treatises on Various Subjects,* hg. von R. J. Deferrari, New York 1952, Band 14, Kapitel 14; Augustinus, Against Lying, in: *Treatises on Various Subjects,* a. a. O., Band 16, Kapitel 1, 2, 18; Augustinus, *Enchiridion d. h. Handbüchlein für den Laurentius oder Buch vom Glauben, von der Hoffnung und von der Liebe,* in: Des Heiligen Kirchenvaters Aurelius Augustinus Ausgewählte Schriften, Band VIII, Ausgewählte Praktische Schriften, München 1925, S. 386ff. Ältere Anschauungen werden auch diskutiert bei Hugo Grotius, *Drei Bü-*

cher über das Recht des Krieges und Friedens, a. a. O., und bei John Henry Kardinal Newman, *Apologia Pro Vita Sua,* a. a. O.

2 On Lying, a. a. O., Kapitel 3. Es ist wichtig festzuhalten, daß Augustinus die Absicht zu täuschen in seine Definition mit aufnahm, wie man an dem zu Beginn dieses Kapitels zitierten Abschnitt aus dem *Enchiridion* und im Kapitel 3 von On Lying erkennen kann. Hier wird die Intention zu täuschen ein paar Sätze nach der eigentlichen Definition des Lügens erwähnt und wird also nicht immer als Teil dieser Definition verstanden.

3 On Lying, Kapitel 14. Augustinus kehrt zu dieser Unterscheidung im *Enchiridion* mit größerer Klarheit noch einmal zurück: «Denn es sündigt z. B. einer, der in der (guten Absicht) lügt, einem damit einen Rat zu geben, nicht so schwer wie ein anderer, der in der Absicht lügt, um einen anderen zu schädigen; oder jemand, der einem Wanderer durch seine lügnerische Auskunft einen falschen Weg weist, schadet nicht so sehr wie einer, der mit trügerischer Täuschung den Weg des Lebens verkehrt» (Augustinus, *Enchiridion,* a. a. O., S. 408).

4 Augustinus, *Enchiridion,* a. a. O., S. 415.

5 In bezug auf die Bußbücher vgl. Bigotial Penitential, in: Ludwig Bieler (Hg.), *The Irish Penitentials,* Dublin 1963, III, 5; außerdem John McNeill und Helena M. Gamer (Hg.), *Medieval Handbooks of Penance,* New York 1938.

Die größte systematische Komplikation, die sich mit dem Lügen beschäftigte, stellte im 12. Jahrhundert das *Sentiarum Libri Quattuor* von Peter Lombard dar (Patrologia Latina, Band 192, hg. von J. P. Migne, Paris 1880, Buch 3, 38). Lange Jahrhunderte galt es als Standardlehrbuch. Das Buch übernimmt seine Definitionen, die analytischen Kategorien und die moralischen Urteile völlig von Augustinus. In seiner *Summa Theologica* versucht Thomas von Aquin, Augustinus mit Aristoteles und anderen zu verbinden (vgl. Thomas von Aquin, *Summa Theologica,* München und Heidelberg 1943, Band 20, 110. Frage, S. 135ff.).

Die *Summa Theologica* des Antoninus von Florenz – ein monumentales Werk aus dem fünfzehnten Jahrhundert über Moraltheologie (Nachdruck Graz 1959, vgl. ebenda Buch 2, 10, 1) – enthält das gesamte mittelalterliche Denken zum Thema Lügen und zeigt wieder einmal, daß die grundlegenden Begriffe der Diskussion von Augustinus herstammen.

6 Thomas von Aquin trug seinen Teil zu dieser Entwicklung bei, indem er sehr klar unterschied zwischen der Absicht, etwas Falsches zu sagen, und der Absicht zu täuschen; nur die erstere gehöre zum eigentlichen Begriff der Lüge (vgl. Thomas von Aquin, *Summa Theologica,* a. a. O., Band 20, S. 135ff.).

7 Vgl. zum Beispiel J. P. Gury, *Compendium Theologiae Moralis,* hg. von A. Sabetti und T. Barrett, Rom, New York und Cincinnati 1902, S. 221ff. Siehe auch Bernard Häring, *Das Gesetz Christi. Moraltheologie,* München und Freiburg 1967, und die von Kardinal Newman dargestellten Konflikte (J. H. Kardinal Newman, *Apologia Pro Vita Sua,* a. a. O., S. 310ff. und 348ff.).

8 Blaise Pascal, *Briefe gegen die Jesuiten,* Jena 1907, Neunter Brief, S. 140f.

9 John Maguire et al., Truthfulness, in: *Cases and Materials on Evidence,* Mineola, New York, 6. Aufl. 1973, S. 248ff.

10 Johannes Calvin, *Petit Traicté Monstrant Que C'est Que Doit Faire un Homme Cognoissant la Vérité de L'Evangile Quand Il Est Entre les Papistes,* in: ders., Opera Omnia, Band VI, Genf 1617, S. 541ff. In einem späteren Brief vertrat Calvin das Argument, daß die Übernahme des Namens des Nicodemus, der ein heimlicher Anhänger von Jesus gewesen war, diesem heiligen Manne großes Unrecht tue, da Nicodemus die Heimlichkeit aufgegeben und öffentlich Anspruch auf den Körper von Jesus erhoben habe, wohingegen die Nikodemiten weiterhin ihren «Götzendienst» betrieben, ohne sich öffentlich dazu zu bekennen.

11 Charles J. McFadden, *Medical Ethics,* Philadelphia 1967, S. 391.

12 Grotius, *Über das Recht des Krieges und des Friedens,* a. a. O., Buch III, Kapitel I und II.

13 Thomas Percival zitiert zum Beispiel in seinen *Medical Ethics* (Oxford 1849) Grotius und schreibt: «Eine Lüge stellt immer eine verbrecherische Verletzung der Wahrheit dar und kann daher unter keinen Umständen gerechtfertigt werden» (ebenda S. 135).

14 Das Lehrbuch, das Kant benutzte, war Alexander Gottlieb Baumgartens *Ethica Philosophica*, Magdeburg, 3. Aufl. 1763. Die hier über das Lügen gefällten Urteile waren sehr streng.

15 Paul Menzer rekonstruierte diese studentischen Vorlesungsmitschriften und publizierte sie unter dem Titel: *Eine Vorlesung Kants über Ethik,* Im Auftrage der Kantgesellschaft hg. von Paul Menzer, Berlin 1924. Er warnte mit Nachdruck davor, allein aus diesen Mitschriften Schlüsse auf Kants Moralphilosophie zu ziehen, da diese Studenten nur eine unzulängliche Ausbildung besaßen. Kant hielt diese Vorlesungen, während er an der Kritik der reinen Vernunft arbeitete. Er hat sie nie veröffentlicht. Daran sollte man immer denken, wenn man die zahlreichen Verweise auf die sogenannten «Vorlesungen Kants über Ethik» liest. Das ist überdies von besonderer Bedeutung, wenn man sich ein Bild von Kants Ansichten über das Lügen machen will. In all seinen veröffentlichten Schriften zeigt Kant in bezug auf dieses Thema eine äußerste Strenge. Sein pietistisches Elternhaus und die Schulzeit im Collegium Fridericianum, das von dem strengen Theologen und Philosophen F. A. Schultz geleitet wurde, haben diese rigide Haltung unterstützt. Doch in der von Menzer herausgegebenen Vorlesung soll Kant Situationen skizziert haben, wo Unwahrheit nicht gleichzusetzen sei mit Lügen und daher nicht verwerflich sei. Einige haben angenommen, daß diese flexiblere Haltung Kants eigene sei; von vielen wurde die These vertreten, daß das, was Kant dann später tatsächlich über das Lügen schrieb, so über alle Maßen streng sei, daß dafür wohl sein vorgerücktes Alter verantwortlich zu machen sei (vgl. zum Beispiel W. I. Matson, Kant as Casuist, in: *Journal of Philosophy* 51 [1954], S. 855ff.). Eine solche Ansicht kann sich auf nichts stützen, was Kant jemals selbst veröffentlicht hat. Mir scheint eher, daß die Flexibilität, die aus den studentischen Vorlesungsmitschriften hervorgeht, sofern man sie überhaupt als Beweis gelten lassen will, wahrscheinlich zeigt, daß Kant, als er selbst noch nichts über Ethik geschrieben hatte, zumindest bereit

war, in der akademischen Lehre auch die Ausnahmen von dem Verbot des Lügens mit anzuführen, die gemeinhin gemacht wurden.

16 Es gibt zwei Stellen, an denen Kant detailliert auf das Lügen eingeht: *Über ein vermeintes Recht aus Menschenliebe zu lügen,* in: Immanuel Kant, Werke in zehn Bänden, hg. von Wilhelm Weischedel, Darmstadt 1975, Band 7, Schriften zur Ethik und Religionsphilosophie, Zweiter Teil, S. 637ff.; und: *Die Metaphysik der Sitten,* ebenda, Zweiter Teil, Ethische Elementarlehre § 9, Von der Lüge, S. 562ff.

17 Kant, *Über ein vermeintes Recht,* a. a. O., S. 638.

18 Ebenda, S. 641.

19 Kant, *Metaphysik der Sitten,* a. a. O., S. 563.

20 In: *Über ein vermeintes Recht aus Menschenliebe zu lügen* bezieht sich Kant auf Benjamin Constant, der in seiner Schrift *Frankreich* diese Ansicht vertritt. Kant geht davon aus, «daß der Ausdruck: ein Recht auf die Wahrheit haben, ein Wort ohne Sinn ist» (Kant, *Über ein vermeintes Recht,* a. a. O., S. 637). In der *Metaphysik der Sitten* heißt es: «(Lüge) Daß eine jede vorsätzliche Unwahrheit in Äußerung seiner Gedanken diesen harten Namen (den sie in der Rechtslehre nur dann führt, wenn sie anderer Recht verletzt) in der Ethik, die aus der Unschädlichkeit kein Befugnis hernimmt, nicht ablehnen könne, ist für sich selbst klar» (Kant, *Metaphysik der Sitten,* a. a. O., S. 562).

21 Kant, *Metaphysik der Sitten,* a. a. O., Einleitung, S. 330.

22 Kant, *Über ein vermeintes Recht,* a. a. O., S. 639.

23 Kardinal Newman, *Apologia Pro Vita Sua,* a. a. O., S. 314 und S. 361 der englischen Ausgabe (London 1880) (diese Stelle ist in der dt. Ausgabe nicht enthalten, d. Ü.). Sein Buch ist eine leidenschaftliche Verteidigung seines Lebens als ein Konvertit zum Katholizismus; gegen die prostetantischen Kritiker hält Newman die lange Tradition der subtilen Diskussion von Fällen des Lügens aufrecht. Vgl. auch J. L. Altholz, Truth and Equivocation: Liguri's Moral Theory and Newman's Apologia, in: *Church History* 44 (1975), S. 73ff.

24 Vgl. James Martineau, *Types of Ethical Theory,* Oxford 1875, 2, S. 241: «Soll der Feind, der Mörder, der Verrückte dadurch in die Lage versetzt werden, an seinem Opfer seinen bösen Willen auszulassen, daß wir ihm den richtigen Weg weisen?»

25 Vgl. Kant, *Metaphysik der Sitten,* Einleitung, a. a. O., S. 334f.: «Die guten oder schlimmen Folgen einer schuldigen Handlung [. . .] können dem Subjekt nicht zugerechnet werden [. . .].»

26 Vgl. das Zitat von John Wesley, das am Anfang dieses Kapitels steht. Es stammt aus den Works, London 1878, Band 7. Wesley predigte über das Thema «Siehe da, es gibt einen Israeliten, der nicht voll Tücke ist» und führte aus, «sofern in seinem Herzen keine Arglist wohnt, dann wird eine solche auch nicht in seinen Worten sein». Was dies zunächst voraussetzt, ist Wesley zufolge «Aufrichtigkeit – d. h. aus tiefstem Herzen die Wahrheit zu sagen und von jeder absichtlichen Lüge jeder Art und jeden Grades abzulassen». Seine Definition des Lügens ist so abgefaßt, daß sie sowohl jede Form des geheimen Vorbehalts ausschließt als auch die Behauptung, gewisse vorsätzliche Unwahrheiten seien keine Lügen.

27 *Der erste Brief des Paulus an Timotheus,* 1. Kapitel, 9 und 10. Vgl. hiermit die *Lehre der zwölf Apostel*, ein Handbuch der kirchlichen Lehre aus dem ersten Jahrhundert: «Du sollst nicht töten. Du sollst nicht ehebrechen. [. . .] Du sollst nicht stehlen. Du sollst nicht Zauberei treiben. [. . .] Du sollst nicht falsch schwören. Du sollst nicht falsches Zeugnis ablegen. Du sollst nicht üble Nachreden führen. Du sollst nicht Böses nachtragen. Du sollst nicht doppelsinnig oder doppelzüngig reden; denn Doppelzüngigkeit ist eine Schlinge des Todes» (*Die Lehre der zwölf Apostel. Eine Kirchenordnung des ersten christlichen Jahrhunderts,* Textausgabe mit Einführung und Erklärung von D. Dr. Hanns Lilje, Hamburg 1956, Kapitel II, S. 28).

28 Dante Alighieri, *Die göttliche Komödie,* Stuttgart 1977, Inferno – Die Hölle, Elfter Gesang, S. 44.

29 Kant, *Kritik der praktischen Vernunft,* in: Immanuel Kant, Werke in zehn Bänden, a. a. O., Band 6, S. 255.

30 Augustinus, On Lying, S. 66. Er begründete seine Ansicht, daß eine Lüge die Seele töte, auf das Alte Testament und setzt dem *Matthäus 10, 28* gegenüber: «Und fürchtet euch nicht vor denen, die den Leib töten und die Seele nicht können töten; fürchtet euch aber vielmehr vor dem, der Leib und Seele verderben kann in der Hölle.»

31 Richard F. Gombrich, *Precept and Practice,* Oxford 1971, S. 64f. und 255.

32 Siehe Lewis Jacobs (Hg.), *Jewish Values,* London 1960, S. 145ff. Für die Haltung des Islam zu Lügen und Verstellungen vgl. Nikki Keddie, Sincerity and Symbol in Islam, a. a. O.

33 Kant, *Metaphysik der Sitten,* a. a. O., S. 562.

4. Kapitel

1 Erasmus, *Responsio ad Albertum Pium,* in: ders., Opera Omnia, Leiden 1706, Nachdruck Hildesheim 1962, Band 9, 1194ff.

2 Henry Sidgwick, *Die Methoden der Ethik,* Leipzig 1909, II.Band, 7. Kapitel: Die Klassifikation der Pflichten. Wahrhaftigkeit, S. 128ff. Vgl. auch Hastings Rashdall, *The Theory of Good and Evil,* a. a. O., Buch 1, S. 192f.

3 Laurence Tribe kritisiert die in der modernen Philosophie, den Utilitarismus eingeschlossen, verbreitete Neigung, sich nur auf die abschließenden Resultate zu konzentrieren, anstatt die Prozesse zu berücksichtigen, «die das individuelle und gesellschaftliche Handeln formen» (Laurence Tribe, Policy Science: Analysis or Ideology?, in: *Philosophy and Public Affairs* 2 [1972], S. 66ff.). Das Versagen, das Lügen selbst abzuwerten, offenbart meiner Meinung nach eine solche Haltung. Siehe außerdem R. Nozick, *Anarchy, State and Utopia,* New York 1968.

4 Bentham könnte den Teil der Negativbewertung, der sich aus dem Schaden für die Integrität des Lügners selbst herleitet, nur schwer akzeptieren, solange dies nicht mit Leiden verbunden ist. Mill würde das nicht für so schwierig ansehen.

5 D. H. Hodgson hat gezeigt, daß eine utilitaristische Haltung zum Lügen dazu führen würde, daß das Vertrauen in die Kommunikation Schaden

nähme (D. H. Hodgson, *Consequences of Utilitarianism,* London 1967). Vgl. die Replik von D. K. Lewis, Utilitarianism and Truthfulness, in: *Australian Journal of Philosophy* 50 (1972), S. 17ff.

6 Siehe zum Beispiel Sidgwick, *Methoden der Ethik,* a. a. O., S. 132, und Rashdall, *The Theory of Good and Evil,* a. a. O., S. 193.

7 Siehe J. J. C. Smart und Bernard Williams, *Utilitarians, For and Against,* London 1973, S. 62.

8 So behauptete F. H. Bradley, daß «es keine Moralphilosophie geben kann, die uns sagt, was wir in konkreten Situationen tun sollen [. . .], dies ist auch nicht die Sache der Philosophie» (F. H. Bradley, *Ethical Studies,* New York und London 1927, S. 193).
Siehe auch C. D. Broad in *The Philosophy of C. D. Broad,* hg. von P. Schilpp, New York 1959, S. 285, und R. M. Hare, *Essays on Philosophical Method,* Berkeley und Los Angeles 1972, S. 1ff.

9 John Rawls klassifiziert jene als «Intuitionisten», die davon ausgehen, daß es eine Vielzahl von Prinzipien gibt, die konfligieren können, zugleich aber bestreiten, daß es für die Lösung solcher Konflikte eine ausdrückliche Prioritätsregel oder eine sonstige Methode gibt (John Rawls, *Eine Theorie der Gerechtigkeit,* Frankfurt a. M. 1975, S. 52ff.). Daher sind sie bei solchen Konflikten auf die «Intuition» zurückverwiesen. Es stimmt meiner Meinung nach, daß man mit mehreren Prinzipien sehr nützlich arbeiten kann; ich selbst habe auch keine funktionierende Prioritätsregel zur Lösung schwieriger Prinzipienkonflikte gefunden. Dennoch würde ich mich nicht als «Intuitionist» bezeichnen lassen. Ich bin der Überzeugung, daß es im Bereich der praktischen Moral durchaus Argumentationsmethoden gibt, die der Anwendung der «Intuition» überlegen sind und die die Lösung einer Reihe von Konflikten erlauben. Eine unmittelbare Einschaltung der «Intuition» umgeht tendenziell dieses methodische Argumentieren, besonders dann, wenn es um das Lügen geht. Intuitionen, die entscheiden sollen, wann es gerechtfertigt ist zu lügen und wann nicht, dienen nur zu häufig offensichtlich dem Eigennutz; das kommt in der Bemerkung zum Ausdruck, die man Disraeli zuschreibt: «Derjenige ist ein Gentleman, der weiß, wann er die Wahrheit zu sagen hat und wann nicht.»

10 Daß es schwierig ist, die Folter in der Praxis abzuschaffen, kann man allerdings nicht den Mängeln der Systeme der Ethik anlasten.

11 Das gleiche trifft auf zwei Methoden der moralischen Argumentation zu, die aus dem Bereich der theologischen Ethik stammen: die Situationsethik und das Prinzip der Doppelwirkung (vgl. Joseph Fletcher, *Situation Ethics: The New Morality,* Philadelphia 1966, und Richard A. McCormick, *Ambiguity in Moral Choice,* Milwaukee 1973). Diese Methoden sind stark utilitaristisch gefärbt. Wie der Utilitarismus selbst können sie so weit gedehnt werden, daß sie vieles von dem «mit einbeziehen», was sich offenbar einer unmittelbaren Berechnung entzieht.

12 Die konfligierenden Positionen zum Selbstmord und zur freiwilligen Euthanasie, die sich aus jedem System der Moralphilosophie ableiten lassen, werden in meiner unveröffentlichten Dissertation behandelt: *Voluntary Euthanasia,* Harvard University 1970, Kapitel 1 und 2.

13 Man bezieht sich auf diese Tradition häufig unter dem Begriff Kasuistik. Siehe L. Edelstein, *The Meaning of Stoicism,* Cambridge, Mass. 1966, S. 71ff.; K. E. Kirk, *Conscience and Its Problems,* London 1927, S. 106ff.; R. Thamin, *Un Problème Moral dans l'Antiquité,* Paris 1884; W. Whewell, «Note» über Kasuistik, in: ders., *Lectures on the History of Moral Philosophy in England,* London 1852.

5. Kapitel

1 Francis Bacon, *Über die Wahrheit,* in: ders., Essays, Stuttgart 1970, S. 3f.

2 Aristoteles stellt in der *Nikomachischen Ethik*, a. a. O., S. 112f. den «Aufschneider» dem «hintergründig Bescheidenen» gegenüber. In der Mitte zwischen diesen Extremen ist die Wahrhaftigkeit angesiedelt.

3 Ich beziehe mich im folgenden auf meine beiden Aufsätze: Paternalistic Deception in Medicine, and Rational Choice: The Use of Placebos, in: Max Black (Hg.), *Problems of Choice and Decision,* Ithaka, N. Y. 1975, S. 73ff., und The Ethics of Giving Placebos, in: *Scientific American* 231 (1974), S. 17ff.

4 O. H. Pepper, A Note on the Placebo, in: *American Journal of Pharmacy* 117 (1945), S. 409ff.

5 J. Sice, Letter to the Editor, in: *The Lancet* 2 (1972), S. 651.

6 Ich danke Dr. Melvin Levine für die Erlaubnis, diesen Fall hier wiedergeben zu dürfen, der in dem Gesprächskreis über Ethik am Kinderkrankenhaus in Boston behandelt worden ist.

7 C. M. Kunin, T. Tupasi und W. Craig, Use of Antibiotics, in: *Annals of Internal Medicine* 79 (Oktober 1973), S. 555ff.

8 Von neunzehn neueren allgemein verwendeten Lehrbüchern über allgemeine Medizin, Kindermedizin, Chirurgie, Anästhesie, Geburtshilfe und Gynäkologie erwähnen überhaupt nur drei Placebos; medizinische oder ethische Probleme im Zusammenhang mit Placebos werden an keiner Stelle detaillierter behandelt. Vier von sechs Lehrbüchern über Pharmakologie erwähnen sie; die damit verbundenen Probleme werden nur in einem genannt. Nur vier von acht Lehrbüchern über Psychiatrie er wähnen Placebos; ethische Probleme werden nirgends behandelt. Nachweise bei Bok, Paternalistic Deception in Medicine and Rational Choice, a. a. O.

9 Formular DA 67-7, 1. Januar 1973, U. S. Army Officer Evaluation Report.

6. Kapitel

1 John McNeill und Helena Gamer, *Medieval Handbooks of Penance,* a. a. O., S. 163.

2 William Shakespeare, *Othello,* Stuttgart 1971, Erster Aufzug, erste und dritte Szene.

3 Ebenda, Erster Aufzug, dritte Szene, S. 25.

4 Sich selbst zu verstellen, um auf diese Weise einen ungerechten Vorteil zu erlangen, ist natürlich keine Entschuldigung, wenn auch sehr verbreitet.

5 Insofern der Schutz der Verschwiegenheit auf einem Versprechen basiert,

gibt es auch hier eine indirekte Berufung auf die Wahrhaftigkeit – nämlich sein Versprechen zu halten.

6 Den Unterschied zwischen solchen Rechten und allgemeineren Menschenrechten behandelt H. L. A. Hart, Are There Any Natural Rights?, in: Anthony Quinton (Hg.), *Political Philosophy,* London 1967, S. 53ff.

7 Die Frage der Kompetenz ist unter solchen Umständen natürlich entscheidend. Einfach zu sagen, daß die Versuchspersonen sich im voraus mit einer Täuschung während des Experiments einverstanden erklärt haben, genügt dann nicht, wenn Zweifel daran bestehen, ob sie überhaupt in der Lage sind, eine Einwilligung auf der Basis vorheriger Information zu geben. Hinzu kommt, daß sowohl Kompetenz als auch die Einwilligung nicht ausreichen, wenn das Experiment Risiken mit sich bringt, gegen die jede vernunftbegabte Person Einspruch erheben würde. Vgl. Jay Katz, *Experimentation with Human Beings,* New York 1972.

8 Siehe Ilmar Waldner, Comments, in: Max Black (Hg.), *Problems of Choice and Decision,* a. a. O., S. 118f.; dort wird ein Beispiel für eine derartige Lüge gegeben.

9 Vgl. Hastings Rashdall, *The Theory of Good and Evil,* a. a. O., S. 194: «Es gibt sogar Fälle, wo man im Interesse der Wahrheit selbst zur Lüge greifen muß. Damit eine höhere Wahrheit gelehrt oder die tatsächliche Freiheit des Denkens und Redens vorangebracht werden kann, muß man etwas im wörtlichen Sinne Unwahres äußern.»

10 Shakespeare, *Othello,* a. a. O., S. 25.

7. Kapitel

1 David Hume, *Eine Untersuchung über die Prinzipien der Moral,* Wien 1883, S. 108.

2 Ludwig Wittgenstein, *Philosophische Untersuchungen,* Frankfurt a. M. 1967, § 265, S. 119f.

3 John Rawls, *Eine Theorie der Gerechtigkeit,* a. a. O., vgl. auch Kurt Baier, *Der Standpunkt der Moral. Eine rationale Grundlegung der Ethik,* Düsseldorf 1974.

4 Ein interessantes Beispiel für eine solche Entwicklung sind heutzutage die Ausschüsse, die sich mit ethischen Problemen befassen und die zusammenkommen, um Experimente mit Menschen in Krankenhäusern zu überprüfen. Niemand, der in einem solchen Ausschuß jemals mitgearbeitet hat – vorausgesetzt, er hat seine Arbeit ernst genommen –, würde bestreiten, daß auf den Mitgliedern, die mit großer Gründlichkeit ein moralisches Entscheidungsproblem nach dem anderen behandeln müssen, ein starker Druck lastet.

5 Seneca, *Moral Epistles,* Cambridge, Mass. und London 1917, Band I, S. 185.

6 Irving L. Janis, *Victims of Groupthink,* Boston 1972, S. 204.

7 Siehe zum Beispiel The National Commission for the Protection of Human Subjects of Biomedical and Behavioral Research, *Report and Recommendations, Research on the Fetus,* U. S. Department of Health, Education and Welfare, Publication No. (OS) 76–128, 1975.

8 Es versteht sich von selbst, daß ein solcher Prozeß des Abwägens nur dann erfolgen kann, wenn das Gesetz bereits grundlegende Rechte und Freiheiten schützt.

9 Augustinus, Against Lying, a. a. O.

8. Kapitel

1 Denn es gibt hier keine allgemein anerkannten Verpflichtungen, wie sie zum Beispiel für den Kapitän eines in Seenot befindlichen Schiffes gelten oder die allgemeinere Regel «Frauen und Kinder zuerst».

2 George Steiner, *After Babel,* a. a. O., S. 224.

3 United States v. Holmes, 26 Fed. Cas. 360 (C. C. E. D. PA 1842). Vgl. auch James Childress, Who Shall Live When Not All Can Live?, in: Thomas A. Shannon (Hg.), *Bioethics,* New York 1976, S. 397ff.

4 Plutarch, *Große Griechen und Römer,* Zürich 1954, Band I, Lykurgos, S. 126f.

5 Vgl. K. Donaldson, *Insanity Inside Out,* New York 1976, der seinen Kampf beschreibt, aus einem Krankenhaus in Florida, in das man ihn gegen seinen Willen eingesperrt hatte, wieder herauszukommen. 1971 wurde er nach fünfzehn Jahren freigelassen. 1975 erhielt er vor dem Bundesgerichtshof der Vereinigten Staaten recht (O'Connor v. Donaldson, 422 U. S. 563).

6 Dr. Melvin Levine hat mir gestattet, diesen Fall zu zitieren.

9. Kapitel

1 Es zeigt nur, wie wenig Aufmerksamkeit man diesen Diskussionen in den letzten Jahrhunderten geschenkt hat, wenn auch eine so belesene Autorin wie Hannah Arendt behaupten kann, daß keine der großen Religionen, mit der Ausnahme des Zoroastrismus, Lügen als solches zu den schweren Sünden zählte und daß Lügen erst mit dem Aufkommen der puritanischen Moral als ernste Vergehen bewertet wurden (vgl. Hannah Arendt, Truth and Politics, in: Peter Laslett und W. G. Runciman [Hg.], *Philosophy, Politics and Society,* New York 1967, S. 108; dt.: Hannah Arendt, Wahrheit und Politik, in: dies., *Wahrheit und Lüge in der Politik,* München 1972, S. 44ff.).

2 Augustinus, Against Lying, S. 125f.

3 Siehe Marcel Mauss, *Die Gabe. Form und Funktion des Austausches in archaischen Gesellschaften,* Frankfurt a. M. 1968, der die komplexen Rituale des Geschenkaustausches und der gegenseitigen Verpflichtungen behandelt.

4 Augustinus, Against Lying, Kapitel 2.

5 Das in der englischen Sprache geläufige Wortspiel mit den beiden Bedeutungen des Wortes «lie» (Lüge/liegen) behandelt Christopher Ricks, Lies, in: *Critical Inquiry,* Herbst 1975, S. 121ff.

6 Steven N. Brenner und Earl A. Molander, Is the Ethics of Business Changing?, in: *Harvard Business Review* 55 (Januar/Februar 1977), S. 57ff.

10. Kapitel

1 Niccolo Machiavelli, *Vom Fürsten,* in: ders., Gesammelte Schriften, hg. von Hanns Floerke, München 1925, Band 2, S. 70f.

2 James Martineau, *Types of Ethical Theory,* Oxford 1875, Band 2, S. 242 und 244.

3 Amnesty International, eine Organisation, die für die Befreiung von politischen Gefangenen arbeitet und dies, ohne Gewalt anzuwenden oder zu empfehlen, berichtet in ihren Schriften von der Praxis des Folterns in der ganzen Welt. Die zunehmende Teilnahme von Medizinern an Folterungen diskutieren Leonard A. Sagan und Albert Jonson in einem Artikel im *New England Journal of Medicine* 294 (1976), S. 1427ff.

4 Bei der Diskussion einer Ausnahme von dem Gesetz der Aufrichtigkeit stellt Francis Hutcheson diesen Fall so dar: «Wenn Versprechen oder Informationen durch die offen rechtlose Gewalt durch Menschen erpreßt werden, die im Laufe ihres Lebens gegen alle natürlichen Gesetze verstoßen haben, und man also davon ausgehen kann, daß sie ihre Menschenrechte verwirkt haben, dann würde man sie nur stärken und ermutigen oder ihnen bei ihren bösen Taten noch Vorteile verschaffen, wenn man diese Menschenrechte auf sie anwenden würde» (Francis Hutcheson, *A System of Moral Philosophy,* a. a. O., Buch 2, Kapitel 10, S. 34).

5 Hannah Arendt, Wahrheit und Politik, a. a. O., S. 83.

6 Siehe Ernst Kris und Nathan Leites, Trends in Twentieth Century Propaganda, in: Bernard Berelson und Morris Janowitz (Hg.), *Reader in Public Opinion and Communication,* New York 1950, S. 278ff. Vgl. außerdem J. A. C. Brown, *Techniques of Persuasion: Propaganda to Brainwashing,* Baltimore 1963, der über die vielen Möglichkeiten berichtet, Meinungen zu beeinflussen.

7 Obwohl natürlich Täuschungsformen, die gegen das Gesetz verstoßen, in beiden Fällen nicht zulässig wären.

8 Siehe Alva Myrdal, *The Game of Disarmament,* New York 1976.

11. Kapitel

1 Prince Albert Morrow, *Social Deseases and Marriage,* New York und Philadelphia 1904, S. 51.

2 Marcel Eck, *Lies and Truth,* New York 1970, S. 183.

3 Bernard Häring, *The Law of Christ,* a. a. O., 3, S. 575.

4 Siehe zum Beispiel Harvey Kuschner et al., The Homosexual Husband and Physician Confidentiality, in: *Hastings Center Report,* April 1977, S. 15ff.

5 Über eine empirische Untersuchung der Loyalität unter Teenagern berichtet Esther R. Greenglas, Effects of Age and Prior Help on ‹Altruistic Lying›, in: *The Journal of Genetic Psychology* 121 (1972), S. 303ff. Man fand heraus, daß Zwölfjährige eher bereit sind, für einen Gleichaltrigen zu lügen, der ihnen früher schon einmal geholfen hat, als Achtjährige. Achtjährige und Zwölfjährige verhielten sich gleich gegenüber denen, die ihnen Hilfe verweigert hatten.

6 Dietrich Bonhoeffer, *Ethik,* a. a. O., S. 390.

7 American Medical Association, Principles of Medical Ethics, wiederabgedruckt, in S. J. Reiser, A. J. Dyck, W. J. Curran (Hg.), *Ethics in Medicine,* Cambridge, Mass. und London 1977, S. 38f.

8 Boyce Rensberger, Unfit Doctors Create Worry in Profession, in: *New York Times,* 26. Januar 1976. (Natürlich kann man auch viel höhere oder viel niedrigere Zahlen vorlegen, je nachdem, was man unter «unfähig» verstehen will. In jedem Fall müßte man jedoch die Ärzte berücksichtigen, die alkohol- oder drogensüchtig sind.)

9 Hoffman v. Lindquist, 37 Cal. 2d (1951) (J. Carter): «Ärzte, die in Medizinervereinigungen zusammengeschlossen sind, eilen in Scharen herbei, um einen Kollegen zu verteidigen, der der Pfuscherei beschuldigt wird. Bei der Suche nach einem Expertengutachten ist der Kläger dann auf den heroischen einsamen Wolf verwiesen, der, zum Wohle der Wahrheit und des Rechts, den Mut hat, das Risiko zu laufen, von seinen Kollegen geächtet zu werden und daß man ihm seine Kunstfehlerversicherung kündigt.»
Siehe ebenfalls Agnew v. Parks, 172 Cal. App. 2d 756, 343, S. 118 (1959) und L'Orange v. Medical Protective Company 394 F. 2d 57 (6. Cir. 1968).

10 *Boston Sunday Globe,* Editorial, 24. August 1975.

11 Eine soziologische Betrachtung von Fehlern und Mängeln bei der Arbeit mit Menschen findet sich bei Everett Hughes, *The Sociological Eye,* Chicago und New York 1971, Abschnitt «Mistakes at Work», S. 316ff.

12 Charles Curtis, The Ethics of Advocacy, in: *Stanford Law Review* 4 (1951), S. 3; Henry Drinker, Some Remarks on Mr. Curtis' ‹The Ethics of Advocacy›, in: *Stanford Law Review* 4 (1952), S. 349f.; Marvin Frankel, The Search of Truth: An Empireal View, in: *University of Pennsylvania Law Review* 123 (1975), S. 1031.

13 Monroe H. Freedman, *Lawyers' Ethics in an Adversary System,* Indianapolis und New York 1975, S. 40f.

14 The Penitential of Cummean, in: James McNeill und Helena Gamer, *Handbooks of Penance,* a. a. O., S. 106.

15 Diese Position wird kritisiert von John Noonan, The Purposes of Advocacy and the Limits of Confidentiality, in: *Michigan Law Review* 64, S. 1485.

16 Code of Professional Responsibility, Abschnitt 7, abgedruckt in Andrew Kaufman, *Problems in Professional Responsibility,* Boston 1976, S. 669.

17 David Mellinkoff, *Lawyers and the System of Justice,* St. Paul, Minn. 1976, S. 441. Vgl. auch Lloyd L. Weinreb, *Denial of Justice,* New York und London 1977.

18 Hugo Grotius, *Über das Recht des Krieges und des Friedens,* a. a. O., Drittes Buch, Kapitel I; Samuel Pufendorf, *De iure naturae et gentium,* Frankfurt a. M. 1967 (unveränderter Nachdruck der Ausgabe von 1759).

19 Thomas D. Morgan und Ronald D. Rotunda, *Problems and Materials on Professional Responsibility,* Mineola, N. Y. 1976, S. 2.

20 Bei ihrer Berufung auf die Intuition stehen die Anwälte nicht allein da. Vgl. zum Beispiel Nicolai Hartmann: «Was der Mensch tun soll, wo er vor den ernsten, verantwortungsvollen Konflikt gestellt ist, ist eben dieses: nach ‹bestem Gewissen› entscheiden, d. h. nach seinem eigenen lebendigen Gefühl der Werthöhe entscheiden, und – die Folgen auf sich nehmen, die äußeren wie die inneren, einschließlich der Schuld, die in der Verlet-

zung des einen Wertes liegt» (Nicolai Hartmann, *Ethik,* a. a. O., S. 464).

21 Marvin Frankel, The Search for Truth, a. a. O., S. 203f.

12. Kapitel

1 Über das gennaion pseudos hat es große Kontroversen gegeben. Einige haben es als «frommen Betrug» übersetzt und darüber diskutiert, ob man einen solchen Betrug begehen darf oder nicht. Hastings Rashdall schreibt, daß ein solcher Betrug dann zu rechtfertigen ist, «wenn – sofern wirklich *alle* Folgen berücksichtigt wurden – er gesellschaftlich einen guten Zweck bewirkt» (Hastings Rashdall, *The Theory of Good and Evil,* a. a. O., Buch I, S. 195). Andere Übersetzungen lauten: «königliche Lüge» (Jowett) und «ein kühner Flug der Einbildungskraft» (Cornford). Im letzten Fall wird Platon so ausgelegt, als ob er den Regierenden keine Lügen empfehlen würde, sondern Geschichten und mögliche Irrtümer. Diese Interpretation läßt sich schwer halten, wenn man sich die anderen Stellen in Platons *Staat* ansieht, wo das Lügen behandelt wird, wie z. B. 389b: «Also denen, die in der Stadt regieren, wenn überhaupt irgend jemandem, kann es zukommen, Unwahrheit zu reden, der Feinde und der Bürger wegen, zum Nutzen der Stadt; alle andern aber dürfen sich hiermit gar nicht befassen» (Platon, *Politeia,* in: Platon, Sämtliche Werke, hg. von W. F. Otto, Ernesto Grassi, Gert Plamböck, Band 3, Reinbek 1958, S. 122). Daß Platon das Lügen auf seiten des Staates gebilligt hat, ist sehr bemerkenswert, da die Wahrheit für ihn nicht im Gegensatz steht zur Unwahrheit, sondern zur Unwirklichkeit.

2 Arthur Sylvester, The Government Has the Right to Lie, in: *Saturday Evening Post,* 18. November 1967, S. 10.

3 Erasmus, *Responsio ad Albertum Pium,* a. a. O.

4 The Senator Gravel Edition, *The Pentagon Papers,* Boston 1971, Band 3, S. 556ff. (dt.: *Die Pentagon-Papiere. Die geheime Geschichte des Vietnamkrieges,* hg. von Neil Sheehan, München und Zürich 1972).

5 Lyndon Johnson wußte bereits im März 1964, daß eine solche schwere Entscheidung getroffen werden mußte. Vgl. die Aufzeichnung eines Telefongesprächs, das wiedergegeben ist bei Doris Kearn, *Lyndon Johnson and the American Dream,* New York 1976, S. 197.

6 Theodore H. White, *The Making of the President 1964,* New York 1965, S. 373.

7 *Cambridge Survey Research,* 1975, 1976.

8 *The Public Papers and Addresses of Franklin D. Roosevelt,* 1940, Band 8, S. 517 (30. Oktober 1940).

9 Siehe Arthur W. Schlesinger: «Die Macht, Informationen zurückzuhalten, und die Macht, Informationen durchsickern zu lassen, führte unweigerlich zur Macht zu lügen [. . .]. Eine unkontrollierte Geheimhaltung erleichterte es, daß das Lügen zur Routine wurde» (Arthur W. Schlesinger, *The Imperial Presidency*, Boston 1973, S. 356). Vgl. auch David Wise, *The Politics of Lying,* New York 1973.

10 Vgl. zu den Problemen des Lügens und der moralischen Entscheidungen

in der Politik Platon, *Politeia,* a. a. O; Machiavelli, *Vom Fürsten,* a. a. O.; Grotius, *Über das Recht des Krieges und des Friedens,* a. a. O.; *Est-il utile de tromper le peuple? Ist der Volksbetrug von Nutzen?*, eingeleitet und herausgegeben von Werner Krauss, Berlin 1966; Max Weber, *Politik als Beruf,* Leipzig 1926; Michael Walzer, Political Action: The Problem of Dirty Hands, in: *Philosophy and Public Affairs* 2 (Winter 1973), S. 160ff.

13. Kapitel

1 Stanley Milgram, *Das Milgram-Experiment. Zur Gehorsamsbereitschaft gegenüber Autorität,* Reinbek 1974, S. 92ff.; vgl. ebenda: Ethische Probleme in der wissenschaftlichen Forschung, S. 221ff.; außerdem Stanley Milgram, Some Conditions of Obedience and Disobedience to Authority, in: *Human Relations* 18 (1965), S. 57ff.

2 Jay Katz, *Experimentation with Human Beings,* New York 1972; außerdem Henry K. Beecher, *Research and the Individual,* Boston 1970.

3 DHEW Code of Federal Regulations, Title 45, revidiert am 6. November 1975, §§ 46, 101, 102, 103.

4 Revised Ethical Standards of Psychologists, Grundsatz 9d, g, in: *APA Monitor,* März 1977, S. 22f.

5 Elliot Aronson, Experimentation in Social Psychology, in: *The Handbook of Social Psychology,* hg. von Gardner Lindzey und Elliot Aronson, Reading, Mass. 1968, Band 2, S. 26.

6 Herbert Kelman, Human Use of Human Subjects: The Problem of Deception in Social Psychological Experiments, in: *Psychological Bulletin* 67 (1967), S. 1ff.

7 Francis Bacon, *Über die Wahrheit,* a. a. O., S. 4.

8 Charles McClintock, *Experimental Social Psychology,* New York 1972, S. 62.

9 Ethical Standards, Grundsatz 9h.

10 Herbert Kelman, Research, behavioral, in: *Encyclopedia of Bioethics,* New York 1978.

11 Einen ähnlichen Standpunkt nimmt in bezug auf «heimliche Beobachtungen» Kai Erikson in seinem Aufsatz ein: A Comment on Disguised Observation in Psychology, in: *Social Problems,* 1967, S. 366ff. Er erklärt: «Gerade diese Forschungsmethode kann Personen in einer Weise verletzen, die wir weder voraussehen noch nachträglich wiedergutmachen können» (ebenda S. 367).

12 DHEW Code (siehe Anmerkung 3).

13 Judith Jarvis Thomson gibt in ihrem Aufsatz The Right to Privacy, in: *Philosophy and Public Affairs* 4 (1975), S. 295ff., Beispiele solcher Einbrüche in das Privatleben und behandelt, was unserer Besorgnis darüber zugrunde liegt.

14 Donald Warwick, Social Scientists Ought to Stop Lying, in: *Psychology Today* 8 (Februar 1975), S. 38ff. und 105f.

15 Stuart Sutherland, The Case of the Pseudo-patient, in: *Times Literary Supplement,* 4. Februar 1977, S. 125.

16 David Rosenhan, On Being Sane in Insane Places, in: *Science* 179 (1973), S. 250ff.
17 Allan Owen und Robin Winkler, General Practitioners and Psychosocial Problems: An Evaluation Using Pseudo-patients, in: *Medical Journal of Australia* 2 (1974), S. 393ff.
18 *The New York Times,* 30. August 1976.
19 Owen und Winkler, General Practitioners and Psychosocial Problems, a. a. O., S. 398.

14. Kapitel

1 Thomas Hobbes, *De Corpore Politico,* in: Body, Man, and Citizen: Selections from Thomas Hobbes, hg. von Richard Peters, New York 1962, S. 330.
2 Homer, Odyssee, a. a. O., 12.192, S. 159.
3 Die Probleme des Paternalismus werden behandelt bei John Stuart Mill, *Über Freiheit,* Frankfurt a. M. 1969, und bei Gerald Dworkin, Paternalism, in: R. Wasserstrom (Hg.), *Morality and the Law,* Belmont, Cal. 1971, S. 107ff.
4 Siehe Leona Baumgartner und Elisabeth Mapelsden Ramsey, Johann Peter Frank and His ‹System einer vollständigen medizinischen Polizei›, in: *Annals of Medical History* n. s. 5 (1933), S. 525ff, und n. s. 6, S. 69ff.
5 Erik Erikson, *Toys and Reasons,* New York 1977, S. 17. Zum Thema der Kinderlügen und der Haltung von Kindern zum Lügen vgl. Sigmund Freud, *Zwei Kinderlügen*, in: Sigmund Freud, Gesammelte Werke, hg. von Anna Freud u. a., Achter Band, London 1955, S. 422ff; Jean Piaget, *Das moralische Urteil beim Kinde,* Zürich 1954, Die Lüge, S. 155ff; Durandin, *Les fondements du mensonge,* a. a. O. Eine Theorie der Entwicklung des moralischen Urteils beim Kind legt vor Lawrence Kohlberg, The Development of Children's Orientations Toward a Moral Order: I. Sequence in the Development of Moral Thought, in: *Vita Humana* 6 (1963), S. 11ff; siehe auch die nachfolgenden Schriften Kohlbergs.
6 Edmund Gosse, *Father and Son,* New York 1908, S. 22 und 24.
Die Rolle der Märchen für die kindliche Entwicklung behandelt Bruno Bettelheim, *Kinder brauchen Märchen,* Stuttgart 1977.
7 Milton wird zitiert bei Kardinal Newman, *Apologia Pro Vita Sua,* a. a. O., S. 314. Vgl. auch Erasmus, *Responsio ad Albertum Pium,* a. a. O.; Grotius, *Über das Recht des Krieges und des Friedens,* a. a. O.; bei H. Sidgwick heißt es: «Ich glaube, daß auch niemand davor zurückschreckt, Kindern ein Märchen zu erzählen, wenn es sich um Dinge handelt, die sie noch nicht wissen sollen» (H. Sidgwick, *Die Methoden der Ethik,* a. a. O., S. 132).
8 Renée C. Fox und Judith P. Swazey, *The Courage to Fail: A Social View of Organ Transplants and Dialysis,* Chicago und London 1974, S. 15.
9 Siehe das Luther-Motto am Anfang von Kap. 4 (zit. in: Max Lenz (Hg.): *Briefwechsel Landgraf Phillips Des Grossmüttigen von Hessen mit Bucer*, Stuttgart 1880, Vol. I; vgl. *What Luther Says,* a. a. O., Band 2, S. 870ff.
10 Derartige Entscheidungsprobleme im Bereich der Erziehung behandelt

Daniel Pekarski, *Manipulation and Education,* Ph. D. Dissertation, Harvard University 1976.

11 Siehe Dworkin, Paternalism, a. a. O., und John Rawls, *Eine Theorie der Gerechtigkeit,* a. a. O., S. 238 und 281f, die diese Form des impliziten Einverständnisses in paternalistischen Kontexten behandeln.

12 J. S. Mill, *Über Freiheit,* a. a. O., S. 17.

15. Kapitel

1 Platon, *Politeia,* a. a. O., 389b, S. 122.

2 B. C. Meyer, Truth and the Physician, in: *Bulletin of the New York Academy of Medicine* 45 (1969), S. 59ff. Siehe auch Lawrence Henderson, Physician and Patient as a Social System, a. a. O.

3 Hippokrates, *Der Eid,* in: Hippokrates, Schriften, übersetzt und herausgegeben von Hans Diller, Reinbek 1962, S. 8.

4 Abgedruckt in M. B. Etziony, *The Physician's Creed: An Anthology of Medical Prayers, Oaths and Codes of Ethics,* Springfield, Ill. 1973, S. 15ff.

5 Siehe Harry Friedenwald, The Ethics of the Practice of Medicine from the Jewish Point of View, in: *John Hopkins Hospital Bulletin,* no. 318 (August 1917), S. 256ff.

6 Ten Principles of Medical Ethics, in: *Journal of the American Medical Association* 164 (1957), S. 1119f.

7 Mary Barrett, Leserbrief an den *Boston Globe*, 16. November 1976, S. 1.

8 Dennoch gibt es eine Minderheit von Ärzten, die uns auf diese Probleme aufmerksam gemacht haben. Siehe Thomas Percival, *Medical Ethics,* Oxford, 3. Aufl. 1849, S. 132ff; Worthington Hooker, *Physician and Patient,* New York 1849, S. 357ff; Richard C. Cabot, Teamwork of Doctor and Patient Through the Annihilation of Lying, in: ders., *Social Service and the Art of Healing,* New York 1909, S. 116ff; Charles C. Lund, The Doctor, the Patient, and the Truth, in: *Annals of Internal Medicine* 24 (1946), S. 955; Edmund Davies, The Patient's Right to Know the Truth, in: *Proceedings of the Royal Society of Medicine* 66 (1973), S. 533ff.

9 Lawrence Henderson, Physician and Patient as a Social System, a. a. O.

10 Nicholas Demy, Leserbrief, in: *Journal of the American Medical Association* 217 (1971), S. 696f.

11 Die Haltung der Ärzte kommt zum Ausdruck bei Donald Oken, What to Tell Cancer Patients, in: *Journal of the American Medical Association* 175 (1961), S. 1120ff; Tabellen liefert Robert Veatch, *Death, Dying, and the Biological Revolution,* New Haven und London 1976, S. 229ff. Die Position der Patienten wird behandelt bei Robert Veatch, ebenda; Jean Aitken-Swan und E. C. Easson, Reactions of Cancer Patients on Being Told Their Diagnosis, in: *British Medical Journal,* 1959, S. 779ff.; Jim McIntosh, Patients' Awareness and Desire for Information About Diagnosed but Undisclosed Malignant Disease, in: *The Lancet* 7 (1976), S. 300ff.; William D. Kelly und Stanley R. Friesen, Do Cancer Patients Want to Be Told?, in: *Surgery* 27 (1950), S. 822ff.

12 Siehe Avery Weisman, *On Dying and Denying,* New York 1972; Elisabeth Kübler-Ross, *Interviews mit Sterbenden*, Gütersloh, 7. Aufl. 1978; Ernest

Becker, *The Denial of Death,* New York 1973; Philippe Ariès, *Studien zur Geschichte des Todes im Abendland,* München 1976; Sigmund Freud, *Die Verneinung,* in: Sigmund Freud Studienausgabe, hg. von Alexander Mitscherlich u. a., Band III, Frankfurt a. M. 1975, S. 371 ff.

13 Kübler-Ross, *Interviews mit Sterbenden,* a. a. O., S. 16.

14 Michel de Montaigne, *Essays I,* a. a. O., Erstes Buch, 19. Kapitel: Philosophieren heißt sterben lernen, S. 97 ff.

15 Am unmittelbarsten werden diese Fragen in der Literatur behandelt. Zwei neuere Werke, in denen sie mit erstaunlicher Schönheit und Einfachheit aufgegriffen werden, sind: Mary Sarton, *As We Are Now,* New York 1973, und Freya Stark, *A Peak in Darien,* London 1976.

16 Herman Feifel et al., Physicians Consider Death, in: *Proceedings of the American Psychoanalytical Association,* 1967, S. 201 f.

17 Eine Kritik der iatrogenen Tendenzen des gegenwärtigen Gesundheitswesens in Industriegesellschaften liefert Ivan Illich, *Die Nemesis der Medizin. Von den Grenzen des Gesundheitswesens,* Reinbek 1977.

18 Siehe zum Beispiel Statement on a Patient's Bill of Rights, abgedruckt bei Stanley J. Reiser, Arthur J. Dyck und William Curran (Hg.), *Ethics in Medicine,* Cambridge, Mass. und London 1977, S. 148.

19 Siehe Ralph Aphidi, Informed Consent: A Study of Patient Reaction, in: *Journal of the American Medical Association* 216 (1971), S. 1325 ff.

20 Siehe Steven R. Kaplan, Richard A. Greenwald und Arvey I. Rogers, Leserbrief, in: *New England Journal of Medicine* 296 (1977), S. 1127.

21 Oken, What to Tell Cancer Patients, a. a. O.; Veatch, *Death, Dying, and the Biological Revolution,* a. a. O.; Weisman, *On Dying and Denying,* a. a. O.

22 Norman L. Cantor, A Patient's Decision to Decline Life-Saving Treatment: Bodily Integrity Versus the Preservation of Life, in: *Rutgers Law Review* 26, S. 228 ff.; Danielle Gourevitch, Suicide Among the Sick in Classical Antiquity, in: *Bulletin of the History of Medicine* 18 (1969), S. 501 ff.; bibliographische Hinweise siehe bei Bok, *Voluntary Euthanasia,* a. a. O.

23 Lewis Thomas, A Meliorist View of Disease and Dying, in: *The Journal of Medicine and Philosophy* I (1976), S. 212 ff.

24 Claude Lévi-Strauss, *Strukturale Anthropologie,* Frankfurt a. M. 1967, S. 183 ff. und 204 ff.; vgl. außerdem Eric Cassell, Permission to Die, in: John Behnke und Sissela Bok (Hg.), *The Dilemmas of Euthanasia,* New York 1975, S. 121 ff.

25 Ariès, *Studien zur Geschichte des Todes im Abendland,* a. a. O., S. 24.

26 Siehe Charles Fried, *Medical Experimentation: Personal Integrity and Social Policy,* Amsterdam und Oxford 1974, S. 20 ff.

27 Cicely M. S. Saunders, Telling Patients, in: Reiser, Dyck und Curran, *Ethics in Medicine,* a. a. O., S. 238 ff.

28 Sissela Bok, Personal Directions for Care at the End of Life, in: *New England Journal of Medicine* 295 (1976), S. 367 ff.

16. Kapitel

1 Siehe The Pressure to Compromise Personal Ethics, in: *Business Week*, 31. Januar 1977, S. 107, und Steven Brenner und Earl Molander, Is the Ethics of Business Changing?, a. a. O., S. 57ff.

2 Siehe Richard Austin Smith, The Incredible Electrical Conspiracy, Teil 1, in: *Fortune,* April 1961, S. 132ff. und 170ff.

3 Siehe Jerry R. Green und Jean-Jacques Laffont, *Incentives in Public Decision Making,* Amsterdam 1978; außerdem William Vickery, Counterspeculation, Auctions, and Cooperative Sealed Tenders, in: *Journal of Finance* 16 (März 1961), S. 8ff. Ich danke an dieser Stelle Howard Raiffa, der mich auf diesen neuen Forschungszweig aufmerksam gemacht hat.

4 Siehe Derek Bok, Can Ethics Be Taught?, in: *Change* 8 (Oktober 1976), S. 26ff.

Auswahlbibliographie

Bei der Untersuchung der ethischen Probleme des Lügens und der Wahrhaftigkeit waren mir die folgenden Werke eine besondere Hilfe. Diese Auswahl beinhaltet nicht alle Schriften, auf die ich in den Anmerkungen verwiesen habe; einige Titel sind in den Anmerkungen nicht erwähnt worden.

Arendt, Hannah, Wahrheit und Politik, in: dies., *Wahrheit und Lüge in der Politik,* München 1972, S. 44ff.

Aristoteles, *Nikomachische Ethik,* Stuttgart 1969, Buch IV, Kapitel 13, S. 112ff.

Augustinus, Lying und Against Lying, in: ders., *Treatises on Various Subjects,* Band 14 und 16, hg. von R. J. Deferrari, New York 1952

Augustinus, *Enchiridion d. h. Handbüchlein für den Laurentius oder Buch vom Glauben, von der Hoffnung und von der Liebe,* in: Des Heiligen Kirchenvaters Aurelius Augustinus Ausgewählte Schriften, Band VIII, München 1925, S. 386ff.

Bacon, Francis, *Über die Wahrheit,* in: ders., Essays, Stuttgart 1970, S. 3ff.

Bentham, Jeremy, *The Principles of Morals and Legislation,* New York 1948, Kapitel 16

Bonhoeffer, Dietrich, Was heißt: Die Wahrheit sagen?, in: ders., *Ethik,* München, 6. Aufl. 1963, S. 385ff.

Chisholm, Roderick, und Thomas D. Feehan, The Intent to Deceive, in: *The Journal of Philosophy* 74 (1977), S. 143ff.

Durandin, Guy, *Les Fondements du Mensonge,* Faculté des Lettres et Sciences Humaines, Paris 1970

Grotius, Hugo, *Drei Bücher über das Recht des Krieges und Friedens,* Leipzig 1869, Buch 3, Kapitel 1, S. 188ff. (Zweiter Band)

Häring, Bernard, *Das Gesetz Christi. Moraltheologie,* München und Freiburg 1967

Harrod, R. F., Utilitarism Revised, in: *Mind* 45, Nr. 178, 1936, S. 137ff.

Hartmann, Nicolai, Wahrhaftigkeit und Aufrichtigkeit, in: ders., *Ethik,* Berlin, 3. Aufl. 1949, Zweiter Teil, 50. Kapitel, S. 460ff.

Hutcheson, Francis, *A System of Moral Philosophy,* New York 1968, Buch 2, S. 31ff.

Isenberg, Arnold, Deontology and the Ethics of Lying, in: J. Thomson und Gerald Dworkin (Hg.), *Ethics,* New York 1968, S. 163ff.
Jacobs, Lewis, Truth, in: *Jewish Values,* London 1960, S. 145ff.
Kant, Immanuel, *Die Metaphysik der Sitten,* in: Immanuel Kant, Werke in zehn Bänden, hg. von Wilhelm Weischedel, Darmstadt 1975, Band 7, insbesondere S. 562ff. (Von der Lüge)
Kant, Immanuel, *Über ein vermeintes Recht aus Menschenliebe zu lügen,* in: Kant, Werke in zehn Bänden, a. a. O., Band 7, S. 637ff.
Montaigne, Michel de, *Von Lügnern,* in: ders., Gesammelte Schriften. Historisch-kritische Ausgabe, hg. von Wilhelm Weigand und Otto Flake, Band I, Essays, I. Buch, München und Leipzig 1908, S. 48ff.
Newman, John Henry Kardinal, *Apologia Pro Vita Sua. Geschichte meiner religiösen Überzeugungen,* Mainz 1951
Piaget, Jean, *Das moralische Urteil beim Kinde,* Zürich 1954, Kapitel 2, S. 119ff.
Platon, *Hippias II,* in: Platon, Sämtliche Werke, hg. von Ernesto Grassi, Walter F. Otto und Gert Plamböck, Band 1, Reinbek 1957, S. 111ff.
Platon, *Politeia (Der Staat),* in: Platon, Sämtliche Werke, a. a. O., Band 3, Reinbek 1958, S. 67ff.
Rousseau, Jean-Jacques, *Träumereien eines einsamen Spaziergängers,* in: Jean-Jacques Rousseau, Schriften, hg. von Henning Ritter, München 1978, Band 2, S. 637ff.
Sidgwick, Henry, *Die Methoden der Ethik*, Leipzig 1909, II. Band, 7. Kapitel: Die Klassifikation der Pflichten. Wahrhaftigkeit, S. 128ff.
Steiner, George, *After Babel,* New York und London 1975, S. 205ff.
Taylor, Jeremy, *Doctor Dubitandum or the Rule of Conscience,* London 1660, Buch 3
Thomas von Aquin, *Summa Theologica,* München und Heidelberg 1943, Band 20, 110. Frage, S. 135ff.
Warnock, G. J., *The Object of Morality,* London 1971, Kapitel 6

Jerry Mander
Schafft das Fernsehen ab!

Eine Streitschrift
gegen das Leben aus zweiter Hand
Aus dem Amerikanischen von Walle Bengs
319 Seiten. Kart.

«Das Ergebnis von Manders drei Jahre dauernden Nachforschungen und gemeinsamen Untersuchungen mit Fachleuten über das Phänomen Fernsehen kann als ein umfassendes Zeitdokument wachsender Manipulierbarkeit und Abrichtung des Bewußtseins angesehen werden. Dabei betrachtet Mander das Fernsehen nicht isoliert, sondern stellt es in den notwendigen Zusammenhang zu allen anderen hinreichend bekannten lebensfeindlichen Erscheinungen einer technokratischen Gesellschaft, in der der Mensch selbst zum Faktor der Planung geworden ist und als einzelner das Verständnis für natürlich-reale (ökologische) Zusammenhänge mehr und mehr zu verlieren droht.
Angesichts seiner umfassenden Kulturanalyse, die Manders Buch manchmal wie eine erschreckend-wirkliche Sience-fiction-Vision erscheinen läßt, könnte man die Hoffnung auf eine zukünftige Veränderbarkeit dieser Zustände fast aufgeben. Wie in einem Bedingungsgeflecht wissenschaftlich-wirtschaftlich-politischer Interessen das Fernsehen selbst die Rolle eines ‹Enteigners individueller Erfahrung› spielt und als notwendiger Systemstabilisator benutzt wird, das hat vor ihm noch keiner so eindringlich und klar beschrieben.»

Stuttgarter Nachrichten